Quel trésor pour les bibliothécaires francophones ! N'ayant pas suivi de formation au métier de bibliothécaire, j'aurai tant profité d'un tel ouvrage dans ma carrière. Cette ressource comprend tous les aspects nécessaires pour créer, améliorer, changer, informatiser et gérer une petite ou grande bibliothèque. J'ai apprécié les conseils sur le développement de bonnes relations humaines entre employés. Ce n'est pas un livre à lire entièrement en deux jours mais plutôt à consulter régulièrement. J'ai personnellement cherché à rendre le catalogue de notre bibliothèque de l'École de Théologie Évangélique du Québec utile pour que d'autres bibliothèques théologiques francophones puissent en profiter et télécharger ou copier des notices. À présent, je peux l'améliorer à l'aide de ce guide.

Richard Lougheed
Bibliothécaire
Chargé de cours en histoire
Conseiller en recherche et en rédaction
École de Théologie Évangélique du Québec (ETEQ), Montréal

Quelle joie de découvrir la traduction française tant attendue du *Librarian's Manual* ! Ce guide pratique a été préparé avec excellence pour aider à répondre aux besoins de formation des personnels des bibliothèques académiques. J'ai personnellement utilisé l'édition anglaise comme guide standard pour améliorer les bibliothèques, quel que soit le lieu. Je considère ce livre comme l'un des plus importants pour ceux qui exercent dans les bibliothèques.

Muriel H. Teusink
Formatrice-consultante en bibliothèque
SIM France-Belgique

Ayant géré une bibliothèque en Afrique francophone pendant plus de dix ans, et visité quelques bibliothèques de l'Afrique, je suggère que l'ouvrage *La gestion d'une bibliothèque* sera d'une grande utilité dans le monde francophone en général. En effet, cet ouvrage offre une vue globale des notions fondamentales que tout bibliothécaire doit connaître en vue d'être efficace dans l'exercice de sa fonction.

À travers des leçons et des exercices pratiques, ce manuel stimule le bibliothécaire à bien travailler ensemble avec son personnel pour atteindre les objectifs fixés. En outre, le bibliothécaire sera aussi capable de répondre au défi de satisfaire les usagers de sa bibliothèque. Ce texte est donc recommandable pour les institutions de formation en bibliothéconomie dans le monde francophone. De plus, pour un meilleur rendement, les bibliothécaires débutants sont invités à lire et relire cet ouvrage.

NZUIKI-PHUELA José
Bibliothécaire de la FATEB
Bangui, République centrafricaine

Dans un monde idéal, chaque centre de documentation aurait au moins un (ou une) bibliothécaire diplômé en sciences documentaires, secondé par des techniciens et des commis tout aussi compétents pour accomplir les multiples tâches quotidiennes que demandent l'organisation et le fonctionnement d'une bibliothèque. Malheureusement, la réalité est toute autre pour plusieurs institutions, petites, isolées et sans ressources.

Je me souviens d'avoir été parachutée dans le rôle de bibliothécaire alors que je n'avais aucune expérience du métier. J'aurais certainement aimé avoir entre mes mains ce livre pratico-pratique qui s'adresse, avant tout, au personnel des bibliothèques en théologie. Absolument TOUT y est ! Que ce soit des solutions informatiques que vous cherchez pour optimiser votre catalogage, que ce soit de l'aide pour traiter et conserver des documents ou mettre en place des politiques de service et d'achats, ou que ce soit des conseils en architecture pour aménager une bibliothèque : la réponse est dans ce manuel. Vous apprendrez par des exemples et des exercices.

Nul doute que cet ouvrage « encyclopédique » deviendra rapidement la référence pour les bibliothécaires, débutants ou expérimentés, d'Afrique ou d'ailleurs. C'est le succès que nous souhaitons à ce volume.

Ruth Labeth
Professeure en théologie pratique,
Directrice des études de 1ᵉ cycle,
École de Théologie Évangélique du Québec,
affiliée à l'Université Laval, Canada
Ancienne bibliothécaire (non professionnelle),
Toronto Baptist Seminary (Canada),
et Faculté libre de théologie évangélique de Vaux-sur-seine (France)

La profession du bibliothécaire a connu une révolution exponentielle au cours de ces dernières années. Les informations disponibles à la bibliothèque sont à la fois textuelles, audiovisuelles et numériques. Le fonds documentaire d'aujourd'hui est composé des imprimés (livres, magazines, brochures), mais aussi des non-imprimés (cassettes, microfilms, diapositives, CD, DVD), et une variété d'autres formats produits par l'explosion de la technologie. Cette révolution dans les sciences de l'information impose à la profession du bibliothécaire une adaptation constante sur les plans organisationnel, informationnel et technologique. Le présent ouvrage répond méticuleusement à ce besoin, en offrant des instructions pratiques pour l'administration et la gestion efficiente d'une bibliothèque moderne. Ce livre est donc un véritable annuaire de bibliothèque, fortement recommandé pour toute personne intéressée par la bibliothéconomie ou par la gestion d'une bibliothèque contemporaine.

Georges Pirwoth Atido
Docteur en Théologie
Recteur de l'Université Shalom de Bunia,
République démocratique du Congo

La gestion d'une bibliothèque

Collection ICETE

La gestion d'une bibliothèque

Un guide pratique

Sous la direction de
LeAnne Hardy, Linda Lambert et Ferne L. Weimer

Traduit de l'anglais et coordonné par
Sandy Ayer

Directeurs de collection
Riad Kassis et Michael A. Ortiz

© Association of Christian Librarians, 2022

Publié en 2022 par Langham Global Library,
Une marque de Langham Publishing
www.langhampublishing.org

Les éditions Langham Publishing sont un ministère de Langham Partnership.

Langham Partnership
PO Box 296, Carlisle, Cumbria, CA3 9WZ, UK
www.langham.org

Le présent ouvrage a été publié pour la première fois en anglais par l'Association of Christian Librarians en 2007 sous le titre *The Librarian's Manual, revised and expanded edition*. L'Association of Christian Librarians a donné l'autorisation à Langham Publishing de traduire cet ouvrage en français.

Pour la présente édition française, *La gestion d'une bibliothèque. Un guide pratique*, traduite de l'anglais par Sandy Ayer :

ISBN :
978-1-83973-070-2 Print
978-1-83973-624-7 ePub
978-1-83973-626-1 PDF

Conformément au « Copyright, Designs and Patents Act, 1988 », l'Association of Christian Librarians déclare qu'elle est en droit d'être reconnue comme étant l'auteur de cet ouvrage.

Tous droits réservés. La reproduction, la transmission ou la saisie informatique du présent ouvrage, en totalité ou en partie, sous quelque forme ou par quelque procédé que ce soit, électronique, mécanique, photographique, est interdite sans l'autorisation préalable de l'éditeur ou de la Copyright Licensing Agency. Pour toute demande d'autorisation de réutilisation du contenu publié par Langham Publishing, veuillez écrire à publishing@langham.org.

The Association of Christian Librarians has asserted their right under the Copyright, Designs and Patents Act, 1988 to be identified as the Author of this work. All rights reserved. No part of this publication may be reproduced, stored in a retrieval system or transmitted, in any form or by any means, electronic, mechanical, photocopying, recording or otherwise, without the prior written permission of the publisher or the Copyright Licensing Agency.

Les citations bibliques comportant la mention « Bible Segond 21 » sont tirées de la Bible version Segond 21 Copyright ©2007 Société Biblique de Genève. Reproduit avec aimable autorisation. Tous droits réservés.

British Library Cataloguing in Publication Data
A catalogue record for this book is available from the British Library

ISBN : 978-1-83973-070-2

Mise en page et couverture : projectluz.com

Langham Partnership soutient activement le dialogue théologique et le droit pour un auteur de publier. Toutefois, elle ne partage pas nécessairement les opinions et avis avancés ni les travaux référencés dans cette publication et ne garantit pas son exactitude grammaticale et technique. Langham Partnership se dégage de toute responsabilité envers les personnes ou biens en ce qui concerne la lecture, l'utilisation ou l'interprétation du contenu publié.

Cet ouvrage est dédié aux bibliothécaires du projet « Engagement de l'Afrique » :
Olive Amesa, Université Shalom de Bunia, Bunia, Rép. dém. du Congo.
Pontien Batibuka, Université Shalom de Bunia.
Pasteur NZUIKI-PHUELA José, Faculté évangélique de théologie de Bangui, Bangui, République centrafricaine.
William Mbuluku, Faculté évangélique de théologie de Bangui, Yaoundé, Cameroun.
Aimée Chantal N'Guessan, Université de l'Alliance chrétienne à Abidjan, Abidjan, Côte d'Ivoire.
Jean Baptiste UNEN Uchanda, Université Shalom de Bunia.
Merci d'avoir inspiré, nommé, relu et corrigé ce guide.

Droits et autorisations

Chapitre 4

Extraits de la page de titre et du verso de la page de titre de l'ouvrage de Byang H. Kato, *Pièges théologiques en Afrique*, Abidjan, Centre de publications évangéliques, 1981. L'autorisation de reproduction a été demandée à l'éditeur.

Chapitre 5

Les règles de catalogage du présent ouvrage ont été reproduites à partir du livre de Michael Gorman, *The Concise AACR2*, éd. de 2004, Chicago, ALA Editions, 2004. Reproduites avec l'autorisation de l'éditeur : l'American Library Association (www.ala.org). Les règles citées incluent : 1A, 1A1, 1B, 1B1, 1B3, 1B6-1B7, 1C, 1C1, 1E, 1E1-1E3, 1F, 1F1-1F2, 1F4-1F5, 2A, 2A1-2A2, 2B, 4A, 4A1, 4B, 4B1-4B2, 4C, 4C1-4C3, 4D, 4D1-4D2, 4E, 4E1-4E3, 5A, 5A1-5A2, 5B, 5B1-5B4, 5C, 5D, 7A, 7A1-7A4, 7B3-7B4, 7B7, 7B10, 7B11, 7B14, 7B15, 8A, 8A1, 8B, 8B1-8B2. Les règles mentionnées : 23A1-23A2, 23B, 23B1-23B2, 23C, 25A, 25B1-25B2, 25C2, les règles commençant par 29, 31A, 31B1-31B2, 33, 33A, les règles commençant par 34, 36, 42, 43, 49A, 49B, 50A, les règles commençant par 51, les règles commençant par 52, 59D.

Chapitre 6

Captures d'écran des notices RAMEAU du catalogue de la BnF reproduites à partir des données de 2020 à l'adresse suivante : https://catalogue.bnf.fr/

Extrait de la page de titre de l'ouvrage de John Stott, abrégé et mis à jour par Greg Scharf, *Le défi de la prédication. Transmettre la Parole de Dieu dans le monde d'aujourd'hui*, Carlisle, Langham Preaching Resources, 2014. Reproduit avec l'autorisation de l'éditeur.

Extrait de la page de titre de l'ouvrage de Robert Bungishabaku Katho, *Jérémie et Lamentations*, Carlisle, LivresHippo, 2017. Reproduit avec l'autorisation de l'éditeur.

Extraits de la page de titre et de la table des matières adaptés de l'ouvrage de Issiaka Coulibaly et Rubin Pohor, sous dir., *Dieu, la terre, la guerre*. Actes du colloque international conjoint, 19 au 21 mai 2016 à Abidjan (Côte d'Ivoire), Abidjan, Les Presses de la FATEAC, 2017.

Extraits de la page de titre et de la table des matières de l'ouvrage d'Abel Ngarsoulede, *Enjeux sociologiques et théologiques de la secularisation : une étude de cas à N'Djamena en République du Tchad*, Carlisle, Langham Monographs, 2016. Reproduits avec l'autorisation de l'éditeur.

Extraits de la page de titre et de la table des matières de l'ouvrage de David E. Bjork, *Nous sommes tous disciples ! Participer à la mission de Dieu*, Carlisle, Langham Global Library, 2015. Reproduits avec l'autorisation de l'éditeur.

Extraits de la page de titre et de la table des matières de l'ouvrage de Benno van den Toren, *La doctrine chrétienne dans un monde multiculturel. Introduction à la tâche théologique*, Carlisle, Langham Global Library, 2014. Reproduits avec l'autorisation de l'éditeur.

Extraits de la page de titre et de la table des matières de l'ouvrage de Noël N'Guessan, *L'évaluation du ministère pastoral. Une étude à la lumière des Épîtres pastorales (1 et 2 Timothée, Tite)*, Carlisle, Langham Monographs, 2017. Reproduits avec l'autorisation de l'éditeur.

Extraits de la page de titre et du verso de la page de titre de l'ouvrage de John Steward, *From Genocide to Generosity : Hatreds Heal on Rwanda's Hills*, Carlisle, Langham Global Library, 2015. Reproduits avec l'autorisation de l'éditeur.

Extraits de la page de titre et table des matières adaptés de l'ouvrage de A. W. Tozer, *À la recherche de Dieu*, Sainte-Foy, Québec, Alliance chrétienne et missionnaire au Québec, 1987. Reproduits avec l'aimable autorisation de l'éditeur.

Extraits de la page de titre et table des matières de l'ouvrage de Perry Shaw, *Transformer la formation théologique*, Carlisle, Langham Global Library, 2015. Reproduits avec l'autorisation de l'éditeur.

Extraits de la page de titre et table des matières de l'ouvrage de Solomon Andria, *Initiatives théologiques en Afrique*, Carlisle, LivresHippo, 2016. Reproduits avec l'autorisation de l'éditeur.

Extraits du « Guide d'indexation RAMEAU » (7e éd., p. 42-48) du Centre national RAMEAU. Reproduits avec l'aimable autorisation du Centre national Rameau.

Chapitre 7

Extraits de la page de titre et du verso de la page de titre de l'ouvrage de Leo G. Perdue, *Proverbs*, Louisville, John Knox Press, 2000. Reproduits avec l'aimable autorisation de l'éditeur.

Les sommaires de la Classification décimale de Dewey (CDD) sont disponibles en anglais sur le site de l'OCLC : https://www.oclc.org/content/dam/oclc/dewey/ddc23-summaries.pdf. Les extraits pour les classes 221-229 et les sommaires de la CDD (présentés dans les figures 7.1-7.4) sont tirés de l'ouvrage *Classification décimale Dewey et index*, 23e édition, Montréal, Éd. Asted, 2015, p. v-xv, 1-16. Reproduits avec autorisation. La CDD est publiée par OCLC Inc. OCLC possède tous les droits d'auteur de la Classification décimale Dewey. La CDD est traduite en plus de trente langues. Les traductions les plus récentes et en cours sont listées par l'OCLC à l'adresse suivante : https://www.oclc.org/en/dewey/resources/translations.html.

Chapitre 8

Captures d'écran des notices RAMEAU du catalogue de la BnF reproduites à partir des données de 2020 à l'adresse suivante : https://catalogue.bnf.fr/

Captures d'écran du catalogue de la Library of Congress et des notices d'autorité reproduites à partir des données de 2020 aux adresses suivantes : http://catalog.loc.gov et http://authorities.loc.gov.

Les données rassemblées dans les figures 8.6-8.10 sont tirées du *Manuel UNIMARC : format bibliographique* du Comité français UNIMARC, édition française disponible en ligne : https://www.transition-bibliographique.fr/unimarc/manuel-unimarc-format-bibliographique/.

Chapitre 9

Les illustrations pour la réparation de livres sont tirées de l'article « Book Repair Manual » de Robert J. Milevski, publié dans Illinois Libraries, volume 77, no 2 (Printemps 1995). Recréées avec l'autorisation de Illinois Libraries.

Chapitre 10

Les fiches de contrôle sont adaptées de celles produites par Demco, Inc. et disponibles en anglais sur le site de l'entreprise : www.demco.com.

Avant-propos de l'édition originale anglaise révisée et augmentée de 2007

Au début des années 90, *The Librarian's Manual* a été élaboré par la Commission for International Library Assistance (CILA) de l'Association for Christian Librarians (ACL). L'objectif était de créer un manuel qui enseignerait un haut niveau de pratique pour les bibliothécaires, tout en étant accessible aux personnes connaissant peu les bibliothèques, travaillant dans des situations loin d'être idéales et ayant ou non une bonne connaissance de l'anglais. Comme son prédécesseur de 1979, *The Library Manual for Missionaries*, l'édition de *The Librarian's Manual* de 1994 a été bien accueillie. Elle a été utilisée dans des ateliers de formation en Afrique, en Asie, en Amérique latine et en Europe de l'Est.

Au cours de la dernière décennie, les bibliothèques ont été fortement marquées par les changements technologiques. Les catalogues d'accès public en ligne, la tenue de fichiers informatiques, les bases de données de périodiques en texte intégral et l'accès à Internet à partir de tous les endroits de la planète, sauf les plus reculés, ont changé à jamais les processus de recherche et d'apprentissage. Cette édition révisée cherche à prendre en compte ces changements, tout en ne négligeant pas les procédures de base qui ont posé les bases de la science de l'information moderne.

De nombreuses personnes ont travaillé sur le projet et ont apporté des contributions importantes. Georgianne Bordner, Daniel Bowell, Sheila Carlblom, Suzanne Guinn, LeAnne Hardy, Linda Lambert et Ruth McGuire ont mis à jour les documents déjà écrits. Phyllis Masso a contribué aux nouveaux chapitres écrits par Ferne Weimer sur le catalogage assisté par ordinateur et la sélection de logiciels de bibliothèque. Jeff Gates a coordonné la section Bibliothèque de l'école biblique de l'ACL pour sélectionner les titres des annexes F et G. Vurnell Cobbey de SIL International et les membres de l'équipe CILA, Georgianne Bordner, Dorothy Bowen et Lois Oetken, ont relu les épreuves de l'ouvrage.

LeAnne Hardy et Ferne Weimer ont révisé le manuel. Dona L. Diehl de l'Evangelism and Missions Information Service (EMIS) a préparé le manuscrit final pour la publication. Andrew Culbertson du Billy Graham Center Library de Wheaton, Illinois, a converti le texte de 1994 en documents pour faciliter la relecture. Tous sont redevables à Sylvia Doane et à tous ceux qui ont préparé l'édition de 1994.

Toutes les personnes ayant contribué à la préparation de ce manuel espèrent que, comme ses prédécesseurs, il sera utilisé pendant de nombreuses années pour faciliter le développement des bibliothèques dans le monde.

Avant-propos de l'édition française

La gestion d'une bibliothèque : un guide pratique est en grande partie une traduction de *The Librarian's Manual*, édition revue et augmentée, sous la direction de LeAnne Hardy, Linda Lambert et Ferne Weimer, et publiée en 2007. Nous avons également parfois suivi la plus récente édition espagnole, *El manual del bibliotecario*, traduite de l'anglais par Dennis C. Tucker, Georgianne Bordner et Douglas J. Butler, sous la direction de Georgianne Bordner et Dennis C. Tucker, et publiée en 2013. L'objectif de la présente traduction française a été de créer un manuel qui enseigne un haut niveau de pratique pour les bibliothécaires mais qui reste accessible pour ceux qui connaissent peu les bibliothèques, travaillent dans des situations loin d'être idéales et qui ont un bon niveau de français ou non.

Ce projet est né des visites que j'ai effectuées en 2015 et 2016 dans les bibliothèques des trois institutions théologiques impliquées dans Engagement de l'Afrique (EA), un projet de valorisation de la culture de la recherche dans chacune de ces institutions. Au cours de mes visites, il est devenu évident que chaque bibliothèque aurait besoin d'un moyen de former son personnel non professionnel et qu'une traduction française du *Librarian's Manual* pourrait être bien adaptée à cette fin. En effet, deux des bibliothécaires avaient sur les étagères de leur bureau des exemplaires de la version anglaise originale du manuel, mais aucun de leurs employés ne parlait assez couramment anglais pour en profiter. J'ai évoqué la question d'une traduction lors d'une réunion de bibliothécaires au colloque EA 2017 qui s'est tenu à Abidjan, Côte d'Ivoire. Grâce au plaidoyer passionné de Jean Baptiste Unen, directeur de la bibliothèque de l'Université Shalom de Bunia (République démocratique du Congo), nous avons décidé de demander aux doyens, directeurs académiques et secrétaires généraux des trois institutions leur accord pour lancer le projet de traduction dans le cadre du programme EA. Ils nous ont rapidement donné leur accord.

Étant donné que les bibliothèques continuent de changer et de s'adapter aux progrès technologiques, certaines révisions de l'édition anglaise ont été nécessaires. Cependant, nous avons conservé de nombreuses sections traitant de la technologie des catalogues sur fiches, car certains de nos lecteurs potentiels n'auront pas encore accès à une connexion Internet fiable. C'est particulièrement le cas en Afrique, la patrie de la plupart des lecteurs potentiels du volume. Nous avons donc également essayé de contextualiser le volume à la situation africaine. Nous espérons que les informations contenues dans ces pages pourront encourager et soutenir ceux qui utilisent des systèmes traditionnels et servir de passerelle vers la compréhension et l'utilisation de la gamme complète des outils technologiques à mesure qu'ils deviennent disponibles.

Enfin, pour des raisons de lisibilité et de place dans le présent ouvrage, l'utilisation simultanée de formes linguistiques masculines et féminines n'est pas utilisée. Chaque fois qu'un terme spécifique au genre est utilisé, il doit être compris comme faisant référence aux deux genres (hommes et femmes), sauf mention explicite. Nous remercions le Dr Pontien Batibuka, professeur de Nouveau Testament et ancien directeur de la bibliothèque de l'Université Shalom de Bunia, pour sa suggestion du titre du présent ouvrage, le rendant ainsi plus inclusif.

Sandy Ayer
Coordonateur de la traduction de l'édition française

Remerciements

Nous tenons à remercier les nombreuses organisations et personnes qui ont contribué au projet de ce guide pratique. Nous sommes particulièrement reconnaissants à l'Association of Christian Librarians (ACL) d'avoir accordé l'autorisation de traduire le *Librarian's Manual* et d'avoir collaboré avec nous sur le projet. Nous remercions particulièrement Janelle Mazelin, directrice exécutive de l'ACL, qui a contribué à négocier l'accord de publication et nous a aidés de bien des manières. Nous tenons aussi bien évidemment à remercier les auteurs et éditeurs susmentionnés de l'édition anglaise révisée et de l'édition espagnole.

La Tyndale House Foundation (THF) a fourni un financement et un soutien généreux. Jeremy Taylor, président de la THF, nous a conseillé et encouragé. Lynn Sidler Nupanga a offert un soutien administratif. Mary Kleine Yehling, ancienne directrice exécutive de la THF, a servi de liaison et de conseillère de la THF pour le projet.

L'association Langham Partnership a gentiment accepté de publier le manuel par l'intermédiaire de sa division de publication, Langham Publishing. Mark Hunt, ancien directeur exécutif de Langham Partnership, a donné des conseils sur l'administration du projet. Pieter Kwant a aidé à finaliser l'accord d'édition avec l'ACL. Luke Lewis a supervisé la publication du volume et Vivian Doub a assuré le soutien administratif. La relectrice extraordinaire Claire Moore, de langue maternelle française, a apporté des conseils administratifs et a relu et retravaillé le brouillon de la traduction pour rendre le texte français élégant et agréable à lire.

Les bibliothécaires impliqués dans l'EA ont lu la traduction initiale de chaque chapitre et ont proposé leurs commentaires et suggestions d'amélioration. Ce groupe était composé de Jean-Baptiste UNEN Uchanda, directeur de la bibliothèque de l'Université Shalom de Bunia (République démocratique du Congo) et de ses collègues Olive Amesa et le Dr Pontien Batibuka ; Aimée-Chantal N'Guessan, bibliothécaire à l'Université de l'Alliance Chrétienne d'Abidjan (Abidjan, Côte d'Ivoire) ; Pasteur NZUIKI-PHUELA José, bibliothécaire à la Faculté de Théologie Évangélique de Bangui (FATEB), Bangui (République centrafricaine) ; et le Dr William Mbuluku, bibliothécaire au campus de la FATEB à Yaoundé, au Cameroun. En outre, le Dr Batibuka a fourni des directives sur le classement des noms congolais, et Mme N'Guessan et l'ancienne missionnaire Laura Livingstone ont fait de même pour les noms ivoiriens.

Erin McCoy, coordonnatrice d'équipe, Commission for International Library Advancement, Association of Christian Librarians, a permis d'apporter un autre regard éditorial au projet. Elle a contacté un certain nombre de bibliothécaires francophones, supervisé la distribution du manuscrit et recueilli leurs réponses. Ces lecteurs bénévoles comprenaient Sarah Keil, bibliothécaire des systèmes et des ressources électroniques, Trevecca Nazarene University ; Muriel H. Teusink, consultante en bibliothéconomie et formatrice, SIM France ; et Jacqueline Oleart, Saint Paul Trois Châteaux, France. Eliette Gaiblet, bibliothécaire à la Faculté libre de théologie évangélique de Vaux-sur-Seine a également relu le projet finalisé.

Manon Barbeau, spécialiste en formation et implantation, OCLC Canada, a aidé à la traduction des termes de catalogage français. Ferne Weimer, Georgianne Bordner et Doug Butler, chacun ayant été réviseur de l'édition anglaise ou espagnole du manuel, ont apporté des explications et des conseils sur diverses questions. Colleen Charter, ancienne catalogueuse à Ambrose University, a répondu à de nombreuses questions sur les notices RDA et MARC. Lionel Villalonga, directeur exécutif par intérim de l'ASTED a fourni des scans de quatre sections de la traduction française de la classification décimale Dewey (DDC). Daniel Boivin, directeur d'OCLC Canada, a aidé à obtenir auprès d'OCLC les droits d'auteur pour ces scans. Melody Mazuk, bibliothécaire par intérim James Lenox, Princeton Theological Seminary, a posé des questions réfléchies qui ont aidé à clarifier notre réflexion et à faire avancer le projet. Robert Georges Bilodeau de l'Université du Québec à Montréal nous a fait connaître l'outil de conversion MARC-UNIMARC de MarcEdit. Terry Reese de MarcEdit et Concetta La Spada de Cambridge University Press ont donné des informations utiles sur l'outil lui-même. Enfin, Éric Robert de PMB a répondu à nos questions sur les systèmes intégrés de gestion de bibliothèque.

C'est l'espoir de tous ceux qui ont contribué à la préparation de ce manuel qu'il sera une grande bénédiction pour tous ceux qui désirent contribuer au développement des bibliothèques et des services de bibliothèque dans le monde francophone.

Sandy Ayer
Coordonateur de la traduction de l'édition française
Septembre 2021

Introduction

Qu'est-ce qu'une bibliothèque ?

La bibliothèque la plus connue du monde antique a été établie à Alexandrie, en Égypte, entre 367 et 283 av. J.-C. Les historiens estiment qu'elle contenait un demi-million de volumes en format parchemin. Des bibliothécaires savants y ont développé une méthodologie pour organiser la collection. Les premières bibliothèques publiques ont été fondées à Rome où, Sénèque, le philosophe et écrivain romain, « considérait une bibliothèque comme étant aussi essentielle qu'une salle de bain ». Dans sa deuxième lettre à Timothée (2 Tm 4.13, Segond 21), Paul lui demande de lui rapporter des livres qu'il a « laissé à Troas chez Carpus ». On peut supposer qu'il avait lui-même une petite collection de livres qu'il appréciait[1].

Le terme bibliothèque (dérivé du mot grec « biblion », qui signifie livre) a été couramment utilisé pour désigner une collection de livres, que ce soit pour un usage public ou privé. Bien que le mot *bibliothèque* soit encore utilisé, le fonds documentaire d'aujourd'hui contient souvent non seulement une variété de documents imprimés (livres, magazines, brochures), mais aussi des ressources non imprimées (cassettes, microfilms, diapositives, CD, DVD, et une variété d'autres formats produits par l'explosion de la technologie). Les murs de la bibliothèque s'effondrent alors qu'Internet donne accès au monde de l'information depuis un ordinateur personnel dans de nombreux endroits.

Quel est son objectif ?

La bibliothèque est devenue un élément essentiel des établissements universitaires. Le processus éducatif en dépend, car elle est une ressource pour le développement intellectuel des étudiants. La bibliothèque fournit les outils qui soutiennent l'enseignement en classe et le programme d'études de l'institution. En outre, d'autres ressources sont disponibles pour contester des études plus poussées ou fournir des informations pour une variété d'intérêts et de besoins des étudiants. La bibliothèque peut devenir le canal pour les documents électroniques provenant de l'extérieur du campus, et les bibliothécaires peuvent guider les usagers à travers le labyrinthe d'informations fournies sur Internet. Dans un contexte chrétien, les informations sous forme imprimée ou non imprimée doivent être présentées d'une manière qui intègre l'apprentissage dans le contexte de la révélation biblique et des valeurs chrétiennes.

La bibliothèque doit s'adapter aux besoins de l'établissement, de ses enseignants et de ses étudiants. Certains étudiants peuvent avoir de faibles compétences en lecture ou n'ont aucune expérience en bibliothèque. Cela contraste avec les enseignants savants. Les bibliothécaires peuvent devoir assumer la tâche de développer les lecteurs et d'aider à établir des modèles de lecture et d'apprentissage tout au long de la vie. En outre, d'autres besoins pratiques doivent être pris en compte si des préoccupations professionnelles, sanitaires, culturelles et autres doivent être satisfaites.

Quelles sont ses fonctions et activités ?

Fondamentalement, toutes les bibliothèques sont similaires dans leur fonction et leurs activités :

1. Les documents sont sélectionnés et acquis.
2. Les documents sont organisés de manière à être trouvés facilement.
3. Les documents sont mis à la disposition des usagers.

Les objectifs institutionnels et les besoins de la communauté universitaire guideront la bibliothèque dans l'élaboration d'un plan unique d'objectifs, de politiques et de procédures spécifiques. À la base de ces fonctions et activités se trouvent les personnes qui font que tout se concrétise : l'administration et le personnel de la bibliothèque.

---

1. E. M. Blaiklock, « Libraries », dans *Zondervan Pictorial Bible Dictionary*, sous dir. Merrill C. Tenney, Grand Rapids, Zondervan, 1967.

À qui est destiné ce manuel ?

Ce manuel est destiné aux personnes qui démarrent une bibliothèque ou à celles qui cherchent à réorganiser une bibliothèque. Il peut également être utile à ceux qui commencent à travailler dans une petite bibliothèque fonctionnant déjà bien. Avant de commencer à apporter des changements au fonctionnement de la bibliothèque, il serait préférable de lire ou, au moins, de parcourir ce manuel.

Le **chapitre 1**, **Organisation**, nous aidera à évaluer où nous en sommes dans les étapes de développement de la bibliothèque. Il est important de prendre le temps d'être aussi minutieux que possible dans la collecte des données demandées dans la première étape « Évaluer la situation actuelle ». Le reste du chapitre nous aidera à démarrer de manière pratique.

Le **chapitre 2**, **Administration**, décrit l'organisation générale et le fonctionnement de la bibliothèque, y compris le personnel, la budgétisation, les archives et les rapports.

Le **chapitre 3**, **La constitution d'un fonds documentaire et les acquisitions**, explique les étapes de sélection et d'acquisition des documents.

Le **chapitre 4**, **Introduction au catalogage**, donne un aperçu général du catalogage.

Le **chapitre 5**, **Le catalogage descriptif**, porte sur la manière dont les notices de catalogue sont créées afin que les ressources puissent être localisées par auteur, titre et sujet.

Le **chapitre 6**, **Le catalogage matière**, traite du processus d'analyse des sujets et de la manière dont cela est traduit en vedettes-matière.

Le **chapitre 7**, **La classification**, fournit des instructions détaillées pour créer des cotes pour les livres.

Le **chapitre 8**, **Le catalogage assisté par ordinateur**, décrit en détail les normes internationales de recherche, de copie et d'édition des notices pour un catalogue en ligne.

Le **chapitre 9**, **Traitement et conservation des documents**, décrit les étapes de l'étiquetage et de la réparation des livres en préparation pour la mise en rayon dans la bibliothèque.

Le **chapitre 10**, **Les publications en série**, fournit des instructions sur la gestion des publications en série telles que les périodiques et les annuaires.

Le **chapitre 11**, **Services aux usagers de la bibliothèque**, décrit comment mettre le fonds documentaire à la disposition des lecteurs.

Le **chapitre 12**, **Sélection d'un système intégré de gestion de bibliothèque**, guide les personnes responsables dans leur choix de logiciel, à mesure qu'elles découvrent les logiciels existants et choisissent le meilleur système pour leur bibliothèque.

Le **chapitre 13**, **Planification d'une nouvelle bibliothèque**, guide ceux qui ont pour projet de faire construire un nouveau bâtiment de bibliothèque ou de rénover un bâtiment existant.

Si certains termes de cette introduction ou des sections suivantes ne sont pas clairs, un glossaire se trouve à la fin du présent ouvrage.

Les annexes contiennent des informations utiles, notamment une section intitulée « S'il y a un système en place, comment décider s'il est utilisable ? »

Après avoir parcouru le livre dans son intégralité et terminé l'évaluation du chapitre 1, il peut être utile de passer directement aux chapitres les plus importants pour les besoins actuels de la bibliothèque. C'est le but d'un manuel, il peut être utilisé dans son ensemble si nécessaire, ou par sections si cela répond mieux aux besoins. L'objectif de ce manuel est d'aider les bibliothécaires à répondre aux besoins de l'institution et des usagers qu'ils servent. C'est un guide pratique pour l'acquisition, l'organisation et la diffusion des ressources qui permettront « aux sages [de retenir] la connaissance » (Proverbes 10.14, S21) et de parvenir « à la connaissance de la vérité » (1 Timothée 2.4, S21).

Suggestions d'utilisation du manuel

Dans de nombreux cas, plusieurs options sont possibles pour accomplir une tâche particulière de la bibliothèque. Par exemple, pour la classification, on peut choisir entre la classification décimale de Dewey, la classification de la Library of Congress ou d'autres systèmes. Les directeurs de l'ouvrage, en consultation avec des conseillers, ont tenté d'identifier l'option qui était considérée comme la plus utile pour les petites bibliothèques. Une autre option sera peut-être mieux adaptée à votre bibliothèque[2].

Certaines procédures de bibliothèque sont compliquées. Il faudra peut-être lire certaines sections du manuel plusieurs fois avant de pouvoir bien comprendre le contenu. Nous conseillons de lire une section, de regarder des exemples, puis de relire la section. Les exercices fournis dans le manuel permettent de mettre en pratique l'apprentissage. Si aucun exercice n'est inclus, on peut s'entraîner sur les livres de la bibliothèque.

Des notes peuvent être écrites dans les marges si besoin, cependant, les exercices devraient être laissés en blanc afin de pouvoir être réutilisés à mesure que de nouvelles personnes sont formées. Les exercices peuvent être photocopiés ou les réponses écrites sur une feuille de papier séparée.

Ce manuel suit les pratiques standard des bibliothèques. Lorsque des variations se produisent, elles sont identifiées comme telles. Pourtant, même avec des variantes, les auteurs ont tenté d'utiliser celles communes aux petites bibliothèques.

Développer une bibliothèque efficace et fournir un service utile peut être un travail difficile, mais c'est très gratifiant lorsque les étudiants reviennent et expriment leur gratitude pour avoir contribué à élargir leur vision.

---

2. Si vous avez des questions, vous pouvez contacter le réseau BETH (https://beth.eu/) ou le réseau VALDO (http://www.valdo-net.fr/), ou encore The Association of Christian Librarians (L'association des bibliothécaires chrétiens) (info@acl.org) ou vous rendre sur le site web de l'association (www.acl.org). Un organisme sœur est la Christians in Library and Information Services au Royaume-Uni. Vous pouvez écrire au secrétaire de la bourse (CLISsecretary@christianlis.org.uk) ou vous rendre sur le site web pour en savoir plus sur CLIS (www.librarianscf.org.uk).

1

Organisation

Nous avons choisi la tâche de développer une bibliothèque. À défaut d'avoir choisi cette tâche, nous avons peut-être été désigné comme la personne la plus apte à démarrer le projet. Une bibliothèque peut aussi s'appeler « Centre de documentation et d'information », « Centre de ressources », ou tout autre terme approprié. Notre situation face à cette tâche peut varier : nous nous trouvons peut-être dans une pièce vide, et nous nous demandons si elle sera remplie de ressources qui seront utiles à nos futurs lecteurs. Peut-être avons-nous des cartons de documents anciens ou donnés et devons décider lesquels sont à garder ou non. Ou alors, nous sommes peut-être dans une situation où la mise à jour et la revitalisation de la bibliothèque sont un besoin si pressant que nous devons tout recommencer à zéro.

Si nous construisions une maison, nous serions peut-être dans une situation similaire. Un tel exemple illustre la procédure appropriée. Admettons par exemple que nous avons sélectionné un site et nous nous demandons si nous le rendrons jamais habitable. Nous avons des matériaux de construction et nous nous demandons comment les assembler de manière à ce qu'ils soient fonctionnels et attrayants. Ou bien, notre maison a besoin d'être rénovée, et nous sommes tentés de la démolir et de recommencer à zéro. Dans tous les cas, la plupart des constructeurs, même les amateurs, commencent par élaborer un plan. Ce plan doit être suivi de près afin de parvenir à la meilleure structure possible dans les limites des ressources et des finances.

Notre tâche n'est pas moins importante dans le développement d'une bibliothèque. Il faut savoir que le projet ne sera jamais vraiment terminé ; c'est un processus plutôt qu'un projet. Il y aura un entretien continu. Il est donc important de bien poser les fondations dès le début. *Attention* : la pile de documents à organiser et les demandes des personnes qui attendent d'être servies peuvent nous accabler. Mais ne nous précipitons pas à faire quelque chose juste pour que ces personnes puissent constater des progrès. Il nous faut d'abord un plan, le dessin d'architecture personnalisé pour le bâtiment de la bibliothèque. L'étape de planification abordée dans le présent livre est d'une importance capitale et ne devrait pas être contournée.

Pour rendre la planification aussi simple que possible, nous avons listé certaines des questions à prendre en compte dans le processus de développement de la bibliothèque. Celles-ci sont particulièrement importantes pour les phases de démarrage et pour les nouveaux occupants ou les nouveaux membres du personnel. Elles peuvent également être utiles pour faire une analyse au cours du processus, soit en tant qu'auto-évaluation, soit en préparation d'une visite d'un comité officiel de normalisation ou d'accréditation. Afin de planifier le projet, il faut d'abord *évaluer la situation actuelle*.

Évaluer la situation actuelle

La première étape consiste à faire une évaluation de ce que nous avons actuellement à notre disposition. Les questions suivantes sont destinées à faciliter cette évaluation en faisant le point sur ce qui est disponible maintenant en termes de ressources ou d'informations. Pour l'instant, il s'agit simplement de faire un inventaire. Après avoir terminé ce travail, il nous faudra peut-être examiner différentes façons d'organiser les ressources et les procédures de la bibliothèque. Il peut être utile de consulter le présent manuel pour avoir plus de détails sur chaque sujet. Pour l'instant, mettons simplement par écrit ce que nous avons à notre disposition ou ce que nous savons en répondant aux questions qui suivent.

6   La gestion d'une bibliothèque

Contexte institutionnel

1. Quand l'école a-t-elle été établie ? Quand la bibliothèque a-t-elle été établie ?
2. Combien d'étudiants sont inscrits dans l'école ? Combien d'enseignants sont employés dans l'école ?
3. Quel est le nombre d'inscriptions estimé pour les 5-10 prochaines années ?
4. La bibliothèque a-t-elle un énoncé de mission qui s'accorde avec celui de l'établissement ?
5. Qui est l'administrateur de l'établissement à qui le directeur de la bibliothèque rend compte ?
6. Quel est l'objectif du programme d'études offert ?
7. Quels sont les domaines de spécialisation dans le programme d'études ?
8. Y a-t-il des méthodes d'enseignement qui nécessitent des ressources documentaires spéciales ?
9. Des rapports annuels ou d'autres rapports spéciaux décrivant les services de la bibliothèque ont-ils été publiés dans le passé ?
10. Existe-t-il un organisme d'accréditation qui évalue l'école et/ou la bibliothèque ? Existe-t-il des normes publiées par cet organisme ?
11. Existe-t-il un calendrier pour les rapports institutionnels et les délais ? (C'est-à-dire, budget, rapport annuel, commandes de livres.)
12. Y a-t-il un comité scientifique de bibliothèque composé de professeurs, d'administrateurs et d'étudiants ?

Administration

1. **Général**
   a. Est-ce que la bibliothèque a des objectifs écrits ?
   b. Les objectifs sont-ils revus régulièrement par le personnel de la bibliothèque, l'administration ou d'autres groupes de personnes ?
   c. Existe-t-il un manuel de politiques et de procédures ?
   d. Quels dossiers et rapports sont conservés pour la gestion interne ?
   e. Un ordinateur est-il disponible et dédié à la gestion de la bibliothèque ? Si cette machine est partagée avec d'autres, comment est-elle utilisée ?
   f. Quels autres ordinateurs sont disponibles et à quelles fins ?
   g. Quel logiciel informatique est disponible ?
   h. Qui fournit un support technique pour le matériel informatique et les logiciels ?
   i. À quelle fréquence les ordinateurs sont-ils entretenus et les logiciels mis à jour vers des versions plus récentes ?

2. **Personnel**
   a. Les responsabilités du directeur de la bibliothèque sont-elles définies par écrit ?
   b. À part la gestion de la bibliothèque, quelles sont les autres responsabilités du directeur ?
   c. Les bibliothécaires participent-t-ils au comité du programme d'études et aux autres comités de la faculté ?
   d. Combien d'heures de travail rémunéré sont effectuées par semaine ?
   e. Combien d'heures de travail bénévole sont effectuées par semaine ?
   f. Des responsabilités écrites sont-elles prévues pour chaque personne ?
   g. Qui recrute les nouveaux employés ?
   h. Qui forme les nouveaux employés ?
   i. De quelle(s) manière(s) les membres actuels du personnel continuent-ils d'être formés ?

3. **Budget**
   a. Un montant spécifique est-il alloué à la bibliothèque chaque année ?
   b. Quel a été le montant total dépensé pour la bibliothèque l'année dernière ?
   c. Un budget écrit est-il préparé pour la bibliothèque chaque année ?
   d. Qui est responsable de la préparation du budget de la bibliothèque ?
   e. L'institution fournit-elle des lignes directrices pour la préparation du budget ?
   f. Qui a l'autorité finale pour les achats ?
   g. Comment l'institution participe-t-elle au contrôle des dépenses ?

4. **Équipements physiques**
    a. Quelles sont les installations disponibles dans la bibliothèque, tels que les salles de réunion, les espaces d'étude, les ordinateurs accessibles au public et les toilettes ?
    b. Quelles sont les dimensions des installations de la bibliothèque, y compris les espaces de bureau, de travail et de stockage ?
    c. Combien d'espace est disponible pour un usage individuel ?
    d. Quels endroits sont prévus pour l'étude et la discussion en petits groupes ?
    e. Y a-t-il suffisamment de rayonnages, de meubles de rangement et de présentoirs pour avoir un accès facile aux documents dans un endroit central ?
    f. Y a-t-il un potentiel d'expansion des installations dans des zones adjacentes ?
    g. La bibliothèque dispose-t-elle de capacités de réseau local (LAN) sur un réseau informatique connecté à Internet ?
    h. Les ordinateurs de la bibliothèque sont-ils connectés à Internet ? Si oui, combien d'utilisateurs peuvent se connecter en même temps ? Combien d'heures par jour la connexion est-elle disponible ?
    i. Y a-t-il un réseau sans fil disponible ?

Développement du fonds de la bibliothèque

1. **Général**
    a. Quel est le fonds actuel de la bibliothèque par type de document ?
        - Livres (papier) _____
        - Abonnements à des ebooks _____
        - Titres de périodiques (abonnements actuels à des périodiques imprimés) _____
        - Titres de périodiques (texte intégral en ligne) _____
        - Brochures _____
        - Bandes audio _____
        - Disques compacts (CD/CD-ROM) _____
        - Logiciels informatiques _____
        - Abonnements Internet à des index/bases de données _____
        - Diapositives/ensembles de diapositives _____
        - Vidéocassettes _____
        - Disques vidéo numériques (DVD) _____
        - Autre _____
    a. Quel équipement est disponible pour des documents autres que des livres ? Cet équipement est-il dans la bibliothèque ou conservé dans un autre département ?
    b. Le fonds de la bibliothèque contient-il des manuels en plusieurs exemplaires ?
    c. Existe-t-il des collections de ressources situées dans d'autres zones, par exemple dans les bureaux de département et les salles de classe ?
    d. Existe-t-il des programmes hors campus qui dépendent des ressources de la bibliothèque ?
    e. Quel a été le montant total dépensé pour les livres et autres documents de la bibliothèque l'année dernière ?
    f. Quelle est l'ancienneté ou la nouveauté du fonds en général (c'est-à-dire, combien de livres ont été publiés au cours des 5 dernières années par rapport aux livres publiés il y a 25 ans ou plus) ?
    g. Combien de documents sont en français ? Combien sont dans d'autres langues nationales ?
2. **Sélection des documents**
    a. La bibliothèque a-t-elle une politique documentaire ?
    b. La politique inclut-elle des éléments sur l'acceptation de dons de livres ?
    c. Qui est le principal responsable de la sélection des documents ?
    d. Les membres du corps professoral sont-ils impliqués dans le processus de sélection des documents à acheter ?
    e. Combien de livres et d'autres documents ont-ils été ajoutés au fonds l'année dernière ?
        - Livres (papier) _____
        - Abonnements à des livres électroniques _____

- Titres de périodiques (abonnements actuels à des périodiques imprimés) _____
- Titres de périodiques (texte intégral en ligne) _____
- Brochures _____
- Bandes audio _____
- Disques compacts (CD/CD-ROM) _____
- Logiciels informatiques _____
- Abonnements Internet à des index/bases de données _____
- Diapositives/ensembles de diapositives _____
- Vidéocassettes _____
- Disques vidéo numériques (DVD) _____
- Autre _____

f. Noter et signaler combien de documents proviennent de dons.

3. **Acquisitions**
    a. La bibliothèque dispose-t-elle d'un système de suivi des documents commandés ou en cours de traitement ?
    b. Y a-t-il des relations ou des contrats établis actuellement avec des fournisseurs pour les bibliothèques ? (C'est-à-dire pour les livres, les périodiques, les abonnements électroniques.)
    c. Existe-t-il un journal de bord ou un cahier intitulé : « cahier d'acquisition » ou « nouveaux documents enregistrés » ? Ou les documents sont-ils suivis/enregistrés électroniquement dans un programme informatique ?
    d. Quels registres sont conservés pour les dons de documents et les donateurs ?

Catalogage

Pour répondre à ces questions, voir aussi le **chapitre 4** et le **glossaire**.

1. Les documents sont-ils classés par sujet ? Ont-ils des étiquettes sur leurs dos ?
2. Quel système de classification est utilisé ? (p. ex. la classification décimale de Dewey ou la classification décimale universelle [CDU].)
3. Les chiffres Cutter sont-ils utilisés ? (Rechercher un livre papier appelé « tableau Cutter » ou « tableau Cutter-Sanborn » ; il énumère les noms de famille des auteurs et attribue un code alphabétique à chaque nom.)
4. Quelle liste ou quel système de vedettes-matière est utilisé ? (p. ex. le guide d'indexation RAMEAU, le système local, autre.)
5. Des désignations spéciales sont-elles attribuées à différents types de documents (par exemple, bande audio, vidéo, etc.) ou à des collections (p. ex. référence, programme d'études, journal, rare, etc.) ? Astuce : Ils sont généralement signalés au-dessus de la cote de classification.
6. Si un catalogue sur fiches est utilisé, répondre aux questions suivantes :
    a. Les fiches sont-elles imprimées pour les entrées auteur, titre et sujet ?
    b. Est-ce un catalogue-dictionnaire ou un catalogue sur fiches divisé ? (Lire l'introduction au catalogage pour plus d'informations à ce sujet.)
    c. Quelles règles de classement sont suivies lors de l'ajout de fiches au catalogue ? (p. ex. American Library Association, Library of Congress, système local, autre.)
    d. Existe-t-il un catalogue sur fiches séparé pour la liste de livres sur les rayonnages (rangés dans l'ordre des cotes de classement) ?
7. Si un catalogue en ligne existe (OPAC), répondre aux questions suivantes :
    a. Permet-il l'importation, l'édition et l'exportation des notices MARC ainsi que la saisie directe des informations de catalogage dans des champs étiquetés (p. ex. auteur, titre, sujet1, collection, etc.) ?
    b. Quand le système intégré de gestion de bibliothèque (SIGB) a-t-il été acquis à l'origine ?
    c. À quelle fréquence les mises à jour sont-elles disponibles ?
    d. Quels sont les modules disponibles/utilisés ? (p. ex. circulation, lectures de cours, catalogage, acquisitions, autre.)
    e. Qui fournit un support technique en cas de problèmes avec le SIGB et/ou le catalogue en ligne ?

Traitement et conservation des documents
1. Une entreprise est-elle disponible pour la reliure ?
2. Des fournitures sont-elles disponibles pour les réparations simples ?

Services aux usagers
1. Combien d'heures par semaine la bibliothèque est-elle ouverte ?
2. Les livres et les autres documents sont-ils empruntés par les étudiants et les professeurs ?
3. Les documents sont-ils empruntés par des personnes qui ne font pas partie de l'établissement (des lecteurs extérieurs) ?
4. Existe-t-il des restrictions sur le prêt de certains documents et la durée de prêt ?
5. Y a-t-il un assistant pour enregistrer les prêts ou bien les usagers enregistrent-ils les prêts eux-mêmes ?
6. Existe-t-il un système de récupération des documents en retard ? Des pénalités de retard sont-elles imposées sur les documents en retard ?
7. Les étudiants ont-ils accès à d'autres bibliothèques ou à des ressources à proximité ?
8. Existe-t-il un système de prêt entre bibliothèques ?
9. Y a-t-il des services de vulgarisation, des programmes ou des ministères en cours fournis par la bibliothèque ?
10. Des documents bibliographiques, pédagogiques ou promotionnels ont-ils été préparés ?
11. La bibliothèque offre-t-elle des services de photocopie ou d'autres services aux étudiants/professeurs ?
12. Existe-t-il un programme d'initiation à l'utilisation de la bibliothèque ?
13. Les enseignants demandent-ils une initiation spéciale à la recherche documentaire en petits groupes ?
14. De combien d'heures prévues par semaine les bibliothécaires disposent-ils pour répondre aux questions des lecteurs ?
15. La bibliothèque fournit-elle des ordinateurs pour un usage public ?
16. La bibliothèque offre-t-elle un accès Internet aux étudiants ?

Conclusion

L'inventaire nous aura sûrement appris des choses que nous ne savions pas ou du moins nous aura donné l'occasion d'examiner les choses sous un angle différent. La prochaine étape sera d'analyser toutes les informations collectées et de voir comment commencer à les utiliser et à les assembler dans un cadre significatif.

Comment commencer

L'inventaire permet d'avoir une bonne idée de ce qui est actuellement en place. S'il y a un système d'organisation en place, il faudra réfléchir à la question suivante : « Que peut-on garder du système actuel et quels changements doit-on faire ? » S'il n'y a pas de système en place et que nous disposons seulement de cartons de livres, voir **l'annexe B**. Les étapes suivantes et le **chapitre 4** seront utiles à lire avant de développer une stratégie de catalogage.

Attention : que nous organisions une nouvelle bibliothèque ou réorganisions une bibliothèque existante, le processus prendra probablement plus de temps que quelques mois. Si nous sommes seulement disponibles pour un temps limité, il est essentiel d'identifier une personne désireuse et capable de continuer le travail commencé. Il faudra faire des plans et prendre des décisions à court et à long terme. Notons également que si une autre personne ne comprend pas et n'est pas d'accord avec ce qui est fait, notre travail sera en vain et sera peut être changé peu après notre départ.

Contexte et suivi administratif
Contact administratif

Après avoir répondu aux questions de l'inventaire, il est préférable de prendre rendez-vous avec l'administrateur de l'établissement ou avec la personne à qui le directeur de la bibliothèque rend compte. Même en ayant peut-être déjà discuté avec l'administrateur lors de l'étape de collecte d'informations, certains éléments ont peut-être besoin d'être clarifiés concernant le contexte institutionnel, les politiques et procédures, les rapports, le personnel, les installations ou d'autres éléments.

Avant de parler avec l'administrateur, il est bon d'organiser les données dans un rapport. On s'assure au préalable d'avoir tous les éléments (avec toutes les clarifications nécessaires) tirés des étapes de collecte d'informations, et d'avoir parlé avec d'autres personnes qui pourraient avoir des points de vue intéressants. Si la bibliothèque a une certaine organisation en place, on note les points forts du système actuel. Ensuite, on dresse la liste des besoins par ordre de priorité. On essaye d'estimer les coûts associés à chaque besoin. Enfin, on prépare un plan pour répondre aux besoins et demander l'avis de l'administrateur pour la mise en œuvre du plan et pour obtenir le soutien du corps professoral et du personnel.

Selon la source du financement de l'établissement et où l'on en est dans le cycle budgétaire, il faudrait également collaborer avec l'administrateur pour le financement de la bibliothèque. (Voir le **chapitre 2** pour plus de détails sur la planification et le contrôle du budget.)

La compréhension administrative et le soutien de la bibliothèque sont essentiels à sa croissance continue. Il est important de planifier des réunions hebdomadaires avec l'administrateur pour discuter des avancées du projet ainsi que de diverses questions qui touchent le corps professoral, les étudiants et l'établissement en général. On prépare une liste d'éléments à aborder avant la réunion avec la date de la réunion, puis on prend des notes sur les recommandations ou les mesures qui nécessitent un suivi. Il est préférable de conserver ces notes dans un cahier pour référence ultérieure.

Communication avec le personnel

S'il y a des employés à la bibliothèque, qu'ils soient rémunérés ou bénévoles, on s'entretient avec chacun d'entre eux individuellement pour connaître leurs responsabilités professionnelles passées et présentes, et les tâches pour lesquels ils aimeraient recevoir une formation. Ils peuvent également être en mesure de donner un aperçu de ce qui fonctionne bien dans le système actuel et des domaines à modifier.

S'il n'y a pas d'employés, on s'entretient avec les administrateurs de la façon de recruter des employés rémunérés ou bénévoles selon les besoins. Ces personnes devront être motivées, capables d'apprendre rapidement et de travailler avec précision. (Voir la section « Gestion du personnel » au **chapitre 2** pour en savoir plus sur la sélection et la gestion du personnel.)

Communication avec le corps enseignant

De bonnes relations publiques ne peuvent pas attendre ! Les professeurs intéressés peuvent fournir des informations sur ce qui fonctionne bien et sur ce qui doit changer. S'il y a déjà un système en place, et en particulier si la réorganisation est effectuée pendant que les étudiants et les professeurs continuent d'utiliser la bibliothèque, il faudra pouvoir trouver quels documents seront nécessaires, pour qui et quand.

Il est maintenant temps de demander à tous les membres du corps professoral quels seront leurs besoins. S'il n'y a que quelques membres, les entretiens peuvent se faire individuellement pour savoir ce dont ils ont besoin, ce qu'ils ont aimé dans le passé et les choses qu'ils aimeraient voir se produire un jour. S'il y a beaucoup de membres, il faudrait au moins prendre le temps de rencontrer les chefs de département qui peuvent aider à identifier les usagers clés. L'approche moins personnelle consiste à envoyer une note ou un questionnaire aux membres du corps professoral, avec une date de retour demandée. Cela peut nous aider à présenter notre intention de travailler dans la bibliothèque et à déterminer les priorités et les besoins. Quelques usagers réguliers de la bibliothèque parmi les membres du corps enseignant constitueront un atout important pour le soutien futur de l'administration. (Voir la section « Établir des lignes de communication » au **chapitre 2** pour en savoir plus sur la communication avec le personnel.)

Lors des discussions avec les administrateurs, le personnel de la bibliothèque et les membres du corps professoral, il est conseillé de prendre des notes sur les forces et les faiblesses du système actuel. (S'il n'y a pas de système de bibliothèque en place, la discussion portera sur leurs besoins et désirs.) Ces éléments devraient être compilés dans une liste ou un tableau pour voir si la même opinion se répète. À moins qu'un élément ne nécessite une attention immédiate, il est conseillé de retarder les changements majeurs jusqu'à une date ultérieure.

Il peut être recommandé de former un comité scientifique de la bibliothèque pour l'aide et les conseils dans la prise de décisions politiques. Ce groupe comprendra plusieurs membres du corps professoral et d'autres personnes qui sont représentatives des intérêts de ceux que nous servons. Il n'est pas trop tôt pour commencer à dresser une liste des membres possibles du comité à présenter à l'administration pour son approbation (à moins que le comité ne soit élu ou nommé par l'administration). Les membres du comité peuvent être utiles pour discuter des besoins et des changements avec d'autres membres du corps professoral.

Après avoir préparé un rapport à l'intention de l'administrateur, pris le temps de discuter et d'arriver à des conclusions, il faudra communiquer le plan aux professeurs. On détermine avec l'administrateur (ou le comité scientifique de la bibliothèque s'il y en a un) comment procéder pour faire une présentation au corps enseignant de l'état actuel de la bibliothèque et les plans de développement. Il est préférable de faire cette présentation lors d'une réunion avec tout le corps enseignant et d'avoir un temps de questions-réponses à la fin. Cependant, de petits groupes basés sur des groupes de départements ou sur des horaires variables peuvent mieux fonctionner selon la situation. Si les réunions de groupe ne sont pas possibles, une explication écrite est conseillée pour tenir le groupe informé. Une communication fréquente, que ce soit en groupe ou dans des bulletins écrits, suscitera aussi l'intérêt et la participation du personnel.

Rapports et manuels de politiques

Si l'organisation de la bibliothèque est gérée depuis un certain temps et que des rapports annuels ou d'autres données sont disponibles, ceux-ci peuvent être utiles pour déterminer les forces et les faiblesses du système actuel. Si l'information a plus de deux ans, il faudra vérifier avec l'administrateur, les membres du personnel ou d'autres personnes qui peuvent confirmer sa pertinence actuelle.

À moins qu'un manuel des politiques de la bibliothèque ne soit déjà en vigueur, il est essentiel de préparer un cahier et de l'intituler « Politiques de la bibliothèque ». Chaque fois que nous prenons une décision ou observons une politique ou une procédure, nous l'inscrivons dans notre cahier. Une nouvelle page peut être utilisée pour chaque décision et soyons aussi précis que possible lorsque nous l'écrivons, en donnant des exemples autant que possible. On met la date du jour et nos initiales s'il s'agit de notre décision. (Voir aussi la section « Déterminer les politiques et les procédures » au **chapitre 2**.) Plus tard, ces notes pourront être compilées dans un manuel imprimé.

Certaines personnes prennent des décisions rapidement, sans hésitation ni réexamen plus tard. D'autres délibèrent longuement sur les avantages et les inconvénients des différentes alternatives. Dans tous les cas, il est bon de garder une trace écrite de chaque décision. Si l'on ne parvient pas à prendre une décision après avoir exploré différentes options, on peut écrire la décision vers laquelle on penche et indiquer qu'elle est provisoire. On inclut des exemples des avantages et inconvénients à considérer dans la décision finale. Cela permettra d'arrêter de réfléchir à cette décision et de passer à autre chose en attendant. Au fur et à mesure que de nouveaux exemples ou choix nous viennent à l'esprit, ajoutons-les à la liste jusqu'à ce qu'un choix devienne évident.

Installations

Si une bibliothèque est en service, les installations seront-elles utilisées pendant la réorganisation et la bibliothèque se trouvera-t-elle au même endroit après la réorganisation ? Si de longues vacances pendant lesquelles l'établissement sera fermé approchent, la réorganisation des installations peut être planifiée à ce moment-là. Cependant, si la bibliothèque est en service, cela peut nécessiter une planification supplémentaire et la fermeture de divers rayonnages ou sections. L'ouverture de la bibliothèque donnera l'occasion de voir quels sont les besoins en termes d'espace et de modes d'utilisation (circulation) avant de prendre des décisions. (Voir le **chapitre 13** pour en savoir plus sur les installations et l'organisation de la bibliothèque.)

S'il n'y a pas de bibliothèque existante, l'étape initiale sera de trouver une zone de travail. Ensuite, on travaille avec l'administrateur pour planifier l'endroit où le fonds sera conservé et utilisé. Il faudra peut-être commander ou construire des meubles dès maintenant pour qu'ils soient prêts le moment venu.

Développement du fonds

Si un grand nombre de livres est déjà catalogué et en place sur les rayonnages, on détermine s'ils répondent bien aux besoins des étudiants. Si l'on constate que la bibliothèque est peu utilisée, on peut évaluer la qualité de la collection et peut-être éliminer (*désherber*) les éléments qui ne répondent pas aux normes de développement du fonds.

Si des documents sont actuellement en commande, on détermine quelle méthode est en place pour le suivi des commandes et comment la commande sera traitée et approuvée pour le paiement une fois réceptionnée. (Voir le **chapitre 3** pour plus de détails sur ces processus.)

Si les collections départementales ou d'autres collections spéciales sont rangées séparément, il convient de vérifier s'il y a un désir de les regrouper ou non. (Notons qu'il peut y avoir une réticence et une crainte que la bibliothèque retire des éléments nécessaires.) Avec le temps et au fur et à mesure que nous parvenons à un consensus, nous souhaiterons peut-être cataloguer et enregistrer les documents dans le catalogue central, même si les documents restent dans des endroits séparés.

Catalogage, classification et traitement

L'idée principale d'une bibliothèque centralisée et d'un catalogue intégré est que les usagers peuvent aller à une source unique pour trouver où se situent les informations, quel que soit l'emplacement ou le format. Les informations doivent être indexées par auteur, titre et sujet même s'il s'agit d'un catalogue sur fiches divisé en fiches d'auteur et de titre dans un catalogue et en fiches-sujet dans un autre (voir le **chapitre 4**). Si le catalogue est un catalogue informatisé, les mots-clés deviennent un point d'accès principal, avec les index de navigation auteur, titre et sujet. Certains catalogues en ligne permettent de limiter les résultats de recherche à un format, une langue, une cote ou à d'autres filtres.

S'il existe un système de catalogage, même s'il diffère de celui que nous connaissons, il est mieux de l'utiliser jusqu'à ce qu'une évaluation plus complète du système de catalogage puisse être faite. Si nous avons évalué le système de catalogage et/ou le catalogue et si nous estimons qu'une autre méthode est préférable, nous pouvons envisager de commencer le nouveau système avec de nouveaux éléments ajoutés à la collection. L'ancien système peut être laissé en place pour le moment, permettant aux usagers d'avoir accès à ces documents jusqu'à ce que les anciennes entrées soient converties dans le nouveau système. Cette décision doit être prise avec prudence, surtout si la bibliothèque est en service, car cela peut créer beaucoup de confusion.

Si aucun système d'organisation n'est en place, ou si la bibliothèque est seulement en cours de développement, voir le **chapitre 4** et le **chapitre 7** avant de prendre des décisions essentielles qui sont fondamentales pour partir sur des bases solides.

Quel que soit le stade de développement, si nous prévoyons de cataloguer des livres ou d'autres documents à ajouter à la bibliothèque, il nous faudra des fournitures. Des fournitures peuvent être obtenues localement, mais si des articles spéciaux doivent être commandés, il faudra faire une liste des articles nécessaires et indiquer où les commander. (Voir le **chapitre 9** pour plus de détails sur le traitement et les fournitures.)

Services aux usagers

Si des documents sont actuellement empruntés, il faudra identifier le système d'archivage utilisé pour déterminer qui a les documents et quand ceux-ci doivent être retournés. (Voir la section « Services de diffusion » au **chapitre 11** pour plus de détails sur les politiques de diffusion.) Si l'on prévoit de faire un inventaire de la collection, il peut être utile de retourner tous les documents dans leurs emplacements respectifs, autant que possible.

Même si nous sommes dans une phase de transition, nous devrons déterminer quels services doivent continuer et si des réparations sont nécessaires sur les équipements avant que les services puissent être fournis.

Si la bibliothèque est en service, on sera en mesure de déterminer si les lecteurs peuvent utiliser le catalogue pour chercher des informations ou s'ils ont besoin d'instruction ou d'assistance pour le service de base. Les questions posées par les lecteurs permettront d'apprendre certains des besoins de référence des usagers de la bibliothèque et quels documents répondent à ces besoins. Cette interaction avec l'usager aidera à déterminer quels éléments futurs peuvent être ajoutés à la collection.

2

Administration

Qu'est-ce que l'administration ?

L'administration consiste à diriger, gérer et superviser une organisation ou un groupe de personnes. L'administrateur aide le personnel à bien travailler ensemble tout en essayant d'atteindre des objectifs communs. L'administrateur est également responsable de la division et de l'organisation du travail. Par exemple, lors du commencement d'une nouvelle bibliothèque, le rôle de l'administrateur consiste à élaborer un plan pratique pour l'organisation des ressources de la bibliothèque et à répartir le travail entre les employés de manière logique.

Des suggestions pour l'organisation des ressources de la bibliothèque seront données dans les chapitres suivants. Le présent chapitre explique la manière dont les bibliothécaires peuvent utiliser de bons principes d'organisation et de gestion pour atteindre avec succès les objectifs particuliers de leurs propres bibliothèques.

Quels sont les principes de base de l'administration ?

La plupart des problèmes rencontrés dans les bibliothèques pourraient être résolus en suivant ces principes de gestion de base :

1. Assurer l'unité de commandement.
2. Déléguer les responsabilités.
3. Énoncer la mission et développer des objectifs.
4. Déterminer les politiques et procédures.
5. Pratiquer l'art de prendre des décisions avisées.
6. Établir et favoriser une bonne communication.
7. Maintenir un flux de travail efficace qui met le personnel à contribution efficacement.

1. Assurer l'unité de commandement

Pour qu'il y ait une unité de commandement, tous doivent savoir qui est chargé de diriger et est, en fin de compte, responsable. Parfois, les employés se sentent plus à l'aise dans le travail en équipe et dans la prise de décisions en groupe. Dans ce cas, le rôle du comité est particulièrement important. Cependant, il est bon qu'une personne soit nommée pour présider le comité. Le groupe dans son ensemble sera responsable de tout travail effectué, mais le président devrait veiller à ce que le travail soit bien fait et dans un délai raisonnable.

Souvent, lorsque deux ou plusieurs personnes ont la même responsabilité pour un travail particulier, personne ne veut prendre l'initiative. On attend que l'autre commence. Ou alors, chacun essaye de faire le travail indépendamment sans demander conseil à l'autre. Plus tard, ils découvrent qu'ils sont en désaccord sur le travail qui a déjà été fait. Cela peut générer des conflits et une perte de temps considérable. Pour éviter de tels problèmes, une personne doit être désignée comme responsable.

Cependant, un bon administrateur souhaite que les membres du personnel participent activement au processus administratif. Lorsque des dirigeants capables et compétents écoutent les suggestions des membres du personnel, ceux-ci se sentent impliqués dans l'organisation. Ils seront souvent plus coopératifs et travailleront mieux ensemble en équipe.

2. Délégation des responsabilités

Le directeur de la bibliothèque donne l'exemple de bonnes habitudes de travail au reste du personnel de la bibliothèque. La participation à diverses tâches de la bibliothèque permet au directeur de bien connaître les défis du travail sur le terrain et aide le personnel à se rendre compte de l'importance des nombreuses tâches quotidiennes de la bibliothèque.

Partager l'autorité avec des responsables formés. La plupart des bibliothèques ont plus d'un employé, même s'il s'agit d'étudiants à temps partiel ou de bénévoles. Par conséquent, il est nécessaire que les bibliothécaires répartissent les différentes tâches de la bibliothèque entre eux. Il est bon que seules les tâches demandant le plus de formation et d'expérience soient données au personnel régulier et aux bibliothécaires. Les tâches plus simples et plus faciles à apprendre peuvent être données aux étudiants à temps partiel et aux bénévoles. Les bibliothécaires doivent être disposés à partager l'autorité avec les autres et peuvent s'attendre à ce que les assistants fassent preuve de responsabilité et rendent compte de leurs activités en retour.

Certains bibliothécaires en chef n'aiment pas déléguer. Ils pensent qu'ils vont perdre le contrôle de leurs employés et ne pas être en mesure de bien diriger le personnel de la bibliothèque. Ils peuvent même penser qu'ils perdront le respect de leurs employés s'ils sont considérés comme moins autoritaires.

Cependant, même dans les petites bibliothèques, il peut y avoir plus de travail qu'une seule personne ne peut superviser elle-même. Certaines responsabilités de direction devront être confiées à d'autres responsables fiables avec suffisamment d'autorité pour prendre les décisions nécessaires concernant ces responsabilités. Il est important de préciser à tout le personnel quand et pour quelles tâches l'autorité a été déléguée.

Par conséquent, une fois que les bibliothécaires ont délégué l'autorité à un responsable, ils ne devraient pas intervenir. Ils évitent ainsi de créer une méfiance et d'affaiblir l'autorité du responsable sur les autres employés. Cependant, les bibliothécaires devraient régulièrement vérifier les décisions prises par les responsables. Ils devraient également fournir des directives et une formation supplémentaire aux responsables si l'autorité déléguée n'est pas utilisée à bon escient ou que le travail n'est pas fait comme il se doit.

Si de telles directives deviennent nécessaires, il est bon de les donner d'une manière constructive et politiquement correcte. Toute réprimande devrait être faite en privé et non en présence d'autres employés. Dans certains cas, il peut être utile d'agir en présence d'une tierce personne neutre. La méthode culturellement acceptable de réprimande et de confrontation variera d'un pays à l'autre. Le principe reste le même : être attentif aux sentiments des employés et agir selon les coutumes de la communauté chrétienne locale.

Bien répartir les responsabilités entre les employés. Les bibliothécaires doivent décider quand diviser le travail entre plusieurs employés, ou quand combiner des tâches sous la responsabilité d'une seule personne. Ces décisions sont prises en fonction des besoins changeants de l'école ou de l'établissement desservi par la bibliothèque. Les bibliothécaires doivent également réfléchir soigneusement aux tâches qui devraient être données à quel employé en particulier. Aussi souvent que possible, les différences de personnalité, de compétences et de formation devraient être prises en compte. La charge de travail de chaque personne devrait être raisonnable et à peu près égale.

Une fois les tâches assignées, un responsable devrait expliquer chaque tâche au nouvel employé. Les débutants ne devraient être tenus responsables que de leurs tâches spécifiques. On évite autant que possible l'attribution de tâches qui se chevauchent.

Les étudiants à temps partiel et les aides bénévoles ne reçoivent généralement que quelques tâches clairement définies. À ce niveau, le travail est généralement plus spécialisé et répétitif. Il est parfois utile de donner aux nouveaux étudiants une idée de la quantité de travail qu'ils sont censés faire dans un certain laps de temps. En général, les exigences de travail ne sont pas les mêmes entre les bénévoles non rémunérés et le personnel rémunéré, mais les bénévoles doivent savoir que leur travail est important.

Les employés les plus expérimentés peuvent être responsables de plusieurs tâches différentes de la bibliothèque. En réalité, dans les petites bibliothèques, il est bon de former les employés réguliers au plus grand nombre de tâches possibles. Ainsi, ils peuvent temporairement effectuer la plupart des tâches si un employé est malade ou démissionne soudainement. Il faut néanmoins prendre soin de ne pas créer de confusion quant à savoir qui est responsable d'une tâche ou de minimiser l'importance des tâches habituelles de l'employé.

En assumant plus de responsabilités, les membres du personnel de la bibliothèque devraient pouvoir prendre des décisions de base concernant leur travail sans avoir à consulter constamment les bibliothécaires. Cela inspirera la confiance et affirmera la responsabilité, mais les décisions importantes devraient cependant être communiquées au responsable. Le personnel devrait être directement impliqué dans la formation et la supervision des étudiants à temps partiel et des bénévoles. Il est gratifiant pour la direction de la bibliothèque de voir le personnel prendre des décisions éclairées et en connaissance de cause.

Utiliser un organigramme administratif. Un organigramme administratif bien conçu peut aider à comprendre la manière dont les différents membres du personnel de la bibliothèque interagissent les uns avec les autres. Les bibliothécaires peuvent utiliser l'organigramme comme un outil pour aider l'ensemble du personnel à travailler plus efficacement ensemble. En effet, un organigramme permet de montrer plus clairement la division réelle des responsabilités parmi les employés. Les chevauchements ou les lacunes dans les responsabilités professionnelles ou les inégalités dans les charges de travail peuvent être plus facilement repérés et corrigés grâce à l'organigramme.

Un organigramme administratif devient plus significatif lorsqu'il reflète la situation réelle de la bibliothèque. Le présent ouvrage a été conçu à la fois pour les petites écoles bibliques post-primaires et pour de plus grandes écoles ou institutions post-secondaires. La plupart des petites écoles n'auront qu'un seul membre du corps enseignant comme bibliothécaire qui s'acquitte de la plupart des tâches avec l'aide du personnel étudiant.

L'organigramme administratif suivant montre une distribution possible des responsabilités pour une plus grande école ou une institution. Ce n'est pas un modèle à copier soigneusement, mais plutôt un guide pour nous aider à organiser les tâches de notre bibliothèque. Les niveaux de hiérarchie et d'autorité vont normalement du haut vers le bas et du milieu vers les côtés.

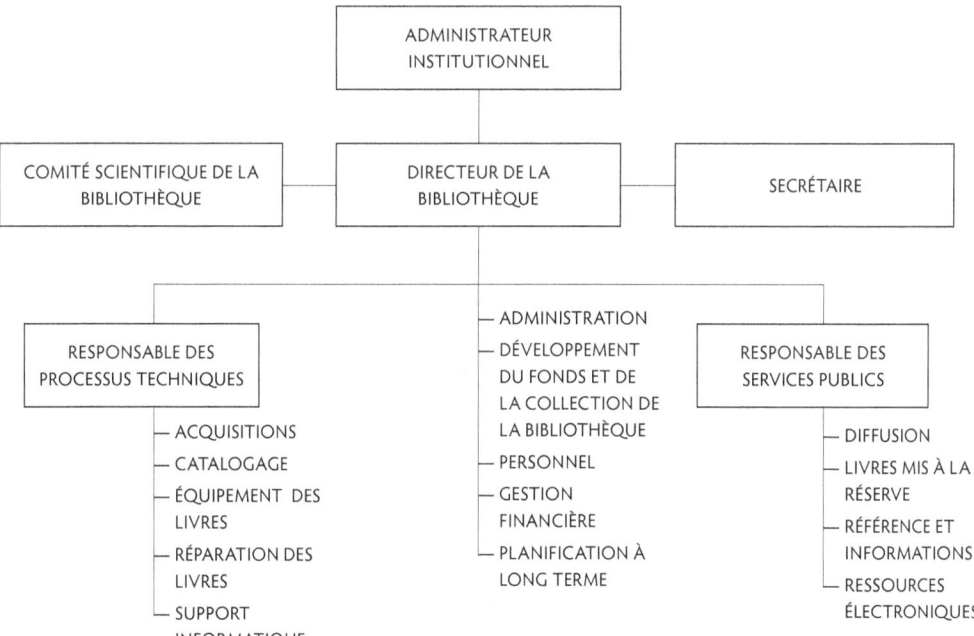

3. Énoncer la mission et développer des objectifs

Chaque bibliothèque doit avoir des objectifs bien définis. Afin de déterminer ces objectifs, il est important de se poser deux questions : 1) Pourquoi cette bibliothèque est-elle nécessaire ? et 2) Quelles ressources et quels services la bibliothèque devrait-elle fournir à l'école ? Les réponses à ces questions détermineront la mission de la bibliothèque. Un énoncé de cette mission présentera l'objectif principal de la bibliothèque et les moyens clés pour atteindre cet objectif à l'aide des ressources et des services.

Chaque département d'une école peut avoir des raisons différentes de vouloir une bibliothèque. Par conséquent, il est important que les bibliothécaires posent ces deux questions aux administrateurs, aux membres du corps professoral et aux étudiants. Les diplômés de l'école pourraient également donner des suggestions utiles. En répondant à ces questions, les raisons fondamentales pour disposer d'une bibliothèque devraient devenir claires. Ces buts et raisons généraux sont appelés « objectifs ».

Il serait impossible pour la bibliothèque d'atteindre tous les objectifs suggérés. Par conséquent, les bibliothécaires devraient travailler avec un comité scientifique de la bibliothèque pour déterminer quel est l'objectif général ou la mission de leur institution. En l'utilisant comme un guide, ils éliminent alors tous les objectifs spécifiques suggérés qui ne s'appliquent pas à l'institution. Les objectifs qui correspondent devraient être classés soit à court terme (six mois à un an), soit à long terme (deux à cinq ans), puis classés en fonction de leur importance.

Les objectifs peuvent être *pérennes* (permanents), *essentiels, primaires* ou *secondaires.* Ils devraient être énoncés d'une manière qui nous permet de savoir quand nous les avons atteints. Certains peuvent être mesurés qualitativement, d'autres quantitativement. Quelques-uns devront être évalués en posant des questions aux usagers de la bibliothèque.

Les questions suivantes aident à établir des priorités :

1. Quels objectifs sont absolument nécessaires pour répondre aux besoins immédiats de l'école ? Il s'agit des objectifs *essentiels.*
2. Quels objectifs devraient être atteints le plus rapidement possible afin de fournir les bases nécessaires à la croissance future ? Ce sont les objectifs *primaires.*
3. Quels objectifs peuvent attendre jusqu'à ce que plus de personnel et de fonds soient disponibles ? Ces objectifs sont *secondaires.* Cela ne signifie pas qu'ils ne sont pas importants ou peuvent être oubliés. Nous choisissons simplement de donner la priorité aux autres objectifs.
4. Quels sont les objectifs et les activités qui continueront d'une année à l'autre ? Ce sont des objectifs *pérennes.*

Répondre à ces questions en détail demandera beaucoup de temps et d'efforts. Tout le monde ne sera peut-être pas d'accord sur les réponses. Après avoir écouté attentivement, la direction de la bibliothèque peut devoir exercer son autorité pour choisir entre des objectifs concurrents. Cependant, le temps pris par les bibliothécaires et le comité scientifique de la bibliothèque pour écrire cette liste finale des objectifs immédiats et futurs est très important. Une planification minutieuse rendra la possibilité de succès beaucoup plus grande. Ne pas prendre le temps de planifier gaspille un temps précieux et de l'argent sur des éléments non essentiels.

Une fois les objectifs fixés, ils devraient être revus régulièrement. Un examen annuel est réaliste et pratique. Les écoles se développent et vont dans de nouvelles directions. Par conséquent, il peut s'avérer nécessaire de réviser les objectifs pour s'adapter à ces conditions changeantes. Les bibliothécaires doivent vérifier régulièrement si les objectifs de base sont réellement atteints. Lorsque ce processus est suivi, la bibliothèque et ses services se développeront de manière plus ordonnée.

Les objectifs individuels en matière de ressources et de services seront énumérés dans les chapitres traitant des différents types de tâches de la bibliothèque. Cependant, l'exemple suivant d'une déclaration de mission générale pour la petite bibliothèque d'une école peut nous aider à commencer à écrire la nôtre.

Figure 2.1 Exemple de déclaration de mission

La déclaration de mission de la bibliothèque de l'école XYZ

La mission de la bibliothèque de l'école XYZ est de fournir les ressources et les services nécessaires à la croissance académique et spirituelle de ses étudiants alors qu'ils se préparent à devenir des pasteurs et des responsables chrétiens dans l'Église de Jésus-Christ.

Afin d'accomplir cet objectif, la bibliothèque s'engage à :

1. Fournir une collection équilibrée d'ouvrages de référence.
2. Fournir une collection de qualité d'ouvrages et de documents traitant spécifiquement des études bibliques, de la théologie historique et systématique, des missions, de l'évangélisation et des ministères pastoraux.
3. Fournir les ressources nécessaires aux efforts de service pratique des étudiants dans l'enseignement, la prédication et l'évangélisation.
4. Fournir une aide à la recherche et une initiation à l'utilisation des ressources.
5. Fournir un espace confortable, tranquille et bien éclairé propice à l'étude.
6. Former les futurs responsables chrétiens à la collecte d'informations, à la recherche et à l'étude pour leur permettre de poursuivre leurs recherches tout au long de leur vie de ministère.

4. Déterminer les politiques et procédures

Politiques. Une politique est un guide verbal ou écrit qui décrit une exigence, une pratique ou les limites dans lesquelles travaille un administrateur ou un responsable de bibliothèque. Elle indique clairement quels employés sont sous la direction de quel responsable en particulier. Elle explique également quels types de mesures chaque responsable a le pouvoir de prendre et quelles décisions peuvent être prises sans consulter un supérieur. Il est préférable que toutes les politiques soient écrites dans un seul document ou organisées dans un classeur.

Lorsque les politiques de la bibliothèque ne sont pas claires, le personnel peut perdre du temps et de l'énergie. Par exemple : deux administrateurs prennent des décisions différentes concernant le même problème ; ou alors, un responsable, sans le savoir, reprend un travail qui a été confié à l'origine à un autre. Les employés peuvent être déroutés par des directives contradictoires émanant de deux responsables différents.

Deux types principaux de politiques sont : 1) ***imposés de l'extérieur*** et 2) ***contrôlés de l'intérieur***.

1) ***Politiques imposées de l'extérieur*** : celles qui proviennent d'une autorité supérieure extérieure.
    a. Certaines politiques peuvent être imposées à la bibliothèque. Les bibliothécaires doivent obéir à des politiques fermes imposées de l'extérieur. Par exemple :
        - 10 % de frais de douane sur tous les nouveaux livres importés ;
        - une loi sur le droit d'auteur qui ne permet pas aux enseignants de faire des copies de textes cités pour la classe ;
        - la norme minimale de l'association d'accréditation nationale de 2 000 volumes dans la collection générale d'une bibliothèque.
    b. D'autres politiques peuvent être établies pour se conformer à des normes externes largement acceptées. Il n'est pas obligatoire de les suivre, mais il y a des avantages à le faire. Par exemple :
        - Le système de classification décimale de Dewey ;
        - *Règles de catalogage anglo-américaines*, 2e édition (AACR2).
2) ***Les politiques contrôlées de l'intérieur*** : celles qui proviennent de l'institution.
    a. Les règles officielles écrites proviennent des objectifs de la bibliothèque basés sur l'énoncé de mission. En général, elles sont rédigées par le directeur de la bibliothèque après consultation avec le personnel, puis discutées et approuvées par le comité scientifique de la bibliothèque. (Le rôle d'un comité scientifique de bibliothèque devrait être de conseiller, non de diriger la bibliothèque, bien qu'il puisse être impliqué dans l'évaluation du fonctionnement de la bibliothèque ou de la performance du directeur de la bibliothèque.) Ces politiques traitent des objectifs permanents plus importants de la bibliothèque dans son ensemble. Par exemple :
        - La bibliothèque achètera au moins 200 nouveaux livres chaque semestre.
        - Tous les comptes seront audités deux fois par an.
        - Les livres mis à la réserve ne doivent jamais être empruntés en dehors de la bibliothèque.
    b. Les politiques non officielles et non écrites se développent lentement à partir d'actions fréquemment répétées. Ces habitudes peuvent devenir des traditions non écrites. Les employés plus âgés les mettent en œuvre machinalement et ne les expliquent pas forcément aux nouveaux employés. Parfois, il est difficile pour un nouvel employé d'être sûr de ce qui est attendu de lui quand de telles traditions ne sont pas écrites. Par exemple :
        - Pas de conversation dans la salle de lecture mais la conversation est permise dans le bureau du personnel.
        - Seulement deux repas du personnel ensemble chaque année : à Noël et à l'occasion de la Journée des enseignants.
        - Seuls les doctorants peuvent utiliser un ordinateur de la bibliothèque pour la saisie de leur thèse.
        - Aucun employé étudiant n'est autorisé à posséder des clés de bibliothèque ou à accéder à la petite caisse du personnel.

Lorsque trop de politiques sont implicites et ne sont pas écrites, la bibliothèque ne fonctionne pas correctement, car chaque personne peut avoir une idée différente de la politique.

Une fois que les politiques sont décidées par les bibliothécaires et le comité scientifique de la bibliothèque, elles doivent être mises en œuvre. Le plus souvent, c'est le personnel régulier à long terme qui s'en charge. Il doit appliquer les décisions à leur propre situation et aussi les expliquer aux étudiants et aux bénévoles.

Pour être plus efficaces, les politiques devraient refléter avec précision les objectifs de la bibliothèque. Elles devraient être écrites clairement afin d'être facilement expliquées aux employés. Elles doivent être référencées régulièrement et appliquées de manière cohérente, afin que la bibliothèque fonctionne de manière efficace et prévisible.

Cependant, il faut garder à l'esprit que les politiques de la bibliothèque, comme les objectifs, doivent être revues, mises à jour et réécrites à mesure que la bibliothèque se développe et que son rôle change au sein de l'institution.

Procédures. Une procédure est un guide pour accomplir une tâche. Elle est plus spécifique qu'une politique et est plus facile à standardiser. Elle explique comment les tâches simples et répétitives doivent être accomplies. Par exemple :

- Listes des procédures pour la recherche et la commande de ressources pour la bibliothèque.
- Guide pratique étape par étape sur les conditions de prêt d'articles à des emprunteurs.
- « Conseils utiles » sur la mise en rayon des livres sur les rayonnages et la recherche d'objets perdus.
- Manuel illustré pour la réparation des documents endommagés.

Des manuels donnant des instructions complètes devraient être élaborés pour chaque tâche régulière énumérée dans la description de poste d'un employé. Pour ce faire, l'employé qui maîtrise bien la tâche en question devrait écrire le processus réel étape par étape. Si nécessaire, des exemples et des dessins doivent être inclus dans le manuel. Avant que la version finale ne soit imprimée, un nouvel employé devrait lire le manuel d'instructions et essayer d'effectuer la tâche sans l'aide de l'employé expérimenté. Les étapes qui prêtent à confusion ou sont ambiguës devraient être notées et corrigées.

En suivant des procédures écrites, plusieurs employés qui effectuent la même tâche produiront un travail qui est cohérent avec celui effectué par d'autres ainsi que par les employés précédents. Ceci est particulièrement important lorsque de nombreux détails sont impliqués, tels que la saisie et le classement des fiches.

Règles et règlements. Les règles et règlements détaillent les lignes de conduite spécifiques et nécessaires qui doivent être suivies dans une situation particulière. Par exemple :

- Ne pas manger dans la bibliothèque.
- Pas de prêt d'ouvrages de référence en dehors de la bibliothèque.
- Les livres de la réserve sont prêtés pour seulement deux heures à la fois pour permettre à un maximum d'usagers d'y avoir accès.

Les règles ne sont pas élaborées pour traiter des situations inhabituelles ou exceptionnelles. Elles sont plutôt conçues pour fournir un service juste et cohérent. Cela inclut la protection des ressources de la bibliothèque pour les futurs usagers, bien que le personnel doive se rappeler que le but de la bibliothèque est d'être utilisée. Les règles peuvent être proposées par n'importe quel employé, mais doivent être approuvées par le responsable approprié avant d'être appliquées. Il est bon d'afficher ces règles là où elles peuvent être facilement vues et consultées. Au fur et à mesure que de nouvelles règles sont ajoutées, elles devraient être communiquées aux membres du personnel, aux professeurs et à l'ensemble des étudiants.

5. Pratiquer l'art de la prise de décision avisée

Une partie importante du rôle d'un administrateur consiste à prendre des décisions. Une chose qui semble au premier abord être un problème peut s'avérer être une opportunité. Les décisions devraient être fondées sur les politiques établies précédemment par l'institution. La façon dont les décisions sont prises peut varier d'une école à l'autre. Par conséquent, il est important d'identifier le processus décisionnel utilisé dans l'établissement en question. Même en suivant ce processus, prendre de bonnes décisions ne devient pas automatique. C'est une compétence qui s'apprend – nécessitant bienveillance et courage.

La prise de décision. Une bonne prise de décision est la capacité de faire de bons choix. Ces choix sont basés sur l'étude et l'analyse minutieuses des informations pertinentes. Des alternatives possibles sont évaluées, et l'action considérée comme pratique et efficace pour résoudre un problème particulier est finalement choisie. On ne peut pas toujours prédire les effets d'une décision. Avec le temps et le recul, certaines décisions semblent mauvaises. Une caractéristique d'une bonne direction est la capacité de prendre des décisions avisées et d'accepter les conséquences des mauvaises décisions. Les dirigeants inefficaces retardent les décisions inutilement ou ne parviennent pas à en prendre du tout.

Qui devrait prendre les décisions ? Les décisions peuvent être prises par des personnes ou des groupes. Comme les décisions individuelles peuvent être prises plus rapidement, les décisions concernant les tâches quotidiennes de base sont généralement prises de cette manière. Les décisions impliquant la simple application des règles et procédures établies sont généralement incluses dans cette catégorie. Dans une situation d'urgence, une autorité de haut niveau peut également prendre une décision individuelle rapide.

Souvent, une décision particulièrement importante touchera plusieurs groupes de personnes. Dans de tels cas, il est bon d'inclure des membres de chaque groupe dans le processus de prise de décision. Lorsque plusieurs options sont recherchées ou lorsqu'un investissement financier important est envisagé, il peut être judicieux de demander l'avis d'un groupe avant qu'une décision finale ne soit prise.

Que la décision soit prise par une personne ou un groupe dépendra aussi du style de prise de décision utilisé dans le contexte social local. Les décisions concernant un problème particulier doivent être prises par le niveau d'autorité le plus naturellement concerné par le problème, le plus apte à le résoudre, ou portant la plus grande responsabilité quant aux retombées de la décision.

Principes pour une bonne prise de décision :

1. On évite les décisions rapides de dernière minute en planifiant à l'avance.
2. Si l'on ne connait pas suffisamment le sujet, on demande l'avis d'un expert.
3. On demande les opinions et les conseils des autres, mais on suit aussi sa propre intuition.
4. Se rappeler l'importance des personnes. Lorsque l'on compare les coûts et les avantages pour l'être humain, les besoins des personnes doivent, dans la mesure du possible, recevoir la plus haute priorité.

Processus de prise de décision suggéré :

1. Énoncer clairement le problème.
2. Faire une distinction claire entre les exigences absolues et les aspects souhaitables d'une solution.
3. Donner la priorité à la liste des aspects souhaitables en fonction de leur importance.
4. Rassembler toutes les informations concernant le problème.
5. Si nécessaire, retarder la prise de décision jusqu'à ce que d'autres éléments importants puissent être recueillis.
6. Rechercher activement les suggestions des autres.
7. Éliminer les solutions qui ne conviennent clairement pas.
8. Examiner attentivement les avantages et les inconvénients des solutions les plus prometteuses. (Faire une liste des avantages et des inconvénients.)
9. En utilisant la liste d'exigences et de priorités comme guide, sélectionner le choix qui semble le plus approprié.
10. Si nécessaire, soumettre la solution proposée à l'autorité supérieure appropriée pour approbation finale.
11. Une fois l'approbation donnée, exécuter la décision ou confier cette responsabilité à la personne ou au service approprié.
12. Après un délai raisonnable, vérifier si la décision a été prise correctement et avec succès.

6. Établir et favoriser une bonne communication

Externe. Dans les grandes institutions, les bibliothécaires peuvent être des professionnels hautement qualifiés. Dans de tels cas, les bibliothécaires pourraient être directement inclus dans le processus décisionnel administratif de l'institution. Par exemple, il serait utile que les bibliothécaires participent aux décisions concernant le budget annuel, les plans financiers à long terme et les calendriers des événements universitaires et du campus.

Les bibliothécaires devraient également être impliqués dans les décisions académiques concernant de nouveaux cours ou programmes d'études. Il est important que le personnel de la bibliothèque soit tenu informé des changements bien à l'avance, afin d'avoir suffisamment de temps pour recueillir les ressources nécessaires pour les nouveaux cours. C'est particulièrement utile dans les contextes ruraux où du temps supplémentaire est nécessaire en raison des retards fréquents dans le service postal. Il faut également prévoir du temps pour l'envoi des commandes, l'échange des devises et le paiement des droits de douane.

Une communication régulière avec les administrateurs des institutions ainsi qu'avec les responsables externes de la communauté et du gouvernement local est absolument nécessaire pour que la bibliothèque fonctionne correctement dans l'ensemble du programme de l'école et de la communauté environnante.

Si l'école est très petite, les bibliothécaires peuvent avoir une formation et une expérience limitées et ne pas être qualifiés pour participer aux décisions administratives. Dans certains cas, la structure administrative d'une institution ne permet même pas aux bibliothécaires hautement qualifiés de participer au processus décisionnel. Dans ce cas, il est important que les bibliothécaires communiquent régulièrement avec les autorités externes qui prennent des décisions concernant la bibliothèque. De cette façon, les autorités seront au courant des besoins de la bibliothèque afin de fournir un service adéquat aux étudiants, aux professeurs et au personnel. Bien informés, ils garderont à l'esprit ces besoins lorsqu'ils prendront des décisions budgétaires et personnelles.

Interne. Dans une petite bibliothèque, tout le personnel devrait avoir des réunions régulières pour discuter des problèmes actuels et des questions d'intérêt général. Chaque membre du personnel devrait être encouragé à faire des suggestions de changement et à donner son avis sur les politiques et objectifs actuels. Lors de ces réunions, le personnel devrait être régulièrement informé des nouvelles décisions et des changements de politique qui affecteraient leur travail.

La communication entre l'administrateur de la bibliothèque et le personnel devrait se produire fréquemment. La communication entre les employés et l'administration est facilitée au moyen de notes de service, de rapports et/ou de réunions individuelles. Une atmosphère positive de confiance, d'intérêt et de préoccupation mutuels doit être encouragée.

7. Maintenir un flux de travail efficace qui met le personnel à contribution efficacement

La planification est un facteur clé pour disposer d'une bibliothèque efficace et efficiente. À l'aide de la description de poste de chaque employé, on devrait être en mesure de déterminer combien de temps devrait être consacré à chaque tâche assignée. Une fois que les membres du personnel ont reçu une formation complète, il leur est facile d'estimer le temps nécessaire pour accomplir les tâches comprises dans leurs descriptions de postes.

Lorsque le temps nécessaire pour accomplir une tâche est connu, le responsable peut travailler avec chaque employé pour planifier un horaire de travail réaliste. Cela devrait être fait avec chaque membre du personnel, à temps plein et à temps partiel.

L'emploi du temps de chaque employé comprendrait des objectifs à court et à long terme. Le plan de chaque département doit également inclure des objectifs réalistes et flexibles. Planifier le travail de manière à ce que les choses les plus importantes soient réalisées en premier. Si les circonstances changent, les tâches les plus importantes auront été accomplies.

Les objectifs doivent également être précis et mesurables. On pourrait estimer, par exemple, combien de descriptions, de vedettes-matière et de numéros de classification un catalogueur serait en mesure de terminer avec précision en une semaine. De telles estimations aideraient les bibliothécaires à assigner le bon nombre d'employés pour chaque tâche.

En sachant à peu près combien de travail on s'attend à ce qu'ils accomplissent en une semaine, les employés seront capables de se dépasser. En outre, le responsable sera en mesure de tester l'estimation initiale de la quantité de travail réellement possible et d'ajuster les objectifs et les priorités à long terme en conséquence. La bibliothèque est avant tout un service public. En établissant des objectifs spécifiques, il ne s'agit pas d'augmenter la production, mais plutôt d'améliorer les services fournis aux usagers de la bibliothèque grâce à une meilleure planification.

Un employé préfère souvent certaines tâches à d'autres. Par conséquent, il y a une tendance à consacrer plus de temps aux tâches préférées et moins de temps aux tâches moins appréciées. Une partie du travail du responsable consiste à vérifier que toutes les tâches assignées sont accomplies. Dans le cas contraire, le responsable devrait aider l'employé à faire les ajustements nécessaires. Les tâches moins appréciées devraient être partagées entre plusieurs employés. Lorsque cela est possible, les employés peuvent être autorisés à échanger certaines tâches selon leurs préférences personnelles. Cependant, il est important que ces changements soient approuvés par le responsable. Dans de tels cas, les descriptions de poste doivent être mises à jour.

Gestion du personnel
Recrutement du personnel

Qualifications générales. Le choix du personnel de la bibliothèque est très important. Une bibliothèque est un service. Par conséquent, l'attitude du personnel vis-à-vis de son travail et le type de service qu'il offre aux usagers de la bibliothèque ont une incidence directe sur son succès. Le personnel de la bibliothèque devrait être chaleureux, sincère, attentionné et avoir un esprit coopératif. Dans le travail de bibliothèque, les petits détails sont très importants, il est donc essentiel que le travail soit fait correctement.

Les compétences spécifiques nécessaires au travail dans la bibliothèque seront assez différentes selon la tâche à accomplir. Elles comprennent généralement la rigueur, l'exactitude dans les détails et la flexibilité.

L'exactitude dans les détails est la plus importante de ces compétences. Par exemple, si une cote est incorrectement écrite au verso d'un livre, le livre ne sera pas bien classé dans la bibliothèque. Si les noms et prénoms d'un auteur ne sont pas tapés dans l'ordre inverse dans le catalogue, une personne recherchant le livre par le nom de l'auteur ne le trouvera pas. Ou encore, si le premier mot d'un titre est mal orthographié, l'entrée sera mal classée. Une simple faute de frappe dans l'ordinateur ne permettra pas au document d'être listé dans une recherche par mot-clé. De telles erreurs font qu'il est difficile pour les usagers de trouver les documents nécessaires.

Avoir des exigences en matière de qualifications peut être utile pour certains postes de la bibliothèque. Lorsque cela est possible, les employés devraient avoir terminé leurs études secondaires ou l'équivalent. Dans de nombreux endroits, il est peu réaliste de s'attendre à ce que les nouveaux employés possèdent déjà une formation en bibliothèque ou de l'expérience. Ainsi, un programme complet de formation continue est nécessaire.

Souvent, le choix des employés de la bibliothèque n'est pas fait par les bibliothécaires. Dans ce cas, il est important que les personnes responsables du recrutement comprennent l'importance de sélectionner soigneusement les personnes affectées à la bibliothèque. Les bibliothécaires devraient pouvoir refuser des employés s'ils ne sont pas qualifiés pour le travail.

Certaines procédures peuvent faciliter le processus d'embauche si elles sont suivies.

Voici quelques suggestions :

1. Préparer une description de poste écrite. Dans cette description, définir les compétences requises, énumérer les responsabilités du poste et décrire chaque aspect du travail à effectuer. Si une formation au métier est nécessaire, elle doit être indiquée.
2. Suivre les procédures de demande établies par l'institution. Afficher ou annoncer le poste à pourvoir. Expliquer clairement comment une personne intéressée peut postuler pour le poste et donner la date finale à laquelle les demandes devront être reçues.
3. Passer en revue les candidatures et vérifier que les informations personnelles sont complètes comme le nom, l'adresse, les coordonnées, le numéro d'identification, les permis de travail, les antécédents scolaires, l'expérience professionnelle et les références. Une déclaration écrite des compétences et des raisons pour postuler à un emploi spécifique peut également être demandée aux candidats.
4. Faire passer un entretien aux personnes intéressées par le poste. L'entrevue devrait inclure une conversation informelle pour faire connaissance avec la personne et l'aider à se sentir à l'aise. C'est l'occasion de décrire plus en détail les exigences du poste, poser des questions sur les informations contenues dans le formulaire de candidature et expliquer les conditions d'emploi. Une visite de l'école et de la bibliothèque pourrait également être incluse.
5. Tester les compétences de chaque candidat. Quelques tests simples peuvent aider à déterminer leur niveau de compétences. On peut inclure un test de dactylographie, le tri par ordre alphabétique de fiches d'auteur et de titre, la relecture d'une liste d'entrées de catalogue, la photocopie avec précision et l'utilisation du catalogue. Si des compétences informatiques de base sont requises, on peut demander au candidat d'allumer l'ordinateur, d'ouvrir une application de traitement de texte, de taper un échantillon de texte et d'exécuter une demande d'impression. Concevoir d'autres tests simples si la connaissance d'applications logicielles spécifiques telles qu'une feuille de calcul est requise.
6. Sélectionner le meilleur candidat pour le poste et donner les détails de l'emploi à la personne choisie. C'est un bon moment pour donner des informations sur le premier jour de travail, les horaires de travail, les exigences du poste, la formation, le salaire et les avantages.

Former le nouvel employé

Une fois sélectionné, le nouvel employé doit être présenté aux autres employés et familiarisé à la bibliothèque et au travail spécifique. Au cours de cette période, toute formation professionnelle nécessaire aura également lieu. Les étapes impliquées varieront selon la situation. Cependant, il faudra probablement inclure :

Initiation générale. L'employé fait une visite guidée de l'ensemble de l'établissement. Les buts, les objectifs et la philosophie de l'institution sont également expliqués lors de cette visite.

Ensuite, une visite plus approfondie de la bibliothèque est donnée. Les membres du personnel sont présentés, et leurs tâches sont brièvement décrites. Un espace de travail est attribué au nouvel employé et des dispositions pratiques concernant l'heure d'arrivée et de départ du travail, les pauses et les heures de repas sont prises.

Formation professionnelle spécifique. Le nouvel employé reçoit une initiation complète à son nouvel emploi. Chaque partie de la description du poste doit être expliquée en détail. Le parcours d'intégration devrait comprendre :

1. L'enseignement des aspects les plus simples et les plus élémentaires du travail.
2. L'explication en détail de chaque tâche et une démonstration de la réalisation de chaque tâche.
3. La mise en pratique de chaque nouvelle tâche avant de passer à la suivante.

Un manuel décrivant chaque tâche et donnant des instructions étape par étape sur la façon de l'exécuter devrait être donné aux nouveaux employés. S'il n'existe pas un tel manuel, il serait utile que le responsable en prépare un. Le nouvel employé pourrait dire au formateur quelles instructions ne sont pas claires, ou quelles parties du travail ne sont pas mentionnées. Après révision, les manuels pourraient être utilisés chaque fois qu'un nouvel employé est formé.

Le rôle du responsable dans la formation. Le responsable veille à ce que tout nouveau membre du personnel soit adéquatement formé pour le travail. Pour ce faire, le responsable doit prévoir suffisamment de temps pour la formation. Des consignes sur les détails du travail à accomplir à ce stade permettront au nouvel employé de bien travailler et de se sentir plus confiant.

Si un employé expérimenté est disponible pour aider à la formation, il faut prendre soin de bien définir ce qui sera enseigné et les limites de temps qui seront suivies. Le responsable demeure responsable de la formation globale de tous les nouveaux employés.

Quelques conseils pour le formateur (responsable ou employé expérimenté) :

1. Planifier la formation avec soin, en s'appuyant sur ce que l'employé sait déjà.
2. Former en montrant et en expliquant. Le nouvel employé doit essayer de faire le travail, puis faire vérifier son travail pour voir s'il est fait correctement.
3. S'attendre à ce que le nouvel employé fasse des erreurs. Faire preuve de patience et faire des commentaires constructifs. Un nouvel employé qui est mal à l'aise a plus de difficulté à se souvenir des détails.
4. Donner le bon exemple. Admettre ses propres erreurs. Un employé qui respecte l'intégrité et l'honnêteté d'un responsable sera un meilleur employé.
5. Traiter le nouvel employé comme un membre de l'équipe. Encourager les questions et les commentaires.
6. Planifier des temps d'interaction sociale non liés au travail, si le formateur le juge bon.
7. Traiter rapidement les problèmes de discipline.
8. Ne montrer aucun préjugé ou partialité. Juger l'employé sur sa performance au travail. Encourager les nouveaux employés en faisant l'éloge de leurs efforts lorsqu'une tâche est bien faite ou qu'un objectif est atteint.

Évaluation de la performance

L'une des responsabilités d'un responsable est de s'assurer que le personnel de la bibliothèque effectue le travail nécessaire et qu'il le fait correctement. Les responsables s'assurent que tous les membres du personnel comprennent leurs tâches et l'importance de ces tâches pour la raison d'être de la bibliothèque dans l'ensemble. Une évaluation semestrielle ou annuelle donne au responsable une occasion d'examiner le travail de chaque membre du personnel.

Il est conseillé d'effectuer l'évaluation de la performance d'un nouvel employé après trois mois. Cette évaluation peut ne pas être aussi approfondie qu'une évaluation annuelle, mais devrait inclure certains des mêmes éléments. Cela devrait permettre à l'employé de poser des questions au responsable et d'examiner les problèmes éventuels.

Les évaluations peuvent être des discussions informelles ou des rapports écrits plus officiels, ou les deux. Les responsables peuvent souhaiter faire une liste de questions. Il peut être approprié de fournir des questions similaires aux employés pour leur auto-évaluation. Cela favorise une discussion constructive et honnête. Toutes les évaluations devraient se dérouler d'une manière aussi rassurante que possible. Si elles sont considérées comme faisant partie d'un processus visant à rendre la bibliothèque plus efficace, les membres du personnel les accepteront plus facilement. Il ne faut pas s'attendre à ce que les employés de la bibliothèque soient responsables de plus que les tâches pour lesquelles ils ont été formés. Certaines choses à rechercher sont :

1. Une bonne attitude de la part du membre du personnel.
2. Une volonté d'aider les usagers de la bibliothèque.
3. Connaissance des exigences spécifiques du poste.
4. Bonnes habitudes de travail, y compris présence régulière et forte productivité.

Les évaluations nous aident à découvrir si le personnel de la bibliothèque est efficace. Elles peuvent également aider les employés de la bibliothèque à s'améliorer. Toute zone de faiblesse peut être discutée et des mesures prises pour améliorer ou corriger le problème. Ainsi, la bibliothèque et la personne bénéficient toutes deux de l'évaluation.

L'institution peut avoir des politiques et des procédures en place pour les évaluations du personnel et les raisons valables pour le licenciement de membres du personnel. Si c'est le cas, il faut suivre ces recommandations.

Dossiers du personnel

Le directeur de la bibliothèque conserve généralement un fichier sur chaque employé de la bibliothèque. Tous les documents importants concernant les employés sont ainsi conservés ensemble en un seul endroit. Le dossier peut comprendre la lettre de candidature, les lettres de recommandation, la lettre d'acceptation, les conditions d'emploi, la description du poste et les notes d'entrevues ou d'évaluations personnelles liées au travail. Des notes de félicitations pour un travail de qualité et des comptes rendus de mesures disciplinaires (souvent appelées un dossier d'incident) pourraient également être conservées ici. Ces documents sont de nature confidentielle et doivent être conservés dans un classeur, verrouillé ou non, et mis à la disposition exclusive des administrateurs autorisés. Ces dossiers peuvent également être utilisés pour l'octroi de promotions aux membres du personnel.

Le budget
Définition

Un budget est un plan de financement pour payer les salaires, acquérir des ressources et du matériel et surveiller d'autres dépenses sur une période déterminée. Dans la plupart des écoles, le budget est une estimation des dépenses pour une période d'un an. Les dates de début et de fin de l'année budgétaire peuvent différer d'une école à l'autre.

Remarque : La section suivante peut ne pas s'appliquer à notre situation. Parfois, une personne de l'école s'occupe d'effectuer tous les achats pour l'école ou d'autres procédures locales doivent être suivies.

Les informations budgétaires suivantes sont principalement conçues pour les grandes bibliothèques qui ont un certain contrôle sur leurs propres finances.

Types de budget

Il existe deux principaux types de budgets : budget d'investissement et budget de fonctionnement. Un budget d'investissement couvre les nouveaux bâtiments, la rénovation et les achats importants d'équipement et de mobilier. Ce sont généralement des dépenses importantes et moins fréquentes. Un budget de fonctionnement comprend toutes les dépenses courantes nécessaires au bon fonctionnement des services de la bibliothèque : frais de personnel, fournitures et prestations de service.

Un budget est un outil de planification. La préparation du budget a deux objectifs principaux. Premièrement, en utilisant l'expérience passée, un budget prévoit le coût de maintien ou d'augmentation des services actuels. Les taux d'inflation et d'autres facteurs économiques sont importants à considérer dans cette planification.

Deuxièmement, la préparation du budget donne l'occasion de trouver un soutien financier pour de nouveaux programmes et services. Ces nouveaux programmes et services peuvent être décrits dans un plan à long terme pour la bibliothèque ou pour l'école dans son ensemble. Ils peuvent se concentrer sur le soutien de la bibliothèque pour les nouveaux cours et les matières principales du programme, les collections spéciales pour la recherche, les exemplaires multiples de manuels pour fournir une sélection de livres mis à la réserve, ou les ordinateurs pour la recherche sur Internet et la rédaction. Les bibliothécaires devraient être au courant de tout nouveau programme qui nécessite des documents de recherche coûteux. Les bibliothécaires doivent demander l'aide de l'administration pour financer ces programmes et services.

24 La gestion d'une bibliothèque

Le budget par poste de dépenses

Le *budget par poste de dépenses* est une forme courante de budget de fonctionnement. Chaque élément du budget est répertorié sur une ligne séparée. Cela permet de diviser les dépenses en différentes catégories. C'est un moyen facile pour planifier d'année en année. Les coûts augmentent fréquemment dans un domaine plus que dans un autre. Le budget par poste de dépenses permet aux bibliothécaires de demander des augmentations budgétaires si besoin pour bien subvenir aux besoins du personnel, des collections et des services.

Lorsque l'on commence les prévisions budgétaires, il est utile de revoir les objectifs pour l'année à venir. On peut ensuite estimer les coûts de tous les projets spécifiques, justifier toute demande particulière et expliquer les changements importants à l'administration de l'école.

Les principales catégories de dépenses dans le budget sont les salaires et les avantages sociaux, le matériel de bibliothèque, les fournitures de catalogage et de traitement, les fournitures de reliure et de réparation de livres, les fournitures de bureau, l'équipement mineur et les autres dépenses générales. Ces grandes catégories peuvent être divisées en sous-catégories plus petites. Chaque catégorie, ou élément, devrait être utile pour la planification de la bibliothèque et la présentation de rapports à des organismes externes comme les associations d'accréditation.

Les catégories qui peuvent se trouver dans le budget de l'année en cours sont affichées dans la « Feuille de travail du budget » (Figure 2.2). Ce tableau fournit un exemple de budget par poste de dépenses, d'historique budgétaire, de statut de l'année en cours et de prévision budgétaire. Chaque poste est identifié avec les dépenses de l'année précédente, le budget autorisé pour l'année en cours et le budget prévu pour l'année suivante. Ce formulaire de budget peut être créé dans un livre de comptes ou dans une feuille de calcul informatisée (comme Microsoft Office Excel ou Open Office Spreadsheet), qui fournit un outil pour manipuler et calculer les données. En utilisant une feuille de calcul, on peut facilement stocker et comparer les données des années précédentes et créer différents cas de figure pour les prévisions budgétaires.

Les demandes de budget sont normalement soumises plusieurs mois avant la fin de l'année fiscale en cours. Lorsque l'on calcule les dépenses prévues pour l'année en cours, on estime les dépenses pour les mois restants de l'année fiscale. On ajoute ensuite cette estimation aux dépenses réelles déjà engagées. Cette somme fournit les informations les plus à jour pour demander le budget de l'année prochaine.

Explication des postes de dépenses et « Demande de budget pour l'année prochaine »

Les salaires. Les situations locales déterminent le montant du salaire à budgétiser. Si l'école autorise une augmentation de salaire pour tout le personnel, cet ajout apparaît dans chaque catégorie de salaire de la colonne « Demande de budget ».

Les avantages sociaux. L'école peut fournir une couverture santé à tous les employés à temps plein. Si le coût de la police d'assurance augmente, ce montant peut devoir être ajouté au budget de la bibliothèque pour tout membre du personnel qui reçoit cet avantage.

Ressources. Pour mieux comprendre la planification budgétaire, un exemple est donné à la figure 2.2 sous la rubrique « Ressources ». Le tableau montre que les dépenses réelles dans « Livres et brochures » et dans « Périodiques » étaient légèrement supérieures au budget autorisé. Les catégories « Audiovisuels », « Microformes » et « Ressources informatisées » étaient légèrement inférieurs au budget, tout comme « Reliure ». Dans la colonne « Budget de l'année en cours », les montants budgétaires « Livres » et « Périodiques » ont été augmentés. (Les prix des périodiques ont augmenté d'environ 10 % par an depuis les années 1980.) La « Demande de budget pour l'année prochaine » reflète les augmentations des « Livres », des « Périodiques » et des « Ressources informatiques ».

Par exemple, supposons que deux nouveaux cours seront ajoutés au programme d'études de la prochaine année scolaire. La bibliothèque demande alors une augmentation de 450 unités de monnaie locale. La demande comprend 200 livres pour soutenir ces nouveaux cours et prévoit une augmentation générale de 250 livres. Ainsi, la demande de budget pour l'année prochaine est de 4 700,00 plutôt que de 4 250,00 du budget de l'année en cours.

Les abonnements périodiques coûtent 85 unités de plus que le budget de l'année en cours, même si ce poste a été augmenté de 200 par rapport à l'année précédente. Une augmentation de budget de 250 est requise pour maintenir ces abonnements, portant la demande de budget des périodiques à 2 250.

Pour équilibrer certaines des nouvelles dépenses, la bibliothèque réduit les achats de documents audiovisuels, de brochures et de microformes. Au cours de l'année, moins de ressources audiovisuelles et de microformes ont été achetées.

Fournitures de reliure et de réparation. Ces dépenses étaient inférieures au montant prévu pour le budget (25 en moins). La demande de budget restera la même que l'année en cours.

Figure 2.2 Feuille de calcul du budget

	\multicolumn{5}{c}{BUDGET POUR LA BIBLIOTHÈQUE XYZ}				
	\multicolumn{5}{c}{Année fiscale_____}				
	Budget de l'année précédente	Dépenses de l'année précédente	Budget de l'année actuelle	Dépenses prévues pour l'année en cours	Demande de budget pour l'année prochaine
SALAIRES					
Bibliothécaires					
Personnel (à temps plein)					
Personnel (à temps partiel / non étudiant)					
Employés étudiants					
AVANTAGES SOCIAUX (couverture santé)					
RESSOURCES					
Livres et brochures	4 000,00	4 103,54	4 250,00	4 258,00	4 700,00
Périodiques	1 800,00	1 905,03	2 000,00	2 085,00	2 250,00
Audiovisuels	250,00	226,18	275,00	0,00	300,00
Microformes	300,00	254,56	300,00	265,00	300,00
Ressources informatisées	500,00	482,10	550,00	535,00	550,00
Sous-total	6 850,00	6 971,41	7 375,00	7 143,00	8 100,00
RELIURE, TRAITEMENT, FOURNITURES DE RÉPARATION	400,00	292,42	350,00	315,00	350,00
Sous-total	7 250,00	7 263,83	7 725,00	7 458,00	8 450,00
AUTRES DÉPENSES DE FONCTIONNEMENT					
Frais de service informatique					
Fournitures de bureau					
Affranchissement et frais de port					
Impression					
Équipement					
Entretien de l'équipement					
Téléphone					
Accès Internet					
Formation continue					
Voyage					
*Charges					
* Assurance pour les ressources & équipement					
*Loyers et location					
BUDGET TOTAL					

* Ces éléments sont souvent inclus dans le budget général de l'école et ne sont pas indiqués dans le budget de la bibliothèque.

26   La gestion d'une bibliothèque

Lignes directrices pour le développement du budget

1. Les bibliothécaires devraient être responsables de la préparation de la demande de budget annuel. Après avoir évalué l'expérience passée et actuelle et les objectifs de la bibliothèque pour l'année suivante, nous pouvons anticiper ce dont nous aurons réellement besoin. S'il y a un comité scientifique de bibliothèque, les membres peuvent examiner les demandes et suggérer des changements. Ensuite, ils peuvent soutenir la demande à l'administration.
2. Les besoins réels ont deux objectifs principaux : (1) maintenir le niveau actuel de collections et de services, et (2) la croissance du soutien des nouveaux programmes d'études, du développement des ressources de recherche et des services de la bibliothèque.
3. De petites réductions dans un ou deux domaines peuvent permettre une augmentation plus importante dans un autre domaine pour un nouveau développement. Dans l'exemple de demande de budget (figure 2.2), le budget des livres et des périodiques a augmenté pour répondre aux nouveaux besoins des programmes d'études. On peut essayer de réduire l'effet d'une augmentation importante en réduisant les dépenses dans d'autres postes de dépenses, en particulier ceux qui n'utilisent pas souvent leur budget total.
4. Si l'on décide de réduire ou de conserver un poste au niveau de l'année en cours, on base la décision sur plusieurs facteurs :
   a. Disponibilité d'un type spécifique de document. Les documents étaient-ils disponibles lors de l'achat ? Bien que cela soit rarement le cas avec les livres et les périodiques, il peut y avoir des années où il y a moins de ressources audiovisuelles qui répondent aux besoins de la collection. Ainsi, le budget pourrait être réaffecté à un autre domaine.
   b. Priorité pour un type de document. La priorité pour les documents microformes peut changer. On souhaitera peut-être acheter plus de livres électroniques. Ainsi, on réduit le montant pour les livres et on augmente le montant pour les « ressources électroniques ».
   c. Coût par article pour un type de document. On peut trouver que les documents audiovisuels sont trop chers pour la quantité de matériel reçu. Par exemple, nous pourrions être en mesure d'acheter deux livres qui répondent aux besoins du programme d'études pour le prix d'un DVD. Ainsi, on décide de réduire le budget audiovisuel pour pouvoir acheter plus de livres.
5. Après avoir soumis le budget à l'administration, notre responsable peut nous demander de réduire la demande de budget dans son ensemble. Si nécessaire, réévaluer chaque poste de dépense. Les principaux domaines de réduction possible sont : (1) les ressources, (2) la reliure, (3) les fournitures de bureau, l'impression, etc., et (4) les employés à temps partiel et les étudiants.
6. Certaines parties du budget ne peuvent pas être réduites sans avoir un effet négatif sur la bibliothèque. Il est essentiel de garder un personnel de bibliothèque bien formé et de leur fournir les fournitures de base nécessaires pour cataloguer et traiter les documents reçus par la bibliothèque. La bibliothèque peut être en mesure d'obtenir des livres donnés, mais ils sont moins utiles si personne n'est disponible pour les préparer pour la mise en rayon. Les abonnements à des périodiques ne doivent être annulés que si nous prenons une décision définitive. Il est extrêmement difficile d'obtenir les anciens numéros remontant à un ou deux ans si nous devons annuler temporairement. Cependant, en raison de l'augmentation du coût des périodiques, il est bon d'évaluer régulièrement l'importance des titres individuels pour le programme d'études.
7. Lorsque l'on soumet à nouveau un budget réduit à l'administration, on examine les effets négatifs des réductions avec notre responsable. Par exemple, une diminution du budget pour les employés étudiants peut signifier que la bibliothèque sera ouverte moins d'heures pendant la semaine. Un budget réduit pour la reliure et la réparation peut signifier que les livres endommagés ne seront pas réparés rapidement. Ils peuvent avoir besoin d'une réparation plus coûteuse plus tard ou doivent être remplacés. De nombreuses décisions budgétaires ont des effets à long terme sur la qualité du service et de la collection. Informer également le comité scientifique de la bibliothèque de ces effets, le cas échéant.
8. Il est difficile de recommander une répartition en pourcentage pour chaque catégorie dans un budget de bibliothèque. Les bibliothèques, les écoles et les situations économiques varient considérablement ainsi que les méthodes de planification budgétaire. En général, cependant, les salaires du personnel (à l'exclusion des avantages sociaux) peuvent nécessiter entre 50 et 65 % du budget annuel. Les ressources

représentent environ 20 à 30 % du budget. La reliure et les réparations peuvent nécessiter 3 à 5 % du budget. Le budget de réparation peut être plus élevé si l'on reçoit un grand nombre de livres anciens et usagés. Le reste du budget couvre le coût des fournitures et de l'équipement nécessaires au traitement de tous les documents de la bibliothèque et à l'exécution de toutes les activités générales de la bibliothèque. Voir le **chapitre 12** pour une discussion sur les coûts relatifs des systèmes informatisés. Nous pouvons consulter notre association régionale d'accréditation pour des recommandations plus spécifiques.
9. Il est également difficile de recommander combien la bibliothèque devrait recevoir du budget total de l'école ou de la partie réservée à l'enseignement. Un objectif valable pour la bibliothèque est de recevoir au moins 10 % du budget d'enseignement (ce qui exclut les projets de construction, de maintenance et de développement). Un engagement plus important permettra de développer de bonnes bibliothèques et de contribuer à des programmes universitaires plus solides.

Responsabilité financière et tenue à jour des comptes
Responsabilité financière

Après que l'administration a approuvé le budget de la bibliothèque, il est du devoir des bibliothécaires de dépenser le budget intelligemment et de protéger tout l'argent qui entre dans la bibliothèque. Il est important de connaître et de comprendre les politiques financières de l'école. Des politiques financières sont généralement établies pour s'assurer que l'argent est dépensé selon ce qui était prévu. Certaines écoles peuvent exiger la signature de deux personnes sur les commandes. L'école peut envoyer un auditeur à un département pour vérifier le fonds de petite caisse. Ces politiques peuvent aider les bibliothécaires à être de bons gestionnaires des ressources financières.

Exemples de politiques financières :

- *Approbation d'achat.* Toutes les commandes qui coûtent plus qu'un certain montant peuvent devoir être cosignées par l'administrateur de l'école qui supervise les bibliothécaires.
- *Traitement des commandes.* L'école peut exiger que tous les bons de commandes soient approuvés par un bureau central de la comptabilité avant d'être envoyés aux éditeurs de livres. Cependant, après la réception des commandes, les bibliothécaires pourraient donner leur approbation finale pour le paiement.
- *Petite monnaie.* Une petite somme d'argent peut être conservée dans la bibliothèque et utilisée pour les petits achats. L'école peut exiger un rapport mensuel de ces achats pour approbation par l'administration.
- *Comptabilité de caisse.* L'argent des amendes pour les documents rendus en retard ou perdus et autres paiements doit être compté quotidiennement et conservé dans un endroit sûr jusqu'à ce qu'il soit déposé dans un compte de bibliothèque. Le personnel de la bibliothèque ne devrait pas être autorisé à utiliser ces fonds avant qu'ils ne soient comptabilisés avec l'école. Il est utile de garder une caisse séparée et un registre pour enregistrer les amendes pour les documents rendus en retard ou perdus et autres frais au moment où ils sont reçus. Par exemple, les frais payés pour les livres perdus pourraient être déposés dans le compte des acquisitions de livres. Les frais de location pour l'utilisation d'un ordinateur de la bibliothèque pourraient être déposés dans le compte pour les fournitures pour payer l'encre d'impression et les frais de réparation.

Tenue à jour des comptes

Les bibliothécaires peuvent être chargés de connaître et d'utiliser les procédures financières de l'école. Il peut y avoir un bureau central qui paie les employés et commande les livres et les fournitures pour la bibliothèque. Chaque école variera quant à la façon dont elle gère la tenue des comptes. Cependant, pour les besoins de cette section, le processus s'appellera *comptabilité*.

Même si certaines tâches financières ont lieu à l'extérieur de la bibliothèque, il est utile que les bibliothécaires conservent une liste précise de toutes les activités financières pour chaque poste du budget de la bibliothèque. La tenue des comptes de la bibliothèque permettra d'enregistrer les coûts estimés des engagements lorsque nous passerons la commande d'un bien ou d'une prestation de service à un fournisseur ; on les appelle *charges à payer*. La dépense est effectuée une fois le bien fourni et facturé. Nous aurons également besoin d'énumérer les paiements réels effectués pour les achats ; on les appelle *dépenses* ou *frais*. Les paiements que la bibliothèque reçoit pour les amendes de documents rendus en retard et autres frais sont appelés *crédits*. En soustrayant les charges et les dépenses ou en ajoutant des crédits au montant du budget par poste de dépenses, on peut calculer combien d'argent il reste dans chaque compte ; c'est ce qu'on appelle un *solde*.

Un exemple de feuille de comptabilité est illustré à la figure 2.3. Comme dans la figure 2.2, l'exemple n'utilise pas la devise d'un pays en particulier et a été créé en utilisant un tableur.

La figure 2.3 montre comment une dépense de petite caisse ou un crédit d'amende de document rendu en retard affecte le solde. Ensuite, voir la commande effectuée chez les Éditions Clé le 15 juillet. Dans la colonne des charges à payer, on voit la somme estimée de 35,00 pour deux livres. La bibliothèque a reçu et payé un livre le 15 octobre. Puis 17,50 a effectivement été payé, laissant un montant égal dans la colonne des charges à payer pour le deuxième livre dans l'ordre. Le 21 octobre, l'école a payé le deuxième livre qui a coûté 19,95. Comme le coût réel était supérieur à l'estimation initiale, le solde doit refléter ce changement. La charge à payer est réduite lorsque chaque facture est enregistrée.

Figure 2.3 Exemple d'une feuille de comptabilité

Année budgétaire :	20XX			
Numéro de compte :				
Nom du poste budgétaire :	Livres			
Allocation :	5,000			

Date de la transaction	Description de la commande	Charges à payer	Facturé	Crédité	Solde
Solde de départ :					5000.00
1er juillet	Petite monnaie - 1 livre		5,00		4995.00
5 juillet	Amende pour document rendu en retard			2,00	4997.00
7 juillet	Evangel Publishers (Kenya) (Commande n° 12) Paiement d'un livre		7,00		4990.00
15 juillet	Éditions Clé (Cameroun) Commande de 2 livres (Commande n° 25)	35,00	—		
15 octobre	Éditions Clé (Cameroun) Paiement du premier livre (Commande n° 25) Voir commande du 15 juillet	-17,50	17,50		4972.50
21 octobre	Éditions Clé (Cameroun)) Paiement du deuxième livre (Commande n° 25) Voir commande du 15 juillet	-17,50	19.95		4952.55
22 octobre	Amazon.com n° 001	35,00			
Total des charges à payer :		35,00			

Si l'on décide d'utiliser cette méthode de comptabilité, on utilise les chiffres exacts pour les dépenses et crédits réels. Les montants des charges à payer peuvent être arrondis au chiffre supérieur. Un système pour la tenue des comptes de la bibliothèque est très utile pour enregistrer les commandes de livres, car les livres prennent parfois des mois pour arriver. Une liste des charges à payer aide les bibliothécaires à respecter le budget. Ensuite, on sait combien de commandes ont été passées et combien d'argent peut être dépensé avant la fin de l'année budgétaire. Étant donné que les commandes de livres sont parfois annulées, on peut prévoir un montant pour les engagements légèrement plus élevé que le montant du budget réel. Si l'école s'occupe de tenir à jour les comptes officiels, la tenue des comptes de la bibliothèque permet de conserver une trace écrite secondaire.

Rapports et statistiques

Rapports. De nombreuses écoles demanderont aux bibliothécaires de préparer un rapport sur les activités de la bibliothèque chaque année. C'est une bonne occasion de voir si nous avons atteint nos objectifs et d'évaluer les opérations et les services de la bibliothèque. Souvent, les bibliothécaires adressent ce rapport annuel à l'administrateur principal et au conseil exécutif qui régissent l'école. On vérifie au préalable si l'école a un formulaire établi pour ce rapport, et si oui, ce qui est requis.

S'il n'y a pas de formulaire particulier, on rédige un rapport qui décrit bien tous les aspects du travail de la bibliothèque. Il est préférable d'utiliser le même format d'année en année. Cela facilitera la tâche pour la rédaction et la lecture du rapport, et permettra également de comparer facilement les rapports d'une année à l'autre.

Il sera bon d'examiner toutes les activités régulières de la bibliothèque dans le rapport et d'attirer l'attention sur les événements particuliers et les nouvelles activités. Les activités en cours peuvent être divisées en plusieurs catégories : l'administration, le catalogage, le développement des collections, les services publics, les services audio-visuels et autres. Des catégories comme le recrutement de personnel, les ressources, les services, les installations et autres peuvent également être créées.

De nombreux rapports annuels comprennent une section de statistiques qui montrent la croissance de la collection, les activités de diffusion, la quantité de travail effectué dans le catalogage ou les acquisitions, les finances et d'autres activités. Lorsque ces données sont recueillies année après année, les bibliothécaires peuvent observer les changements dans différentes zones de la bibliothèque.

Un rapport annuel pourrait suivre le plan suivant :

I. Introduction (souligner les réalisations les plus importantes de l'année)
II. Administration (se concentrer sur les activités des bibliothécaires)
    A. Préoccupations administratives générales
    B. Personnel/Recrutement du personnel
    C. Installations/espace
    D. Projets particuliers
III. Services publics
    A. Circulation des documents (commentaires généraux, énumérer les statistiques en annexe)
    B. Référence (commentaires généraux, lister toute statistique en annexe)
    C. Formation à l'utilisation de la bibliothèque (commentaires généraux, lister toute statistique en annexe)
IV. Développement du fonds et acquisitions
    A. Les acquisitions spéciales (souligner les achats importants ou les dons)
    B. Acquisitions annuelles (commentaires généraux, lister les statistiques annuelles en annexe)
    C. Croissance de la collection (commentaires généraux, lister les statistiques totales en annexe)
V. Catalogage et traitement
    A. Catalogage (commentaires généraux, lister toute statistique en annexe)
    B. Traitement des fiches et des livres (commentaires généraux, lister toute statistique en annexe)
VI. Services de médias
VII. Annexes
    A. Statistiques de circulation des documents
    B. Statistiques de référence
    C. Statistiques de formation à l'utilisation de la bibliothèque
    D. Statistiques d'acquisition
    E. Total des statistiques du fonds de la bibliothèque
    F. Statistiques de catalogage
    G. Statistiques de traitement des livres et des reliures
    H. Statistiques sur les médias

Conservation des statistiques. La plupart des bibliothèques recueillent des statistiques pour répondre aux besoins de la bibliothèque et de son école. Cependant, ces statistiques peuvent également être exigées par le gouvernement ou un organisme d'accréditation. Si nécessaires pour une agence externe, les statistiques doivent être collectées selon les normes de cette agence. Parfois, nous avons tendance à conserver trop de dossiers. Quelques lignes directrices peuvent être utiles.

Par exemple :

1. Conserver des données s'il y a un but spécifique à ces données. Par exemple, le nombre de livres distribués au cours de périodes précises peut indiquer la charge de travail, la façon dont le fonds documentaire est utilisé et la quantité de personnel requise pour fournir un service adéquat.
2. Éviter les enregistrements en double. Vérifier si l'information est disponible dans un autre dossier.
3. Établir une méthode pour tenir les registres à jour.
4. Passer régulièrement en revue les registres et les réviser au besoin. Cela est particulièrement nécessaire si les exigences du gouvernement ou des agences d'accréditation changent.

3

La constitution d'un fonds documentaire et les acquisitions

La sélection des documents

Le processus pour déterminer quels documents seront ajoutés ou retirés de la bibliothèque est appelé *la constitution du fonds documentaire*. En général, la constitution d'un fonds commence par l'élaboration d'une politique documentaire ou politique d'achat. Cette politique guidera les décisions concernant les dons à accepter et les documents à acquérir. La bibliothèque devrait acquérir des documents publiés récemment et ajouter d'importants ouvrages plus anciens. Que les documents soient donnés à la bibliothèque ou achetés par l'institution, ils doivent être soigneusement sélectionnés. De plus, une politique documentaire devrait contenir des critères de rejet des documents.

Les bibliothécaires, ou un conseiller de la bibliothèque, devraient avoir une connaissance fondamentale des tendances actuelles dans l'édition de livres et de périodiques. Il faut donc garder à l'esprit la nature en constante évolution du monde de l'édition pour identifier les formats appropriés de documents. De nombreux articles, sites web et autres moyens de communication sont disponibles pour se tenir au courant des tendances.

Une politique documentaire devrait s'appuyer sur l'énoncé de mission de l'institution et de la bibliothèque. Elle devrait décrire l'objectif général des documents que nous avons actuellement et de ceux que nous aimerions acquérir. La politique doit contenir plusieurs autres éléments :

1. Le processus par lequel les enseignants et les étudiants peuvent soumettre une demande de nouveaux documents.
2. Les moyens pour la bibliothèque de recevoir les dons et remercier les donateurs.
3. Une stratégie pour acheter des livres et autres documents au meilleur prix.
4. Les méthodes d'allocation du budget pour les différents départements et domaines du programme d'études.
5. Une déclaration sur la censure et le traitement des documents contestables ou contestés.
6. Un processus de *désélection*. (*La désélection* est appelée *le désherbage*.) Lors du désherbage, les bibliothécaires suppriment les livres devenus obsolètes ou qui ne sont plus adaptés au programme d'études de l'institution.

Étant donné que les chefs de département, les enseignants et les membres du comité scientifique de la bibliothèque participent souvent à la sélection des ressources de la bibliothèque, on peut leur demander leur avis lors de la rédaction initiale du document. Cette politique devrait être présentée aux comités et administrateurs appropriés pour approbation. Une fois approuvé, ce document devrait être distribué à tous les enseignants et au personnel de la bibliothèque, en fournissant toutes les explications nécessaires. Cela informera toutes les personnes intéressées du type de documents que nous avons l'intention d'acquérir et de la manière dont nous le ferons.

Des exemples de politiques documentaires pour d'autres institutions sont souvent disponibles en effectuant une recherche sur Internet ou en contactant des institutions ou des universités de notre choix. Notre politique est conçue pour être un guide de travail. Pour cette raison, nous devrions réfléchir aux principes de base à suivre sans être trop prescriptif ou détaillé.

Quelques directives générales de sélection et de politique

Il est préférable de ne pas garantir l'achat d'un document simplement parce que quelqu'un l'a demandé. Il faut prendre en compte le budget et la nécessité de disposer d'un fonds documentaire pertinent et équilibré. Parfois, il sera nécessaire de refuser une demande ou de retarder l'achat d'un livre pour un département particulier en fonction des priorités établies et du budget.

Il nous faudra peut-être examiner et discuter des directives suivantes pour l'élaboration de la politique documentaire avec le comité scientifique de la bibliothèque.

1. La priorité absolue devrait être accordée aux documents les plus nécessaires pour une utilisation régulière dans le cadre du présent programme d'études et pour le développement futur de nouveaux cours.
   a. Les étudiants ont besoin d'ouvrages écrits dans un langage non technique et adapté à leur âge et niveau comme complément aux manuels standard ou aux notes de cours.
   b. Les enseignants ont besoin de documents couvrant leur domaine de manière plus approfondie. En maintenant un bon équilibre entre l'achat de classiques éprouvés, la littérature primaire et des textes récents ou des informations secondaires, le fonds documentaire devrait avant tout soutenir le programme d'études.
   c. Un équilibre raisonnable devrait être maintenu pour le nombre de documents achetés pour chaque sujet.
   d. En règle générale, les manuels standards ne doivent pas être considérés pour l'achat. Les manuels sont souvent très coûteux et deviennent rapidement dépassés et sont remplacés par de nouvelles éditions. La principale exception à cette règle est la nécessité pour certaines écoles d'avoir un fonds séparé de manuels pour que les étudiants puissent louer ou emprunter un manuel pour un semestre entier. Parfois, la bibliothèque est chargée de ce fonds. Dans de tels cas, la bibliothèque ne catalogue pas ces livres de la même manière que les ressources générales.
2. Une partie prédéterminée du budget annuel peut être attribuée à chaque division ou département académique. Parfois, le budget est divisé également entre chacun des départements. D'autres fois, les départements les plus grands ou les plus importants reçoivent une plus grande part. Il faudra peut-être examiner quelles classes utilisent la bibliothèque plus que d'autres et baser les allocations en conséquence. Il est bon de réserver des fonds pour les achats sélectionnés par les bibliothécaires ou le personnel de la bibliothèque. Ces fonds peuvent être nécessaires pour du matériel utilisé dans le cadre du travail des bibliothécaires (p. ex. le présent ouvrage : *La gestion d'une bibliothèque. Un guide pratique*) ou pour des éléments importants de nature générale qui ne sont pas sélectionnés pour un département particulier.
3. Il est également judicieux de réserver des fonds pour l'acquisition d'ensembles de multivolumes coûteux, de ressources électroniques ou d'autres documents coûteux. Les ouvrages de référence ayant tendance à être onéreux, le financement peut être partagé entre les départements. Ou bien la bibliothèque peut distribuer des fonds proportionnellement à un ou deux départements chaque année et utiliser un calendrier de rotation pluriannuel. Après plusieurs années, chaque département devrait avoir une part équitable pour les achats d'ouvrages de référence. Notons que dans le monde numérique d'aujourd'hui, de nombreuses ressources de référence ou les informations qu'elles contiennent peuvent être disponibles via une connexion Internet. Une évaluation minutieuse de ce qui est disponible actuellement grâce à de nouvelles technologies peut ouvrir l'accès à de nombreuses ressources précieuses et éviter une duplication inutile des ressources imprimées.
4. Les documents sélectionnés doivent :
   a. Présenter un bon niveau d'érudition ;
   b. Traiter équitablement de nombreux points de vue ;
   c. Donner une perspective large sur les questions historiques et actuelles ;
   d. Encourager la pensée critique ;
   e. Être dans un format facilement utilisable par les étudiants ;
   f. Être adapté au niveau de lecture des étudiants.
5. Le fonds documentaire de la bibliothèque devrait soutenir le programme d'études en fournissant des documents que les étudiants et les professeurs utiliseront. Nous souhaiterons assurément fournir une base solide pour la discussion entre étudiants et en classe sur des points de vue opposés. De cette

façon, les étudiants développeront la capacité d'examiner leur foi de manière intelligente et judicieuse en appliquant leur apprentissage dans des situations de la vie. Comme mentionné précédemment, une déclaration de principe approuvée sur la censure et les procédures d'examen des documents contestables est un moyen de protéger les bibliothécaires contre les critiques injustes.

6. Les directives relatives à la politique d'acceptation des dons doivent être claires. Quelques lignes directrices spécifiques pour les dons sont suggérées ici :
   a. La bibliothèque devrait être contactée avant que tout don soit envoyé ;
   b. Le donateur devrait suivre attentivement les instructions de la bibliothèque. Cela est important pour les règlementations postales et les frais de douane ;
   c. Les dons ne convenant pas au fonds documentaire sont remis à une autre bibliothèque ou vendus. Les bénéfices sont utilisés pour acheter de nouveaux documents. Cela devrait être expliqué au préalable au donateur ;
   d. Des lettres de remerciements sont envoyées rapidement aux donateurs ;
   e. Un ex-libris nommant le donateur est placé sur la deuxième de couverture de chaque livre, à moins que le donateur ne souhaite rester anonyme ;
   f. On ne s'attend pas à ce que les bibliothécaires mettent un prix sur un don. C'est la responsabilité du donateur selon certains codes fiscaux ;
   g. Les documents doivent être en bon état ; les documents moisis, irréparables ou très abimés ne sont pas ajoutés au fonds documentaire.

Critères de sélection/évaluation de documents spécifiques

Les questions suivantes peuvent nous aider à décider d'acheter un livre particulier. Notons que les mêmes principes s'appliquent aux documents audiovisuels et électroniques.

1. L'auteur ou le créateur est-il qualifié pour écrire ou parler avec autorité sur le sujet ? Quels sont ses diplômes ?
2. Le format est-il satisfaisant ? (Si c'est un livre, considérer l'apparence, la taille, la reliure, le papier, les marges et la typographie. Si c'est un document électronique, la bibliothèque dispose-t-elle du logiciel et matériel informatique adapté pour le prendre en charge ?
3. L'information est-elle exacte et à jour ?
4. L'éditeur a-t-il une bonne réputation ?
5. Cet article a-t-il reçu des critiques favorables ?
6. Le point de vue doctrinal est-il en accord avec celui de l'école ? Si non, son achat est-il justifié par les exigences du programme ?
7. La bibliothèque dispose-t-elle déjà du même document sous une autre forme ? Cet article complète-t-il d'autres documents que la bibliothèque possède ? Fournit-il une perspective différente ?
8. Le prix est-il raisonnable par rapport à son utilité attendue ?
9. La bibliothèque a-t-elle besoin de plusieurs copies ?
10. D'autres documents sont-ils plus urgents ?
11. Le document contient-il des points de vue culturels ou politiques qui pourraient être contestables de façon prohibitive ?
12. Cette information serait-elle plus utile dans un format différent ?
13. Le facteur de lisibilité est-il approprié pour la plupart des étudiants ?

Usuels

La section de référence générale de la plupart des bibliothèques devrait inclure :

1. Encyclopédies ;
2. Atlas ;
3. Dictionnaires des langues les plus utilisées du pays (langue officielle, langues d'échange et autres langues et dialectes locaux) ;
4. Almanachs ;
5. Grammaires de base ;

6. Manuels de rédacteurs ;
7. Bibliographies ;
8. Index périodiques.

Certaines de ces ressources peuvent être consultées en ligne gratuitement ou par abonnement.

Documents de référence spécialisés

D'autres documents de référence seront nécessaires en fonction de l'objectif du programme au sein de l'établissement. Ce ne sont que des exemples. Des dizaines de sujets nécessitant des ressources de référence spéciales peuvent être répertoriés ici.

1. Pour une école biblique ou une institution théologique :
   a. Dictionnaires d'hébreu et de grec ;
   b. Encyclopédies et dictionnaires bibliques ;
   c. Encyclopédies de l'histoire de l'Église ;
   d. Encyclopédies de théologie ;
   e. Concordances ;
   f. Commentaires ;
   g. Théologie systématique ;
   h. Histoire de la doctrine ;
   i. Histoire de l'Église ;
   j. Ressources pour la louange :
      1) Livres de cantiques ;
      2) Musique religieuse ;
      3) Liturgies et catéchismes.
2. Pour les institutions de formation des enseignants :
   a. Méthodes générales et textes théoriques ;
   b. Méthodes spéciales pour des branches particulières ;
   c. Psychologie : psychopédagogie et psychologie du développement ;
   d. Manuels d'administration scolaire ;
   e. Programmes d'études officiels du ministère de l'éducation nationale ;
   f. Textes du programme d'études/manuels des enseignants ;
   g. Matériel didactique supplémentaire :
      1) Cartes, globes ;
      2) Graphiques, images ;
      3) Transparents, diapositives, etc.
3. Pour les centres de formation en santé publique/communautaire (programme d'un an) :
   a. Adresses des principales sources de ressources pédagogiques ;
   b. Listes des médicaments utilisés par les dispensaires (avec les sources, prix et dosages) ;
   c. Manuels de traitements et soins ;
   d. Manuels de premiers secours ;
   e. Ressources sur le sida : la prévention, le traitement, les soins de santé à domicile, etc.
   f. Ressources sur le paludisme et autres maladies fréquentes ;
   g. Manuels et matériel de santé publique ;
   h. Directives de santé communautaire ;
   i. Textes d'enseignement/de formation ;
   j. Graphiques et modèles ;
   k. Listes de lectures conseillées ;
   l. Liste de périodiques utiles disponibles :
      1) Par abonnement ;
      2) En ligne.

Sélection des documents : sources d'informations

Le développement d'un fonds documentaire de qualité nécessite la disponibilité et l'utilisation d'une variété d'outils de sélection. Les enseignants et les bibliothécaires devraient se familiariser avec ces sources d'information. Si possible, les sources de sélection suivantes devraient être consultées :

1. *Catalogues et sites web d'éditeurs et de librairies*. Les bibliothécaires peuvent demander à être mis sur les listes de diffusion des éditeurs et des libraires pour obtenir des catalogues et des publicités. De nombreux éditeurs et libraires ont des sites web à jour avec des notifications par courrier électronique des nouvelles publications envoyées automatiquement sur demande. Recevoir une notification par courrier électronique concernant les nouvelles publications est un excellent moyen d'en apprendre davantage sur les ouvrages à paraître et les nouveautés.
2. *Critiques littéraires* (disponibles dans la plupart des revues spécialisées et dans certaines bases de données). Celles-ci sont écrites par des chercheurs dans le domaine. Par conséquent, elles sont plus fiables et plus impartiales que les publicités des éditeurs.
3. *Bibliographies*. Certaines sont publiées séparément sous forme d'ouvrages de référence et d'autres sont publiées par des organisations professionnelles. Beaucoup se trouvent dans des textes scientifiques et des thèses.
4. *Catalogues des vendeurs de livres d'occasion ou les sections de livres usagés et épuisés de sites web de grandes librairies*. Ce sont de bonnes sources pour les classiques de base moins coûteux et les textes épuisés. Les sites web qui s'occupent de vendre des documents usagés et épuisés sont l'un des meilleurs moyens de trouver des documents pour la bibliothèque. Les librairies en ligne, comme Amazon.com et Barnes & Noble, facilitent l'achat de ce type de document en permettant aux petits vendeurs de livres d'offrir des volumes à vendre sur leurs grands sites.

Les acquisitions

L'ajout de livres ou d'autres documents au fonds documentaire de la bibliothèque par achat ou don est appelé *acquisition*. Pour éviter toute perte de temps et toute duplication possible, il est préférable d'établir un ordre dans lequel chaque étape du processus est exécutée consécutivement. Il est également plus facile, dans la mesure du possible, d'utiliser des formulaires préimprimés standard, si l'on ne peut pas faire des commandes en ligne.

Procédures de commande

Le processus de commande comporte trois étapes principales :

1. Vérification des demandes d'articles par rapport à notre fonds documentaire actuel, vérification des informations bibliographiques et élimination des doublons indésirables de nos bons de commandes.
2. Passer la commande avec un éditeur ou un autre type de fournisseur.
3. Réception des articles commandés.

L'utilisation d'un formulaire de demande/bon de commande préimprimé (comme celui de la figure 3.1) pourrait être utile pour chacune des trois étapes. Cela éviterait d'avoir à recopier les informations et permettrait d'économiser du papier. Cependant, si le coût et la disponibilité du papier ne sont pas un problème, le bon de commande peut être un formulaire distinct de la fiche de demande. Dans ce cas, ils doivent être attachés ensemble avant d'être classés.

Même si l'on utilise un système intégré de gestion de bibliothèque qui permet de suivre les acquisitions de la commande à la phase de catalogage, il faudra quand même vérifier les demandes de documents. Lire attentivement le formulaire de demande/bon de commande de livres à la page suivante et l'adapter aux besoins de la bibliothèque. Si notre institution dispose d'un réseau informatique entre les départements, un tel formulaire pourrait également être mis à disposition par courrier électronique ou sur un site web de la bibliothèque.

Figure 3.1 Exemple de formulaire de demande/bon de commande

Formulaire de demande/bon de commande de livre de la bibliothèque XYZ

Cote   Titre : _____

                    Auteur : _____

                    ISBN : _____   Éditeur : _____

                    Année de publication : _____   Prix : _____

SOURCE D'INFORMATION (Catalogue, site web, avis du fournisseur, etc. – Joindre tout document utile) :
_____

Département : _____   Professeur : _____   Date : _____

Statut de la recherche :   Catalogue _____   En commande _____   En cours _____

Commandé chez : _____
_____
_____

Commandé _____   Commandé à nouveau _____   Reçu _____

Une méthode qui permet de conserver des dossiers précis consiste à conserver trois boîtes de rangement séparées d'articles en cours, classés par titre dans l'ordre alphabétique. (Il peut être difficile de déterminer l'auteur de certains livres, mais ils ont tous un titre.) Avec un petit nombre de titres, on peut utiliser trois sections dans un classeur.

1. La première section est la catégorie de *documents prêts à être commandés*. Tant qu'il n'est pas possible de passer une commande, c'est l'endroit où déposer toutes les demandes vérifiées par le personnel de la bibliothèque.
2. La deuxième section contient les *documents en commande*. Une fois la commande passée, les fiches sont déplacées dans cette section.
3. La section finale est appelée *en cours de traitement*. Les articles « en cours de traitement » ont été reçus de la part de l'éditeur et sont entrés dans la phase de catalogage. Cette section pourrait également être appelée « documents reçus ». Les articles restent dans cette catégorie jusqu'à ce qu'ils aient été traités et placés en rayon.

Grâce à ces trois sections séparées, les informations seront faciles à trouver. Diviser les commandes par ces étapes logiques évitera les erreurs et la confusion, en particulier lorsqu'un employé différent travaillera à chaque étape. Si très peu de documents sont commandés ou si un seul employé effectue les trois étapes, une seule boîte de trois divisions peut être très utile.

Certaines bibliothèques préfèrent combiner les dossiers d'articles en commande et d'articles en cours de traitement. Ce n'est pas un problème si les documents sont clairement indiqués comme étant reçus en haut du formulaire lors de la réception du livre. Cela les rendra faciles à distinguer de ceux encore en commande.

Des boîtes en bois, métal ou carton relativement peu coûteuses pouvant contenir des demi-feuilles de papier ou des fiches de taille similaire peuvent être achetées auprès des fournisseurs de bibliothèques. Il est également possible de les fabriquer localement à partir de cartons ou de caisses en bois.

Utilisation d'un ordinateur pour faciliter la commande de documents

L'automatisation des processus d'acquisition avec un logiciel est une méthode efficace pour garder une trace des commandes. Des logiciels d'acquisition spéciaux sont disponibles ou peuvent faire partie d'un système intégré de gestion de bibliothèque plus complet et plus coûteux. Même si un système de catalogue en ligne ne comporte pas de module d'acquisition spécifique, les bibliothécaires peuvent souvent suivre les articles en définissant ces trois catégories comme emplacements ou statuts. Avec une certaine connaissance des tableurs standard ou des programmes de bases de données, tels que Microsoft Word, Excel ou Access, une petite base de données pour les acquisitions peut être configurée. Ensuite, un processus assisté par ordinateur permet d'économiser du temps et du papier et constitue une méthode rentable de gestion des informations de commande de livres. Comme pour tous les fichiers informatiques, des sauvegardes régulières sont fortement recommandées.

L'utilisation d'un type de commande assistée par ordinateur permet d'organiser les commandes plus facilement. Si l'on utilise un tableur, on peut trier les entrées par un ou plusieurs en-têtes situés en haut des colonnes verticales. De nombreux éléments d'une liste dans une feuille de calcul peuvent être classés dans différents ordres de tri, puis enregistrés en tant que fichiers distincts. Par exemple, une liste peut être triée par auteur, une autre par titre, d'autres par ISBN et/ou éditeur. *Remarque* : assurons-nous de bien maîtriser la procédure de configuration des processus de tri dans des programmes tels que Microsoft Excel ou Word. Si l'on ne met pas en évidence des lignes entières d'informations pour ces fonctions de tri, on peut facilement brouiller les données saisies dans chaque colonne. La figure 3.2 présente une liste d'en-têtes de colonne qui peuvent être utilisés pour enregistrer de nouvelles commandes.

Figure 3.2 Exemple de feuille de calcul

Catégories suggérées comme en-têtes de colonne

A	B	C	D	E	F	G	H
Titre	Auteur	ISBN	Éditeur	Année de parution	Édition	Prix catalogue	Quantité

I	J	K	L	M
Personne/Organisme chez qui commander : Éditeur direct ; Représentant	Date de la commande Jour/Mois/Année	Numéro de la commande (attribué en interne)	Date reçue Jour/Mois/Année	Quantité reçue, articles manquants, en rupture de stock, etc.

N	O	P	Q	R
Numéro de facture	Date de facture Jour/Mois/Année	Cote de l'édition/copie précédente	Code-barres du catalogue en ligne	Instructions spéciales

Vérification des demandes de documents

Les procédures suivantes sont recommandées :

1. Inspecter soigneusement chaque formulaire de demande qui a été soumis.
   a. Si quelqu'un a demandé un article sans remplir un formulaire, en préparer un. Compléter les informations manquantes.
   b. En remplissant les informations manquantes, vérifier attentivement les informations fournies, en particulier l'ISBN, le titre et les noms des auteurs ou les directeurs d'ouvrage. Les informations fournies dans les catalogues des éditeurs, les publications sur papier ou les sites web sont les plus fiables. Si ces sources ne sont pas disponibles, essayer de consulter des bibliographies, des critiques

de livres ou des publicités. Le site Internet www.worldcat.org, par exemple, permet également de trouver ces informations bibliographiques importantes.
    c. Si le nom de l'auteur est incomplet, vérifier le catalogue en ligne de la bibliothèque. Lorsque l'auteur est connu, un autre livre du même auteur y figure peut-être déjà. Mais il faut s'assurer que c'est le même auteur. Sinon, vérifier en utilisant les méthodes énumérées précédemment.
2. Ensuite, vérifier le catalogue pour voir si l'article appartient déjà à la bibliothèque. Effectuer une recherche par auteur et aussi par titre. Cela est nécessaire car :
    a. Dans un catalogue sur fiches, l'une des fiches peut être mal classée ou manquante ou un point d'accès dans un catalogue en ligne peut être mal orthographié.
    b. Une entrée peut être enregistrée de manière inhabituelle. Les noms ou mots en langue étrangère dans un titre peuvent suivre des règles différentes pour le classement.
    c. Des erreurs peuvent facilement être faites lors de la saisie et de la recherche.
3. Si l'on a déjà le livre ou un autre article, écrire la cote de classement sur le formulaire de demande et le renvoyer à la personne qui a fait la demande.
4. Vérifier le dossier des articles en commande pour voir si l'article a déjà été commandé.
5. Vérifier le dossier des articles « en cours de traitement » pour voir si l'article a été récemment reçu, mais n'a pas encore été entré dans le catalogue.
6. Si le titre ne figure dans aucun des endroits ci-dessus, placer le formulaire de demande/bon de commande vérifié dans la section « prêt à être commandé ». La disposition dans cette section dépendra de la politique de commande de la bibliothèque.
    a. Si des commandes sont passées auprès d'un éditeur ou d'un autre fournisseur, elles peuvent être déposées sous ce nom.
    b. Les commandes peuvent être classées sous le nom du pays où le livre est publié si la bibliothèque travaille par l'intermédiaire d'un représentant, de bureaux d'organismes missionnaires ou de librairies situées dans chaque pays.
    c. Si un établissement est grand et que le budget du livre est divisé en différents domaines d'études, les commandes peuvent être classées en fonction du département.
    d. Si plusieurs représentants différents sont utilisés (peut-être parce qu'ils fournissent différents types de livres, travaillent uniquement en Amérique, en Asie ou en Europe ou ne vendent que des livres neufs ou usagés), ils peuvent être classés sous le nom du représentant.

On choisit le système qui convient le mieux à notre bibliothèque. Cependant, au sein de chaque section principale, on dépose les formulaires selon le titre et non l'auteur. (*Rappel* : un livre a toujours un titre même si l'auteur n'est pas donné ou n'est pas clair.)

Passer une commande

Les documents peuvent être commandés de différentes manières : certains par l'intermédiaire d'un représentant, d'autres par le biais d'une librairie ou directement auprès d'un éditeur individuel. Il est parfois difficile de trouver des informations de publication complètes pour tous les documents que l'on souhaite commander. Il est également difficile de suivre les taux de change et d'organiser le paiement dans la devise demandée. Par conséquent, lorsque cela est possible, il peut être préférable de passer par un représentant, le bureau central d'un organisme missionnaire ou une grande librairie bien connue qui traite avec plusieurs éditeurs et qui exporte ou importe des livres régulièrement. Toutefois, lorsqu'ils fournissent ce service, les représentants ajoutent souvent un certain pourcentage du coût total du document à la facture finale.

Les étapes suivantes doivent être suivies lors de la commande :

1. Retirer les bons de commande de la section des documents prêts à être commandés.
2. Effectuer une recherche finale du catalogue et des bons de commande, en particulier si la demande a été faite plusieurs mois auparavant.
3. Utiliser les informations pour saisir la commande en fonction de la préférence du représentant, de la mission ou de la librairie. Veiller à conserver une copie de toute la correspondance et des demandes d'achat pour les dossiers. (Si l'on utilise un catalogue en ligne ou un tableur standard, on demande au fournisseur d'accepter les formulaires plutôt que de devoir les saisir à nouveau).

4. Essayer d'inclure autant d'informations que possible pour chaque article commandé :
   a. ISBN (Numéro d'identification international attribué à chaque livre publié).
   b. Auteur.
   c. Titre.
   d. Éditeur.
   e. Année de parution.
   f. Édition.
   g. Reliure demandée.
   h. Nombre d'exemplaires.
   i. Prix.
5. Donner des instructions complètes sur la façon de poster ou d'expédier le document. Inclure des instructions sur la manière d'étiqueter les documents pour l'inspection douanière.
6. Ajouter une explication claire sur la manière dont l'article et les frais d'envoi vont être payés. Dans le même temps, réserver les fonds nécessaires dans le compte de la bibliothèque pour payer cette commande. Cela s'appelle un *engagement*.
7. Une fois la commande passée, ajouter la date de la commande et le représentant utilisé pour chaque formulaire de demande/commande, puis déposer ces formulaires dans le dossier des documents en commande. Les formulaires ou entrées doivent être classés par ordre alphabétique selon les titres.
8. Déposer la copie du formulaire de demande d'achat sous le nom du représentant, puis aux dates commandées. Celles-ci doivent être conservées dans notre classeur principal jusqu'à ce que tous les articles commandés aient été reçus ou éventuellement retirés de la commande. Certaines bibliothèques conservent les formulaires d'achat pendant 2 à 3 ans en cas de problème.

Réception des articles commandés

Quand un colis arrive, il est bon de déballer et de vérifier le contenu de chaque colis dès que possible. Les erreurs d'expédition et les dommages doivent être notés et le fournisseur informé rapidement. Suivre la procédure définie par le fournisseur pour le retour et/ou le remplacement des articles envoyés, manquants ou endommagés.

Les étapes suivantes doivent être suivies :

1. Ouvrir un seul colis à la fois. Conserver le bordereau d'expédition et/ou la facture avec les articles. Cocher chaque article sur le bordereau et sur la copie de la bibliothèque du formulaire d'achat original. Lorsque des erreurs sont détectées, on s'assure de mentionner le numéro de facture du fournisseur et le numéro de commande utilisé.
2. Dater les différents formulaires de commande pour chaque article dans le dossier de documents en commande. Les comparer soigneusement avec les articles reçus. (Si c'est un livre, utiliser la page de titre comme source d'information.) Corriger toute erreur mineure sur le formulaire de commande. Si un article erroné ou une mauvaise édition a été envoyé, demander à la personne qui a fait la demande si l'article doit être conservé ou renvoyépour crédit. Résoudre rapidement les erreurs avec le fournisseur garantit généralement que l'on recevra les bons articles ou un crédit complet pour les articles manquants. Notons qu'avec les envois à l'étranger, il peut être tout aussi coûteux de retourner un article que de le garder.
3. Une facture d'un distributeur anglophone indiquera parfois les abréviations suivantes :
   a. OS (*out of stock*) signifie souvent que l'article est *en rupture de stock.*
      1) Parfois, le représentant nous dira qu'on a passé *une commande de rappel* pour le livre ou pour un autre article qui a été commandé. Cela signifie qu'il est temporairement en rupture de stock mais qu'il nous sera envoyé dès que le représentant le recevra du fournisseur.
      2) Si l'article est marqué *annulé-commander à nouveau*, déposer à nouveau le formulaire de commande dans le dossier des articles à commander en notant la date à laquelle l'annulation a été effectuée. Passer commande à nouveau à une date ultérieure auprès du même fournisseur ou d'une autre source.
   b. OP (*out of print*) signifie généralement que l'article est *épuisé*. Informer la personne qui a demandé l'article en question et lui suggérer de sélectionner un autre article. Si un représentant s'occupe des livres usagés et épuisés, on peut essayer de commander l'article à nouveau par l'intermédiaire de ce représentant avant de rechercher un titre de remplacement. Les fournisseurs réputés affichent souvent leurs stocks sur leur site Internet. Ainsi, nous souhaiterons peut-être effectuer une nouvelle recherche et tenter de passer commande chez un autre fournisseur.
4. Inscrire la date du reçu et le prix réel de l'article sur le formulaire de demande/bon de commande. Ensuite, enregistrer le formulaire dans le dossier des articles en cours de traitement.

5. Vérifier soigneusement les livres pour s'assurer que les pages sont dans l'ordre et qu'il n'y a aucune erreur d'impression. Si un livre s'avère défectueux, le signaler rapidement au représentant. *Remarque* : ne rien marquer dans le livre avant de l'avoir inspecté.
6. Si l'on utilise déjà un cahier d'inventaire ou répertoire, on attribue le numéro disponible suivant à l'article. (Voir un exemple d'un cahier d'inventaire ou répertoire dans la figure 3.3 à la page 41.) Écrire le numéro unique du livre à l'emplacement choisi par la bibliothèque dans le livre. (Certaines bibliothèques utilisent la première page de droite du livre après la page de titre ou la dernière de couverture.) Si une page particulière est déjà utilisée par la bibliothèque, il est préférable de continuer à utiliser cette page.
7. Placer une feuille de calcul dans le livre, comme indiqué au **chapitre 9**. Placer l'article sur une étagère étiquetée « À traiter » (une étagère ou un chariot à livres devrait être réservé aux documents reçus, mais qui doivent être catalogués et préparés pour la circulation). Les documents doivent être conservés dans cette zone réservée jusqu'à ce qu'ils soient passés par toutes les étapes du traitement.
8. Après avoir pris connaissance de tout matériel manquant ou endommagé, signer la facture et l'envoyer à la personne responsable du paiement. Veiller à conserver une copie de la facture. La classer avec les formulaires d'achat correspondants.
9. Transférer le formulaire de recommandation/commande dans le dossier des articles en cours de traitement. Classer chaque fiche par ordre alphabétique selon le titre.
10. Donner le livre à la personne responsable du catalogage.

Inscription des documents dans un cahier d'inventaire

De nombreux bibliothécaires attribuent un numéro unique à chaque livre ajouté au fonds documentaire de la bibliothèque. Cela peut être fait dans le cadre de notre catalogue en ligne ou dans un *cahier d'inventaire* séparé. Un *cahier d'inventaire* ou un répertoire peut être soit un livre relié, imprimé commercialement, soit un cahier à feuilles mobiles. Le type à feuilles mobiles présente deux avantages. Les pages peuvent être créées localement et ajoutées au besoin ; les entrées peuvent être facilement saisies sur les pages séparées. (Celles-ci peuvent également être écrites à la main.) *Remarque* : avoir un catalogue en ligne qui attribue un numéro à chaque élément réduit considérablement ou élimine le besoin d'un *cahier d'inventaire*.

Chaque livre ou objet acquis par la bibliothèque est saisi sur une ligne numérotée séparément. Ce numéro devient le numéro d'entrée de l'article. Il est réservé à un seul article et n'est plus jamais utilisé.

En général, le premier livre enregistré, le 1 000e livre, le numéro 10 000, etc., devraient être des livres importants du fonds documentaire, ceux qui sont les plus significatifs pour notre institution. Parfois, des articles parus dans le journal de l'institution, dans le bulletin de la mission ou même dans un journal local présentent ces étapes importantes dans le développement de la bibliothèque. Ainsi, une Bible durable dans la langue nationale, un manuel écrit par un membre du corps professoral ou une biographie du fondateur de l'Église nationale seraient des choix possibles. On peut choisir un livre particulier pour cet honneur.

Si un article est perdu ou retiré du fonds documentaire, on barre l'entrée entière de ce livre particulier du cahier d'inventaire. Une brève explication des circonstances du retrait et la date sont ajoutées (p. ex. « perdu le 6 août 2020 ou retiré le 3 septembre 2019 »). Si un livre perdu est remplacé par un autre exemplaire, un nouveau numéro d'entrée est attribué au nouvel exemplaire. Lorsque le livre est catalogué, ce numéro d'entrée est enregistré sur le catalogue topographique et sur le livre lui-même. Le nombre de retraits doit être soustrait du numéro d'entrée actuel pour connaître la taille exacte du fonds.

Le cahier d'inventaire contient une trace écrite de la croissance et de la valeur de l'ensemble du fonds documentaire de la bibliothèque. Il peut être utilisé pour estimer la valeur du fonds à des fins d'assurance. Par conséquent, lorsque des dons sont ajoutés, une estimation de leur valeur peut être incluse.

Le cahier d'inventaire permet d'examiner quels documents ont été achetés chaque année. Pour un petit fonds documentaire, il peut servir à des fins d'inventaire.

Recevoir des dons

Les dons sont une source précieuse pour enrichir le fonds documentaire de la bibliothèque. La plupart des bibliothèques reçoivent des livres et d'autres ressources en guise de dons de la part d'individus ou de groupes. Une lettre de remerciement devrait être envoyée rapidement au donateur. Conserver des copies de ces lettres dans

Figure 3.3 Exemple de cahier d'inventaire

Numéro d'entrée	Date d'entrée	Auteur(s) et titre de l'article	Numéro de volume	Éditeur	Année de publication	Prix	Source
015001	21/5/21	*Kato, Byang H., Chrétien et africain authentique*		*Centre de Publications Évangéliques*	*1975*	*19.95*	*don*
015002	5/1/22	*Katho, Robert Bungishabaku, Jérémie et lamentations*		*LivresHippo*	*2017*	*18.95*	*fonds de mission*
015003	6/5/22	*Mbiti, John S., Religions et philosophie africaines*		*Éd. CLÉ*	*1972*	*24.95*	*fonds de réf.*
015004							
015005							
015006							
015007							
015008							
015009							
0150010							
015011							
015012							
015013							
015014							
015015							

La constitution d'un fonds documentaire et les acquisitions

un dossier de correspondance. Ce dossier est précieux dans le cas où un donateur rend visite à l'école et souhaite voir comment le don a été utilisé.

Les dons devraient être acceptés avec prudence. Les donateurs peuvent envoyer des articles qui pourraient ne pas convenir au lectorat d'une bibliothèque universitaire. En effet, la bibliothèque ne devrait pas remplir ses rayonnages de livres obsolètes ou qui traitent de sujets qui ne seront jamais abordés dans les programmes d'études.

La plupart des bibliothèques préfèrent n'accepter que des dons qui n'ont aucune restriction. La règle de non-restriction peut éviter de nombreuses difficultés qui peuvent survenir si le donateur impose des limitations personnelles. Il faut informer avec tact les donateurs que la bibliothèque peut distribuer ou vendre à une autre bibliothèque ou à des étudiants des documents inutiles, tout revenu pouvant alors servir à acheter les titres nécessaires.

Un problème peut survenir lorsqu'une bibliothèque se voit proposer un grand nombre de livres (p. ex. une bibliothèque personnelle) avec la demande que les livres soient conservés ensemble en tant que fonds documentaire spécial. Les livres dans des fonds spéciaux ne sont pas facilement utilisés car ils ne sont pas mis en rayon avec d'autres livres sur le même sujet. Dans ce cas, il faut essayer de persuader les donateurs de permettre que leurs livres soient intégrés au reste du fonds documentaire. Si une liste des livres est conservée sous le nom du donateur dans un dossier de correspondance, celui-ci peut être identifié si besoin.

En listant les dons dans le cahier d'inventaire, on inscrit le nom du donateur dans la colonne des coûts, avec une valeur estimée à des fins d'assurance ou de remplacement pour l'utilisation de la bibliothèque uniquement. Si plusieurs livres sont reçus du même donateur, les lister sur des lignes successives, si possible.

Exprimer de la reconnaissance envers les donateurs rapidement et avec tact à la réception des dons peut être bénéfiques pour la bibliothèque. Beaucoup de personnes sont heureuses de donner des ressources si elles savent où et comment les envoyer. Si les donateurs sont informés des besoins spécifiques de la bibliothèque et de notre désir de recevoir des dons, ils peuvent être en mesure de suggérer d'autres donateurs et d'obtenir des dons supplémentaires pour la bibliothèque.

Désherbage

Périodiquement, les articles du fonds documentaire doivent être systématiquement évalués dans le but de supprimer les documents obsolètes ou contenant des informations inexactes. De plus, les livres trop abîmés (p. ex. pages qui tombent), irréparables ou salis devront sûrement être retirés. Il faudra peut-être évaluer régulièrement l'état des livres dans les sections les plus utilisées du fonds documentaire. Une fois qu'un article est retiré, on essaye de le remplacer par un autre document plus récent. Mais si le document est encore pertinent pour le programme d'études, on envisage d'acheter une deuxième copie d'un document qui est beaucoup utilisé (p. ex. commentaires bibliques). Le processus de désherbage devrait également être guidé par la politique documentaire de la bibliothèque.

Fonctions d'acquisition avec logiciel de bibliothèque

Lors du choix d'un système intégré de gestion de bibliothèque, les fonctions d'acquisition peuvent être disponibles dans un lot de base ou vendues en tant que module complémentaire distinct. La décision d'acheter un produit supplémentaire avec un coût supplémentaire sera basée sur le nombre d'achats de ressources effectués chaque année.

Pour les logiciels plus développés et plus coûteux, l'ordinateur suit automatiquement les commandes par statut. Les statuts sont similaires aux trois sections mentionnées précédemment. Lorsqu'un article est commandé, son statut est « en commande ». Une fois le processus en ligne de réception d'un article terminé, le programme informatique change l'état en « reçu » ou « en cours de traitement ». Le logiciel peut également marquer des articles avec d'autres statuts comme suit : « commande de rappel », « retourné », « réclamé » (dans le cas où l'article est manquant dans la commande), etc. Une autre section du logiciel conserve une liste actuelle des fournisseurs avec les adresses, les numéros de téléphone, les adresses de messagerie et les sites web.

Si les acquisitions ne font pas partie du lot de base ou que l'on ne peut pas se permettre un module complémentaire, on peut toujours utiliser un logiciel de catalogage de base pour suivre les achats dans le catalogue. Au lieu des statuts qui changent automatiquement, il faudra configurer les mentions de statuts individuels. Lors de la première commande d'un livre, on saisit une brève notice dans le catalogue contenant toutes les informations nécessaires à l'identification de l'article (ISBN, auteur, titre, édition, éditeur, date, pagination si elle est connue). Au lieu d'une cote de classement, il comporte la mention « en commande ».

Lorsque l'article est reçu, il faut modifier manuellement l'entrée dans le catalogue et changer le statut en « reçu » ou « en cours de traitement » (ou « dans le bureau de catalogage »). Lorsque l'article est entièrement catalogué, un enregistrement complet avec un numéro de classement sera ajouté à la base de données. Après vérification, le bref enregistrement des acquisitions peut être supprimé ou stocké pour les statistiques de fin d'année.

Comme la plupart des bibliothèques doivent se conformer aux politiques et aux processus de commande de l'institution, l'organisation de la fonction acquisitions nécessitera une consultation et une coopération étroites avec le personnel comptable et informatique de notre établissement.

4

Introduction au catalogage

Les documents d'une bibliothèque sont organisés selon un plan logique. En comprenant ce plan, l'usager de la bibliothèque peut facilement trouver des informations. *Un catalogue* contient une liste des livres, périodiques et autres documents du fonds documentaire de la bibliothèque. *Le catalogue* contient des informations sur l'auteur, le titre, les matières et les détails de publication pour chaque livre de la bibliothèque. Chaque vedette-auteur, vedette-titre ou vedette-matière dans le catalogue doit diriger l'usager vers l'emplacement physique du livre sur les rayonnages.

Ce chapitre présente les différents types de vedettes de catalogue en donnant des exemples d'un catalogue sur fiches. Les règles de catalogage de base s'appliquent tant pour les catalogues informatisés que pour les catalogues sur fiches. Les catalogues informatisés sont souvent appelés *catalogues en ligne,* ou *OPAC (online public access catalogue)*. Au lieu d'écrire les informations catalographiques sur fiches, celles-ci sont stockées dans la mémoire de l'ordinateur. Pour utiliser un système en ligne, il est nécessaire de disposer d'une source régulière d'électricité et de systèmes d'alimentation de secours, alimentés par batterie ou par générateur.

De nombreux excellents logiciels de bibliothèque sont disponibles. Les prix des logiciels et des ordinateurs pour les faire fonctionner varient en fonction de la complexité de leurs fonctionnalités. Lorsque cela est possible financièrement, on privilégie un logiciel standard qui fonctionnera avec l'équipement que l'on possède ou que l'on peut acquérir. Même les moins chers peuvent sembler coûteux au début, mais les avantages sont grands : meilleures options de recherche et gain de temps dans la saisie des données.

Le plus important dans le choix d'un logiciel de bibliothèque est d'avoir une bonne compréhension du concept de *migration*. Une *migration* dans ce contexte est un plan à long terme pour passer facilement d'un système à un autre à mesure que la croissance et les besoins de la bibliothèque augmentent. Si le logiciel actuel de la bibliothèque ne convient plus et s'il faut changer de fournisseur un jour, il faudra peut-être convertir les données d'un format à un autre. Il est préférable de choisir un système conforme aux normes et formats de catalogage internationaux. Actuellement, les éditeurs de logiciels de bibliothèque les plus recommandés utilisent un format standard appelé *MARC (machine-readable cataloguing)*. La version de MARC qui s'emploie dans la majorité du monde francophone s'appelle UNIMARC. Les éléments de base de MARC et d'UNIMARC seront abordés au **chapitre 8**. Quand cela est possible financièrement, il est préférable de choisir un logiciel capable d'importer et d'exporter des notices au format UNIMARC. Cela permettra de migrer plus facilement vers un nouveau logiciel.

Certains logiciels moins onéreux (coûtant moins de 500 $ US) peuvent convenir à une bibliothèque plus petite pendant un certain temps avant d'envisager un système plus complet et plus coûteux. Le personnel de la bibliothèque peut facilement exploiter un petit système bien conçu avec un soutien technique minimal de la part des experts en informatique. Des logiciels complexes plus coûteux peuvent nécessiter le recours à des spécialistes informatiques pour installer le logiciel, effectuer des sauvegardes et gérer les serveurs de bibliothèques sur un réseau.

Le **chapitre 12** décrit les questions, les procédures et les outils d'évaluation à utiliser pour décider de l'informatisation de la bibliothèque. Cette introduction au catalogage de base sera toujours applicable.

Si la bibliothèque a un catalogue différent d'un catalogue sur fiches, il faudra se renseigner auprès d'autres bibliothèques de la région ou contacter le réseau BETH, le réseau VALDO, ou encore la Commission for International Library Advancement of the Association of Christian Librarians et le Christians in Library and Information Services pour plus d'informations sur la maintenance (voir **l'annexe I** pour les adresses).

Le travail de préparation des informations pour le catalogue s'appelle le catalogage. Ce travail est divisé en plusieurs parties :

- *Catalogage descriptif.* Le catalogueur fait la description bibliographique d'un livre en indiquant l'auteur, le titre, l'éditeur, la date de publication, le nombre de pages et autres faits physiques concernant le livre écrit dans un format internationalement reconnu. (Voir le **chapitre 5** pour une explication plus complète sur le catalogue descriptif.)
- *Choix des points d'accès.* Le catalogueur établit une notice principale, soit par une notice principale à l'auteur, soit par une notice principale au titre (si l'auteur est inconnu). D'autres points d'accès peuvent être choisis pour les co-auteurs, les éditeurs, les traducteurs, les titres uniformes pour les livres de la Bible, les congrès et autres informations que les usagers peuvent connaître sur un livre. Ces points d'accès secondaires sont appelés vedettes supplémentaires. Le choix des points d'accès sera abordé au **chapitre 5**.
- *Analyse documentaire.* Le catalogueur analyse le contenu du livre pour en déterminer le sujet, puis choisit des mots pour décrire les sujets du livre. Ces sujets servent à déterminer les vedettes-matière et le numéro de classification. Le **chapitre 6** décrit l'analyse documentaire étape par étape.
- *Vedettes-matière.* Le catalogueur termine le processus d'analyse documentaire en sélectionnant les vedettes-matière pour les principales matières abordées dans le livre. Le **chapitre 6** expliquera comment utiliser une liste standard de vedettes-matière, RAMEAU, la source officielle d'indexation de la Bibliothèque nationale de France.
- *Classification.* Le catalogueur attribue un code numérique, tel qu'un numéro de classification décimale Dewey, à un livre. Ce code représente la matière principale ou la plus importante abordée dans le livre. Le **chapitre 7** mentionnera plusieurs systèmes, mais se concentrera sur l'utilisation du système Dewey.
- *Notices de catalogue d'autres bibliothèques et sources.* Les notices catalographiques sont disponibles à partir de diverses sources. Celles-ci peuvent être visualisées et transférées sur un ordinateur local à partir de bases de données sur CD-ROM ou via Internet. Le **chapitre 8** expliquera ces processus et décrira les logiciels qui facilitent la recherche de documents.
- *Préparation du catalogue topographique.* Le catalogueur ajoute des informations d'acquisitions importantes à la notice catalographique ou une fiche finale à un jeu de fiches. La liste d'étapes sera brièvement abordée ici et plus en détail dans **l'annexe J**.

Le catalogue sur fiches

Dans un catalogue sur fiches, les vedettes-auteur, titre et matière de chaque livre sont saisies sur des fiches classées dans des tiroirs à fiches. Ces fiches sont découpées à la taille standard de 7,5 x 12,5 centimètres. Un trou est perforé en bas et au centre de chaque fiche. Ces fiches sont placées dans chaque tiroir avec une tige de métal traversant les trous. Ces tiges maintiennent fermement les fiches dans le tiroir. Un ensemble partiel de fiches pour un catalogue-dictionnaire est illustré à la figure 4.1.

Les bibliothèques utilisent différentes méthodes pour organiser les vedettes dans leurs catalogues sur fiches. Les deux méthodes les plus courantes sont : *le catalogue-dictionnaire* (ou catalogue alphabétique de sujets) et *le catalogue systématique*. Dans un catalogue-dictionnaire, toutes les vedettes sont classées par le titre alphabétique en haut de la fiche. Dans un catalogue systématique, les fiches-sujet ont un numéro de classification et sont disposées numériquement.

Lorsque toutes les vedettes-auteur, titre et matière d'un catalogue alphabétique de sujets sont classées en une seule séquence alphabétique, le catalogue s'appelle *un catalogue-dictionnaire*. On l'appelle un *catalogue divisé* lorsque les auteurs, les titres et les matières sont classés séparément les uns des autres. Une forme très commune de catalogue divisé est celle qui se divise en deux parties : les auteurs et les titres, ainsi que les fiches-sujet classées séparément.

De nombreuses bibliothèques utilisant un catalogue-dictionnaire vont créer une fiche supplémentaire pour un fichier séparé appelé *catalogue topographique*. Le *catalogue topographique* est classé numériquement selon la cote et peut être divisé selon les collections, telles que Référence, Curriculum et autres. Les fiches de la liste sont classées dans le même ordre que les livres sur les rayons.

Même si l'on utilise un système en ligne, on souhaitera peut-être imprimer une liste topographique à utiliser comme liste d'inventaire pour le fonds documentaire de la bibliothèque. Elle peut être particulièrement utile comme système de sauvegarde lorsque le système en ligne est indisponible en raison d'une panne de courant ou d'autres problèmes informatiques. De nombreux systèmes intégrés de gestion de bibliothèque permettent d'imprimer une liste complète sur papier. Imprimée selon un calendrier régulier tout au long de l'année, elle peut servir de liste d'inventaire et d'*instantané* périodique du fonds documentaire. Un *instantané* est un enregistrement actuel de nos localisations avec tous les détails importants que nous souhaitons suivre, tels que la date de publication (pour l'actualité du fonds documentaire) ou l'utilisation (statistiques d'emprunt).

Figure 4.1 Un jeu de fiches pour un catalogue-dictionnaire

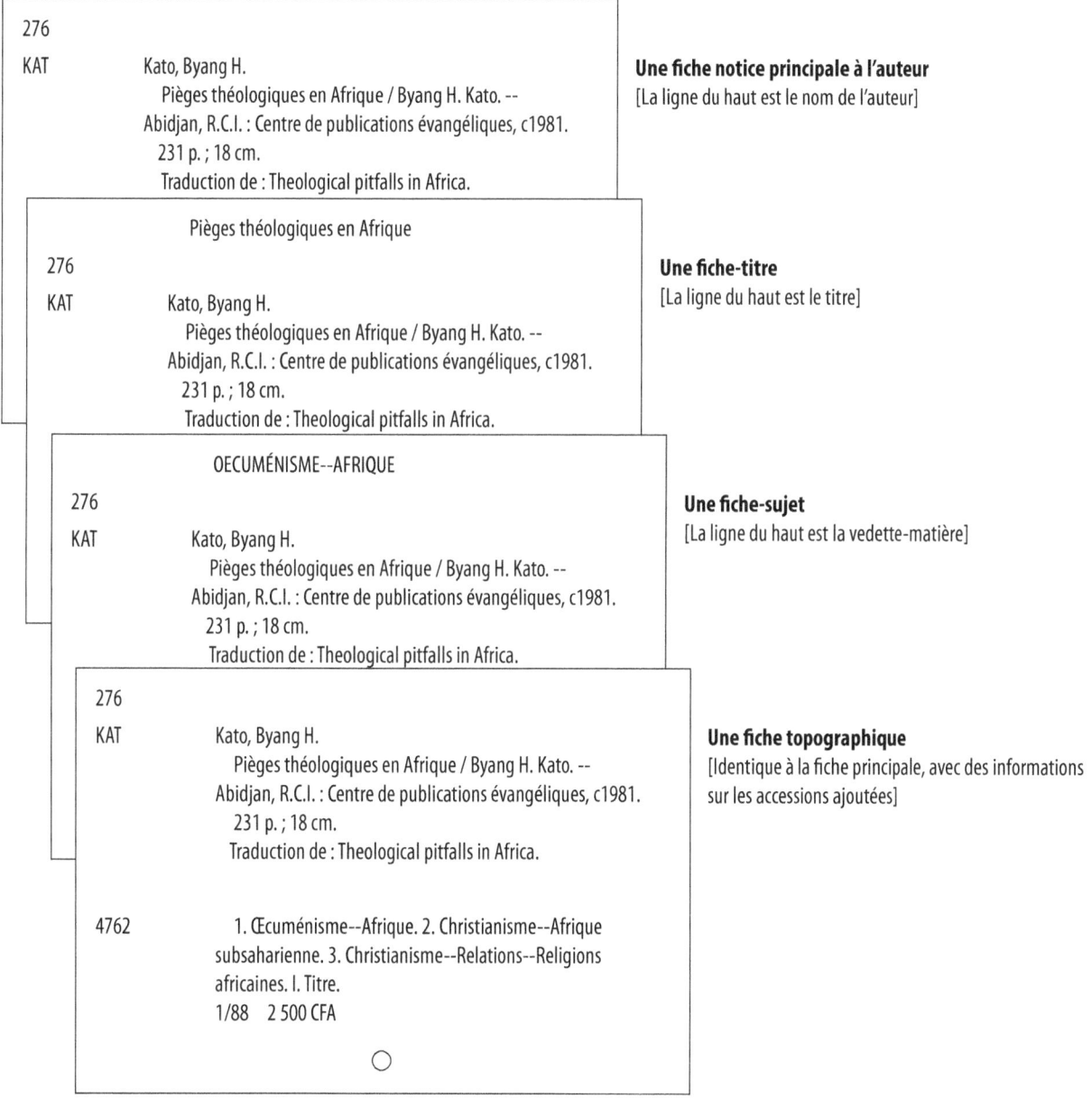

Certaines bibliothèques ont un catalogue systématique, en particulier celles créées ou maintenues par des bibliothécaires formés selon le système britannique. Un catalogue systématique comporte généralement trois sections : (1) une liste de livres classés alphabétiquement par auteur et par titre, (2) une section systématique dans laquelle les fiches-sujet ont des numéros de classification et sont classés numériquement et (3) un index alphabétique de matières. Une description plus complète d'un catalogue systématique et d'un exemple de jeu de fiches figure à **l'annexe D**. Si nous pensons que notre bibliothèque possède déjà un catalogue systématique, nous pourrons peut-être le confirmer en lisant **l'annexe D**.

Cette introduction au catalogage décrit un catalogue-dictionnaire pour toutes les vedettes : auteur, titre et matière, ainsi qu'un catalogue topographique. Cependant, une bibliothèque qui possède déjà un catalogue systématique souhaitera sûrement le conserver plutôt que de recommencer avec une nouvelle forme de catalogue. Si vous avez besoin d'instructions plus détaillées sur la manière de le conserver, veuillez écrire à the Commission for International Library Advancement of the Association of Christian Librarians ou à l'International Theological Librarianship Education Task Force of Atla (voir **l'annexe I** pour les adresses).

Les notices d'un catalogue en ligne contiendront les mêmes informations dans différents formats. Avec un affichage étiqueté, les informations individuelles, ou éléments de données, peuvent avoir des noms de zone reconnaissables tels que « Auteur », « Titre », « Éditeur », « Matière ». Si un système utilise le format UNIMARC, les données seront balisées avec des marqueurs de zone ou de sous-zone. La plupart des balises de zone sont numériques. La plupart des balises de sous-zone sont alphabétiques. Par exemple, les informations de publication se trouveront dans la zone 210, mais divisées en trois sous-zones : (a) lieu de publication, (b) éditeur et (c) date de parution. Voir le **chapitre 8** pour plus de détails sur le format UNIMARC et les affichages étiquetés.

Lorsque nous cataloguons un livre pour le catalogue sur fiches, nous aurons plusieurs fiches pour chaque livre. La figure 4.1 montre un ensemble partiel de fiches pour un livre de Byang H. Kato, *Pièges théologiques en Afrique*. Les figures 4.2 à 4.6 montrent plus de détails pour chaque type de fiche. La plupart des livres auront une *fiche-auteur*. Lorsqu'il existe une fiche-auteur, elle est également appelée *fiche notice principale*. Une fiche notice principale à l'auteur pour un livre de Byang H. Kato ressemblerait à l'exemple de la figure 4.2.

Figure 4.2 Fiche notice principale à l'auteur

(La première ligne est le nom de l'auteur)

```
276
KAT        Kato, Byang H.
              Pièges théologiques en Afrique / Byang H. Kato. --
           Abidjan, R.C.I. : Centre de publications évangéliques, c1981.
              231 p. ; 18 cm.
              Traduction de : Theological pitfalls in Africa.

              1. Œcuménisme--Afrique. 2. Christianisme--Afrique
           subsaharienne. 3. Christianisme--Relations--Religions
           africaines. I. Titre.
                                  ○
```

Chaque livre aura une fiche-titre. Lorsqu'il y a une fiche notice principale à l'auteur, la fiche-titre est la deuxième fiche d'un jeu complet de fiches. En bas de chaque fiche, on peut voir un chiffre romain suivi du mot « Titre ». Les bibliothécaires utilisent ce code pour se rappeler qu'une fiche-titre existe pour ce livre. (Si un livre est perdu ou retiré du fonds documentaire, un membre du personnel doit rechercher et supprimer toutes les fiches de son jeu de fiches du catalogue sur fiches.) En outre, en utilisant ce code, nous n'avons pas à ressaisir le titre complet en bas de la fiche. L'échantillon de la figure 4.3 montre la fiche-titre du livre de Kato.

Figure 4.3 Fiche-titre

(La ligne du haut est le titre du livre)

```
              Pièges théologiques en Afrique
276
KAT        Kato, Byang H.
              Pièges théologiques en Afrique / Byang H. Kato. --
           Abidjan, R.C.I. : Centre de publications évangéliques, c1981.
              231 p. ; 18 cm.
              Traduction de : Theological pitfalls in Africa.

              1. Œcuménisme--Afrique. 2. Christianisme--Afrique
           subsaharienne. 3. Christianisme--Relations--Religions
           africaines. I. Titre.
                                  ○
```

La plupart des livres auront une ou plusieurs fiches-sujet. Chaque matière sera répertoriée en bas de la fiche, précédée par un chiffre arabe. Ces vedettes-matière sont appelées *rappel de vedettes*. Les rappels de vedettes sont listés avant les vedettes telles que « I. Titre ». Les rappels de vedettes indiquent aux bibliothécaires quelles fiches liées à un document particulier se trouvent dans le catalogue sur fiches, en plus de la fiche notice principale. (Encore une fois, cela est important pour trouver le jeu complet de fiches qui peut devoir être supprimé du catalogue.) Lorsque nous tapons une fiche-sujet, la première ligne est écrite en majuscule. La figure 4.4 montre une fiche-sujet pour le livre de Kato.

Figure 4.4 Fiche-sujet

(La ligne du haut, tout en majuscule, est le sujet du livre)

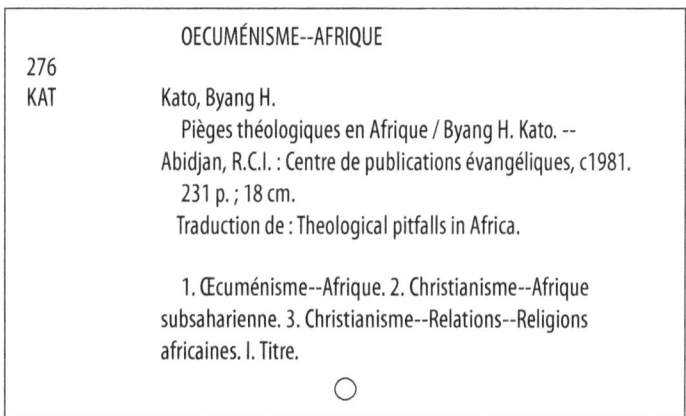

En plus des fiches d'auteur, de titre et de sujet qui seront classées par ordre alphabétique dans le catalogue sur fiches, chaque livre aura également une fiche topographique. Chaque fiche topographique est ajoutée au catalogue topographique en la classant par ordre numérique selon la cote. Le catalogue topographique est principalement destiné aux bibliothécaires ou aux catalogueurs et n'est pas destiné au grand public. Le catalogue topographique est l'enregistrement permanent des fonds de la bibliothèque et doit être protégé contre toute perte ou tout autre dommage. L'exemple de la figure 4.5 montre une fiche topographique pour le livre de Kato.

Créer un catalogue topographique signifie créer une fiche pour chaque livre contenant toutes les informations dont le catalogueur a besoin pour ce livre. Comme ces fiches sont disposées numériquement et non alphabétiquement, elles sont classées dans le même ordre que les livres sur les rayonnages. Cette liste peut être utilisée pour inventorier le fonds documentaire. Un inventaire compare le catalogue topographique aux articles réels sur les rayonnages et en circulation. Faire un inventaire une fois par an ou sur un cycle de trois ou cinq ans permettra d'identifier les articles qui pourraient être absents des rayons ou de trouver des articles sur les rayonnages dépourvus de notices dans le catalogue topographique ou le catalogue général.

La fiche topographique donne des informations sur les acquisitions, telles que le numéro d'accession, la date d'achat et le prix. Un exemple d'une fiche topographique pour le livre de Kato se trouve dans la figure 4.5.

Figure 4.5 Fiche topographique

(Informations sur les acquisitions ajoutées sur la ligne du bas)

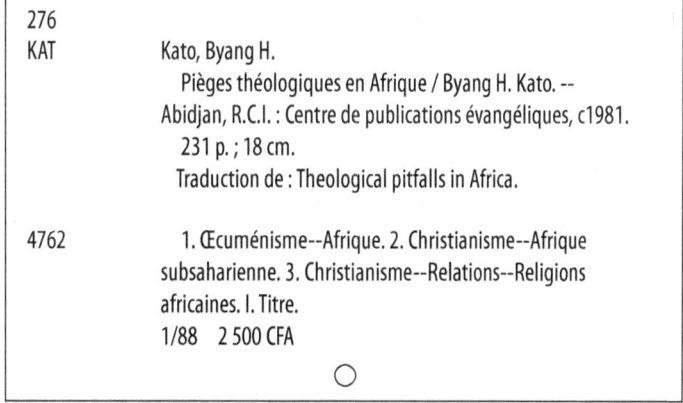

50 La gestion d'une bibliothèque

Certains livres n'ont aucun auteur principal connu. Dans ce cas, la fiche-titre est appelée notice principale au titre. Le style de saisie de la fiche notice principale au titre est différent du style de la notice principale à l'auteur. C'est ce qu'on appelle le style à retrait négatif. Lorsque nous avons une notice principale dans le style à retrait négatif, nous n'avons pas besoin du chiffre romain et du « Titre » en bas de la fiche. La figure 4.6 présente la notice principale au titre du livre *Le Pentateuque en question*.

Figure 4.6 Fiche notice principale au titre

(style de retrait négatif)

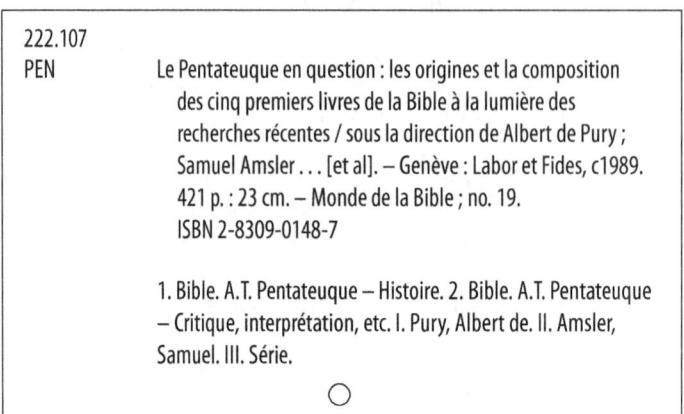

Rappelons que toutes ces fiches doivent être coupées à la taille standard de 7,5 x 12,5 centimètres. Un trou est perforé en bas au centre de chaque fiche. Ces fiches sont placées dans des tiroirs avec des tiges métalliques qui traversent les trous. Ces tiges tiennent fermement les fiches dans le catalogue sur fiches ou dans les tiroirs du catalogue topographique. Des échantillons de fiches peuvent être obtenus auprès d'une société de fourniture de bibliothèque.

Le catalogue en ligne

Les notices d'un catalogue en ligne contiendront les mêmes informations que les fiches d'un catalogue sur fiches. Elles sont généralement créées en utilisant un modèle similaire à la grille de catalogage se trouvant à la fin de ce chapitre. L'un des principaux avantages d'un catalogue en ligne est que les informations relatives à chaque livre ne doivent être saisies qu'une seule fois dans l'ordinateur, tandis que le catalogue sur fiches nécessite la saisie de plusieurs fiches pour chaque livre. Les **chapitres 8** et **12** donnent davantage d'informations sur les systèmes intégrés de gestion de bibliothèque.

Un autre avantage : un accès considérablement amélioré. En plus de rechercher des livres en fonction de leur auteur, de leur titre ou de leurs vedettes-matière, la plupart des catalogues en ligne permettent de rechercher tout mot trouvé dans la notice. Cela s'appelle la recherche par mot-clé. Les usagers de la bibliothèque n'ont pas besoin de se souvenir du titre exact ou des vedettes-matière standardisées pour trouver le livre qu'ils recherchent.

Les deux principaux inconvénients d'un catalogue en ligne sont les coûts des ordinateurs et des logiciels et le besoin d'une source d'électricité stable. Même avec une source d'électricité fiable, les informations stockées dans un ordinateur peuvent parfois être perdues ou temporairement indisponibles. Il est essentiel de protéger le catalogue en dupliquant et en stockant une copie de la base de données dans un emplacement sécurisé situé en dehors de la bibliothèque.

Si le logiciel de catalogue en ligne reste trop coûteux ou si la source d'alimentation électrique n'est pas fiable, nous pouvons commencer par un logiciel qui imprime les fiches. Un ordinateur portable doté d'une batterie de secours interne peut être utilisé pour les impressions lorsque l'électricité est disponible pour une imprimante. Cette méthode offre l'avantage de ne devoir saisir qu'une seule fois les informations pour chaque livre, comme dans un catalogue en ligne. Les fiches peuvent ensuite être classées dans un catalogue sur fiches. *Rappel* : essayons d'obtenir un logiciel d'impression de fiches offrant une possibilité de migration vers un meilleur système. Plusieurs des logiciels mentionnés aux **chapitres 8** et **12** permettent l'impression de fiches.

Dans les situations où l'électricité n'est pas fiable, deux autres options sont disponibles. Le catalogue topographique, soit sous forme de fiche ou d'une liste imprimée, est un moyen de protéger les informations du catalogue et de permettre l'accès même lorsque l'ordinateur n'est pas disponible. Comme autre option, la plupart des logiciels de catalogue en ligne permettront l'impression de listes de ressources par auteur, titre et/ou matière. Bien que les imprimés (documents préparés par le logiciel) de la base de données entière utilisent de grandes quantités de papier, le papier peut être plus facile à obtenir que le papier cartonné.

Utiliser une grille de catalogage

Que nous créions des fiches pour un catalogue sur fiches ou que nous saisissions les informations dans un catalogue en ligne, nous devrons collecter les informations nécessaires de manière systématique. Il est utile pour un catalogueur d'utiliser une grille de catalogage pour chaque titre qui nécessite un catalogage original. La grille permet de trouver chaque élément d'information à saisir sur les fiches ou dans la notice en ligne ultérieurement. Dans un système en ligne, le logiciel fournira des grilles à remplir. Si le logiciel propose différentes grilles pour des livres, des ressources audiovisuelles, des périodiques ou d'autres types de documents, ceux-ci sont généralement appelés modèles. Parfois, ceux-ci peuvent être modifiés par la bibliothèque locale et reflètent exactement quelles informations doivent être saisies pour chaque type de matériel ou de fonds documentaire spécial, comme Référence ou Thèses.

Prenons l'exemple de grille de catalogage de la figure 4.7 et les exemples de pages du livre *Pièges théologiques en Afrique* dans les figures 4.8.1 (page de titre) et 4.8.2 (verso de la page de titre). Sur la grille de catalogage, 18 domaines d'information sont à rassembler. Le **chapitre 5** sur le catalogage descriptif nous apprendra comment trouver les informations pour les domaines 1-12. Les domaines 13 et 15, notices principales et supplémentaires, sont également abordés au **chapitre 5**. Le **chapitre 6** abordera le choix des vedettes-matière dans le domaine 14. Le **chapitre 7** sur la classification nous apprendra comment attribuer la cote de classification trouvée dans le domaine 16 de la grille de catalogage. Les domaines 17 et 18 se rapportent au catalogue topographique et sont expliqués à **l'annexe J**.

Sur la grille, on remarque des carets (^), des barres obliques (/), des deux-points et des points-virgules (: et ;), des tirets (-), etc. Ce sont des rappels de ponctuation. Cela deviendra plus clair en parcourant les chapitres sur le catalogage. Notons que le signe ^ signifie un espace sur la machine à écrire ou le clavier. Il n'est pas nécessaire de taper ^. Il suffit de laisser un espace.

Exercice

1. Faites une photocopie de l'exemple de la grille de catalogage.
2. En vous servant des extraits des pages de l'ouvrage *Pièges théologiques en Afrique* dans les figures 4.8.1 (page de titre) et 4.8.2 (verso de la page de titre), essayez de remplir une grille de catalogage sans consulter les chapitres suivants.
3. Pour trouver le nombre de pages nécessaires à la réalisation de cet exercice, étudiez la fiche topographique de la figure 4.5.
4. Pour vérifier vos réponses, voir la grille remplie pour *Pièges théologiques en Afrique* à la figure 5.2.

Figure 4.7 Exemple de grille de catalogage

1. Titre _____

2. Sous-titre ^:^ _____

3. Mention de responsabilité ^/^ _____

4. Mention d'édition ^--^ _____

5. Lieu de publication ^--^ _____

6. Éditeur ^:^ _____

7. Date .^ _____

8. Étendue de l'article (nb de pages) _____ ^p.

9. Autres détails physiques ^: ^ _____

10. Dimensions (hauteur en cm) ^; ^ _____ cm.

11. Notes (le cas échéant) Exemples : Bibliographie : ^ p.^ _____
                    Inclut index.
      Autre _____
    _____

12. ISBN _____

13. Notice principale à l'auteur _____ (nom en ordre inverse)
    Vedette supplémentaire au titre nécessaire _____ oui _____ non (voir zone 15)

14. Vedettes-matière 1. _____ . ^2.^ _____ .
    ^3.^ _____ . ^4.^ _____ .

15. Vedettes supplémentaires I. ^_____ .^II.^_____ .

16. Cote de classification   Emplacement _____
       (Inclure la copie   Indice Dewey _____
       ou num. de vol. sur   Indice des tableaux Cutter _____
       la cote)   Édition (date) _____

17. Information pour le catalogue   Numéro d'accession _____
       topographique (à saisir sur la   Date d'acquisition _____
       fiche topographique)   Prix _____

18. Nombre de copies ou de volumes   c. _____ (exemple 1-3)
       (à saisir sur la fiche topographique) v. _____ (exemple 1-6)

Figure 4.8.1 Page de titre de l'ouvrage *Pièges théologiques en Afrique*

Pièges théologiques en Afrique

Byang Kato

Centre de Publications Évangéliques
08 B.P. 900, Abidjan 08, R.C.I.

54 La gestion d'une bibliothèque

Figure 4.8.2 Verso de la page de titre de l'ouvrage *Pièges théologiques en Afrique*

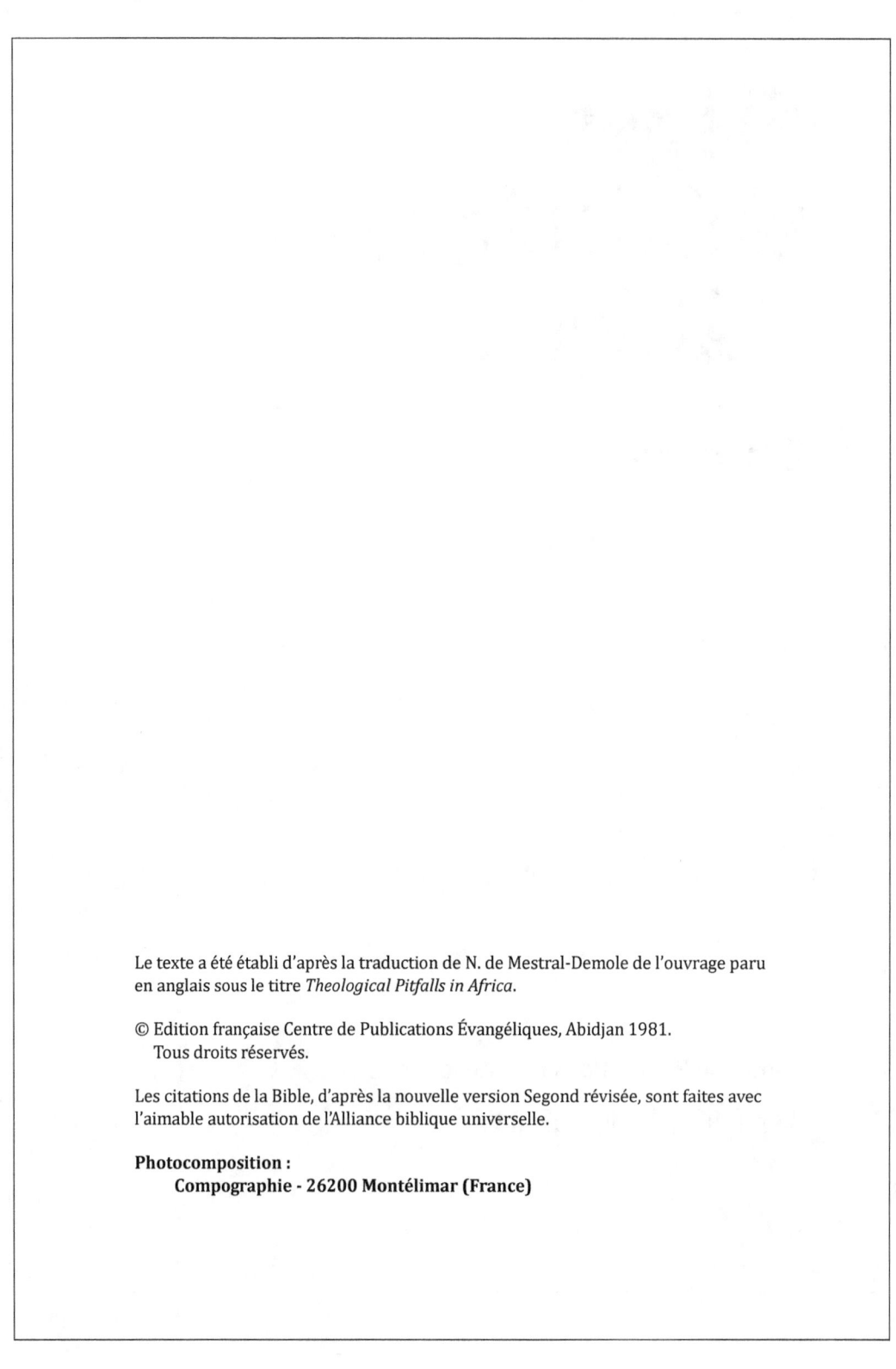

Le texte a été établi d'après la traduction de N. de Mestral-Demole de l'ouvrage paru en anglais sous le titre *Theological Pitfalls in Africa*.

© Edition française Centre de Publications Évangéliques, Abidjan 1981.
  Tous droits réservés.

Les citations de la Bible, d'après la nouvelle version Segond révisée, sont faites avec l'aimable autorisation de l'Alliance biblique universelle.

Photocomposition :
  Compographie - 26200 Montélimar (France)

5

Le catalogage descriptif

Qu'est-ce que le catalogage descriptif ?

Le catalogage descriptif consiste à identifier et à enregistrer divers éléments concernant l'édition d'un livre. La plupart des catalogueurs s'appuient sur des règles internationales pour les guider dans la sélection et l'enregistrement d'informations. Le respect des normes de catalogage contribue à l'uniformité des vedettes de catalogue. Cela aide les bibliothèques à coopérer les unes avec les autres.

Les règles de catalogage énoncées dans le présent ouvrage sont basées sur les AACR2, c'est-à-dire les *Anglo-American Cataloguing Rules*[1]. Elles ont également été traduites en français dans l'ouvrage *Règles de catalogage anglo-américaines*[2]. Les règles énoncées ici seront suffisantes pour les petites bibliothèques, mais les catalogueurs souhaitant plus de détails devraient acquérir les *Règles de catalogage anglo-américaines*.

Les catalogueurs devraient également garder à l'esprit les modifications apportées aux normes internationales de catalogage en cours. Les nouvelles règles, appelées RDA (Ressources : Description et Accès), sont en cours de mise en œuvre par la Bibliothèque nationale de France. Si l'on souhaite acquérir des notices bibliographiques auprès de grandes bibliothèques universitaires en suivant les méthodes décrites dans le **chapitre 8**, on trouve des notices créées selon ces nouvelles règles. Dans ce cas, nous pouvons accepter ces notices en toute sécurité et les ajouter à notre catalogue. Néanmoins, nous recommandons de ne pas essayer d'utiliser RDA pour le catalogage d'origine, car ces règles peuvent être assez compliquées. De plus, RDA est disponible uniquement en ligne et seulement par un abonnement coûteux.

Si l'on utilise un ordinateur pour mettre le catalogue en ligne, le logiciel demandera les informations descriptives à l'aide de *messages de rappel*. Un *message de rappel* sera un mot ou une phrase décrivant les détails à ajouter. Les catalogueurs doivent s'assurer de bien comprendre la définition de ces termes et choisir les points d'accès les plus utiles conformément aux règles standard.

Niveau de description

Les catalogueurs doivent décider quelle quantité d'informations sur un livre ou une autre ressource doit être incluse dans le catalogue. Les AACR2 donnent trois niveaux de description. Le niveau un, le plus simple, contient le moins d'informations. Les niveaux deux et trois donnent des informations de plus en plus détaillées. Nous suggérons d'utiliser le niveau un (avec l'ajout du premier sous-titre et du lieu de publication).

Éléments de description

Les éléments de description sont les mots, expressions ou autres caractères qui constituent la notice catalographique. Ce sont les plus petites unités de la fiche de catalogue. Les six éléments de base inclus sont :

1. Titre, sous-titre et mention de responsabilité.
2. Édition.
3. Mention de publication.
4. Description physique.
5. Note.

---

[1] Michael Gorman, *The Concise AACR2*, 4ᵉ éd., Chicago, American Library Association, 2004.
[2] *Règles de catalogage anglo-américaines*, élaborées sous la direction du Comité directeur mixte pour la révision des AACR ; coordination de la version française, Pierre Manseau, avec la collaboration de Louise Filion, André Paul, Montréal, Éditions ASTED, 2000 (2ᵉ édition, révision de 1998).

6. Numéro d'identification.

Ces éléments ne seront pas tous présents dans tous les livres catalogués. Par exemple, tous les livres ne contiendront pas une mention d'édition ou un numéro d'identification tel qu'un ISBN. Mais si les informations relatives à l'un de ces éléments sont disponibles dans le livre, elles doivent être enregistrées dans le catalogue. Un catalogage descriptif très détaillé, effectué par de grandes bibliothèques spécialisées ou de recherche, peut contenir beaucoup plus d'éléments de description que ceux inclus ici.

Des éléments de description avec leur ponctuation correcte sont listés ci-après. Ils apparaissent dans l'ordre dans lequel ils se trouvent sur une fiche de catalogue. Dans un catalogue en ligne, l'ordre et l'apparence peuvent être différents.

> Titre : sous-titre / première mention de responsabilité. –
> Édition. - Lieu de publication : Éditeur, Date.
> Description physique
> Notes.
> ISBN (numéro international normalisé du livre) ou ISSN (numéro international normalisé des publications en série).

Examinons maintenant l'exemple de la fiche du livre *Pièges théologiques en Afrique* de Byang H. Kato. Il est étiqueté pour nous montrer exactement où apparaissent les éléments de base de la description. La plupart de ces informations se trouvaient sur la page de titre et son verso (figure 4.8.1-4.8.2).

Figure 5.1 Fiche de catalogue du livre *Pièges théologiques en Afrique*

```
Numéro de classification ──── 276
                              KAT      Kato, Byang H. ──────────────────────── Auteur
Titre/sous-titre ──────────────────── Pièges théologiques en Afrique / Byang H. Kato. -- ──── Mention/Resp
Lieu/Éditeur ──────────────────────── Abidjan, R.C.I. : Centre de publications évangéliques, c1981. ──── Date
Desc. Phys. ──────────────────────── 231 p. ; 18 cm.
Note 1 ───────────────────────────── Traduction de : Theological pitfalls in Africa.
Informations
d'accession ─────── 4762              1. Œcuménisme--Afrique. 2. Christianisme--Afrique ──── Rappels de vedettes
                                      subsaharienne. 3. Christianisme--Relations--Religions      secondaires
                                      africaines. I. Titre.
                              1/88    2 500 CFA
```

La source principale d'information

Où trouver les informations nécessaires pour cataloguer un livre ? Elles se trouvent dans le livre lui-même. Le lieu où l'on cherche des informations de catalogage est appelé la *source principale d'information*. La source principale d'information varie en fonction du type de document catalogué. Pour cataloguer un livre, la source principale d'information est la *page de titre* et le *verso* (le revers) de la page de titre. (Pour connaître les règles de la source principale d'information d'autres types d'articles, voir les règles complètes.)

La page de titre

La *page de titre* est la page au début d'un livre qui contient généralement le titre, la mention de responsabilité et la mention de publication. La mention de responsabilité identifie le responsable de la création du livre. Le responsable peut être un auteur, un éditeur ou un compilateur.

Le verso (le revers) de la page de titre

Le *verso* contient généralement des informations sur la publication (lieu d'édition, nom de l'éditeur, année de publication) qui peuvent ne pas se trouver sur la page de titre elle-même.

Remarque : si l'on ne trouve pas la mention de publication sur la page de titre ou au verso, voir en bas de la dernière page et sur la couverture et la quatrième de couverture du livre.

Grille de catalogage

Prenons maintenant la grille de catalogage illustrée à la figure 5.2. Nous pouvons constater que beaucoup des parties de la grille peuvent être remplies en consultant simplement la page de titre (recto et verso) du livre de Kato, *Pièges théologiques en Afrique*. Notons qu'il faut faire attention à la ponctuation.

Figure 5.2 Exemple de grille de catalogage

(Notons que le ^ représente un espace sur la machine à écrire, ne pas taper ^. On fait juste un espace avec le clavier)

1. Titre _____ Pièges théologiques en Afrique _____

2. Sous-titre ^:^ _____

3. Mention de responsabilité ^/^ _____ Byang H. Kato _____

4. Mention d'édition ^--^ _____

5. Lieu de publication ^--^ _____ Abidjan, R.C.I. _____

6. Éditeur ^:^ _____ Centre de publications évangéliques _____

7. Date .^ ___ c1981 _____

8. Étendue de l'article (nb de pages) ___ 231 ___ ^p.

9. Autres détails physiques ^: ^ _____

10. Dimensions (hauteur en cm.) ^; ^ ___ 18 ___ cm.

11. Notes (le cas échéant) Exemples: Bibliographie: ^ p.^ _____ Traduction de : Theological pitfalls in Africa _____
    Inclut index.
    Autre _____

12. ISBN _____

13. Notice principale à l'auteur _____ Kato, Byang H. _____ (nom en ordre inverse)
    Vedette supplémentaire au titre nécessaire _____ x _____ oui _____ non (voir zone 15)

14. Vedettes-matière 1. _____ Œcuménisme--Afrique _____ . ^2.^ _____ Christianisme--Afrique subsaharienne _____
    ^3.^ _____ Christianisme--Relations--Religions africaines _____ . ^4.^ _____ .

15. Vedettes supplémentaires I. ^ _____ Titre _____ .^II.^ _____ .

16. Cote de classification   Emplacement _____
    (Inclure la copie   Indice Dewey _____ 276 _____
    ou num. de vol. sur   Indice des tableaux Cutter _____ Kat _____
    la cote)   Édition (date) _____

17. Information pour le catalogue   Numéro d'accession _____ 4762 _____
    topographique (à saisir sur la   Date d'acquisition _____ 1/88 _____
    fiche topographique)   Prix _____ 2 500 CFA _____

18. Nombre de copies ou de volumes   c. ___ 1 ___ (exemple 1-3)
    (à saisir sur la fiche topographique)   v. _____ (exemple 1-6)

Termes utilisés dans le catalogage descriptif

Nous allons maintenant décrire le livre de Kato, élément par élément, zone par zone (comme indiqué sur la grille de catalogage de la figure 5.2). La description fera référence à une fiche de catalogue pour montrer comment enregistrer une fiche si besoin. N'oublions pas que les notices d'un catalogue en ligne contiennent les mêmes éléments, mais ils peuvent apparaître dans un ordre ou un format différent.

Titre (voir la zone de travail 1).

Définition. Le titre est le nom d'un livre. Il peut inclure des lettres, des chiffres ou d'autres caractères. Notons que le titre se trouve au tout début de la partie descriptive de la fiche de catalogue.

Sous-titre (voir la zone de travail 2).

Définition. Le sous-titre est un titre secondaire qui explique ou précise le sujet du livre. Sur la page de titre d'un livre, le sous-titre suit généralement le titre. Il apparaît souvent en caractères plus petits qui indiquent ainsi sa position secondaire.

Ponctuation. Sur une fiche de catalogue, le sous-titre suit le titre. Un espace, deux points, un espace (:) sépare le titre du sous-titre. Aucun des mots du sous-titre n'est en majuscule, à l'exception des noms propres.

Dans l'exemple, il n'y a pas de sous-titre.

Mention de responsabilité (voir la zone de travail 3).

Définition. La mention de responsabilité comprend la ou les personne(s) ou l'institution responsable du contenu d'un livre. Il s'agit généralement d'un auteur ou d'un directeur d'ouvrage.

La mention de responsabilité suit le titre (ou le sous-titre, s'il y en a un).

Ponctuation. La mention de responsabilité suit un espace, une barre oblique, un espace (/). On écrit en majuscule le premier caractère du nom comme d'habitude.

Dans l'exemple, l'auteur est : Byang H. Kato.

Édition (voir zone de travail 4).

Définition. Une édition est constituée de toutes les copies d'un livre imprimées à partir du même texte ou de la même image.

Si une mention d'édition est requise pour un livre, il y aura généralement des indications claires dans le livre lui-même, souvent sur la page de titre ou le verso. Si l'on ne voit pas le mot « édition » ou son équivalent non français dans le livre, on n'inscrit pas de mention d'édition. Si l'on repère sur le livre le mot « impression » ou son équivalent, celui-ci ne renvoie pas à la mention d'édition et est différent de celle-ci.

S'il existe une mention d'édition, elle suit la mention de responsabilité.

Ponctuation. Lors de la rédaction d'une mention d'édition, on utilise les mots figurant dans le livre lui-même. Les exceptions à cette règle sont d'abréger dans la mesure du possible et de remplacer les mots par des chiffres. Par exemple, au lieu d'« édition révisée », on mettra « éd. rév. » ; et « 3e éd. », au lieu de « troisième édition ». Pour obtenir une liste des abréviations standard utilisées dans le catalogage descriptif, voir **l'annexe G**.

Dans l'exemple, il n'y a pas de mention d'édition.

La mention d'édition suit un point, un espace, deux tirets et un espace (. --).

Publication (voir zones de travail 5 et 6).

Définition. Dans le catalogage descriptif, la mention de publication se compose de deux parties. La première partie donne le lieu géographique (ville et état ou pays) dans lequel le livre a été publié. La deuxième partie donne le nom de l'éditeur.

La mention de publication suit la mention d'édition (ou la mention de responsabilité si aucune mention édition n'est donnée).

Ponctuation. Le lieu de publication est précédé d'un point, espace, tirets, espace (. --). Après un espace, deux points, espace (:), on inscrit le nom de l'éditeur. Pour le lieu de publication, on utilise le nom de la ville et du pays tel qu'indiqué dans le livre. On peut utiliser une abréviation pour un état ou une province, dans la mesure où elle apparaît dans le livre sous cette forme abrégée. On indique le nom de l'éditeur sous la forme la plus courte possible pour qu'il puisse être compris et reconnu.

Dans l'exemple, les informations de publication sont les suivantes :

Abidjan, R.C.I. : Centre de publications évangéliques.

Date (voir la zone de travail 7).

Définition. La date fait référence à l'année de publication du livre. Si le livre en main est une édition particulière, la date fait référence à la date à laquelle l'édition a été publiée. Si aucune date de publication n'est trouvée, mais seulement une date de copyright, on ajoute un petit « c » avant la date (p. ex., c1983).

L'année de publication suit la zone de publication sur la fiche de catalogue.

Ponctuation. La date suit une virgule et un espace (,). Mettre un point après la date.

Dans l'exemple, la date est : c1981.

Description physique (voir les zones de travail 8, 9 et 10).

Définition. La zone de description physique de la fiche de catalogue fournit des informations sur des éléments tels que la pagination, les illustrations et les dimensions d'un livre. La description physique d'un livre suit la date dans un nouveau paragraphe avec un retrait de deux espaces.

Ponctuation. Le nombre de pages de la partie principale du livre (à l'exclusion des pages préliminaires ou non numérotées) est indiqué en chiffres arabes, suivi d'un espace, puis de l'abréviation « p. » au lieu de « pages ». Si le livre fait partie d'un ensemble de volumes, on indique le nombre total de volumes suivi d'un « v. » Si le livre contient des illustrations ou des cartes, on suit la mention du nombre de pages d'un espace, deux points, un espace (:). Puis on abrège les « illustrations » par « ill. », s'il y en a dans le livre. Indiquer « cartes », si nécessaire. Ensuite, on ajoute un espace, un point-virgule, un espace (;), puis on note la hauteur du livre en centimètres.

La hauteur est importante pour déterminer si le livre tient sur une étagère normale ou nécessite une étagère pour les livres plus grands. Nous devrions arrondir un nombre décimal au nombre entier immédiatement supérieur. Par exemple, un livre mesurant 20,2 cm devrait être enregistré sur la fiche comme mesurant 21 cm.

Dans l'exemple, la description physique est la suivante : 231 p. ; 18 cm.

Notes (voir la zone de travail 11).

Définition. La zone de notes comprend des informations jugées importantes qui ne sont présentes nulle part ailleurs sur la fiche de catalogue. Dans notre exemple de fiche, la zone de notes commence un autre nouveau paragraphe immédiatement en dessous de la description physique.

La note suivante apparaît dans l'exemple : Traduction de : Theological Pitfalls in Africa.

Ponctuation. Chaque nouvelle note commence dans un paragraphe séparé. Les notes peuvent être formelles ou informelles. Une note formelle commence par les mêmes mots d'introduction, suivis de deux points et d'un espace. Voici un exemple de note officielle : « Comprend des références bibliographiques : p. 399-411. » Une note informelle peut souvent consister en une citation du livre ou en une phrase claire et brève composée par les catalogueurs. Chaque note se termine par un point.

Numéro international normalisé du livre (ISBN) (voir la zone de travail 12).

Définition. L'ISBN est un numéro unique attribué à un livre spécifique. Ces chiffres sont utilisés dans le monde entier. Dans les livres plus anciens, l'ISBN comprend dix caractères : soit 10 chiffres, soit 9 chiffres et une lettre « X ». Les nouveaux livres auront un numéro ISBN composé de 13 caractères. L'ISBN commence un nouveau paragraphe immédiatement sous la zone des notes.

Ponctuation. Commencer un nouveau paragraphe pour l'ISBN. Commencer par les lettres majuscules « ISBN » suivies d'un espace, puis du numéro lui-même. Terminer par un point.

Dans l'exemple, il n'y a pas d'ISBN.

Résumé des règles de catalogage descriptives fondamentales

Voici une liste des règles de catalogage descriptives les plus importantes, avec des exemples adaptés aux petites bibliothèques[3]. Certaines règles ont été ignorées car elles ne s'appliquent pas.

La plupart des logiciels de création et d'impression de fiches de catalogue insèrent automatiquement la ponctuation correcte.

Titre et mention de responsabilité

Ponctuation.
Faire précéder le titre d'une partie distincte, d'un supplément ou d'une section par un point, espace (.).
Faire précéder un titre parallèle par un espace, signe égal, espace (=).
Faire précéder les autres informations de titre par un espace, deux points, espace (:).
Faire précéder la première mention de responsabilité d'un espace, barre oblique, espace (/).
Faire précéder l'autre mention de responsabilité d'un espace, point-virgule, espace (;).

Formats :
Titre : sous-titre / mention de responsabilité. --
Titre [Titre général du document] = Titre parallèle : autres informations sur le titre / mention de responsabilité ; deuxième mention de responsabilité. --

Titre propre.
Transcrire le titre propre exactement tel qu'il se trouve dans la source principale d'information. Cependant, la ponctuation et la mise en majuscule qui y sont trouvées ne doivent pas être suivies, sauf pour les noms propres.

Exemples :
1. Pièges théologiques en Afrique.
2. SIM et ECWA au Nigeria.
3. Cent ans au Gabon.

S'il n'y a pas de source principale d'information (par exemple, un livre sans page de titre), fournir un titre propre à partir du reste de la ressource bibliographique, de son matériel accompagnant ou ailleurs (par exemple, une source de référence).

Si aucun titre ne peut être trouvé nulle part, nous rédigeons nous-même un bref titre descriptif. Nous le mettons ensuite entre crochets avec une note d'explication.

Exemple :
[Cahier d'évangélisation]

(Note : titre constitué par le catalogueur ; le catalogueur met le titre fourni entre crochets.)

Si le titre apparaît en plusieurs langues, utiliser celui qui est dans la langue principale de la ressource bibliographique en tant que titre propre. S'il existe plusieurs langues principales, utiliser le titre qui apparaît en premier.

Exemples :
1. Dictionnaire de théologie chrétienne.
(Titre donné sur la page de titre en anglais et en français. Toutefois, le texte du livre est en français, utiliser donc le titre en français.)
2. Handboek van Christelijk Nederland.

---

3 Ces règles sont basées sur les règles de catalogage de l'ouvrage de Michael Gorman, *The Concise AACR2*, éd. de 2004, Chicago, ALA Editions, 2004.

(Le titre apparaît en néerlandais et en français, mais le texte est en néerlandais. Dans ce cas, saisir uniquement le titre néerlandais.)

Type de document (ajout facultatif) :

Si l'on souhaite indiquer le type de document référencé comme « avis préalable » pour l'usager du catalogue, on indique un terme dans la liste suivante immédiatement après le titre propre. (Pour une liste plus complète, voir les règles complètes.)

Art original	Film	Manuscrit
Braille	Image	Microforme
Document cartographique	Image animée	Modèle
Enregistrement sonore	Jeu	Musique
Enregistrement vidéo	Jouet	Reproduction d'art
		Ressource électronique

Exemple :

1. La cachette [enregistrement vidéo]

Autres informations sur le titre (y compris les sous-titres) :

Transcrire d'autres informations relatives au titre (par exemple, un sous-titre) figurant dans la source principale d'information.

Exemples :

1. Interactions interculturelles : guide pratique
2. Cent ans au Bengale : une histoire de la mission d'Oxford, 1880-1980
3. SIM et ECWA au Nigeria : l'histoire des débuts

Mention de responsabilité.
Première mention de responsabilité : toujours indiquer la mention de responsabilité qui apparaît en premier dans la source principale d'information.

Exemples :

1. Byang Kato : ambassadeur du Christ / Sophie de la Haye. --
2. La croissance de l'église en Afrique / Peter Falk. --
3. Pastorale des jeunes en Afrique rurale / sous la direction de Roger Tessier. --

Autres mentions de responsabilité : indiquer les autres mentions de responsabilité qui apparaissent dans la source principale d'information dans l'ordre et la forme dans lesquelles elles apparaissent.

Exemples :

1. Enseignement biblique puissant / Samuila Kure et Jim Plueddemann. -- (Le mot « et » se trouve sur la page de titre.)
2. Pour la naissance du nouveau / sous dir. Jeffrey Abayasekera et D. Preman Niles. --
3. L'audience télévision-radio et la religion / Everett C. Parker, David W. Barry, Dallas W. Smythe. --

Si aucune mention de responsabilité n'apparaît dans la source principale d'information, ne pas en fournir. Si une telle déclaration est nécessaire pour compléter la description, l'indiquer dans une note.

Exemple :

La vie d'Arthur Tappan. --
(Aucun auteur n'est indiqué sur la page de titre, mais l'introduction du livre indique que Lewis Tappan est l'auteur. Indiquer ces informations dans la zone de note.)

Enregistrer toute mention de responsabilité qui se trouve sur la source principale d'information.

Omettre les mentions de responsabilité relatives à des personnes ou organismes d'une responsabilité mineure pour l'article. En outre, omettre les titres, qualifications, etc., attachés aux noms personnels.

Zone d'édition

Ponctuation.
Faire précéder cette zone d'un point, espace, tirets, espace (. --).
Faire précéder une mention de responsabilité qui suit une mention d'édition par un espace, une barre oblique, un espace (/).

Format :
Édition. -

Pour cette zone, prendre des informations de la source principale d'information ou de toute mention formelle de l'éditeur ou de l'émetteur de l'article, que ce soit dans la ressource bibliographique ou dans les documents qui l'accompagnent (par exemple, une boîte, une pochette, de la documentation en ligne).
Placer les informations prises ailleurs entre crochets.

Mention d'édition.
Donner les informations concernant l'édition comme nous les avons trouvées sauf :
1. remplacer les mots par des abréviations standard.
2. remplacer les mots par des chiffres, le cas échéant.

Exemples :
1. Éd. rév. (apparaît dans l'article comme : édition révisée).
2. 3e éd. (apparaît dans l'article comme : troisième édition).
3. 3e éd. / révisé par Étienne Balewa.

Zone de publication

Ponctuation.
Faire précéder cette zone d'un point, espace, tirets, espace (. --).
Faire précéder un deuxième lieu de publication, etc. d'un espace, point-virgule, espace (;).
Faire précéder le nom d'un éditeur, etc., d'un espace, deux points, espace (:).
Faire précéder la date de publication, etc., d'une virgule, espace (,).

Formats :
Lieu : Éditeur, Date.
Lieu ; Lieu : Éditeur, Date.
Lieu : Éditeur ; Lieu : Éditeur, Date.

Règles générales.
Dans cette zone, donner des informations sur l'éditeur, le distributeur, etc., ainsi que la date de publication, de diffusion, etc.

Si une ressource bibliographique a plusieurs lieux de publication, de diffusion, etc., et/ou deux ou plusieurs éditeurs, diffuseurs, etc., indiquer le premier lieu nommé, l'éditeur, le distributeur, etc. Si un autre lieu, éditeur, distributeur, etc., est plus important dans la source principale d'information, indiquer également ce lieu et l'éditeur, le distributeur, etc.

Si un lieu et/ou un éditeur, un distributeur, etc., dans notre pays se trouve à une position secondaire, nous pouvons choisir, facultativement, d'ajouter ce lieu et cet éditeur, ce distributeur, etc.

Exemples :
1. Bruxelles ; Bangui : Larousse.
(si nous cataloguons en République centrafricaine)
2. Paris : Desclée ; Kinshasa : Presses congolaises.
(si nous cataloguons en République Démocratique du Congo)
3. Burbank, CA : Warner Bros. ; Yaoundé : Disques Africains.
(si nous cataloguons au Cameroun)

Lieu de publication, diffusion, etc.
Donner le lieu de publication tel qu'il apparaît sur l'article.

Exemples :
1. Londres :
2. Robesonia, PA, États-Unis :
(apparaît dans le livre sous cette forme)
3. Kisumu, Kenya :

Indiquer le nom d'un pays, état, province, etc., s'il n'apparaît pas mais est nécessaire pour identifier le lieu.

Exemples :
1. London [Ont.] :
2. Suva, [Fidji] :
3. Conakry, République de Guinée :
(peut être abrégé en Conakry, Rép. de Guinée)

Si un éditeur, un distributeur, etc. a des bureaux dans plusieurs endroits, on donne toujours le premier nom. Nous pouvons choisir, facultativement, d'indiquer tout autre lieu situé dans notre pays. Omettre tous les autres lieux.

Exemple :
Londres ; Abidjan :

(Un catalogueur en Côte d'Ivoire utilisait deux lieux pour des éditeurs ayant plusieurs bureaux.)

Si le lieu de publication, de diffusion, etc. est incertain ou inconnu, omettre cet élément.

Nom de l'éditeur, du distributeur, etc.
Indiquer le nom de l'éditeur, du diffuseur, etc., sous la forme la plus courte possible pour la comprendre et l'identifier. Omettre le libellé qui implique l'activité d'édition.

Exemples :
1. Utiliser : Zondervan (pas Zondervan Publishing House)
2. Utiliser : Tyndale (pas Tyndale House Publishers, Inc.)
3. Utiliser : Westminster (pas The Westminster Press)
4. Utiliser : Concordia (pas Concordia Publishing House)

Si le nom de l'éditeur, etc., est inconnu, on laisse cet élément de côté.

Date de publication, diffusion, etc.
Indiquer l'année de publication, de distribution, etc., de l'édition nommée dans la zone d'édition. S'il n'y a pas de mention d'édition, donner l'année de la première publication décrite. Donner l'année en chiffres arabes.

Si aucune date de publication n'est indiquée dans le document, indiquer (dans cet ordre de préférence) :
a) L'année de publication trouvée sur le document accompagnant la ressource bibliographique. Londres : Virgin, 1985 (information trouvée sur le boîtier CD).
b) La dernière année de copyright trouvée sur la ressource bibliographique, précédée de « c » ou, pour certains enregistrements sonores, de « p ».
    Bangui : Alliance française, c2021
    New York : Polydor, p1979
c) Une année approximative précédée de « ca. » et entre crochets. (Remarque : « ca. » est une abréviation du mot latin « circa » qui signifie approximativement).
    Brazzaville : Scaramouche, [ca. 2001] (pas de date trouvée mais probablement vers 2001).

Zone de description physique

Ponctuation.
Faire précéder cette zone d'un point, d'un espace, de deux tirets, d'un espace (. --) ou commencer un nouveau paragraphe.
Faire précéder les autres détails physiques (c'est-à-dire autres que l'étendue ou les dimensions) d'un espace, deux points, espace (:).
Faire précéder les dimensions d'un espace, point-virgule, espace (;).

Format :
Sur une fiche de catalogue, commencer un nouveau paragraphe et saisir de la manière suivante : nombre de pages : types d'illustrations ; hauteur du livre en cm (centimètres).

Source d'information. Prendre des informations pour cette zone à partir de n'importe quelle source, mais privilégier les informations extraites de l'élément lui-même.

Ampleur.
Étendue des volumes simples de livres imprimés. Saisir le nombre de pages dans la séquence numérotée principale.
S'il y a plus d'une séquence numérotée principale, indiquer le nombre de pages de chaque séquence dans l'ordre d'apparition des séquences dans l'article.
    320, 200 p.
Ignorer les séquences non numérotées et les séquences mineures.
    327 p. et non pas [32], 327 p.
    119 p. et non pas xii, 119 p.
S'il n'y a pas de séquences numérotées ou un grand nombre de séquences numérotées, indiquer « 1 v. ».

Étendue des livres de plus d'un volume. (Comprend des publications périodiques imprimées complètes). Saisir le nombre de volumes dans un livre multivolume ou dans une série imprimée « morte ». (Remarque : une publication « morte » a cessé de paraître.)

Exemple :
10 v.
(Ensemble complet reçu en une fois)

Ressources incomplètes. Si une ressource bibliographique en plusieurs parties est incomplète ou s'il s'agit d'un périodique « vivant », employer « v. » sans nombre parce que le nombre de volumes est inconnu. (Pour les documents imprimés).

Exemple :
1 v. (*Au crayon* sur chaque fiche, indiquer 1 avant v.) [Le premier volume de commentaires reçu a été publié entre 2015 et 2020. Lorsque le dernier volume est reçu, saisir le nombre total de volumes sur la fiche. La fiche topographique devrait lister chaque volume que nous avons reçu en v.1, v.2, etc.]

Ressources non imprimées. Décrire une ressource non imprimée en employant un terme qui décrit son format.

Exemple :
2 disques.

Autres détails. Si la ressource bibliographique contient des illustrations, indiquer « ill. ». Si les illustrations sont numérotées de manière séquentielle, indiquer le numéro en chiffres arabes.
    320 p. : ill.
    320 p. : 37 ill.

Dimensions. Indiquer les dimensions de la ressource bibliographique telles qu'indiquées ici.

Pour les livres, brochures et autres textes imprimés ; la musique ; et les séries de livres. Donner la hauteur extérieure en centimètres (cm) en l'arrondissant au centimètre supérieur si nécessaire.

    325 p. : ill. ; 27 cm.
    3 v. : col. ill. ; 25 cm.
    1 partition ; 24 cm.

Voir les règles complètes pour la description d'autres types de documents.

Zone de note

Donner dans une note les informations descriptives utiles qui ne peuvent pas être intégrées dans le reste de la description. Si une note semble utile, la donner même si ce n'est pas dans le plan général. Si nécessaire, combiner deux notes ou plus pour en créer une seule.

Ponctuation.
Donner chaque note dans un paragraphe séparé.

Séparer le reste de la note de tout mot d'introduction (par exemple, « Contenu », « Résumé ») par un signe deux-points, espace (:).

Sources d'information.
Prendre des notes à partir de toute source appropriée.

Forme de notes.
Ordre. Donner des notes (s'il y a plus d'une note) dans l'ordre dans lequel elles sont données dans le plan général.

Références à d'autres œuvres : lorsque nous faisons référence à une autre œuvre, nous indiquons ceux des éléments suivants qui sont pertinents :
    Titre / mention de responsabilité. Édition. Lieu : éditeur, date.
    Les donner dans cet ordre et avec cette ponctuation.

Exemples :
Révision de : Comprendre la loi / J.P. Boigny. 3e éd.
Initialement publié : Libreville : Ligue pour l'évangélisation du Gabon, 2019.

Notes formelles : utiliser des notes formelles (celles qui ont le ou les mêmes mots d'introduction) si elles peuvent être facilement comprises et si elles permettent de gagner de la place.

Notes informelles : lors de la rédaction des notes, il convient d'être aussi bref et clair que possible.

Les notes suivantes sont particulièrement utiles pour les bibliothèques théologiques.

Langue. Faire une note sur la ou les langues de l'article si cela n'est pas indiqué ou clair dans le reste de la description.

Exemples :
1. Texte en bambara.
2. Texte en anglais et swahili.

Adaptation (y compris la traduction). Si l'élément est un ouvrage qui est une adaptation d'un autre ouvrage, on l'indique.

Exemples :
1. Traduction de : Historia de la iglesia en América latina.
(Le livre original a été publié en espagnol)
2. Basé sur Pilgrim's progress de John Bunyan.
(Pour un livre pour enfants portant le titre Voyage dangereux.)

Edition et histoire. Si l'article est une révision ou une nouvelle édition, faire une note à propos de l'édition antérieure.

Exemples :
1. Réimpression. Initialement publié : Paris : Gallimard, 1858.
2. Publié antérieurement sous le titre : La croissance de l'église au Zaïre, 1976.
3. Initialement publié : Abidjan, Côte d'Ivoire : Les Presses de la FATEAC, 2012.
4. Éd. rév. de : La technique ; ou, L'enjeu du siècle.

Documents d'accompagnement et suppléments. Donner des informations importantes sur les documents d'accompagnement et sur les documents supplémentaires qui ne peuvent pas être donnés ailleurs dans la description.

Exemples :
1. Accompagné de : Supplément d'annuaire ACTEA, 1988.
2. DVD dans la pochette.

Public. Si le public cible de la ressource bibliographique n'apparaît pas dans le reste de la description, l'indiquer ici.

Exemples :
1. Texte du lycée.
2. Public cible : 6e à la 4e.

Sommaire ou table des matières (y compris bibliographie et index). Si la ressource bibliographique consiste en un certain nombre de parties nommées, les répertorier dans l'ordre dans lequel elles apparaissent si la politique documentaire de la bibliothèque le requiert. Séparer les noms des parties par un espace, deux tirets, un espace (--).

Exemple :
SOMMAIRE : Épanouissement du christianisme en Afrique / Tite Tiénou -- Christianisme et contexte de vie / Augustin C. Ahoga -- Mourir et renaître à un christianisme / Nathanaël Yaove Soede.

(Ce sont les titres et les auteurs des articles figurant dans le livre : Christianisme authentique en Afrique contemporaine. Abidjan, Côte d'Ivoire : Les Presses de la FATEAC, 2014.)

Si la ressource bibliographique contient une partie importante qui n'apparaît pas dans le reste de la description, l'indiquer ici.

Exemples :
1. Comprend des références bibliographiques (p. 443-462).
2. Comprend un index.
3. Comprend des références bibliographiques et index. (Une note combinée.)

Nous pouvons également ajouter des notes informelles si nous estimons qu'elles seraient utiles aux usagers de notre bibliothèque. Soyons aussi clairs et brefs que possible. Soyons cohérents dans la formulation que nous utilisons.

Exemples :
1. Les conférences de la Fondation des fondateurs ont commencé en 1905.
2. Documents d'une conférence tenue en juin 1980 à Madras (Inde).

Copie en cours de description, fonds de la bibliothèque et restrictions d'utilisation. Rédiger des notes sur :

a) les détails descriptifs importants de l'élément décrit.
Exemple : exemplaire de la bibliothèque signé par l'auteur.

b) l'indication que notre bibliothèque dispose d'une ressource à plusieurs parties incomplète.
Exemple : La bibliothèque a vol. 1 et vols. 3-8.

c) toute restriction d'utilisation.
Exemple : Disponible uniquement pour les professeurs et les étudiants de 3e cycle.

Numéro d'identification

Ponctuation. Commencer par un nouveau paragraphe.

Numéro d'identification.

Indiquer le numéro international normalisé du livre (ISBN) ou le numéro international normalisé des publications en série (ISSN) ou tout autre numéro normalisé internationalement reconnu de la ressource bibliographique décrite. Faire précéder ce numéro de l'abréviation standard (ISBN, ISSN, etc.) et utiliser la césure standard.

Exemples :
ISBN 0-8010-5450-8
ISBN 9971-972-34-4
ISSN 0002-9869

Si l'article comprend plusieurs numéros, indiquer le numéro d'identification qui s'applique spécifiquement à l'article décrit.

La section suivante explique comment un catalogueur sélectionne pour chaque ressource bibliographique les vedettes principales et supplémentaires comme points d'accès d'auteur et de titre pour chaque livre.

En quoi consiste les points d'accès ?

Tout comme une clé ouvre une porte verrouillée, le catalogue ouvre le fonds documentaire de la bibliothèque pour l'usager. Comment le catalogue accomplit-il cela ? Cela se fait au moyen de *points d'accès*. Un *point d'accès* est un nom ou un terme sous lequel une notice bibliographique peut être recherchée et identifiée. Ainsi, un catalogue de bibliothèque contient non seulement des centaines de fiches ou de notices, mais également des centaines de points d'accès. C'est au moyen de points d'accès choisis avec soin qu'un usager de la bibliothèque peut localiser des livres par auteur, titre, sujet, etc. L'un des avantages d'un catalogue en ligne est que tout mot-clé peut servir de point d'accès.

Quand on utilise un catalogue sur fiches, les points d'accès apparaissent à deux emplacements différents sur chaque fiche et portent des noms différents. Sur chaque fiche, les *vedettes supplémentaires* et les *vedettes-matière* sont indiquées en bas de la carte. Celles-ci s'appellent des *rappels de vedettes*. Pour chaque rappel de vedettes, nous avons besoin d'une nouvelle fiche. Chaque nouvelle fiche aura l'un des rappels de vedettes en haut de la fiche. Lorsqu'une vedette supplémentaire ou une vedette-matière apparaît en haut d'une fiche, cela s'appelle un en-tête.

Dans la figure 5.1, les rappels de vedettes de *Pièges théologiques en Afrique* de Kato se présentent comme suit :

1. Œcuménisme--Afrique 2. Christianisme--Afrique subsaharienne. 3. Christianisme--Relations--Religions africaines. I. Titre.

Lorsque les fiches seront faites pour le livre de Kato, il y aura une fiche dans le catalogue topographique et six fiches dans le catalogue principal. Les points d'accès au catalogue sur fiches sont les suivants : (1) la fiche notice principale (non indiquée dans la zone de rappel de vedettes), (2) la fiche vedette supplémentaire au titre et les fiches-sujet pour (3) Œcuménisme--Afrique, (4) Christianisme--Afrique subsaharienne et (5) Christianisme--Relations--Religions africaines. La notice catalographique en ligne inclura également les mêmes points d'accès.

Sur la grille de catalogage de la figure 5.2, une notice principale à l'auteur est enregistrée dans la zone 13. Les vedettes supplémentaires sont placées dans la zone 15. Dans l'exemple de *Pièges théologiques en Afrique*, la notice principale à l'auteur est Kato, Byang H. Son nom est saisi dans l'ordre inverse. Il peut ensuite être classé par ordre alphabétique dans un catalogue sur fiches ou consulté sur un ordinateur à l'aide du nom de l'auteur. Si notre catalogue en ligne donne l'accès par mot-clé aux noms d'auteurs, l'ordre des noms variera. Il peut être saisi dans l'ordre direct pour une recherche par mot-clé ou inversé avec le nom en premier pour parcourir un index des auteurs trié par nom.

Puisque ce livre a une notice principale à l'auteur, la première vedette supplémentaire est le titre du livre. Une vedette supplémentaire au titre est affichée dans la zone des rappels de vedettes au bas de la carte. C'est un chiffre romain suivi du mot « titre » (I. Titre). Les catalogueurs économisent de l'espace sur la carte en utilisant cette forme abrégée. Cette forme indique à la dactylographe ou à l'ordinateur de préparer une fiche-titre pour le livre de Kato. Le titre sera imprimé sous la vedette : *Pièges théologiques en Afrique*.

68   La gestion d'une bibliothèque

Lorsque l'on saisit les vedettes supplémentaires en bas des fiches, elles apparaissent après les vedettes-matière (points d'accès précédés de chiffres arabes). Les vedettes-matière sont saisies dans la zone 14 de la figure 5.2.

L'une des tâches les plus importantes des catalogueurs est de déterminer les points d'accès pour un livre particulier catalogué. Les catalogueurs utilisent trois types de points d'accès de base : (1) la notice principale, (2) les vedettes supplémentaires et (3) les vedettes-matière. Cette section explique brièvement comment choisir la notice principale et les vedettes supplémentaires. Le **chapitre 6** décrit le processus de sélection des vedettes-matière comme points d'accès.

Choisir une notice principale et des vedettes supplémentaires

Parmi tous les points d'accès possibles pour un élément donné, l'un est choisi comme notice principale. En général, la notice principale est un auteur. Parfois, c'est le titre du livre. Dans une bibliothèque où il y a un catalogue sur fiches, la fiche notice principale est la fiche de base du jeu de fiches. Elle contient le catalogage complet du livre : le numéro de classification, les informations descriptives et les rappels de vedettes pour le sujet et les vedettes supplémentaires.

Tous les autres points d'accès (ou en-têtes) utilisés pour un livre particulier sont des doublons de la fiche notice principale, mais avec l'ajout d'un en-tête en haut de la carte. La fiche notice principale de base peut également être appelée *fiche d'unité*. Dans les bibliothèques où il y a des machines pour dupliquer des fiches à partir de gabarits, la fiche d'unité est imprimée plusieurs fois et les titres sont dactylographiés plus tard. La notice principale ou la fiche d'unité pour *Pièges théologiques en Afrique* est représentée à la figure 4.2 du chapitre précédent.

Dans la plupart des cas, l'auteur le plus important est choisi comme notice principale d'un livre. L'auteur est la personne responsable du contenu d'une œuvre. L'écrivain d'un livre est considéré comme l'auteur. En musique, le compositeur est l'auteur.

Un auteur peut être une personne physique ou une collectivité. Un auteur représentant une personne physique fait référence à un ou plusieurs individus nommés spécifiquement. Une collectivité-auteur désigne un groupe de personnes agissant en tant qu'entité, telle qu'un organisme, une institution ou une conférence.

Une notice principale est choisie parmi l'une des catégories suivantes :

1. Notice principale au nom de personne
2. Notice principale au nom de collectivité
3. Notice principale au titre

Notice principale au nom de personne

Auteur personne physique. Dans de nombreux ouvrages, une seule personne est clairement nommée responsable d'un livre. Ainsi, ce nom unique devient la notice principale. Le livre de Kato, *Pièges théologiques en Afrique*, suit cette règle.

Exemple :
Kato, Byang H.
    Pièges théologiques en Afrique / Byang H. Kato. --

Deux auteurs personnes physiques ou plus. Si la responsabilité est partagée entre deux personnes ou plus, nous devons en choisir une comme notice principale. Si un nom apparaît en gros caractères sur la page de titre, il s'agit généralement de l'auteur principal. Si la responsabilité principale n'est pas indiquée et que les noms semblent être d'une importance égale, choisir la première personne nommée comme notice principale.

Les autres auteurs sont listés comme vedettes. Dans le cas du livre *Liberating the Ministry from the Success Syndrome* de Kent et Barbara Hughes, Kent Hughes est choisi comme notice principale. Barbara Hughes reçoit une vedette aussi et on fait aussi une vedette secondaire de titre.

Exemple :
Hughes, Kent
    Liberating the ministry from the success syndrome / par
Kent et Barbara Hughes. -
    1. Théologie pastorale. 2. Clergé. I. Hughes, Barbara. II. Titre.

Notice principale au nom de collectivité

Certains livres nécessitent une vedette sous le nom d'une collectivité, d'un organisme ou d'une institution. La plupart se classent dans l'une des catégories suivantes.

1. Ouvrages de nature administrative
   a. Catalogues
   b. Répertoires
   c. Inventaires

   Exemple :
   Asia Theological Association
       Répertoire des institutions théologiques en Asie.

2. Livres qui rassemblent la pensée collective d'un groupe
   a. Rapports de comités, commissions, etc.
   b. Déclarations officielles d'opinions

   Exemple :
   Comité sur la guerre et les perspectives religieuses
       Unité chrétienne : principes et possibilités /
   Le Comité sur la guerre et les perspectives religieuses. --

3. Actes de conférences

   Exemple :
   Congrès international d'évangélisation mondiale (1974 : Lausanne)
       Laissons la terre entendre sa voix...

[Remarque : le nom de la conférence tel qu'indiqué dans la notice principale remplit les conditions requises par l'ajout de l'année et du lieu]

Notice principale au titre

Dans certains cas, le titre sera la notice principale d'une œuvre. Pour chaque cas, rappelons-nous qu'une fiche notice principale de titre est préparée en suivant le style des retraits suspendus.

La mention de responsabilité est inconnue et aucune personne physique n'est responsable.

Exemple :
Ferment et protestation : quelques réponses chrétiennes aux aspirations de la population.
    I. Fédération mondiale des associations chrétiennes d'étudiants.

(Ce livre contient cinq chapitres d'auteurs différents. Il a été publié par la Fédération mondiale des associations chrétiennes d'étudiants.)

Une collection ou une œuvre réalisée sous la direction d'un auteur et avec un titre collectif.

Si la personne nommée sur la page de titre est le directeur de l'ouvrage, la saisir sous le titre. Faire une vedette supplémentaire pour le nom du directeur de l'ouvrage.

Exemple :
Histoires de grands réveils / sous la direction de Jean-Pierre Traore. --
    1. Évangélisme. I. Traore, Jean-Pierre.

Écriture Sainte. Enregistrer toute œuvre des Saintes Écritures sous la notice principale au titre uniforme, comme décrit dans la section suivante sur les vedettes bibliques.

Vedettes bibliques

Le catalogue nécessite parfois l'utilisation de vedettes bibliques : (1) Nous devrons peut-être cataloguer des exemplaires des Écritures ; (2) Nous devrons peut-être utiliser une vedette-matière biblique pour un livre écrit à propos de la Bible ou de ses parties.

Catalogage d'exemplaires des Écritures

Les exemplaires de la Bible, en totalité ou en partie, sont catalogués sous des *titres uniformes*. Un titre uniforme permet aux catalogueurs de regrouper sous une seule vedette toutes les vedettes de catalogue d'un travail donné. Dans le cas de la Bible, toutes les vedettes de titres uniformes commencent par le mot « Bible ».

La Bible dans son ensemble. Si nous cataloguons un exemplaire de toute la Bible, nous pouvons utiliser comme notice principale un titre uniforme biblique. Ce titre uniforme peut comporter plusieurs segments qui répertorient la langue, la version, les dates, etc. Cela permet à l'usager de trouver ensemble toutes les Bibles en une langue. Les vedettes sont ensuite divisées et triées selon la version et les autres segments (parfois appelés éléments). Chaque élément est séparé des autres éléments par un point.

Un titre uniforme simple pour une Bible Louis Segond est :

Bible. Français. Louis Segond

    /   /

(langue) (version)

Exemple : Nouvelle édition de Genève

Bible. Français. Nouvelle édition de Genève

  \\   \\   \\

(partie) (langue) (version)

N'oublions pas que le titre uniforme (la ligne en haut de la carte) est la notice principale de cette œuvre.

Parties de la Bible. Si nous cataloguons une œuvre contenant une partie des Écritures, nous utilisons des subdivisions. On commence par la plus grande partie, puis on subdivise de la plus grande à la plus petite partie. On utilise les abréviations « A. T. » ou « N. T. » pour indiquer l'Ancien ou le Nouveau Testament.

Exemple : L'Évangile selon Marc
Bible. N. T. Évangiles. Marc

Lorsqu'une œuvre comprend plusieurs livres de la Bible pouvant être identifiés comme une unité plus grande, on peut l'utiliser dans le titre uniforme.

Exemple : Les Évangiles - Matthieu, Marc, Luc et Jean
Bible. N. T. Évangiles

Exemple : Les petits prophètes
Bible. A. T. Petits prophètes

La section suivante nous initiera à l'importance de la création et de la maintenance d'un fichier établissant la forme appropriée dans laquelle un nom apparaîtra dans le catalogue.

Choix des vedettes de noms de personnes

Établir un nom de personne est l'une des responsabilités les plus importantes des catalogueurs. Le but de cette section est d'examiner certaines des directives pour la création de vedettes de noms de personnes et de fournir des exemples illustrant ces directives.

Dans la plupart des cas, la page de titre (source principale d'information) de livres publiés par un auteur dans sa langue maternelle fournit les informations nécessaires à la création d'une vedette de nom de personne.

Pour établir une vedette de nom de personne, trois décisions de base doivent être prises :

1. Quel nom (s'il y en a plus d'un) utiliserons-nous ?
2. Quelle forme du nom utiliserons-nous ?
3. Quelle partie du nom sera l'élément vedette ?

1. Quel nom (s'il y en a plus d'un) utiliserons-nous ? Dans la plupart des cas, choisir comme vedette de nom de personne le nom sous lequel une personne est plus communément appelée. Ce nom peut être le vrai nom de la personne, son titre de noblesse ou son surnom.

2. Quelle forme du nom utiliserons-nous ? Si notre bibliothèque possède déjà un catalogue, nous devrons d'abord le vérifier pour déterminer si une forme de nom particulière a déjà été utilisée. Si tel est le cas, on utilise cette forme pour tout nouveau catalogage. Toutefois, si nous établissons la forme du nom, voici quelques conseils.

Il y a généralement deux types de cas impliqués dans le choix parmi différentes formes du même nom.

Différentes formes du même nom. Si les différentes formes du même nom sont plus ou moins complètes, choisir la forme la plus courante. C'est la forme la plus utilisée sur les livres du même auteur.

Exemple :

Utiliser	Étienne Lumumba
	(forme la plus commune)
Et non :	Étienne Lumumba Drogba
	(utilisé occasionnellement)

Différentes formes du même nom dans différentes langues. Une personne peut publier des œuvres dans plusieurs langues. Généralement, on choisit la forme du nom qui apparaît dans la langue de la plupart des œuvres.

Exemple :

Utiliser	Aleksandr Isaevich Solzhenitsyn
	(Ouvrages publiés dans de nombreuses langues, mais le russe est prédominant.)
Et non	Alexandre Soljenitsyne
	(Nom occasionnel utilisé dans les œuvres publiées en français.)

Cependant, nous pouvons éventuellement choisir la forme la plus souvent trouvée dans les livres de notre bibliothèque. Ainsi, une bibliothèque de langue française pourrait choisir d'utiliser Alexandre Soljenitsyne plutôt que la forme russe du nom.

3. Quelle partie du nom sera l'élément vedette ? Lorsque nous établissons l'autorité de nom pour la première fois, il faut décider quel mot sera l'élément vedette. L'élément vedette est le mot le plus couramment utilisé pour classer les noms par ordre alphabétique. En français, le nom de l'auteur est l'élément vedette. La plupart des noms contenant un prénom, un deuxième prénom ou une initiale et un nom sont entrés de la manière suivante : nom en premier, suivi d'une virgule, puis le reste du nom.

Exemples :
Boliya Ngoy
Utiliser   Ngoy, Boliya

John S. Mbiti
Utiliser   Mbiti, John S.

Noms avec plus d'un mot. Si un nom comprend plus d'un mot, l'entrée dépendra de la langue du nom. Dans ce cas, consulter une source telle qu'un annuaire téléphonique pour déterminer comment ces noms sont traités dans notre pays.

Exemples en espagnol :
Glenda de Fonseca
Utiliser   de Fonseca, Glenda

Jose Luis Gonzalez-Balado
Utiliser   Gonzalez-Balado, Jose Luis

Roberto Gonzalez Echevarria
Utiliser   Gonzalez Echevarria, Roberto

Noms congolais :
Le premier nom africain sur la liste est pris comme nom principal.

Exemples :
Robert Bungishabaku Katho (le prénom précède les noms)
Utiliser   Bungishabaku, Katho Robert

Nzuiki Phuela José (le prénom suit les noms)
Utiliser   Nzuiki Phuela, José

Noms ivoiriens :
Les conventions de nommage varient dans les cultures ivoiriennes différentes. Règle générale : demander aux bibliothécaires de la culture en question. À cause de la difficulté à établir le bon nom de l'auteur, dans les œuvres académiques on écrit souvent le nom en majuscules.

Exemples :
Rubin POHOR
Utiliser   Pohor, Rubin

Célestin Kouadio KOUASSI
Utiliser   Kouassi, Célestin Kouadio

Les noms contenant des préfixes sont généralement entrés sous le préfixe, mais leur variation dépend de la langue du nom.

Exemples de préfixes :
Norma Calafate de Deiros
Utiliser   Calafate de Deiros, Norma

Richard W. De Haan
Utiliser   De Haan, Richard W.

Abe C. Van Der Puy
Utiliser   Van Der Puy, Abe C.

Noms sans noms de famille. Certains noms n'incluent pas les noms de famille. Dans de tels cas, comme avec certains personnages bibliques et historiques, utiliser le nom donné. Cependant, nous devons également inclure certains mots ou expressions d'identification, précédés d'une virgule, qui distinguent la personne.

Exemples :
Augustin, saint, évêque d'Hippone
Jean-Baptiste
Léonard, de Vinci
Paul l'apôtre, saint

Ajouts aux vedettes de noms de personnes

Parfois, des livres de deux auteurs ou plus porteront exactement le même nom. Comment distinguer des vedettes de noms identiques ?

Utiliser la forme la plus complète du nom. Une solution au problème des noms identiques consiste à ajouter entre parenthèses la forme la plus complète du nom.

Exemples :
Brown, John H. (John Henry)
Brown, John H. (John Howard)

Kenzo, Mabiala (Mabiala J.)
Kenzo, Mabiala (Mabiala R.)

Smith, T. W. (Thomas Wharton)
Smith, T. W. (Theodore Wilson)

Option : lorsque les auteurs utilisent uniquement les initiales de leurs prénoms et de leurs deuxièmes prénoms (comme dans l'exemple ci-dessus pour T. W. Smith), une bibliothèque peut décider de toujours ajouter les noms complets lorsqu'ils sont connus. En utilisant cette option, le nom de J. I. Packer apparaîtrait comme dans la plupart des notices bibliographiques.

Exemple :
Packer, J. I. (James Innell)

Ajouter des dates au nom. Une autre façon de distinguer une personne d'une autre consiste à ajouter à la vedette la date de naissance et/ou de décès de la personne.

Exemples :
Mavuemba, Pierre, 1930–
Mavuemba, Pierre, 1855-1913

Création de vedettes de collectivités

Une collectivité est un groupe de personnes qui agit comme une seule unité ou entité. Les organismes, associations, clubs, entreprises, institutions, églises, dénominations, conférences, etc., sont des exemples de collectivités.

Les vedettes de collectivités peuvent être établies en utilisant le nom sous lequel elles se présentent généralement. Si nous avons sous la main des documents publiés par une organisation particulière, nous pouvons y vérifier la forme du nom de l'organisation en cas de doute.

Exemples :
Association théologique africaine
Institution théologique d'Igbaja
Association théologique asiatique
Église baptiste de la Trinité
Faculté de Théologie Évangélique de Bangui

Nous pouvons ajouter des informations distinctives entre parenthèses après le nom de la collectivité, si nécessaire. Des informations supplémentaires peuvent inclure l'année d'une conférence, le lieu d'une école ou d'une église ou une phrase distinctive.

Exemples :
Conférence sur les enquêtes de bibliothèque (1965)
ELWA (station de radio)
Église baptiste de la Trinité (Madras, Inde)
Faculté de Théologie Évangélique Shalom (N'Djamena, Tchad)

Utilisation et maintenance d'un fichier de vedettes de nom autorisées

Une tâche importante des catalogueurs est de s'assurer que tous les livres écrits par un auteur sont saisis sous la même forme de nom dans le catalogue. Par exemple, une bibliothèque peut avoir deux livres écrits par Soede. La page de titre d'un livre porte le nom de B. Y. Soede. L'autre livre indique Bernard Y. Soede. En lisant les informations biographiques des jaquettes, il est clair que les deux livres sont écrits par la même personne. La bibliothèque souhaite établir une seule fiche d'autorité du nom à utiliser dans le catalogue. La forme finale de la vedette est souvent appelée le *nom uniforme.*

Le processus pour choisir la forme correcte du nom s'appelle *établir une autorité de nom.* Tout d'abord, le catalogueur choisit la forme en suivant les instructions décrites précédemment dans le chapitre. Il crée ensuite des *renvois*. Un renvoi amène l'utilisateur de la forme du nom qui n'est pas utilisée à la forme correcte.

Dans l'exemple de Soede, le catalogueur vérifiera si la bibliothèque a d'autres livres de Soede. Tous les autres livres indiquent *B. Y. Soede* comme l'auteur, et non *Bernard Y. Soede*. Le catalogueur établira alors la forme de son nom sous le nom de B. Y. Soede. Lors du catalogage du livre dans lequel Bernard Y. Soede figure sur la page de titre, le catalogueur ajoutera un renvoi au catalogue. Un exemple de fiche-renvoi est présenté à la figure 5.3.

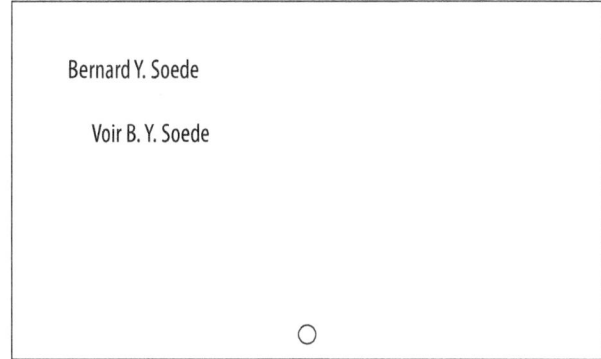

Figure 5.3 Fiche-renvoi pour Bernard Y. Soede

La dernière étape pour établir une autorité de nom consiste à enregistrer la forme adoptée dans un *fichier autorité-noms*. Un *fichier autorité-noms* regroupe dans une liste alphabétique toutes les vedettes de noms autorisées qu'on utilise dans un catalogue donné, y compris les vedettes principales, ajoutées et supplémentaires. Des vedettes-matière peuvent être ajoutées à ce fichier. La liste devient alors un *fichier autorité général*. Ce fichier autorité général peut être une liste séparée ou une base de données informatique. Le catalogue lui-même peut également fonctionner comme un fichier autorité. Chaque fois que nous cataloguons un article, nous devons vérifier notre fichier autorité. Les noms que nous avons utilisés dans notre catalogage sont-ils déjà présents dans le catalogue ? Si un nom est présent, on utilise la forme de nom qui a été établie pour la bibliothèque.

Un autre exemple est l'évangéliste indien Sundar Singh. Sur de nombreux livres, son nom est précédé d'un titre honorifique : Sadhu. Lorsqu'on catalogue un livre de Sundar Singh ou à propos de Sundar Singh, il faudra définir une forme de son nom pour tous les livres. La figure 5.4 montre la fiche d'autorité pour Sundar Singh. La première ligne montre la forme correcte du nom. Commencer à saisir sur la quatrième ligne à partir du haut. Chaque ligne suivante est un renvoi. Une petite lettre x précède chaque renvoi. Cela aide le lecteur à distinguer le nom uniforme des renvois. Lors de la saisie d'une fiche-renvoi, le x sera remplacé par le mot *voir*. Dans les exemples, toutes les vedettes principales et ajoutées et toutes les vedettes-matière de Singh apparaissent sous la forme suivante : Singh, Sundar, 1889-.

Comme certains noms indiens restent dans l'ordre direct, le premier renvoi dans le catalogue ressemblera à l'exemple de la figure 5.5. La deuxième fiche-renvoi est illustrée à la figure 5.6. Ici, le titre honorifique a été traité comme un prénom car un usager ne saura pas qu'il s'agit d'un titre, pas d'un nom.

Le chapitre suivant expliquera comment choisir et établir des vedettes-matière pour chaque livre.

Figure 5.4 Fiche-autorité pour Sundar Singh

Singh, Sundar, 1889 -

x Sadhu Sundar Singh

x Singh, Sadhu Sundar

Figure 5.5 Première fiche-renvoi pour Sundar Singh

Sadhu Sundar Singh

Voir Singh, Sundar, 1889-

Figure 5.6 Deuxième fiche-renvoi pour Sundar Singh

Singh, Sadhu Sundar

Voir Singh, Sundar, 1889-

6

Le catalogage matière

Dans ce chapitre, nous aborderons la deuxième partie du catalogage, *le catalogage matière*. Qu'est-ce que le catalogage matière ? C'est un moyen d'indiquer, grâce à un numéro de classification et des mots normalisés appelés *vedettes-matière*, le sujet d'un livre ou d'un autre type de document.

Un lecteur qui cherche un document sur un sujet spécifique peut ne pas connaître l'auteur qui a écrit sur ce sujet ou le titre d'un livre sur le sujet. La classification des livres permet d'agencer les livres par sujet, mais de nombreux usagers de la bibliothèque ne connaissent pas suffisamment le système de classification de la bibliothèque pour localiser un livre par le numéro qui représente un certain sujet. En outre, un livre ne comporte qu'un seul numéro de classification, mais il peut traiter de plusieurs sujets. Le livre peut donc être localisé si des vedettes-matière supplémentaires se trouvent dans le catalogue-matières. Ce chapitre met l'accent sur l'analyse documentaire des livres, mais les mêmes principes s'appliquent aussi aux cassettes vidéo, aux CD ou à d'autres formats.

Analyse documentaire

Qu'est-ce que *l'analyse documentaire* et comment est-elle liée au catalogage matière ? L'analyse documentaire est le processus suivi par les catalogueurs lorsqu'ils identifient le contenu d'un livre. Le résultat de ce processus est la représentation du contenu d'un livre par un numéro de classification (cote) et des mots normalisés appelés *vedettes-matière*. Le catalogage matière est une branche du catalogage comprenant l'analyse documentaire qui fournit un accès par sujet ou par thème au fonds documentaire de la bibliothèque.

Dans la première partie de cette section, nous aborderons quelques principes de base de l'analyse documentaire. La deuxième partie abordera les cinq étapes de base de l'analyse documentaire à l'aide d'un exemple.

Principes de l'analyse documentaire

Facettes. Une métaphore simple aidera à comprendre l'analyse documentaire. Prenons l'exemple d'un diamant. C'est un tout, pourtant il est composé de plusieurs facettes, de différents côtés. L'analyse documentaire est similaire à un diamant. Un sujet majeur peut avoir plusieurs facettes, chacune étant suffisamment importante pour nécessiter une vedette-matière différente. En outre, pour certains livres, il n'est pas facile d'exprimer le sujet principal en un seul mot ou groupe de mots. Le catalogueur peut avoir besoin d'utiliser deux ou trois vedettes-matière qui représentent ensemble le contenu du livre.

Les sujets « cachés ». L'un des défis particuliers à relever pour les catalogueurs est d'identifier les sujets qui ne sont pas évidents à partir du titre et des pages préliminaires. Le catalogueur doit parcourir attentivement le livre pour trouver ces sujets supplémentaires. Des vedettes-matière supplémentaires sont attribuées pour représenter ces sujets.

L'intérêt local. Certaines bibliothèques ont un intérêt particulier pour un sujet particulier. Elles chercheront alors des sujets d'intérêt local. Voici une règle de base pour la création de vedettes : nous les choisissons en fonction de ce qui est important pour notre bibliothèque et ses usagers.

Le sujet principal de chaque livre déterminera le numéro de classification attribué. Les procédures pour l'attribution de numéros de classification seront présentées dans le chapitre suivant. Le reste de ce chapitre sera consacré à l'établissement de vedettes-matière. Le processus d'analyse documentaire sera également abordé comme c'est une étape clé pour établir des vedettes. Il n'est pas nécessaire de lire le présent chapitre si la bibliothèque n'utilise pas de vedettes-matière.

Établir des vedettes-matière

Le catalogue-matières fait partie du catalogue public de la bibliothèque. N'oublions pas que chaque document catalogué a son propre jeu de fiches ou sa propre notice bibliographique. Dans la plupart des cas, le jeu de fiches comprend (1) une notice principale, (2) une vedette-titre, (3) une ou plusieurs vedettes-matière et (4) une fiche topographique. (Voir l'exemple de jeu de fiches au **chapitre 4**, figure 4.1.)

La source des mots normalisés (ou vedettes-matière)

Qu'entend-on par mots normalisés ? Le catalogueur n'est pas libre de choisir les mots qui lui viennent à l'esprit comme sujet. Pourquoi ? Si cela était autorisé, la cohérence et l'uniformité du catalogue en souffriraient. Par exemple, quelqu'un peut consulter le catalogue à la recherche de livres sur les adolescents. Sans vedettes-matière normalisées, cette personne pourrait trouver des articles sous toutes les vedettes suivantes :

> ADOLESCENTS
> JEUNES
> JEUNESSE

Le lecteur peut être perdu et ne pas trouver le meilleur livre. Les usagers bénéficient d'un meilleur service si les catalogueurs suivent le principe suivant : un mot pour un sens.

Alors, comment établir une vedette-matière ? Plusieurs options sont possibles : (1) dépendre des listes de vedettes-matière publiées, (2) créer ses propres vedettes, ou (3) faire les deux, si besoin.

Nous recommandons vivement l'utilisation d'une liste publiée de vedettes-matière (pour des raisons qui seront abordées plus tard). Même s'il faudra peut-être créer des vedettes-matière supplémentaires qui ne figurent pas dans la liste, il est bon de commencer par une liste standard de vedettes. Ce chapitre montrera à un catalogueur débutant comment utiliser les vedettes d'une liste existante et comment les créer. Nous devons d'abord examiner les avantages et les inconvénients de chaque option.

Choisir une liste publiée

Une liste publiée permet de gagner du temps et d'améliorer l'uniformité des vedettes. Elle fournit un cadre de base pour la tâche de créer les vedettes-matière. Faire nos propres vedettes-matière prendra plus de temps. Les catalogueurs les plus expérimentés préfèrent les listes publiées pour créer leurs vedettes-matière.

Nous allons maintenant examiner une liste publiée de vedettes-matière qui s'appelle « RAMEAU » (Répertoire d'autorité-matière encyclopédique et alphabétique unifié). RAMEAU « est un langage d'indexation matière. Ce langage documentaire est utilisé, en France, par la Bibliothèque nationale de France, les bibliothèques universitaires, de nombreuses bibliothèques de lecture publique ou de recherche ainsi que plusieurs organismes privés[1] ». RAMEAU est disponible en ligne et sans frais[2].

Si nous décidons de créer notre propre liste de vedettes-matière ou de créer des vedettes à ajouter à une liste existante, il est important de comprendre le processus de création des vedettes et l'objectif des différentes formes de vedettes. Ce chapitre nous aidera à comprendre la théorie de base du travail par sujet. On peut ensuite appliquer les principes selon la situation de la bibliothèque.

Établir un fichier autorité-sujet

Un catalogueur doit s'assurer que les vedettes-matière utilisées dans le catalogue sont uniformes. Pour cela, il faut établir et utiliser un *fichier autorité-sujet*. Un autre objectif du fichier autorité-sujet est de savoir quelles vedettes-matière sont utilisées dans notre bibliothèque.

---

1. Définition tirée du Centre national Rameau, https://rameau.bnf.fr, consulté le 18 février 2020.
2. Catalogue BNF, « Recherche sujets A-Z », https://catalogue.bnf.fr/recherche-sujets.do?pageRech=rsu, consulté le 18 février 2020.

Choisir la forme du fichier autorité-sujet

Quelle forme un fichier autorité peut-il prendre ? Voici trois types.

1. *Utiliser une liste publiée de vedettes-matière en tant que fichier autorité.* Malheureusement, seules les bibliothèques qui peuvent accéder à Internet peuvent utiliser RAMEAU, la seule liste publiée en français qui est disponible gratuitement. RAMEAU comprend non seulement les vedettes-matière elles-mêmes, mais aussi les renvois associés.
2. *Le catalogue comme fichier autorité.* Une autre approche simple et rapide consiste à considérer notre catalogue lui-même comme fichier autorité. Après tout, il s'agit normalement d'un enregistrement complet de tous les termes utilisés dans notre bibliothèque. Les vedettes-matière de notre catalogue deviennent notre fichier autorité-sujet. Cela fonctionne très bien avec un catalogue en ligne, s'il est configuré de sorte que nous puissions parcourir les sujets. Un catalogue sur fiches a souvent l'inconvénient d'être situé à distance de la zone de travail du catalogueur. Les usagers peuvent également retirer des fiches, ce qui rend le catalogue sur fiches peu fiable en tant que fichier autorité. Si la bibliothèque catalogue un livre sur un sujet qui ne figure pas déjà dans le catalogue, il faudra créer une nouvelle vedette. Le catalogueur devra sélectionner une vedette d'une liste ou en créer une. Ensuite, lorsque la nouvelle vedette est ajoutée au catalogue, le sujet devient partie intégrante du fichier autorité-sujet.
3. *Un fichier autorité-sujet distinct géré par le catalogueur.* Si nous n'utilisons pas une liste publiée mais créons nos propres termes, la troisième option peut être notre meilleur choix. C'est pratique, mais nécessite plus de temps, d'équipement et d'espace au personnel. Avec un fichier séparé, chaque fois que nous créons une vedette-matière, nous la saisissons (ainsi que les renvois pertinents pour notre catalogue) sur une fiche de catalogue et la déposons dans une boîte ou un tiroir à fiches, généralement placé près du bureau du catalogueur. On peut également conserver un fichier électronique sur l'ordinateur de la bibliothèque. Il faut s'assurer qu'un fichier informatique est sauvegardé régulièrement et stocké ailleurs.

Renvois

Supposons que quelqu'un vienne dans notre bibliothèque avec un terme spécifique à l'esprit, par exemple : HOMILÉTIQUE. Que se passerait-il si tous nos documents sur le sujet HOMILÉTIQUE se trouvaient sous la vedette-matière PRÉDICATION -- CHRISTIANISME ? Il faudra indiquer à l'usager le terme à employer parmi les différents termes utilisés dans notre catalogue. Cela peut se faire au moyen d'un renvoi dans le catalogue. Voici un exemple de fiche-renvoi simple ou d'un renvoi dans le catalogue en ligne.

HOMILÉTIQUE
    Voir
PRÉDICATION -- CHRISTIANISME

La vedette HOMILÉTIQUE apparaîtrait dans la section H du catalogue, on dirige ensuite l'usager vers le terme correct PRÉDICATION -- CHRISTIANISME.

Nous pouvons également utiliser des renvois pour les noms, comme expliqué au **chapitre 5**. Si la bibliothèque utilise le nom GRAHAM, BILLY, on souhaitera peut-être inclure une fiche-renvoi pour d'autres formes du nom.

GRAHAM, WILLIAM FRANKLIN
    Voir
GRAHAM, BILLY

Procéder de sujet en sujet. Dans le présent manuel, une distinction est faite entre le terme *sujet* et le terme *vedette-matière*. Un sujet est simplement un mot ou un groupe de mots qui vient à l'esprit lorsque le catalogueur analyse initialement le contenu d'un livre. Les sujets sont des termes non techniques qui orientent la réflexion du catalogueur sur le contenu d'un livre. Ensuite, le catalogueur recherche ces sujets dans une liste normalisée de vedettes-matière. Une vedette-matière est un terme formel établi utilisé pour représenter le sujet. Il fait partie d'une liste contrôlée de termes, tels que les vedettes-matière de la Bibliothèque nationale de France (RAMEAU).

Comme cela a déjà été mentionné, il est important que toute liste contrôlée de vedettes-matière comporte des renvois. Ces renvois permettent à l'usager de trouver le terme qui est utilisé dans notre bibliothèque (la vedette-matière) à partir du sujet qu'il a recherché.

À mesure que nous nous familiariserons avec la liste normalisée de vedettes-matière utilisée dans la bibliothèque, nous pourrons commencer à penser en termes de vedettes-matière. Et plus nous aurons de l'expérience en matière d'analyse documentaire, plus vite nous pourrons nous rappeler des bonnes vedettes-matière utilisées dans la bibliothèque.

Utiliser RAMEAU

Pour comprendre l'emploi de RAMEAU comme guide d'indexation, il faut consulter le « Guide d'indexation RAMEAU[3] » et surtout les pages 1-64 (langage, autorités, indexation) et 116-164 (établissement des notices, règles d'indexation et listes de subdivisions en religion). Il nous est important de préciser qu'une réforme de RAMEAU est en cours depuis 2017 et qu'il convient aux lecteurs du présent ouvrage de se tenir régulièrement informés des nouvelles pratiques de catalogage en consultant la page « Réformer RAMEAU » sur le site du Centre national Rameau[4]. Un rapport a été publié en 2017 par un groupe de travail national sur la syntaxe de Rameau. De nouvelles pratiques de catalogage ont été publiées en 2020. Selon ce dernier document, « les principes contenus dans le rapport sur la réforme de RAMEAU publié en 2017 vont entrer progressivement en vigueur, sur une durée initialement prévue de cinq ans. Ils remettent profondément en cause la syntaxe, rendant de ce fait le Guide d'indexation RAMEAU (GIR) en partie obsolète. Toutefois tant que le chantier de fusion des listes de subdivisions par domaines n'est pas achevé, le choix a été fait de le laisser à la disposition des utilisateurs de RAMEAU. À terme un nouveau Guide sera disponible, qui réunira nouvelles pratiques et éléments pérennes de l'ancien GIR[5] ». Nous attirons particulièrement l'attention sur les nouvelles pratiques suivantes :

- Un retournement aux Lieux a été mis en oeuvre en 2019 et s'est accompagné de l'ouverture à la localisation géographique de toutes les autorités, rendant ainsi totalement caduque la liste des subdivisions aux lieux.
- Un modèle unique de construction a été proposé : concept -- lieu (subdivision géographique) -- temps.
- Le « lissage terminologique », un des aspects principaux de la réforme, est actuellement mis en oeuvre. Il consiste à faire disparaître les listes d'emploi au profit de subdivisions employables à tout.

La réforme de Rameau s'inscrit dans le processus de la Transition bibliographique.

Pour utiliser RAMEAU comme liste d'autorités-sujet, visiter la page web « Recherche dans les notices d'autorité » sur le site web de la Bibliothèque nationale de France (BnF)[6]. Une fois l'analyse par sujet faite, nous pouvons saisir dans le champ de recherche le sujet que nous avons choisi, par exemple : « évangélisation ». Pour faciliter la recherche parmi la liste de résultats, affiner la recherche en cliquant sur « Répertoire RAMEAU » dans la rubrique « Affiner » à gauche de la liste des résultats. Dans la liste des cinq résultats proposés, nous trouvons :

Évangélisation
Terme générique : Mission de l'Église
Concept RAMEAU

En cliquant sur cette entrée (voir la figure 6.2a[7]) on voit d'abord un en-tête « Employé pour », suivie d'une liste de termes non autorisés, comme « Annonce de l'Évangile » et « Transmission de la foi chrétienne ». En faisant une recherche dans le catalogue de la BnF en employant un des termes non autorisés pour ce sujet, on trouve un renvoi : « Voir : Évangélisation ».

On trouve aussi sur la page « Évangélisation » des listes de termes génériques comme « Prosélytisme » ; des termes associés comme « Apostolat » et « Réveils (religion) » ; et des termes spécifiques comme « Évangélisation en milieu urbain » et « Cours Alpha (éducation chrétienne) ». La liste des termes spécifiques est la plus utile, car elle permet de choisir la vedette-matière la plus proche du sujet de l'article que nous sommes en train de cataloguer. La spécificité aidera grandement les usagers du catalogue.

---

3. Bibliothèque nationale de France. Service des référentiels. Centre national RAMEAU. « Guide d'indexation RAMEAU » 7ᵉ éd. Disponible en ligne : https://rameau.bnf.fr/sites/default/files/docs_reference/pdf/guide_rameau_2017.pdf, consulté le 11 mars 2020.
4. Centre national Rameau, « Réformer Rameau », https://rameau.bnf.fr/syntaxe/reformer.
5. Centre national Rameau, « Réforme de Rameau : nouvelles pratiques de catalogage 03/2020 », p. 1, disponible sur : https://rameau.bnf.fr/sites/default/files/2020-07/BnF-ADM-2019-029916-01%20%28p2%29.pdf, consulté le 7 février 2022.
6. Recherche dans les notices d'autorité : https://catalogue.bnf.fr/recherche-autorite.do?pageRech=rat, consulté le 11 mars 2020.
7. Ou accéder directement à la page : https://catalogue.bnf.fr/ark:/12148/cb119385521, consultée le 11 mars 2020.

Selon RAMEAU, « l'ensemble des sujets noms communs autorisera une subdivision géographique et l'ensemble des sujets noms géographiques pourra être employé en subdivision[8] », ce qui veut dire qu'on peut combiner la vedette-matière avec un lieu géographique, par exemple « Évangélisation -- Côte d'Ivoire »[9]. RAMEAU permet aussi l'emploi d'autres types de subdivision, comme les subdivisions de forme et les subdivisions chronologiques[10]. Voir la figure 6.2b « Subdivisions d'emploi général (sujet et forme) » pour une liste de subdivisions utiles que l'on peut employer pour améliorer les vedettes-matière des sujets généraux.

Étapes de l'analyse documentaire

Une bonne compréhension des vedettes-matière de RAMEAU nous aidera à créer des vedettes-matière pour un livre en particulier. L'ouvrage *Enjeux sociologiques et théologiques de la sécularisation : une étude de cas à N'Djamena en République du Tchad* servira d'exemple. Les figures commençant par 6.3a et b représentent la page de titre, et la table des matières. Les figures commençant par 6.4 sont des exemples des sections pertinentes de RAMEAU. En suivant ces étapes, lire les pages contenues dans les figures. On essayera de comprendre chaque étape et de réfléchir à comment choisir entre les différentes vedettes-matière.

Étape 1 – *Parcourir rapidement l'article pour déterminer son(ses) sujet(s).* Un livre peut avoir un titre qui indique facilement le sujet principal ; par exemple, *Introduction à la chimie*. Cependant, un autre livre peut avoir un titre qui ne donne pas nécessairement d'indices sur son sujet. Dans ce cas, on approfondit la recherche dans le livre afin de déterminer son(ses) sujet(s). On peut se faire une idée du contenu d'un livre en lisant ce qui suit :

- page de titre
- préface
- introduction
- couverture du livre ou jaquette (boîte si l'article n'est pas un livre)
- table des matières
- résumés de chapitres
- index

Pour notre exemple avec le livre *Enjeux sociologiques et théologiques de la sécularisation : une étude de cas à N'Djamena en République du Tchad*, aller à la figure 6.3a qui montre la page de titre, et à la figure 6.3b qui montre la table des matières. Lire rapidement les pages et commencer à réfléchir aux sujets possibles abordés dans le livre.

Étape 2 – *Noter dans la grille de catalogage un à trois sujets possibles (termes ou expressions dans nos propres mots) qui décrivent le contenu de l'article.* Maintenant que nous avons brièvement parcouru le livre, nous écrivons ces sujets sur une grille. Cela nous aide à organiser notre réflexion. Un à trois sujets par article est normal. Parfois, nous pouvons en utiliser plus. Un certain nombre de livres traite clairement d'un seul sujet. Cependant, d'autres livres peuvent traiter de plus d'un sujet, par exemple : un livre qui parlerait de deux sujets et des rapports qui existent entre ces deux sujets.

Passons à l'étape 2 avec notre exemple de livre. Le titre du livre (figure 6.3a) est un indicateur clair du contenu de base du livre, mais nous pouvons l'examiner plus en détail. Dans la table des matières (figure 6.3b), on peut voir que tous les chapitres traitent, d'une manière ou d'une autre, de la sécularisation. Ne perdons pas de vue l'idée de saisir les différentes facettes du contenu intellectuel d'un livre.

À la lumière de toutes ces informations, le livre semble couvrir les sujets suivants :

- la sécularisation ;
- la sociologie ;
- la théologie ;
- la ville de N'Djamena en République du Tchad.

La prochaine étape explique comment ces sujets seront traduits en vedettes-matière normalisées.

Étape 3 – *Rechercher chaque sujet de l'étape 2 dans notre liste normalisée de vedettes-matière afin d'établir la bonne vedette.* Au cours de cette étape, nous utiliserons les concepts ou les sujets que nous avons écrits à l'étape 2 (en utilisant nos propres mots) pour trouver une terminologie plus précise et normalisée, disponible dans une

---

8. « La réforme RAMEAU : présentation et impacts en 2019 », https://www.transition-bibliographique.fr/wp-content/uploads/2018/11/LaReformeRAMEAUen2019.pdf, p. 2, consulté le 21 mars 2020.
9. Pour plus d'informations sur l'emploi de subdivisions géographiques voir le « Guide d'indexation RAMEAU » (p. 209-218) et La réforme RAMEAU, p. 1-3.
10. Voir le « Guide d'indexation RAMEAU » p. 39-65.

liste de notices d'autorité comme celle de RAMEAU ou celle de notre propre bibliothèque. Le principe que nous gardons à l'esprit est celui du vocabulaire contrôlé. Un vocabulaire contrôlé utilise un seul mot ou groupe de mots pour représenter un concept ou un sujet. Par exemple, « sol » et « terre » peuvent être utilisés par différentes personnes pour décrire la même chose. Un catalogueur doit choisir le mot qui sera utilisé pour décrire la substance dans laquelle les graines sont plantées. Si « sol » est choisi, il sera également utilisé dans la vedette-matière « Conservation du sol ».

Comme nous recommandons l'utilisation de RAMEAU, une page de notice de RAMEAU est présentée pour le mot « Sécularisation » (figure 6.4a).

Nous avons recherché le mot « Sécularisation » dans RAMEAU (figure 6.4a). La liste RAMEAU indique que la forme correcte de cette vedette-matière comprend deux des sujets que nous avons choisis :

SÉCULARISATION (THÉOLOGIE)

Pour indiquer la dimension sociologique de ce sujet, il faut employer une subdivision, et pour trouver la subdivision appropriée, il faut rechercher dans la liste des subdivisions d'emploi général de RAMEAU (voir figure 6.2b). Dans cette liste on trouve la vedette « Sociologie » ce qui donne la vedette-matière.

SÉCULARISATION (THÉOLOGIE) -- SOCIOLOGIE

Mais comment incorporer dans la vedette le quatrième sujet que nous avons identifié, la ville de N'Djamena en République du Tchad ? Comme nous venons de voir, presque toute vedette-matière peut être subdivisée géographiquement. Cela signifie que le nom d'une zone géographique, généralement un pays, peut être ajouté en tant que subdivision géographique. C'est très utile car donner simplement la vedette « Sécularisation (théologie) » est trop vaste. L'utilisation d'une subdivision réduit le centre d'intérêt. Pour trouver la vedette correcte de ce nom géographique, il faut simplement visiter la page web « Recherche dans les notices d'autorité » sur le site web de la Bibliothèque nationale de France (BnF)[11] et saisir « N'Djamena » dans la barre de recherche. Nous trouvons « N'Djamena (Tchad) » Ainsi, des vedettes-matière appropriées seraient :

SÉCULARISATION (THÉOLOGIE) -- N'DJAMENA (TCHAD)

SÉCULARISATION (THÉOLOGIE) -- SOCIOLOGIE -- N'DJAMENA (TCHAD)

Étape 4 – *Consulter les notices de catalogage d'autres livres sur le même sujet dans notre bibliothèque.* Essayer d'utiliser les mêmes vedettes-matière pour tous les livres sur le même sujet. La cohérence dans l'utilisation de la terminologie de la matière est extrêmement importante.

Étape 5 – *Vérifier nos vedettes-matière par rapport à notre fichier autorité pour nous assurer qu'elles sont identiques à nos vedettes locales.* L'importance de la création d'un fichier autorité-sujet pour notre bibliothèque a déjà été abordée. Il nous faudra nous assurer que les vedettes-matière que nous avons choisies correspondent au catalogue de notre propre bibliothèque.

Vedettes-matière locales

Comme indiqué précédemment, le catalogueur ne doit jamais oublier la *personne* (l'usager) à l'autre bout du *processus*. En fait, pendant le catalogage des documents il peut être utile d'imaginer occasionnellement qu'un usager de la bibliothèque vienne consulter notre catalogue et commence la recherche d'un livre particulier. Si cet usager effectue une recherche par sujet, quels termes peut-il utiliser ? Si nous choisissons de créer nos propres vedettes-matière pour la bibliothèque au lieu d'utiliser une liste publiée, nous devons bien connaître nos usagers. Lorsque nous donnons une vedette-matière à un livre, nous devons choisir un terme qui sera compris et utilisé par les lecteurs de notre bibliothèque. Par exemple, si quelqu'un cherchait un livre sur la prédication, est-il plus probable qu'il fasse une recherche dans les vedettes-matière sous le terme PRÉDICATION ou sous HOMILÉTIQUE ?

Pourquoi l'utilisation de vedettes-matière normalisées est-elle si importante dans une bibliothèque ? La raison principale est que les usagers de la bibliothèque seront plus en mesure de trouver des livres sur un sujet particulier si le même terme est utilisé pour chaque article de la bibliothèque qui traite de ce sujet. En outre, une analyse plus efficace et plus précise des sujets est obtenue lorsque chaque catalogueur d'une bibliothèque consulte la même liste de termes et les applique correctement.

---

11. « Recherche dans les notices d'autorité », https://catalogue.bnf.fr/recherche-autorite.do?pageRech=rat.

Principes de base pour l'établissement de vedettes-matière locales

Langage courant. Il est préférable d'utiliser un langage courant pour établir les termes. À moins que nos usagers s'attendent à trouver des livres de prédication sous HOMILÉTIQUE, choisissons plutôt le terme courant, PRÉDICATION.

Vedette spécifique. Une vedette spécifique est préférable à une vedette plus générale. Par exemple, PEINTURE est préférée à ART pour un livre sur la peinture artistique. De même, pour un livre sur la théologie de la libération, on utilisera THÉOLOGIE DE LA LIBÉRATION et non la vedette plus générale : THÉOLOGIE.

Vedette unique. Cela fait référence au fait qu'un seul terme est utilisé dans le catalogue pour tous les livres sur un sujet particulier. Par exemple, tous les documents de la bibliothèque qui traitent des adolescents devraient se voir attribuer la même vedette, par exemple JEUNESSE. Il est très déroutant pour les lecteurs si certains livres sont répertoriés dans le catalogue sous ADOS et d'autres sous le terme ADOLESCENTS.

Le contenu d'un article entrera dans l'une des catégories suivantes :

1. Un seul sujet, comme OISEAUX
2. Aspects d'un sujet, comme MIGRATION DES OISEAUX
3. Deux sujets ou plus, traités les uns par rapport aux autres, comme OISEAUX DANS LA RELIGION

De plus, deux vedettes peuvent être d'importance égale, mais font ressortir des aspects différents du livre. Pour deux vedettes d'importance égale, par exemple, si nous cataloguons un livre sur les relations du Bénin avec le Sénégal, nous pouvons utiliser les titres :

RELATIONS ÉTRANGÈRES -- BÉNIN -- SÉNÉGAL
RELATIONS ÉTRANGÈRES -- SÉNÉGAL -- BÉNIN

Il est toujours judicieux d'utiliser une rubrique qui se concentre sur une zone géographique lorsque cet aspect est présent dans l'article à cataloguer.

Forme des vedettes-matière

La formulation d'une vedette-matière peut prendre plusieurs formes. Le choix de la forme dépend généralement du mot que le catalogueur souhaite souligner dans une séquence de mots. En d'autres termes, quel mot dans la vedette-matière est *l'élément vedette*. Si le livre en cours de catalogage nécessite seulement une vedette-matière simple, d'un mot, tel que CHIMIE, le choix d'élément vedette n'est pas difficile. Cependant, comme nous le verrons à l'aide des exemples de formes différentes ci-dessous, les vedettes-matière peuvent comporter plus d'un mot. Dans de tels cas, le choix d'élément vedette est essentiel pour apporter un ordre logique à notre système.

Dans cette section, nous découvrirons les différentes formes de vedettes-matière. Notons en particulier les raisons d'utilisation dans chaque section. Pour le catalogueur qui a plusieurs options concernant la forme des vedettes-matière, il y a deux tâches à effectuer : 1) déterminer quel mot d'une séquence de mots doit être l'élément vedette, et 2) déterminer quel élément vedette ou quelle forme est le plus utile aux usagers de notre bibliothèque.

Il est important d'être cohérent dans l'utilisation des vedettes-matière. Si nous utilisons une liste de vedettes publiée, une forme sera fournie pour chaque rubrique. Si nous créons les vedettes nous-même, il faut choisir avec soin la forme que nous souhaitons utiliser. La forme variera selon les types de vedettes. Laquelle de ces formes est la meilleure : ÉDUCATION RELIGIEUSE ; ÉDUCATION, RELIGIEUSE ; ou RELIGION ET ÉDUCATION ? On vérifie dans notre fichier autorité la vedette choisie pour s'assurer qu'elle est conforme à celles déjà utilisées.

Vedettes de mot uniques

1. Singulier. Ces vedettes sont les plus simples et font souvent référence à des domaines ou à des sujets majeurs.

    DIEU
    ÉVANGÉLISATION
    THÉOLOGIE
    MARIAGE

2. Pluriel. Ces vedettes font référence à des catégories de choses.

    MISSIONNAIRES
    SERMONS

Vedettes nominales modifiées

Modificateur explicatif ajouté entre parenthèses :

CIEL (RELIGION)
JUMELLES (OPTIQUE)

Vedettes composées qui consistent généralement en deux noms (pouvant être modifiés) liés par « et » :

CHRISTIANISME ET ARTS
ÉGLISE ET ÉTAT
BIEN ET MAL
ISLAM ET ÉDUCATION

Notons que certaines de ces unions de termes sont soit des liens opposés, soit des termes apparentés.

Nom avec adjectif

COMMERCE INTERNATIONAL
ÉDUCATION RELIGIEUSE
THÉOLOGIE CHRÉTIENNE

Expressions

MÉDITATION CHRÉTIENNE
LIBERTÉ DE LA PRESSE
PAROLE DE DIEU
PRISE DE DÉCISION

Subdivisions

L'ajout de subdivisions en tête de vedette (la vedette-matière de base) peut élargir le sens du terme de plusieurs manières différentes. La figure 6.2b présente une liste des subdivisions couramment utilisées par RAMEAU. Ces termes sont normalisés pour nous aider à utiliser la même formulation chaque fois que nous utilisons une subdivision. Les vedettes-matière RAMEAU sont ordonnées selon la formule « concept (qui peut comprendre une ou deux subdivisions) -- lieu -- temps ».

MISSIONS -- RÉPERTOIRES
\\   \\
<VEDETTE-MATIÈRE> -- <SUBDIVISION>

Notons le tiret (généralement composé de deux traits d'union) qui sépare les deux éléments de ce qui devient la vedette-matière construite.

Plusieurs catégories de subdivisions seront présentées ci-dessous.

Forme. Ce sont les subdivisions les plus communes. Voici quelques exemples.

--BIBLIOGRAPHIES
--DICTIONNAIRES
--INDEX
--PÉRIODIQUES
--RÉPERTOIRES

Point de vue. Ceux-ci traitent du sujet à partir d'un aspect particulier :

--HISTOIRE
--DROIT
--PHILOSOPHIE

Selon le « Guide d'indexation RAMEAU », « les vedettes désignant des sujets religieux peuvent être subdivisées par religion pour exprimer le point de vue particulier d'une religion sur ce sujet, le développement dans la doctrine ou les pratiques religieuses de ce sujet, etc.[12] ».

Exemples :

    FÊTES RELIGIEUSES -- RELIGION GRECQUE
    ORDINATION -- BOUDDHISME
    MÉDECINE -- ASPECT RELIGIEUX -- ISLAM

Noms géographiques. Dans de nombreux cas, nous souhaiterons attirer l'attention sur une zone géographique indiquée dans le livre que nous cataloguons. Pour cela, deux options sont possibles. Si l'on utilise une subdivision géographique directe, on ajoute le nom de la région spécifique directement après la vedette-matière. Si l'on choisit l'approche indirecte, on insère le nom de la zone géographique la plus grande entre le sujet et la zone spécifique. Prenons un livre sur le système éducatif à Bamako, au Mali. On peut utiliser l'une des deux formes suivantes :

    Forme directe : ÉDUCATION -- BAMAKO
    Forme indirecte : ÉDUCATION -- MALI -- BAMAKO

L'utilisation de vedettes indirectes peut être utile si le catalogueur préfère regrouper les éléments par pays. D'autre part, dans certaines bibliothèques, les usagers peuvent ne pas toujours connaître le nom du pays dans lequel se trouvent une ville, un état ou une province en particulier, de sorte que l'approche directe peut être privilégiée.

Période. On peut parfois subdiviser un sujet en fonction de certaines périodes de l'histoire. Supposons que nous cataloguions un livre qui traite de l'histoire de l'Église chrétienne en Europe au Moyen Âge. Nous pouvons utiliser la vedette ÉGLISE -- HISTOIRE -- MOYEN ÂGE. Diviser un sujet en fonction de périodes est également très utile pour des vedettes qui incluent une subdivision géographique tels que ÉGLISE -- AFRIQUE -- HISTOIRE – 1960-. Notons que cette vedette suit la formule « concept -- lieu -- temps » de RAMEAU et que le terme HISTOIRE est inséré avant la partie date de la subdivision. Les périodes historiques significatives varient d'un endroit à l'autre. Il faudra utiliser les périodes significatives pour notre pays.

Biographie

Lors du catalogage d'œuvres biographiques, le nom de la personne sur laquelle la biographie a été écrite correspond à la vedette-matière attribuée à l'œuvre. Par exemple, un livre écrit sur la vie de Janani Luwum aurait pour sujet LUWUM, JANANI. Dans de nombreuses biographies, le nom de la personne biographiée est la seule matière requise. Dans certains cas, la personne est également associée à un mouvement ou à un domaine spécifique qui peut également nécessiter un accès. Ainsi, dans notre cas de Janani Luwum, on pourrait également souhaiter ajouter le sujet MARTYRS -- AFRIQUE. De cette manière, le livre peut être trouvé par ceux qui souhaitent effectuer des recherches sur des martyrs en Afrique, mais qui ne connaissent peut-être pas une personne spécifique liée au sujet.

Vedettes de noms

Les noms peuvent être utilisés comme vedettes-matière, comme nous l'avons déjà vu dans la section Biographie. Les noms sont généralement des noms de personnes (y compris des personnages bibliques) ou des noms de collectivités (telles que des églises, des écoles, des organisations, des agences gouvernementales et des conférences).

Au **chapitre 5**, nous avons vu les principes de choix des vedettes de noms et d'établissement d'un fichier autorité-noms. Nous déterminons ainsi la forme du nom qui sera utilisée dans le catalogue. Par exemple, utiliserons-nous John Robert Smith, John R. Smith ou J. Robert Smith ? Cela dépend bien sûr généralement de la forme du nom utilisé dans la plupart des livres publiés par M. Smith. Sans entrer dans les détails sur l'établissement d'une autorité-nom, nous pouvons dire que les mêmes principes sont suivis lors de l'utilisation d'un nom en tant que sujet. Il nous faut vérifier notre catalogue pour voir si nous avons déjà catalogué les livres de cet auteur. Si c'est le cas, on utilise la même forme pour le nom de l'auteur.

---

12. « Guide d'indexation RAMEAU », 7e éd., p. 129, https://rameau.bnf.fr/sites/default/files/docs_reference/pdf/guide_rameau_2017.pdf. L'exemple qui suit est également tiré du guide.

Nous allons d'abord examiner les noms de personnes. Une fois que nous avons établi la forme appropriée du nom (voir « Choix des vedettes de noms de personnes » au **chapitre 5**), nous pouvons utiliser cette forme comme vedette-matière pour les livres écrits sur cette personne. On peut également subdiviser les noms de personnes, en particulier si le fonds documentaire contient un nombre relativement important d'articles sur la personne. Par exemple, la vedette-matière JÉSUS-CHRIST peut utiliser un certain nombre de subdivisions, telles que JÉSUS-CHRIST -- CRUCIFIXION ou JÉSUS-CHRIST -- RÉSURRECTION.

Des noms d'organisations peuvent être utilisés comme vedettes-matière pour des œuvres traitant de l'histoire, de la nature et des activités de collectivités. Voici quelques exemples de collectivités utilisées comme sujets :

    COMMUNAUTÉ ÉVANGÉLIQUE DE L'ALLIANCE AU CONGO
    UNIVERSITÉ SHALOM DE BUNIA
    RÉSEAU IVOIRIEN DES AFFAIRES
    CONSEIL MONDIAL DES ÉGLISES

Vedettes bibliques

Plusieurs occasions nécessitent l'utilisation de vedettes bibliques dans le catalogue. Nous aurons peut-être besoin d'une vedette biblique pour décrire un document écrit sur la Bible ou ses parties.

Catalogage de livres sur les Écritures

De nombreux types de livres sont écrits sur la Bible. Une œuvre peut se concentrer sur toute la Bible, sur une partie ou une section, sur un chapitre ou même un seul verset. Lorsqu'un livre traite des Écritures, le catalogueur utilise une vedette biblique et non une notice principale de titre uniforme. Pour une explication plus détaillée sur l'utilisation des vedettes bibliques, voir la section « Vedettes bibliques » au **chapitre 5**.

N'oublions pas que pour les fiches de catalogue les vedettes-matière sont tapées en haut de la fiche en lettres majuscules. Les lettres majuscules aident les usagers à les distinguer des autres vedettes. Voici d'autres exemples de vedettes-matière bibliques possibles pour des parties particulières des Écritures :

    BIBLE. A. T. GENÈSE
    [Pour un ouvrage traitant du livre de la Genèse]

    BIBLE. N. T. ÉVANGILES. JEAN -- 10.1-2
    [Pour un ouvrage sur les versets 1-2 du chapitre 10 de Jean]

    BIBLE. N. T. ÉPÎTRES. PAUL. CORINTHIENS 1 -- 13
    [Pour un ouvrage traitant du chapitre 13 de 1 Corinthiens]

Ajout de subdivisions standard aux vedettes bibliques. L'ajout de subdivisions aux vedettes-matière bibliques attire l'attention sur des genres particuliers de livres tels que commentaires, manuels, etc. Notons que les subdivisions sont toujours précédées d'un tiret ou de deux traits d'union lorsque nous les ajoutons à la vedette. Voici quelques-unes des subdivisions courantes utilisées avec les vedettes-matière bibliques :

    -- COMMENTAIRES
        [Pour les œuvres qui expliquent ou interprètent les Écritures]

    -- CRITIQUE, INTERPRÉTATION, ETC.[13]

    -- GUIDES, MANUELS, ETC.
        [Pour les œuvres contenant diverses informations sur la Bible, telles que concordances, dictionnaires, etc.]

    -- INTRODUCTIONS
        [Pour les travaux portant sur la paternité, la synthèse, etc., d'une partie ou d'un livre de la Bible]

---

13. Pour les œuvres spécialisées. Voir aussi « Guide d'Indexation RAMEAU », Sujets religieux, 2.1.4 Forme du qualificatif, p. 135.

-- ÉTUDE ET ENSEIGNEMENT
[Pour des ouvrages sur les méthodes d'étude de la Bible ou qui guident le lecteur dans l'étude d'une partie des Écritures]

Figure 6.1 Fiche-sujet pour *Au commencement : Genèse 1-11*

Exercices de catalogage matière

Le but de cette dernière section est de nous familiariser avec l'analyse documentaire. Nous avons inclus ici des copies des pages de titre et d'autres informations de dix livres. On pense au sujet du livre représenté par chaque titre, puis on assigne une à trois vedettes-matière qui semblent refléter le contenu du livre (dans la mesure où cela peut être déterminé sans avoir le livre en main). On utilise la liste des vedettes-matière et les listes de subdivisions à notre disposition (voir aussi les exemples de vedettes-matière qui se trouvent dans les figures 6.4a-k et la liste des subdivisions dans la figure 6.2b). Les corrigés des exercices se trouvent à la fin de ce chapitre.

Pour commencer ces exercices, aller à la page 106 et étudier le premier exemple, « **Exercice 1.1 : *Transformer la formation théologique*** ». La page de titre est marquée comme exercice 1.1 ; la table des matières comme les exercices 1.2 et 1.3. Une bonne réponse pour ce premier titre pourrait être : Ce titre traite de la formation théologique. On catalogue les ouvrages de ce genre selon le sujet de la formation – la théologie – en employant une subdivision d'emploi général pour indiquer l'aspect de la formation, ici : THÉOLOGIE CHRÉTIENNE -- ÉTUDE ET ENSEIGNEMENT.

Figure 6.2a Page de la notice d'autorité RAMEAU « Évangélisation »[14]

Notice RAMEAU

Notice   Au format public ⌄

Évangélisation

Vedette matière nom commun. S'emploie en tête de vedette.

Peut se subdiviser par confession chrétienne

<Employé pour :

    Annonce de l'Évangile
    Christianisation
    Évangélisation (théologie chrétienne)
    Foi -- Christianisme -- Propagation
    Foi -- Christianisme -- Transmission
    Propagation de la foi chrétienne
    Prosélytisme -- Christianisme
    Transmission de la foi chrétienne

<<Terme(s) générique(s) :

    Mission de l'Église
    Prosélytisme

>><<Terme(s) associé(s) :

    Évangélistes (prédicateurs protestants)
    Croisades nordiques
    Envoi en mission des douze apôtres (épisode biblique)
    Apostolat
    Communication -- Aspect religieux -- Christianisme
    Exhortation (religion) -- Christianisme
    Réveils (religion)
    Témoignage (religion) -- Christianisme

---

14. Extrait de la notice d'autorité RAMEAU « Évangélisation » : https://catalogue.bnf.fr/ark:/12148/cb119385521.

Figure 6.2b Subdivisions d'emploi général (sujet et forme) du « Guide d'indexation RAMEAU » (p. 42-48)

À la radio	Aspect religieux
A la télévision	Aspect sanitaire
À l'étranger	Aspect social
Abréviations	Aspect symbolique
Accès -- Contrôle	Associations
Accessibilité aux handicapés	Atlas
Accidents	Au cinéma
Achat	Au théâtre
Acquisitions	Automatisation
Actes de congrès	Bandes audio
Affiches	Bandes audio -- Catalogues
Âge	Bandes audio -- Catalogues collectifs
Aides audiovisuelles	Bandes dessinées
Aides audiovisuelles -- Catalogues	Bandes vidéo
Aides multimédias	Bandes vidéos -- Catalogues
Alimentation en énergie	Bandes vidéo pour la jeunesse
Allégorie	Banques d'images
Allusion	Bases de données
Aménagement	Bibliographie
Analogies électromécaniques	Bibliographie -- Catalogues
Analyse et indexation des documents	Bibliographie -- Catalogues collectifs
Anecdotes	Bibliographie -- Méthodologie
Anniversaires	Bibliographie -- Microformes -- Catalogues
Annuaires téléphoniques	Bibliographie -- Ouvrages avant 1800
Annuaires téléphoniques électroniques	Bibliographie analytique
Anthologies	Bibliographie critique
Anthropologie	Bibliographie de bibliographies
Appareils et matériel	Bibliographie de bibliographies -- Catalogues
Appellations d'origine	Bibliographie descriptive
Applications industrielles	Bibliothèques
Applications scientifiques	Biobibliographie
Appréciation	Biographies
Approvisionnement en eau	Biographies -- Dictionnaires
Argot	Biographies -- Histoire et critique
Armoiries	Blogs
Art d'écrire	Bourses de recherche
Articles de périodiques	Bourses d'études
Articles de périodiques pour la jeunesse	Brevets d'invention
Aspect économique	Bruit
Aspect environnemental	Calendriers
Aspect médical	Caricatures et dessins humoristiques
Aspect moral	Cartes
Aspect nutritionnel	Cartes -- Bibliographie
Aspect parapsychique	Cartes -- Fac-similés
Aspect physiologique	Cartes -- Symboles
Aspect politique	Cartes anciennes
Aspect psychologique	Cartes de télédétection

Cartes postales
Cartes pour la jeunesse
Cartes vectorielles
Catalogage
Catalogues
Catalogues collectifs
Catalogues de vente
Catalogues d'exposition
Cédéroms
Cédéroms -- Catalogues
Cédéroms pour la jeunesse
Cédéroms pour la jeunesse -- Catalogues
Censure
Certification
Chansons
Chansons -- Textes
Chauffage et ventilation
Chauffage et ventilation -- Régulation
Chronologie
Citations
Classement
Classification
Climatisation
Climatisation -- Régulation
Codes numériques
Collectionneurs et collections
Collections de monographies
Collections de monographies pour la jeunesse
Collections privées
Collections publiques
Combustibles -- Consommation
Commande automatique
Commentaire de texte
Commercialisation
Comptabilité
Conception assistée par ordinateur
Conception et construction
Concours
Conditionnement
Conditions par temps chaud
Conditions par temps froid
Conditions tropicales
Conférences de consensus
Congrès et conférences
Congrès et conférences -- Publics
Conservation
Conservation et restauration
Consommation
Consommation d'énergie

Contes
Contrats et devis descriptifs
Contrôle de l'État
Contrôle parlementaire
Coopération internationale
Corrosion
Coût
Coût -- Contrôle
Coût-efficacité
Croissance
Culte
Dans la bible
Dans la danse
Dans la littérature
Dans la littérature pour la jeunesse
Dans la musique
Dans la presse
Dans la publicité
Dans l'art
Dans les bandes dessinées
Dans les jeux vidéo
Dans les manuels d'enseignement
Dans les médias
Dans les représentations sociales
Dans l'opéra
Datation
Décentralisation
Déchets -- Élimination
Déchets -- Réduction
Décoration
Défauts
Défauts -- Déclaration
Dénominations
Déshydratation
Design
Désinfection
Dessins et plans
Détérioration
Devis estimatifs
Diapositives
Diapositives -- Catalogues
Dictionnaires [adjectif de langue]
Voir les subdivisions de ce type dans la liste
    d'autorité
Didacticiels
Différences entre sexes
Discographie
Discours parlementaires
Disparités régionales

Dispositifs de sécurité	Étude et enseignement
Disques	Étude et enseignement -- Aides audiovisuelles
Disques compacts	Étude et enseignement -- Aides multimédias
Disques compacts -- Catalogues	Étude et enseignement (2e et 3e cycles)
Documentation	Étude et enseignement (éducation permanente)
Documents épiscopaux	Étude et enseignement (première enfance)
Documents pontificaux	Étude et enseignement (préscolaire)
Dossiers documentaires	Étude et enseignement (primaire)
Droit	Étude et enseignement (secondaire)
DVD	Étude et enseignement (supérieur)
DVD pour la jeunesse	Études comparatives
Échantillonnage	Études de cas
Éclairage	Études de marché
Économies d'énergie	Études et exercices
Édition	Études et exercices (bluegrass)
Édition critique	Études et exercices (blues)
Éditions	Études et exercices (country)
Effets de, des, du [agents, activité, etc.]	Études et exercices (jazz)
Voir les subdivisions de ce type dans la liste d'autorité	Études et exercices (ragtime)
	Études et exercices (rhythm and blues)
Effets physiologiques	Études et exercices (rock)
Emballage	Études et exercices pour la jeunesse
Emballages	Études longitudinales
Emploi en cosmétologie	Études transculturelles
Emploi en diagnostic	Évaluation
Emploi en thérapeutique	Évaluation du risque
Emploi en thérapeutique -- Effet retard	Examens -- Guide de l'étudiant
Emploi en thérapeutique -- Effets secondaires	Examens -- Questions
Emploi en thérapeutique -- Efficacité	Expériences
Emploi en thérapeutique -- Essais	Expertise
Emploi en thérapeutique -- Modes d'administration	Exportations
	Expositions
Encyclopédies	Expositions virtuelles
Encyclopédies pour la jeunesse	Expressions imagées
Enquêtes	Façades
Enregistrements sonores pour la jeunesse	Fac-similés
Enregistrements sonores pour la jeunesse -- Catalogues	Faux
	Fiabilité
Enseignement assisté par ordinateur	Fictions télévisées
Enseignement biblique	Filmographie
Enseignement coranique	Films de fiction
Enseignement patristique	Films documentaires
Enseignement programmé	Films documentaires pour la jeunesse
Entreposage	Films pour la jeunesse
Entretien et réparations	Films pour la jeunesse -- Catalogues
Essais	Finalités
Esthétique	Finances
Étalonnage	Folklore
Étiquetage	Fondations

Fonds d'archives
Fonds documentaires
Formulaires
Formules et recettes
Forums électroniques
Frais d'exploitation
Généalogie
Gestion
Guides de l'étudiant
Guides pratiques et mémentos
Guides touristiques et de visite
Histoire
Histoire -- Chronologie
Histoire -- Dictionnaires
Histoire -- Ouvrages humoristiques
Histoire -- Sources
Histoire des doctrines
Histoire des doctrines -- 16e siècle
Histoire des doctrines -- 17e siècle
Histoire des doctrines -- 18e siècle
Histoire des doctrines -- 19e siècle
Histoire des doctrines -- 20e siècle
Histoire des doctrines -- 21e siècle
Histoire des doctrines -- 30-600 (Église primitive)
Histoire des doctrines -- Moyen âge
Histoire et critique
Histoire et critique -- Actes de congrès
Histoire et critique -- Bibliographie
Historiographie
Horaires
Humidité
Identification
Illustrations
Images de télédétection
Importations
Impôts
Impôts -- Droit
Incendies et prévention des incendies
Index
Industrie et commerce
Influence [adjectif de civilisation, de religion, ethnique
ou géographique]
Voir les subdivisions de ce type dans la liste d'autorité
Information électronique
Informatique
Innovations
Inspection

Instruments
Intrigues (narration)
Inventaires
Isolation acoustique
Jeux vidéo
Laboratoires
Langage
Légendes
Lésions et blessures -- Chimiothérapie
Lésions et blessures -- Chiropractie
Lexicographie
Livres -- Expositions
Livres audio
Livres d'images
Localisation
Location
Logiciels
Logiciels pour la jeunesse
Lutte contre
Maintenabilité
Manipulation
Manuels d'amateurs
Manuels de laboratoire
Manuels d'enseignement
Manuels d'enseignement (éducation permanente)
Manuels d'enseignement primaire
Manuels d'enseignement secondaire
Manuels d'enseignement secondaire -- Deuxième cycle
Manuels d'enseignement secondaire -- Premier cycle
Manuels d'enseignement supérieur
Manuels d'observation
Manuscrits
Manuscrits -- Catalogues
Manuscrits -- Catalogues collectifs
Manuscrits -- Fac-similés
Manuscrits -- Index
Manuscrits -- Microformes -- Catalogues
Manutention
Marchés publics
Marques de commerce
Matériaux
Mathématiques
Médailles
Méditations
Meilleurs ouvrages -- Bibliographie
Mélanges et hommages
Mémorisation

Mesure
Mesures de défense
Mesures de sécurité
Mesures de sûreté
Méthode comparative
Méthodes actives
Méthodes graphiques
Méthodes statistiques
Méthodologie
Meubles, équipement, etc.
Microformes
Microformes -- Catalogues
Migration
Miscellanées
Modèles économétriques
Modèles mathématiques
Modèles réduits
Moteurs
Multimédias interactifs
Musées
Musique
Mutilation, dégradation, etc.
Mythologie
Nettoyage
Nomenclature
Nomogrammes
Noms
Normalisation
Normes
Notation
Nouvelles
Numérisation
Numéros de série
Numismatique
Objets de collection
Observations
Opérations de recherche et de sauvetage
Opinion publique
Orientation professionnelle
Origines
Ouvrages avant 1800
Ouvrages avant 1800 -- Bibliographie
Ouvrages de référence
Ouvrages de référence -- Bibliographie
Ouvrages de référence -- Bibliographie
    -- Catalogues
Ouvrages de référence pour la jeunesse
Ouvrages de vulgarisation
Ouvrages humoristiques

Ouvrages humoristiques pour la jeunesse
Ouvrages illustrés
Ouvrages illustrés -- Bibliographie
Ouvrages pour la jeunesse
Ouvrages pour la jeunesse -- Bibliographie
Ouvrages pour la jeunesse -- Bibliographie
    -- Catalogues
Pamphlets
Parodies et pastiches
Participation des citoyens
Participation des travailleurs
Périodiques
Périodiques -- Abréviations de titres
Périodiques -- Bibliographie
Périodiques -- Bibliographie -- Catalogues
Périodiques -- Bibliographie -- Catalogues
    collectifs
Périodiques -- Index
Périodiques pour la jeunesse
Philosophie
Photographies
Photographies aériennes
Photographies spatiales
Pièces de théâtre
Pièces de théâtre pour la jeunesse
Planification
Poésie
Poésie pour la jeunesse
Poids
Poids et mesures
Politique des prix
Politique publique
Portraits
Poussière -- Lutte contre
Pratique
Pratiques déloyales
Prévention
Prévention -- Coopération internationale
Prévision
Prières
Prise de décision
Prix
Prix -- Droit
Prix et récompenses
Problèmes et exercices
Production -- Contrôle
Production -- Normes
Productivité
Programmation

Programmation linéaire	Sous-produits
Programmes	Spécifications
Programmes d'études	Spécimens
Propriétés électriques	Spectres
Propriétés électromagnétiques	Stabilité
Propriétés électroniques	Stages
Propriétés magnétiques	Statistiques
Propriétés mécaniques	Stérilisation
Propriétés optiques	Stockage
Propriétés thermiques	Subventions
Prospectus	Systèmes de communication
Protection	Systèmes d'information
Publicité	Tableaux, graphiques, etc.
Qualité	Tables
Qualité -- Contrôle	Tables de conversion
Questions à choix multiple	Tarifs
Questions et réponses	Technique
Radiographie	Télédétection
Recherche	Teneur en [produits chimiques]
Recherche -- Coopération internationale	Voir les subdivisions de ce type dans la liste d'autorité
Recherche sur le terrain	Terminologie
Récits personnels	Tests
Récits personnels libanais	Tests d'aptitude
Recommandations pour la pratique clinique	Textes
Reconversion	Thèmes, motifs
Recyclage	Thèses et écrits académiques
Réfection	Timbres-poste
Réfrigération	Tournages
Refroidissement	Tournages -- Récits personnels
Registres	Tracts
Règlements de sécurité	Traduction
Relations publiques	Traductions [adjectif de langue]
Réparations	Voir les subdivisions de ce type dans la liste d'autorité
Répertoires	Transport
Réseaux d'ordinateurs	Tutoriels
Réseaux d'ordinateurs -- Mesures de sûreté	Usines
Ressources Internet	Utilisation
Roman	Utilisation militaire
Roman pour la jeunesse	Utilisation pour les loisirs
Salubrité	Valeurs limites d'exposition
Séchage	Vapeurs -- Lutte contre
Sermons	Vedettes-matière
Services de documentation	Vente
Services statistiques	Vente coopérative
Sigles	Vérification comptable
Signalisation	Vibrations
Simulation par ordinateur	Vidéodisques
Simulation, Méthodes de	Vidéodisques -- Catalogues
Sociologie	Vulgarisation
Sons	
Sources	

Figure 6.3a Page de titre de l'ouvrage *Enjeux sociologiques et théologiques de la sécularisation :
une étude de cas à N'Djamena en République du Tchad*

Enjeux sociologiques et théologiques de la sécularisation

Une étude de cas à N'Djaména en République du Tchad

Abel NGARSOULEDE

Langham
MONOGRAPHS

Figure 6.3b Table des matières de l'ouvrage *Enjeux sociologiques et théologiques de la sécularisation : une étude de cas à N'Djamena en République du Tchad*

Table des matières

Résumé vii
Abstract ix
Remerciements xi
Sigles et abréviations xv
Introduction générale 1
    Justification du sujet 1
    Problématique 4
    Méthodologie 5
        La recherche bibliographique en sociologie 5
        Enquête sur le terrain 5
        Recherche bibliographique en théologie 6
    Plan 8

Première partie: Analyse sociologique de la sécularisation 9

Chapitre premier 11
    Compréhension sociologique de la sécularisation en Occident
    I. Max Weber : le désenchantement du monde et l'émancipation 12
        A. Aspects de la sécularisation chez Weber 14
        B. Critique wébérienne de la théorie de sécularisation 28
    II. Peter L. berger : l'émancipation et le réenchantement du monde 34
        A. Émancipation de la société et de la culture 35
        B. Désécularisation du monde 45
    III. Synthèse des discussions 50
        A. Points communs 50
        B. Divergences 50

Chapitre deuxième 53
    Compréhension sociologique de la sécularisation en Afrique
    I. Revue de la littérature africaine sur la sécularisation 54
        A. Aylward Shorter et Edwin Onyancha 54
        B. Abiola Dopanu 58
        C. Eloi Messi Metogo 60
        D. Raphaël Ntambue Tshimbulu 67
    II. Le choix des fonctionnaires de N'djaména 71
        A. Justification du choix de la population des fonctionnaires 72

Figure 6.4a. Notice RAMEAU du mot « Sécularisation »[15]

Notice RAMEAU

Notice   Au format public   ⌄

Sécularisation (théologie)

Vedette matière nom commun. S'emploie en tête de vedette.

Sous cette vedette, on trouve les documents sur l'autonomisation du domaine séculier (profane) par rapport aux religions et sur l'évolution dans ce sens de la pensée religieuse elle-même. Les documents sur la doctrine ou attitude philosophique selon laquelle le fondement de la vie du monde se trouve en lui-même et non dans une réalité divine se trouvent sous Sécularisme (philosophie). Les documents sur la politique de déchristianisation menée par certains états, à des périodes données, se trouvent sous Déchristianisation

<Employé pour :

   Désacralisation
   Sécularité
   Théologie de la sécularisation
   Théologie séculière

<<Terme(s) générique(s) :

   Théologie dogmatique

>><<Terme(s) associé(s) :

   Déchristianisation
   Indifférentisme (religion)
   Jus circa sacra
   Sécularisme (philosophie)
   Théologie de la mort de Dieu

---

15. Extrait de la notice RAMEAU du mot « Sécularisation », disponible sur : https://catalogue.bnf.fr/ark:/12148/cb119517122.

Figure 6.4b Notice RAMEAU des termes « Théologie chrétienne »[16]

Notice RAMEAU

Notice — Au format public

Théologie chrétienne

Vedette matière nom commun. S'emploie en tête de vedette.

Sous cette vedette, on trouve les documents sur la théologie chrétienne comme discipline. Les documents sur la question de Dieu dans le christianisme se trouvent sous Dieu -- Christianisme

<Employé pour :

Christianisme -- Théologie
Théologies chrétiennes

<<Terme(s) générique(s) :

Théologie

>><<Terme(s) associé(s) :

Dieu -- Christianisme
Philosophie chrétienne
Théologie chrétienne -- Étude et enseignement

>>Terme(s) spécifique(s) :

Surnaturel (théologie chrétienne)
Théologie pastorale
Accomplissement des Écritures
Action (théologie)
Bible -- Théologie
Éducation (théologie chrétienne)
Église catholique -- Doctrines
Église orthodoxe -- Doctrines
Églises protestantes -- Doctrines
Glorification (théologie)
Hommes (théologie chrétienne)
Judaïsme (théologie chrétienne)
Liberté -- Aspect religieux -- Christianisme
Nature -- Aspect religieux -- Christianisme
Pouvoir (théologie chrétienne)
Théologie chrétienne -- 30-600 (Église primitive)
Théologie chrétienne -- Moyen âge
Théologie de la médiation
Théologie de la révolution
Théologie des religions
Théologie dogmatique
Théologie du peuple
Théologie Min čuñ
Théologie morale
Théologie pratique
Théologie spirituelle

---

16. Extrait de la notice RAMEAU des termes « Théologie chrétienne », disponible sur : https://catalogue.bnf.fr/ark:/12148/cb177221684.

Figure 6.4c Notice RAMEAU du mot « Adoration »[17]

Notice RAMEAU

Notice Au format public

Adoration

Vedette matière nom commun. S'emploie en tête de vedette.

Sous cette vedette, on trouve les documents sur l'adoration et l'amour de l'homme envers Dieu
Peut se subdiviser par religion, confession ou secte

<Employé pour :

   Adoration de Dieu Ancienne forme retenue
   Amour de Dieu
   Dieu -- Adoration
   Dieu -- Adoration et amour
   Vénération de Dieu

<<Terme(s) générique(s) :

   Amour -- Aspect religieux
   Vie religieuse

>><<Terme(s) associé(s) :

   Dévotion
   Dieu
   Prière

   Voir aussi la subdivision Culte aux personnes et sujets noms communs appropriés

>>Terme(s) spécifique(s) :

   Adoration du Saint-Sacrement
   Bhakti
   Louange de Dieu

---

17. Extrait de la notice RAMEAU du mot « Adoration », disponible sur : https://catalogue.bnf.fr/ark:/12148/cb11963453h.

Figure 6.4d Notice RAMEAU « Vie spirituelle -- Christianisme »[18]

Notice RAMEAU

Notice   Au format public ⌄

Vie spirituelle -- Christianisme

Vedette matière nom commun. S'emploie en tête de vedette.

<Employé pour :

   Vie dans l'Esprit
   Vie dans l'Esprit-Saint
   Vie spirituelle chrétienne

<<Terme(s) générique(s) :

   Spiritualité -- Christianisme
   Vie chrétienne
   Vie spirituelle

>><<Terme(s) associé(s) :

   Saint-Esprit

>>Terme(s) spécifique(s) :

   Acédie
   Béatitudes
   Charismes
   Combat spirituel
   Désert (théologie)
   Discernement des esprits
   Dons du Saint-Esprit
   Fruits du Saint-Esprit
   Mystique -- Christianisme
   Ordres monastiques et religieux chrétiens -- Spiritualité
   Prêtres -- Spiritualité
   Prière -- Christianisme
   Vie spirituelle -- Église catholique
   Vie spirituelle -- Église orthodoxe

---

18. Extrait de la notice RAMEAU « Vie spirituelle -- Christianisme », disponible sur : https://catalogue.bnf.fr/ark:/12148/cb11933753q.

Figure 6.4e Notice RAMEAU « Leadership »[19]

Notice RAMEAU

Notice   Au format public   ⌄

Leadership

Vedette matière nom commun. S'emploie en tête de vedette ou en subdivision.

Sous cette vedette se trouvent les documents qui traitent de la qualité, du pouvoir et de l'aptitude à diriger les autres, fondés sur le prestige de la position ou sur les aptitudes personnelles et les qualités de caractère. Les ouvrages sur l'exercice du leadership militaire et du pouvoir de décision d'un chef sur ses subordonnés en vertu de son autorité, de son rang et de sa responsabilité se trouvent sous Commandement des troupes
S'emploie également en subdivision aux parlements

<Employé pour :

   Aptitude au commandement
   Art de commander
   Chef, Fonctions de
   Commandement, Aptitude au
   Commandement, Art du
   Direction (commandement)

<<Terme(s) générique(s) :

   Aptitude pour la direction
   Groupes sociaux
   Influence (psychologie)
   Psychologie sociale

>><<Terme(s) associé(s) :

   Popularité
   Autorité (psychologie)
   Culte de la personnalité

>>Terme(s) spécifique(s) :

   Leadership féminin
   Leadership juif
   Leadership en éducation
   Commandement des troupes
   Élite (sciences sociales)
   Groupes, Petits
   Leadership communautaire
   Leadership communiste
   Leadership noir américain
   Leadership politique
   Parlements -- Leadership

---

19. Extrait de la notice RAMEAU « Leadership » https://catalogue.bnf.fr/ark:/12148/cb119321901.

Figure 6.4f Notice RAMEAU « Vie chrétienne »[20]

Notice RAMEAU

Notice   Au format public

Vie chrétienne

Vedette matière nom commun. S'emploie en tête de vedette.

Peut se subdiviser par confession chrétienne

<Employé pour :

Vie en Christ
Vie religieuse -- Christianisme

<<Terme(s) générique(s) :

Christianisme
Théologie morale
Théologie pratique
Vie religieuse

>><<Terme(s) associé(s) :

Action (théologie)
Communautés chrétiennes
Morale chrétienne
Sacrements

Voir aussi la subdivision Vie religieuse aux catégories de personnes, forces armées et lieux

>>Terme(s) spécifique(s) :

Apostolat
Fêtes religieuses -- Christianisme
Imitation du Christ
Laïcat -- Vie religieuse
Pèlerinages chrétiens
Sequela Christi
Service chrétien
Vie chrétienne -- Église catholique
Vie chrétienne -- Église orthodoxe
Vie chrétienne -- Églises protestantes
Vie chrétienne -- 30-600 (Église primitive)
Vie spirituelle -- Christianisme

---

20. Extrait de la notice RAMEAU « Vie chrétienne », disponible sur : https://catalogue.bnf.fr/ark:/12148/cb133186168.

Figure 6.4g Notice RAMEAU « Prédication -- Christianisme »[21]

Notice RAMEAU

Notice   Au format public

Prédication -- Christianisme

Vedette matière nom commun. S'emploie en tête de vedette.

Sous cette vedette, on trouve les documents sur l'art de prêcher. Les recueils de sermons se trouvent sous les vedettes Sermons et Sermons [adjectif de langue]

<Employé pour :

    Homilétique

<<Terme(s) générique(s) :

    Prédication
    Théologie morale
    Théologie pastorale

>><<Terme(s) associé(s) :

    Aumôniers de cour
    Contribution à la prédication
    Évangélistes (prédicateurs protestants)
    Prédicateurs itinérants (méthodisme)
    Sermons

>>Terme(s) spécifique(s) :

    Exhortation (religion) -- Christianisme
    Prédication -- 30-600 (Église primitive)
    Prédication noire américaine

---

21. Extrait de la notice RAMEAU « Prédication -- Christianisme », disponible sur : https://catalogue.bnf.fr/ark:/12148/cb11941499x.

Figure 6.4h Notice RAMEAU « Guerre »[22]

Notice RAMEAU

Notice   Au format public

Guerre

Vedette matière nom commun. S'emploie en tête de vedette.

<Employé pour :

    Conflits armés
    Hostilités
    Polémologie

<<Terme(s) générique(s) :

    Conflit (sociologie)
    Relations internationales

>><<Terme(s) associé(s) :

    Groupes armés non-étatiques
    Après-guerre
    Militarisme
    Recours à la force armée
    Conflits armés non internationaux
    Conquérants
    Cinéma et guerre
    Films de guerre
    Art et guerre
    Photographie de guerre
    Littérature et guerre
    Architecture et guerre
    Sports et guerre
    Villes et guerre
    Monuments commémoratifs militaires
    Théâtre et guerre
    Guerre -- Aspect environnemental
    Récits de guerre
    Musique et guerre
    Forces armées
    Justice et guerre
    Guerre -- Philosophie
    Jeunesse et guerre
    Guerre (droit grec)
    Archéologie de la guerre
    Art et science militaires
    Et la guerre
    État de siège
    Guerres
    Paix
    Révolutions

>>Terme(s) spécifique(s) :

    Opérations militaires
    Guerre -- Pertes humaines
    Guerre de tranchées
    Guerre -- Aspect médical
    Guerre civile
    Transfuges
    Guerre totale
    Civils et guerre
    Guerre -- Aspect économique
    Guerre souterraine
    Défaite
    Guerre en montagne
    Guerre -- Origines
    Viol comme arme de guerre
    Victoire
    Guerre asymétrique
    Guerre nucléaire
    Art et science navals
    Batailles
    Blocus
    Conflits de basse intensité
    Correspondants de guerre
    Escalade (science militaire)
    Femmes et guerre
    Guérilla
    Guerre classique
    Guerre préhistorique
    Guerre primitive
    Guerre urbaine
    Guerres et batailles imaginaires
    Matériel de guerre
    Médias et guerre
    Politique militaire
    Stratégie
    Tactique

Voir aussi aux noms des guerres particulières, des batailles, etc., par ex. : Guerre russo-japonaise (1904-1905) ; Gettysburg, Bataille de (1863).- Voir aussi la subdivision Art et science militaires aux groupes ethniques.- Voir aussi la subdivision Et la guerre aux collectivités (à l'exception des catégories de collectivités) et aux personnes.- Voir aussi la subdivision Guerres aux groupes ethniques

---

22. Extrait de la notice RAMEAU « Guerre », disponible sur : https://catalogue.bnf.fr/ark:/12148/cb13318436b.

Figure 6.4i Notice RAMEAU « Environnement -- Protection »[23]

Notice RAMEAU

Notice Au format public

Environnement -- Protection

Vedette matière nom commun. S'emploie en tête de vedette.

<Employé pour :

Défense de l'environnement
Environnement -- Défense
Environnement -- Sécurité
Protection de l'environnement
Sauvegarde de l'environnement
Sécurité de l'environnement
Sécurité environnementale

>><<Terme(s) associé(s) :

Conseillers en environnement
Défenseurs de l'environnement
Éco-industries
Environnement
Environnement -- Protection -- Subventions
Environnement -- Qualité
Environnement -- Surveillance
Génie écologique
Gestion de l'environnement
Nuisances
Politique de l'environnement
Pollution
Protection
Technique de l'environnement

Voir aussi la subdivision Protection aux catégories de personnes, êtres vivants, matériaux, véhicules et sujets noms communs appropriés (types d'équipements, installations, produits, etc.)

>>Terme(s) spécifique(s) :

Normes ISO 14000
Norme ISO 19011
Climat -- Changements -- Atténuation
Environnement -- Protection -- Aspect religieux
Environnement -- Protection -- Participation des citoyens
Éthique de l'environnement
Nature -- Protection
Paysage -- Protection
Pollution -- Lutte contre
Principe de précaution
Servitudes environnementales
Sols -- Protection

---

23. Extrait de la notice RAMEAU « Environnement -- Protection », disponible sur : https://catalogue.bnf.fr/ark:/12148/cb11931256w.

Figure 6.4j Notice RAMEAU « Problèmes sociaux »[24]

Notice RAMEAU

Notice   Au format public ⌄

Problèmes sociaux

Vedette matière nom commun. S'emploie en tête de vedette.

<Employé pour :

  Bien-être social
  Crises sociales
  Question sociale
  Réforme sociale
  Tension sociale

<<Terme(s) générique(s) :

  Civilisation
  Histoire sociale

>><<Terme(s) associé(s) :

  Oeuvres de bienfaisance
  Géographie sociale

>>Terme(s) spécifique(s) :

  Criminalité
  Malaise social
  Action sociale
  Conflits sociaux
  Développement humain
  Discrimination
  Parasitisme social

---

24. Extrait de la notice RAMEAU « Problèmes sociaux », disponible sur : https://catalogue.bnf.fr/ark:/12148/cb135492109.

Figure 6.4k Notice RAMEAU « Pasteurs (religion) »[25]

Notice RAMEAU

Notice   Au format public   ⌄

Pasteurs (religion)

Vedette matière nom commun. S'emploie en tête de vedette.

<Employé pour :

   Pasteurs protestants
   Ministres protestants

<<Terme(s) générique(s) :

   Églises protestantes -- Clergé

>><<Terme(s) associé(s) :

   Évangélistes (prédicateurs protestants)
   Ex-pasteurs (religion)
   Presbytères
   Prêtres

   Voir aussi les vedettes du type Pasteurs (religion) [+ adjectif de nationalité ou géographique], par ex. : Pasteur (religion) hongrois, suivies obligatoirement d'une subdivision géographique ou de la subdivision À l'étranger, pour désigner les pasteurs résidant hors de leur pays.- Voir aussi la subdivision Clergé aux différentes dénominations protestantes, par ex. : Église luthérienne -- Clergé

>>Terme(s) spécifique(s) :

   Pasteurs (religion) écrivains

---

25. Extrait de la notice RAMEAU « Pasteurs (religion) », disponible sur : https://catalogue.bnf.fr/ark:/12148/cb119523188.

Exercice 1.1 Page de titre de l'ouvrage *Transformer la formation théologique*

Transformer la formation théologique

Un manuel pratique pour un apprentissage intégral et contextuel

Perry Shaw

Exercice 2.1 Page de titre de l'ouvrage *Initiatives théologiques en Afrique*

Initiatives théologiques en Afrique

Solomon ANDRIA

Exercice 2.1 Page de titre de l'ouvrage *Initiatives théologiques en Afrique*

Exercice 1.2 Table des matières de l'ouvrage *Transformer la formation théologique*

Table des matières

Préface v

Introduction: Le cheminement du Séminaire baptiste arabe. 1

Première partie
Une intention délibérée dans la langue et la culture institutionnelles 15

1 Poser les bonnes questions (1) 17
    Annexe 1.1 Caractéristiques de l'Église modèle 27
    Annexe 1.2 Défis internes et externes auxquels fait face l'Église 30
    Annexe 1.3 Profil du diplômé de l'ABTS 33

2 Poser les bonnes questions (2) 37
    Annexe 2.1 Saïd et Mariam 50
    Annexe 2.2 Les bonnes questions 52

3 Mise en œuvre et évaluation du programme 55
    Annexe 3.1 Évaluation étudiante réciproque personnelle-corps
    enseignant à l'ABTS 67

4 L'apprentissage multidimensionnel dans l'enseignement de la théologie 71

5 Le programme « implicite » et le programme « non-retenu » 85

6 Dépasser la fragmentation des programmes 99
    Annexe 6.1 Projet intégré pour autonomiser des dirigeants-serviteurs (exemple) 113

7 Éléments de l'apprentissage hors cours magistraux 117
    Annexe 7.1 La prise de parole en public lors du culte du
    Séminaire baptiste arabe (ABTS) : Descriptif de cours 132
    Annexe 7.2 Réflexion théologique sur la vie et le ministère au
    Séminaire baptiste arabe (ABTS) 134
    Annexe 7.3 Plan pour l'auto-apprentissage 138

8 L'apprentissage en profondeur 141

Exercice 2.2 Table des matières de l'ouvrage *Initiatives théologiques en Afrique*

TABLE DES MATIÈRES

Préface 7

Introduction 9

PREMIÈRE PARTIE : L'Afrique et la théologie 13

Chapitre 1 : Réalités africaines 15
    1. Conscience et faits 15
    2. Diverses conceptions 16
    3. Rivalité entre théologie et missiologie 17

Chapitre 2 : Définitions 19
    1. Premières définitions 19
    2. La théologie et les autres disciplines 22
    3. Implications théologiques des définitions 23

Chapitre 3 : Alternatives théologiques 25
    1. Indications historiques 25
    2. Indications bibliques 33
    3. Fondements de l'initiative théologique en Afrique 35

Chapitre 4 : Cheminement historique 39
    1. Tentatives d'évangélisation en Afrique 39
    2. Réactions des autochtones 41
    3. Deux ouvrages en date 42
    4. Développement de la théologie africaine 48

Chapitre 5 : Trois grands types de théologie 57
    1. Précisions terminologiques 57
    2. La théologie noire 58
    3. La théologie féministe 63
    4. Théologie de l'inculturation 67

DEUXIÈME PARTIE : Initier la théologie en Afrique 71

Chapitre 6 : Les défis de l'entreprise théologique 73
    1. L'héritage colonial 74
    2. Les conséquences de cet héritage 77
    3. Les langues de la théologie 78
    4. Les structures 79

Chapitre 7 : Les religions africaines 81
    1. Religion et culture 82
    2. La vision du monde 83
    3. Structure existentielle 84

Chapitre 8 : Pour une théologie chrétienne en Afrique 87
    1. Attitude 87
    2. Une herméneutique 89
    3. Une théologie de l'écoute 91
    4. Une théologie de participation 92
    5. Les thèmes majeurs 94

Chapitre 9 : La théologie au service de l'Église 99
    1. Penser autrement 99
    2. Réduire la distance qui sépare la théologie officielle de la théologie populaire 100
    3. Réduire la distance qui existe entre le théologien et le peuple de Dieu 101
    4. Réduire la distance anti-biblique qui s'est créée entre la théologie et la missiologie 101
    5. Traiter les thèmes majeurs bibliques en priorité 102

Conclusion 103

Bibliographie 105

Exercice 3.1 Page de titre adaptée de l'ouvrage *À la recherche de Dieu*

À la recherche de Dieu

A. W. Tozer

Comme une biche soupire après des courants d'eau,
Ainsi mon âme soupire après toi, Ô Dieu !
                                    Psaume 42.2

L'Alliance Chrétienne et Missionnaire
au Québec

Exercice 3.2 Table des matières adaptée de l'ouvrage *À la recherche de Dieu*

TABLE DES MATIÈRES

    L'héritage de Tozer 5

    Préface 9

1. S'attacher fortement à Dieu 13
2. La bénédiction de ne rien posséder 23
3. Ôter le voile 33
4. Percevoir Dieu 47
5. La Présence universelle 57
6. La voix qui parle 67
7. Le regard de l'âme 77
8. Rétablir la relation Créateur-créature 89
9. Douceur et repos 99
10. Le caractère sacré de la vie 107

Exercice 4.1 Page de titre de l'ouvrage *From Genocide to Generosity*

From Genocide to Generosity

Hatreds Heal on Rwanda's Hills

John Steward

Langham
GLOBAL LIBRARY

Exercice 4.2 Verso de la page de titre de l'ouvrage *From Genocide to Generosity*

© 2015 by John Steward

Published 2015 by Langham Global Library
an imprint of Langham Creative Projects

Langham Partnership
PO Box 296, Carlisle, Cumbria CA3 9WZ, UK
www.langham.org

ISBNs:
978-1-78368-883-8 Print
978-1-78368-056-6 Mobi
978-1-78368-055-9 ePub
978-1-78368-057-3 PDF

John Steward has asserted his right under the Copyright, Designs and Patents Act, 1988 to be identified as the Author of this work.

All rights reserved. No part of this publication may be reproduced, stored in a retrieval system or transmitted, in any form or by any means, electronic, mechanical, photocopying, recording or otherwise, without the prior written permission of the publisher or the Copyright Licensing Agency.

British Library Cataloguing in Publication Data

Steward, John, 1945- author.
  From genocide to generosity : hatreds heal on Rwanda's
  hills.
  1. Peace-building--Rwanda. 2. Genocide survivors--
  Rwanda--Attitudes.
  I. Title
  303.6'9'0967571-dc23
  ISBN-13: 9781783688838

Book Design: projectluz.com
Cover Design: Annthea Hick of ahcreative.com.au

About the cover:
The small red object on the cover art is the Rwandan Agaseke or wedding basket: a Rwandan symbol of generosity and gratitude. These pagoda-shaped baskets are sometimes called "Wedding" or "Giving" baskets. Intricately woven of delicate, naturally dyed papyrus, grass and raffia, the pattern symbolizes the journey of women walking together, sharing secrets and bearing gifts of grain, coffee or tea. The Agaseke Basket is so endemic to Rwanda that it is featured in the national seal (coat of arms) and on Rwandan currency – a symbol of hope for a brighter future. The Agaseke Basket is still a traditional and prized wedding gift, from the rural villages to the most sophisticated urbanites of Kigali. In this book it symbolizes a fresh start – being woven (bound) together; a fitting symbol of peace for Rwanda.

Photograph of John Steward © Lyndon Mechielsen

Le catalogage matière 115

Exercice 5.1 Page de titre de l'ouvrage *Nous sommes tous disciples !*

Nous sommes tous disciples !

Participer à la mission de Dieu

David E. Bjork

Langham
GLOBAL LIBRARY

Exercice 5.1 Page de titre de l'ouvrage *Nous sommes tous disciples !*

Exercice 5.2 Table des matières de l'ouvrage *Nous sommes tous disciples !*

TABLE DES MATIÈRES

Remerciements xiii
1   Introduction 1
2   Notre stratégie d'implantation d'églises produit-elle des disciples ? . . 11
3   Est-ce que Jésus veut vraiment que nous fassions des disciples ? 39
4   À quoi ressemble un disciple de Jésus ? 55
5   La voie de la transformation 73
6   Deux objections majeures 93
7   Le disciple de Jésus et la gloire de Dieu 115
8   Comment initier et poursuivre un accompagnement à la suite de Jésus 133
9   Le disciple de Jésus, le démon et la délivrance 155
10   Le disciple de Jésus et l'*ecclésia* 173
11   Comment aider les membres d'une *ecclésia* existante à faire des disciples de Jésus 193
12   Le disciple de Jésus et l'unité 211
Bibliographie 231
Index des références bibliques 243

Exercice 6.1 Page de titre de l'ouvrage *Le défi de la prédication*

LE DÉFI DE LA PRÉDICATION

Transmettre la Parole de Dieu
dans le Monde d'Aujourd'hui

John Stott

Abrégé et mis à jour par
Greg Scharf

PREACHING RESOURCES

Exercice 6.1 Page de titre de l'ouvrage *Le défi de la prédication*

Exercice 7.1 Page de titre de l'ouvrage *La doctrine chrétienne dans un monde multiculturel*

La doctrine chrétienne dans un monde multiculturel

Introduction à la tâche théologique

Benno van den Toren

Exercice 7.2 Table des matières de l'ouvrage *La doctrine chrétienne dans un monde multiculturel*

Table des matières

	Avant-propos	vii
	Introduction	1
1	La dogmatique entre vérité et vie	7
	1.1. Chacun a sa théologie	7
	1.2. La pertinence de la doctrine	10
	1.3. Définitions principales	19
	1.4. Nature scientifique de la théologie et de la dogmatique	32
	1.5. Quelques caractéristiques de la théologie évangélique	41
2	Pourquoi la dogmatique ?	47
	2.1. La doctrine comme enseignement	48
	2.2. La tâche apologétique de la dogmatique	58
	2.3. Le dogme comme démarcation entre orthodoxie et hérésie	67
	2.4. La théologie comme la recherche de la vérité et de Dieu	82
	2.5. La doctrine comme guide dans l'interprétation des Écritures	92
	2.6. La dogmatique comme contextualisation	100
	2.7. Quelques conclusions	120
3	La révélation : possibilité de la connaissance de dieu	123
	3.1. La possibilité de connaître Dieu	123
	3.2. Révélation générale	131
	3.3. Révélation spéciale	143
	3.4. Révélation et religions non chrétiennes	157
4	Les écritures, source principale de la doctrine chrétienne	167
	4.1. La Bible dans la spiritualité chrétienne	167
	4.2. Comment formuler une doctrine de la Bible ?	171
	4.3. La Bible comme la Parole inspirée de Dieu	176
	4.4. La Bible comme témoignage de l'histoire du salut	186
	4.5. La Bible comme révélation	189
	4.6. La Bible comme canon des textes avec l'autorité suprême pour l'Église	195
	4.7. La Bible comme réflexion sur l'expérience à la lumière de la révélation	209

5	Méthode et sources de la dogmatique	223
	5.1. Les Écritures Saintes comme norme principale de la dogmatique	225
	5.2. Dogmatique et tradition de l'Église	235
	5.3. Dogmatique et raison humaine	246
	5.4. Dogmatique, expérience et contexte culturel	257
	5.5. Structure de la dogmatique	266
	5.6. Différentes approches de recherche dogmatique	271
	5.7. Conclusion : Christ le Seigneur de la vérité	280

Bibliographie ... 283
   Façon de référer aux livres ... 283
   Abréviations et références bibliques ... 283
   Bibliographie ... 284

Index des références bibliques ... 301

Index des noms ... 307

Index des sujets ... 313

Exercice 8.1 Page de titre 1 de l'ouvrage *Jérémie et Lamentations*

Collection

Commentaires Bibliques
Contemporains

Sous la direction de :

Ancien Testament
Nupanga Weanzana

Nouveau Testament
Samuel Ngewa

Conseil théologique
**Solomon Andria, Tewoldemedhin Habtu,
Samuel Ngewa**

Exercice 8.2 Page de titre 2 de l'ouvrage *Jérémie et Lamentations*

JÉRÉMIE ET LAMENTATIONS

Robert Bungishabaku KATHO

Exercice 9.1 Page de titre adaptée de l'ouvrage *Dieu, la terre, la guerre*

Issiaka COULIBALY & Rubin POHOR (sous la dir. de)

Dieu, la terre, la guerre

Actes du colloque international conjoint
19 au 21 mai 2016 à Abidjan (Côte d'Ivoire)

Les Presses de la FATEAC
Abidjan, 2017

Exercice 9.1 Page de titre adaptée de l'ouvrage *Dieu, la terre, la guerre*

Exercice 9.2 Table des matières adaptée de l'ouvrage *Dieu, la terre, la guerre*

Table des matières

Remerciements 5
Préface (Issiaka COULIBALY) 7

Chapitre 1
Dieu, la terre, la guerre (Tite TIENOU) 15

Chapitre 2
L'imaginaire des frontières belligènes de Dieu, la terre, la guerre
(Enoch TOMPTE-TOM) 29

Chapitre 3
La création : un espoir venant du royaume inauguré par Jésus
(Ruth JULIAN) 51

Chapitre 4
Changer le monde ou changer de monde : une réflexion
théologique sur la relation du chrétien à la terre présente
(Georges PIRWOTH ATIDO) 69

Chapitre 5
Église et environnement : cas de l'Église barriste en Côte d'Ivoire
(Martine AUDEOUD) 89

Chapitre 6
La terre par delà « l'humanité » (Arsène KADJO) ... 107

Chapitre 7
L'accès au fundus dans la Bible (Séraphin NENE BI) ... 129

Chapitre 8
Exemples de gestion des ressources naturelles dans la pensée
vétérotestamentaire et dans les sociétés traditionnelles
(Rubin POHOR) 139

Chapitre 9
L'impact de la production illicite du charbon de bois sur l'environnement : cas de la région de Poro dans le nord de la Côte d'Ivoire (Adaman SINAN)   155

Chapitre 10
Répartition terrestre des végétaux : cas de quelques plantes utiles et guerre des hommes pour s'en approprier (Marboua Béjoye BENINGA)   177

Chapitre 11
Être chrétien dans un contexte de violence en République Démocratique du Congo (Corneille KIBUKA)   191

Présentation des auteurs   217
Communiqué final du colloque annuel de la FATEAC du 19 au 21 mai 2016   221

Exercice 10.1 Page de titre de l'ouvrage *L'évaluation du ministère pastoral*

L'évaluation du ministère pastoral

Une étude à la lumière des Épîtres pastorales

(1 et 2 Timothée, Tite)

Noël K. N'Guessan

Exercice 10.2 Table des matières de l'ouvrage *L'évaluation du ministère pastoral*

Table des matières

Dédicace v

Préface..vii

Sigles et abréviations..ix

Introduction.. 1
   Choix et justificatif de l'étude 1
   État de la question et singularité de l'étude 4
      R. A. Lebold..5
      A. Turmel et J.-M. Levasseur 6
      A. Loverini 7
   Précision terminologique et problématique de l'étude..........................10
   Présupposé, méthodologie et organisation de l'étude..............................15

Première partie... 21
L'Église dans les Épîtres pastorales, contexte de déploiement des ministères
   Introduction 23

Chapitre 1 27
   L'arrière-plan des Épîtres pastorales
      La question de l'origine : Écrits pauliniens ou pseudépigraphiques ? 29
         1. Les objections d'ordre linguistique..30
         2. Les objections d'ordre historique 33
         3. Les objections d'ordre théologique 36
      La question des adversaires : ultime motif ou raison seconde ? 44
         1. Identités et enseignements des adversaires dans les EP 44
         2. Les motifs de rédaction des Pastorales.......................................53
      Conclusion partielle : La situation des Églises en arrière-plan des EP 55

Chapitre 2 59
   Étude de la première série de textes
      1 Timothée 3.14-16 : L'Église et le mystère de la piété..........................60
         1. Traduction..60
         2. Délimitation, contexte littéraire et structure du texte.................61
         3. Interprétation de 1 Timothée 3.14-16 66
      2 Timothée 2.19-21 : La métaphore de la « grande maison » 86
         1. Traduction..86
         2. Délimitation, contexte et structure de 2 Timothée 2.19-21 87

   3. Interprétation de 2 Timothée 2.19-21 92
  Conclusion partielle : L'Église-maison de Dieu, contexte de
  déploiement des ministères et d'évaluation 104

Deuxième partie 113
Le ministre-modèle des Épîtres pastorales et ses critères d'évaluation
  Introduction 115

Chapitre 3 117
Étude de la deuxième série de textes
  1 Timothée 4.6-16 : « Veille sur toi-même et sur ton enseignement » 118
   1. Traduction 118
   2. Délimitation, contexte et structure de 1 Timothée 4.6-14 119
   3. Interprétation de 1 Timothée 4.6-14 121
  1 Timothée 6.11-16 : Combattre le beau combat de la foi 138
   1. Traduction 138
   2. Délimitation, contexte littéraire et structure du texte...............139
   3. Interprétation de 1 Timothée 6.11-16 141
  2 Timothée 2.22-26 : « Fuis les passions, instruis avec douceur » 152
   1. Traduction 152
   2. Délimitation, contexte et structure de 2 Timothée 2.22-26 153
   3. Interprétation de 2 Timothée 2.22-26 155
  2 Timothée 3.10-17 : « Demeurer fidèle à l'Évangile reçu,
   malgré tout » 161
   1. Traduction 161
   2. Délimitation, contexte, structure de 2 Timothée 3.10-17 162
   3. Interprétation de 2 Timothée 3.10-17 165
  Conclusion partielle : le contenu du modèle et la marque de
  la qualité 175

Chapitre 4 181
Étude de la troisième série de textes
  L'Épiscope : 1 Timothée 3.1-7 182
   1. Traduction 182
   2. Délimitation, contexte littéraire et structure du texte de
    1 Timothée 3.1-7 182
   3. Interprétation de 1 Timothée 3.1-7 186
  Les diacres : 1 Timothée 3.8-13 196
   1. Traduction 196
   2. Délimitation, contexte et structure de 1 Timothée 3.8-13 196
   3. Interprétation du texte de 1 Timothée 3.8-13 198

    Les presbytres : 1 Timothée 5.17-25 207
        1. Traduction 207
        2. Délimitation, contexte et structure de 1 Timothée 5.17-25 208
        3. Interprétation de 1 Timothée 5.17-25 211
    La problématique de la relation presbytres-épiscope : Tite 1.5-9 221
        1. Les qualités requises des presbytres (vv. 5-6) 223
        2. Les qualités requises de l'épiscope (vv. 7-9) 226
        3. Le lien entre presbytres et épiscope 228
    Conclusion partielle : Le profil du ministre-modèle des Pastorales 231

Chapitre 5 237
Critères d'évaluation du ministère pastoral

    Les critères suggérés par les parénèses à Timothée 238
        1. Tableau récapitulatif des qualités requises 239
        2. Énoncé des critères d'évaluation 242
        3. Justification des critères d'évaluation 244
    Les critères suggérés par les parénèses aux ministres locaux 255
        1. Tableau récapitulatif des qualités exigées des ministres locaux 256
        2. Énoncé des critères d'évaluation 260
        3. Justification des critères d'évaluation 261
    La synthèse des critères d'évaluation 267
        1. Les critères personnels 267
        2. Les critères familiaux 268
        3. Les critères sociaux 268
        4. Les critères professionnels 268
    Les procédures évaluatives 272
        1. Énoncés des procédures évaluatives 272
        2. Justifications des procédures évaluatives 273
    Conclusion partielle 279

Troisième partie 281
De la normativité du modèle issu des Épîtres pastorales et de son applicabilité au contexte de l'Église CMA de Côte d'Ivoire

    Introduction 283

Chapitre 6 285
La C&MA en République de Côte d'Ivoire : de la mission à l'Église

    La C&MA : Origine, identité, objectifs et implantation en RCI 285
        1. La C&MA : Origine, identité, objectifs 285
        2. L'implantation de la C&MA en Côte d'Ivoire 291

L'Église CMA-CI : Organisation, structure, ministères 299
    1. L'organisation administrative et structurelle 299
    2. Les ministres et les ministères 303

Chapitre 7 305
La normativité du modèle ministériel des Pastorales et son application au contexte de l'Église CMA-CI

La question de la normativité du modèle issu des Pastorales et du bon droit de son application dans le contexte de l'Église CMA-CI 306
    1. La question de la normativité du modèle issu des Pastorales 306
    2. La question du bon droit d'appliquer le modèle issu des Pastorales dans le contexte de l'Église CMA-CI 315

L'évaluation du ministère pastoral appliquée au contexte de l'Église CMA-CI 338
    1. Les difficultés et les possibilités de l'évaluation 339
    2. L'évaluation en contexte : les grilles d'évaluation 345

Conclusion partielle 361

Conclusion générale 363
Quelques principes du pastorat 364

Annexe 367

Bibliographie 369
Textes bibliques et parabibliques 369
Instruments de travail 369
Sur les Épîtres pastorales 372
    Commentaires 372
    Études 374
    Articles 376
Sur l'évaluation, le ministère et la théologie pastorale 381
    Ouvrages 381
    Articles 383
Sur la C&MA et le pays Baoulé 384
    Ouvrages 384
    Articles 385
Sur diverses questions 385
    Ouvrages 385
    Articles 389
Sources orales 393
Sources électroniques 393

Corrigés des exercices

1. **Exercice sur l'ouvrage *Transformer la formation théologique*.** Ce titre traite de la formation théologique. On catalogue les ouvrages de ce genre selon le sujet de la formation – la théologie chrétienne (voir la figure 6.4b) – en employant une subdivision d'emploi général pour indiquer l'aspect de la formation, ici : THÉOLOGIE CHRÉTIENNE -- ÉTUDE ET ENSEIGNEMENT.

2. **Exercice sur l'ouvrage *Initiatives théologiques en Afrique*.** Voici un exemple très facile : la table des matières indique que ce livre a affaire à la théologie en générale dans un contexte africain. La vedette « Théologie chrétienne » permet l'addition d'une subdivision géographique (voir figure 6.4b) : THÉOLOGIE CHRÉTIENNE -- AFRIQUE.

3. **Exercice sur l'ouvrage *À la recherche de Dieu*.** Il est évident, d'après la table des matières, que ce livre a pour sujets l'adoration de Dieu et la vie spirituelle. On trouve sur le site RAMEAU deux vedettes appropriées (voir les figures 6.4c et 6.4d) : ADORATION, VIE SPIRITUELLE -- CHRISTIANISME.

4. **Exercice sur l'ouvrage *From Genocide to Generosity*.** Si le fonds documentaire de la bibliothèque comporte des livres de langue anglaise, beaucoup de ceux qui ont été publiés aux États-Unis auront au verso « la notice CIP », c'est-à-dire, le « cataloguing in publication data ». On peut souvent utiliser les vedettes-matière qui font partie de ces données pour nous aider à trouver les vedettes RAMEAU qui y correspondent. (De plus, si l'on a choisi de faire nos propres vedettes-matière, la notice CIP peut servir de point de repère.) Dans ce cas, nous verrons que le terme « leadership » s'emploie dans les deux listes d'autorités-sujet, bien que RAMEAU ne permette pas l'emploi du terme « leadership chrétien » (voir exercice 4.2, figure 6.4e). Cependant, on trouve « Aspect religieux » dans la liste des subdivisions d'emploi général. De plus, on peut employer le nom d'une religion comme subdivision dans de tels cas (voir la page 82). Ainsi, la vedette-matière principale de ce document est LEADERSHIP -- ASPECT RELIGIEUX -- CHRISTIANISME et on peut ajouter aussi la vedette CHRISTIANISME -- AFRIQUE.

5. **Exercice sur l'ouvrage *Nous sommes tous disciples !*** Beaucoup de livres abordent le thème « Que signifie être disciple de Jésus ? » Malheureusement, il n'y a pas de vedette-matière qui corresponde au fait d'« être disciple ». La vedette correspondante est « Vie chrétienne ». Et comme on peut le voir dans la notice RAMEAU (voir figure 6.4f), il y a un terme plus spécifique qu'on peut employer pour les documents protestants : VIE CHRÉTIENNE -- ÉGLISES PROTESTANTES.

6. **Exercice sur l'ouvrage *Le défi de la prédication*.** Cet ouvrage traite de la prédication, terme qui se trouve dans la liste d'autorités RAMEAU. On y trouve une vedette plus spécifique (voir la figure 6.4g) qui décrit avec précision le sujet de ce livre : PRÉDICATION -- CHRISTIANISME.

7. **Exercice sur l'ouvrage *La doctrine chrétienne dans un monde multiculturel*.** Malgré la référence du titre au multiculturalisme, selon la table des matières c'est la théologie dogmatique qui prédomine comme sujet. Et on trouve cette vedette précise dans la liste de termes spécifiques qui se trouve dans la notice d'autorité RAMEAU pour « Théologie chrétienne » (voir la figure 6.4b) : THÉOLOGIE DOGMATIQUE.

8. **Exercice sur l'ouvrage *Jérémie et Lamentations*.** Ce document est un commentaire sur deux livres de l'Ancien Testament. En cataloguant un ouvrage de ce genre, il nous faut nous rappeler de saisir directement les éléments bibliques, de les séparer d'un point et d'ajouter la subdivision « Commentaires » (Voir la liste des subdivisions standard aux vedettes bibliques à la page 84 : BIBLE. A. T. JÉRÉMIE -- COMMENTAIRES, BIBLE. A. T. LAMENTATIONS -- COMMENTAIRES.

9. **Exercice sur l'ouvrage *Dieu, la terre, la guerre*.** Ce recueil d'actes de colloque montre l'importance de l'analyse de la table des matières. Les titres des conférences indiquent qu'il s'agit ici d'une analyse théologique de deux problèmes sociaux : la guerre et la protection de l'environnement. Il faut aussi trouver des subdivisions pour indiquer la dimension théologique, la forme (congrès) et le lieu géographique (l'Afrique).

    Quant aux vedettes-matière, on trouve dans RAMEAU les vedettes « Guerre » et « Environnement -- Protection » et toutes les deux permettent les subdivisions géographiques.

Comme subdivisions appropriées générales et de forme, nous trouvons « Aspect religieux », à laquelle nous pouvons ajouter « Christianisme », comme nous venons de le voir dans la réponse à l'exercice 4. Pour éviter des vedettes trop longues, on peut donner deux vedettes-matière à chacun des deux sujets :
- GUERRE -- ASPECT RELIGIEUX – CHRISTIANISME -- CONGRÈS ET CONFÉRENCES
- GUERRE -- AFRIQUE -- CONGRÈS ET CONFÉRENCES
- ENVIRONNEMENT -- PROTECTION -- ASPECT RELIGIEUX -- CHRISTIANISME -- CONGRÈS ET CONFÉRENCES
- ENVIRONNEMENT -- PROTECTION -- AFRIQUE -- CONGRÈS ET CONFÉRENCES

Nous pourrions aussi ajouter une vedette plus générique : « Problèmes sociaux » : PROBLÈMES SOCIAUX -- AFRIQUE -- CONGRÈS ET CONFÉRENCES

10. **Exercice sur l'ouvrage *L'évaluation du ministère pastoral*.** La table des matières indique que cet ouvrage – il s'agit d'une thèse doctorale – traite de plusieurs sujets.
    - Tout d'abord, c'est une étude des Épîtres pastorales, ce qui exigera une vedette biblique : « Bible. N. T. Épîtres. Paul. Épîtres pastorales » (point au lieu de tiret après « Bible »). De plus, dans la liste de subdivisions standard pour les vedettes bibliques à la page 84, on trouve une subdivision qui décrit les études spécialisées comme celle-ci qui ne sont pas des commentaires : « Critique, interprétation, etc. » Donc, la vedette-matière construite sera BIBLE. N. T. ÉPÎTRES. PAUL. ÉPÎTRES PASTORALES -- CRITIQUE, INTERPRÉTATION, ETC.
    - Le titre indique aussi que l'auteur a pour but l'application des Écritures à l'évaluation des pasteurs protestants. Si nous cherchons « pasteurs » dans les notices d'autorité RAMEAU, nous trouvons non seulement la vedette « Pasteurs (religion) » (voir la figure 6.4k), mais aussi le terme générique « Églises protestantes -- Clergé ». À cette vedette nous pouvons ajouter la subdivision générale « Évaluation » : ÉGLISES PROTESTANTES -- CLERGÉ -- ÉVALUATION
    - Si nous recherchons « clergé » dans les notices d'autorité RAMEAU, nous trouverons un renvoi utile : « Clergé -- Ministère Voir : Ministère ecclésiastique ». À cette vedette aussi l'on peut ajouter la subdivision générale « Évaluation » : MINISTÈRE ECCLÉSIASTIQUE -- ÉVALUATION
    - Enfin, on peut voir que cette étude a pour objet le clergé d'une dénomination ecclésiastique en particulier : L'Église Protestante Évangélique de l'Alliance Chrétienne et Missionnaire de Côte d'Ivoire. À cette vedette de collectivité on peut ajouter, selon RAMEAU, la subdivision « Clergé » : L'ÉGLISE PROTESTANTE ÉVANGÉLIQUE DE L'ALLIANCE CHRÉTIENNE ET MISSIONNAIRE DE CÔTE D'IVOIRE -- CLERGÉ.

7

La classification

Les cotes

Les cotes sont utilisées pour organiser par sujet le fonds documentaire d'une bibliothèque. Elles désignent également l'emplacement d'un document parmi les rayonnages de la bibliothèque. La cote apparaît sur le dos du livre ou du boîtier audiovisuel sous la forme d'un code court de chiffres et de lettres. Ce même code, ou cote, est également inscrit dans la notice de catalogue en référence à l'article. Une fois que les usagers ont compris comment lire les cotes, ils peuvent rechercher et trouver un document à son emplacement attribué. La cote est composée de plusieurs parties :

- Nom du fonds ;
- Numéro de classification ;
- Auteur ou autre identification de la notice principale ;
- Année de parution.

Certaines bibliothèques ajoutent un repère à la fin de l'identification de l'auteur. C'est généralement la première lettre du titre. Un repère aide les bibliothèques plus importantes à alphabétiser plusieurs titres d'un seul auteur classés dans un seul numéro de classification. Pour les petites bibliothèques, ils ne sont pas nécessaires.

Le numéro de classification

Le numéro de classification est utilisé pour regrouper des œuvres ayant des caractéristiques communes. Plusieurs systèmes de classification différents sont actuellement utilisés dans le monde. Les deux plus populaires sont la classification de la Library of Congress [Bibliothèque du Congrès] et la classification décimale de Dewey (CDD). En Europe, on utilise aussi la classification décimale universelle (CDU).

La classification de la Library of Congress (LC). « Le système LC » a été spécialement conçu pour le très grand fonds documentaire de la Library of Congress [Bibliothèque du Congrès] à Washington, D.C., la capitale des États-Unis. Le code utilise des chiffres et des lettres. La classification est très précise et le système ne peut pas être simplifié. Le système LC est le plus souvent utilisé dans les grandes bibliothèques universitaires contenant plusieurs milliers de volumes ou dans des fonds documentaires spécialisés nécessitant une classification très spécifique. Pour utiliser ce système, une bibliothèque doit acheter une collection de plus de 40 volumes contenant les domaines de classification spécialisés. Cette collection est très coûteuse. Il est également nécessaire d'acheter des suppléments publiés régulièrement pour suivre les ajouts et les modifications qui sont périodiquement effectués. Ou bien, une bibliothèque peut s'abonner à une version en ligne moyennant des frais annuels.

La classification décimale de Dewey (CDD). Le système Dewey est plus ancien que le système LC et est utilisé par plus de bibliothèques dans le monde que tout autre système. Le système Dewey est un système flexible, conçu pour être utilisé pour les petits et les grands fonds documentaires généraux.

Les très petites bibliothèques peuvent organiser leurs fonds documentaires en utilisant uniquement la liste de nombres entiers à trois chiffres incluse dans ce manuel. Cependant, la plupart des écoles bibliques et d'autres bibliothèques théologiques souhaiteront utiliser des chiffres plus précis pour leurs documents religieux. Il est recommandé aux bibliothèques théologiques d'obtenir la totalité de la section 200 de Dewey.

134 La gestion d'une bibliothèque

Si le fonds documentaire atteint 3 000 volumes, on peut ajouter des nombres décimaux de la CDD abrégée. Pour ces bibliothèques de taille moyenne, nous suggérons que les numéros de classification soient limités à 5 ou 6 chiffres[1].

Toutefois, lorsqu'un fonds documentaire dépasse 15 000 articles ou lorsqu'une section d'une bibliothèque spécialisée a besoin de divisions plus précises, la CDD intégrale non abrégée peut être utilisée sans avoir à modifier la classification précédente. Des chiffres peuvent être ajoutés aux numéros existants afin de faire des distinctions plus précises dans les fonds documentaires plus grands[2].

Étant donné que seuls des nombres sont utilisés, ce système est plus facile à comprendre pour les usagers et les bibliothécaires non professionnels. Cela est particulièrement vrai pour ceux qui ne sont peut-être pas habitués à utiliser l'alphabet romain.

Si les lecteurs étudient l'introduction à la classification de Dewey, ainsi que le chapitre sur la classification de ce manuel, ils devraient être en mesure d'utiliser le système Dewey avec succès.

Pour ces raisons, les directeurs du présent ouvrage recommandent vivement aux petites bibliothèques d'utiliser la classification de Dewey. Si la bibliothèque n'a jamais suivi un système standard reconnu à l'échelle internationale, il est recommandé de passer d'un système local à un système Dewey.

Cependant, dans une bibliothèque bien établie où un système de classification a été utilisé de manière cohérente, il est préférable de continuer à utiliser ce système si possible. Si un système de classification autre que la CDD est utilisé ou si l'on ne sait pas quel système est actuellement utilisé dans une bibliothèque, il est possible de demander de l'aide en écrivant à la Commission for International Library Advancement (CILA)[3]. Il serait utile de décrire ou de joindre à la demande des copies des notices de catalogue auteur/notice principale de plusieurs livres. Ils devraient montrer les numéros de classification.

Exemples de cotes

Pour voir la différence entre les deux systèmes de classification principaux, voici des exemples de cotes attribués à l'ouvrage *Classification décimale de Dewey et index*.

Exemple 1 : 11e éd. (Classé à l'aide de la CDD)
REF = Nom du fonds de la bibliothèque locale (abréviation de la section Référence)
025 = numéro de classification (indice Dewey pour « Opérations bibliothéconomiques »)
DEW = identification de l'auteur (trois premières lettres du nom de l'auteur)
1979 = Date d'édition

Exemple 2 : 14e éd. (Classé à l'aide du système LC)
REF = Nom du fonds de la bibliothèque locale (abréviation de la section Référence)
Z = Catégorie de classification (symbole LC pour « Bibliographie et bibliothéconomie »)
696 = Numéro spécifique pour les systèmes de classification de bibliothèque
.D54 = Numéro de l'auteur, composé de la première lettre du nom de l'auteur et d'un numéro
2004 = Date d'édition (14e édition publiée en 2004).

Introduction à la classification décimale de Dewey
Le système décimal

Le système Dewey organise les connaissances générales en *dix classes principales*.

Ces dix grandes disciplines sont ensuite divisées en dix divisions (*les cent divisions*) qui sont ensuite subdivisées en dix sections (*les mille sections*).

Un résumé de la classification décimale de Dewey en ligne est disponible en ligne : https://www.oclc.org/content/dam/oclc/dewey/ddc23-summaries.pdf. Les extraits présentés dans les figures 7.1-7.4 sont tirés de l'ouvrage *Classification décimale Dewey et index*, 23e édition, Montréal, Éd. Asted, 2015, p. v-xv, 1-16. Ils sont reproduits avec autorisation.

---

1 Nous recommandons de consulter l'ouvrage suivant : Annie Béthery, *Abrégé de la classification décimale de Dewey*, Paris, Éditions du Cercle de la librairie, 1998.
2 L'édition intégrale la plus récente s'appelle *Classification décimale de Dewey et index*, 23e éd., Montréal, Éd. Asted, 2015.
3 Adresse postale de CILA : PO Box 4, Cedarville, Ohio 45314, USA. Adresse email : info@acl.org.

Les pages suivantes présentent :

Figure 7.1 : Premier sommaire : les dix classes principales
Figure 7.2 : Deuxième sommaire : les cent divisions
Figure 7.3 : Troisième sommaire : les mille sections
Figure 7.4 : Exemples de pages de la section biblique

Figure 7.1 Premier sommaire : les dix classes principales

Sommaires

Premier sommaire
Les dix classes principales

000 **Informatique, information et ouvrages généraux**
100 **Philosophie et psychologie**
200 **Religion**
300 **Sciences sociales**
400 **Langues**
500 **Sciences**
600 **Technologie**
700 **Arts et loisirs**
800 **Littérature**
900 **Histoire et géographie**

Consulter les Tables générales pour les intitulés complets et exacts

v

Figure 7.2 Deuxième sommaire : les cent divisions

Deuxième sommaire
Les cent divisions

000	Informatique, le savoir et systèmes	500	Sciences
010	Bibliographies	510	Mathématiques
020	Bibliothéconomie et sciences de l'information	520	Astronomie
030	Encyclopédies et livres de renseignements divers	530	Physique
040	[Vacant]	540	Chimie
050	Magazines, revues et publications en série	550	Sciences de la Terre et géologie
060	Associations, organisations et musées	560	Fossiles et vie préhistorique
070	Médias d'information, journalisme et édition	570	Biologie
080	Citations	580	Plantes (Botanique)
090	Manuscrits et livres rares	590	Animaux (Zoologie)
100	Philosophie	600	Technologie
110	Métaphysique	610	Médecine et santé
120	Épistémologie	620	Ingénierie
130	Parapsychologie et occultisme	630	Agriculture
140	Écoles de pensée philosophique	640	Gestion du foyer et de la vie familiale
150	Psychologie	650	Gestion et relations publiques
160	Logique philosophique	660	Génie chimique
170	Morale	670	Fabrication industrielle
180	Philosophie ancienne, médiévale et orientale	680	Fabrication de produits à usages particuliers
190	Philosophie occidentale moderne	690	Construction de bâtiments
200	Religion	700	Arts et loisirs
210	Philosophie et théorie de la religion	710	Aménagement du territoire et architecture du paysage
220	Bible	720	Architecture
230	Christianisme	730	Sculpture, céramique et arts du métal
240	Pratique et observance chrétiennes	740	Arts graphiques et arts décoratifs
250	Pratiques pastorales et ordres religieux	750	Peinture
260	Organisation chrétienne, travail social et culte	760	Gravure et estampes
270	Histoire du christianisme	770	Photographie, art par ordinateur, film, vidéo
280	Confessions chrétiennes	780	Musique
290	Autres religions	790	Sports, jeux et divertissement
300	Sciences sociales, sociologie et anthropologie	800	Littérature, techniques d'écriture et critique
310	Statistiques	810	Littérature américaine en anglais
320	Science politique	820	Littératures anglaise et du vieil anglais
330	Sciences économiques	830	Littératures allemande et apparentées
340	Droit	840	Littératures française et apparentées
350	Administration publique et science militaire	850	Littératures italienne, roumaine et apparentées
360	Problèmes et services sociaux	860	Littératures espagnole, portugaise et galicienne
370	Éducation	870	Littératures latine et italique
380	Commerce, communications, transports	880	Littératures grecques classique et moderne
390	Coutumes, étiquette, folklore	890	Autres littératures
400	Langues	900	Histoire
410	Linguistique	910	Géographie et voyages
420	Anglais et vieil anglais	920	Biographie et généalogie
430	Allemand et langues connexes	930	Histoire du monde antique (jusque vers 499)
440	Français et langues connexes	940	Histoire de l'Europe
450	Italien, roumain et langues connexes	950	Histoire de l'Asie
460	Espagnol, portugais, galicien	960	Histoire de l'Afrique
470	Latin et langues italiques	970	Histoire de l'Amérique du Nord
480	Langues grecques classique et moderne	980	Histoire de l'Amérique du Sud
490	Autres langues	990	Histoire d'autres aires géographiques

Consulter les Tables générales pour les intitulés complets et exacts

Figure 7.3 Troisième sommaire : les mille sections

Troisième sommaire
Les mille sections

000 Informatique, information, ouvrages généraux
001 Le savoir
002 Le livre
003 Systèmes
004 Informatique
005 Programmation, programmes et données
006 Méthodes informatiques particulières
007 [Vacant]
008 [Vacant]
009 [Vacant]

010 Bibliographie
011 Bibliographies et catalogues
012 Bibliographies et catalogues d'une seule personne
013 [Vacant]
014 D'ouvrages anonymes et sous un pseudonyme
015 D'ouvrages par lieux d'édition
016 D'ouvrages sur des sujets particuliers
017 Catalogues spécialisés généraux
018 [Vacant]
019 [Vacant]

020 Bibliothéconomie et sciences de l'information
021 Relations externes des bibliothèques
022 Administration des locaux
023 Gestion du personnel
024 [Vacant]
025 Opérations bibliothéconomiques
026 Bibliothèques consacrées à des sujets particuliers
027 Bibliothèques générales
028 Lecture et utilisation des autres médias
029 [Vacant]

030 Encyclopédies générales
031 Encyclopédies en anglais américain
032 Encyclopédies en anglais
033 Dans les autres langues germaniques
034 Encyclopédies en français, en occitan et en catalan
035 En italien, en roumain et dans les langues connexes
036 En espagnol, en portugais et en galicien
037 Encyclopédies en langues slaves
038 Encyclopédies en langues scandinaves
039 Encyclopédies en d'autres langues

040 [Vacant]
041 [Vacant]
042 [Vacant]
043 [Vacant]
044 [Vacant]
045 [Vacant]
046 [Vacant]
047 [Vacant]
048 [Vacant]
049 [Vacant]

050 Publications en série d'ordre général
051 Publications en série en anglais américain
052 Publications en série en anglais
053 Publications en série dans les autres langues germaniques
054 Publications en série en français, en occitan et en catalan
055 En italien, en roumain et dans les langues connexes
056 En espagnol, en portugais et en galicien
057 Publications en série en langues slaves
058 Publications en série en langues scandinaves
059 Publications en série en d'autres langues

060 Organisations générales et muséologie
061 Organisations en Amérique du Nord
062 Organisations dans les îles Britanniques
063 Organisations en Allemagne, en Europe centrale
064 Organisations en France et à Monaco
065 En Italie, à Saint-Marin, dans la Cité du Vatican, à Malte
066 En Espagne, à Andorre, à Gibraltar, au Portugal
067 Organisations en Russie, en Europe de l'Est
068 Organisations dans les autres aires géographiques
069 Science des musées

070 Médias d'information, journalisme et édition
071 Journaux en Amérique du Nord
072 Journaux dans les îles Britanniques
073 Journaux en Allemagne, en Europe centrale
074 Journaux en France et à Monaco
075 En Italie, à Saint-Marin, dans la Cité du Vatican, à Malte
076 En Espagne, à Andorre, à Gibraltar, au Portugal
077 Journaux en Russie, en Europe de l'Est
078 Journaux en Scandinavie
079 Journaux dans les autres aires géographiques

080 Recueils généraux
081 Recueils en anglais américain
082 Recueils en anglais
083 Recueils dans les autres langues germaniques
084 Recueils en français, en occitan et en catalan
085 En italien, en roumain et dans les langues connexes
086 Recueils en espagnol, en portugais et en galicien
087 Recueils en langues slaves
088 Recueils en langues scandinaves
089 Recueils en d'autres langues

090 Manuscrits et livres rares
091 Manuscrits
092 Livres xylographiques
093 Incunables
094 Livres imprimés
095 Livres remarquables par la reliure
096 Livres remarquables par l'illustration
097 Livres remarquables par la provenance ou l'origine
098 Ouvrages interdits, supercheries et faux littéraires
099 Livres remarquables par le format

Consulter les Tables générales pour les intitulés complets et exacts

Sommaires

100	**Philosophie et psychologie**	**150**	**Psychologie**
101	Théorie de la philosophie	151	[Vacant]
102	Ouvrages divers	152	Perception, mouvement, émotions et pulsions
103	Dictionnaires et encyclopédies	153	Processus mentaux et intelligence
104	[Vacant]	154	États subconscients et modifiés de la conscience
105	Publications en série	155	Psychologie différentielle et du développement
106	Organisations et gestion	156	Psychologie comparée
107	Étude et enseignement, recherche, sujets connexes	157	[Vacant]
108	Groupes de personnes	158	Psychologie appliquée
109	Histoire et biographie collective	159	[Vacant]
110	**Métaphysique**	**160**	**Logique philosophique**
111	Ontologie	161	Induction
112	[Vacant]	162	Déduction
113	Cosmologie	163	[Vacant]
114	Espace	164	[Vacant]
115	Temps	165	Erreurs (Faux raisonnements) et sources d'erreurs
116	Changement	166	Syllogismes
117	Structure	167	Hypothèses
118	Force et énergie	168	Argumentation et persuasion
119	Nombre et quantité	169	Analogie
120	**Épistémologie, causalité et genre humain**	**170**	**Morale**
121	Épistémologie	171	Systèmes moraux
122	Causalité	172	Morale politique
123	Déterminisme et indéterminisme	173	Morale des relations familiales
124	Téléologie	174	Déontologie (Éthique professionnelle)
125	[Vacant]	175	Morale des loisirs et du temps libre
126	Le moi	176	Morale sexuelle et éthique de la reproduction
127	L'inconscient et le subconscient	177	Morale des relations sociales
128	Humanité (Le genre humain)	178	Morale de la consommation
129	Origine et destinée de l'âme humaine	179	Autres normes morales
130	**Parapsychologie et occultisme**	**180**	**Philosophie ancienne, médiévale et orientale**
131	Techniques parapsychologiques et occultes	181	Philosophie orientale
132	[Vacant]	182	Philosophies grecques présocratiques
133	Sujets particuliers	183	Philosophie socratique et philosophies connexes
134	[Vacant]	184	Platonisme
135	Rêves et ésotérisme	185	Aristotélisme
136	[Vacant]	186	Scepticisme et néo-platonisme
137	Graphologie divinatoire	187	Épicurisme
138	Physiognomonie	188	Stoïcisme
139	Phrénologie	189	Philosophie occidentale médiévale
140	**Écoles philosophiques particulières**	**190**	**Philosophie occidentale moderne**
141	Idéalisme et systèmes connexes	191	Philosophie des États-Unis et du Canada
142	Philosophie critique	192	Philosophie des îles Britanniques
143	Bergsonisme et intuitionnisme	193	Philosophie de l'Allemagne et de l'Autriche
144	Humanisme et systèmes connexes	194	Philosophie de la France
145	Sensualisme (Sensationnisme)	195	Philosophie de l'Italie
146	Naturalisme et systèmes connexes	196	Philosophie de l'Espagne et du Portugal
147	Panthéisme et systèmes connexes	197	Philosophie de la Russie
148	Éclectisme, libéralisme et traditionalisme	198	Philosophie de la Scandinavie
149	Autres systèmes philosophiques	199	Philosophie des autres aires géographiques

Consulter les Tables générales pour les intitulés complets et exacts

Classification décimale Dewey

200	**Religion**	**250**	**Ordres et Église locale chrétiens**
201	Mythologie religieuse et théologie sociale	251	Prédication
202	Doctrines	252	Textes de sermons (Homélies)
203	Culte public et autres pratiques religieuses	253	Fonctions et devoirs pastoraux
204	Expérience, vie et pratique religieuses	254	Administration des églises locales
205	Morale religieuse	255	Congrégations et ordres religieux
206	Chefs spirituels et organisation	256	[Vacant]
207	Missions et enseignement religieux	257	[Vacant]
208	Sources	258	[Vacant]
209	Sectes et mouvements de réforme	259	Pastorale des familles et des groupes de personnes
210	**Philosophie et théorie de la religion**	**260**	**Théologie sociale et ecclésiastique**
211	Concepts de Dieu	261	Théologie sociale
212	Existence, cognoscibilité et attributs de Dieu	262	Ecclésiologie
213	Création	263	Jours, temps et lieux destinés au culte
214	Théodicée	264	Culte public
215	Sciences et religion	265	Sacrements, autres rites et cérémonies
216	[Vacant]	266	Missions
217	[Vacant]	267	Associations à but religieux
218	Humanité (Le genre humain)	268	Enseignement religieux
219	[Vacant]	269	Renouveau spirituel
220	**Bible**	**270**	**Histoire et géographie du christianisme, biographie**
221	Ancien Testament (Tanakh)	271	Ordres religieux dans l'histoire de l'Église
222	Livres historiques de l'Ancien Testament	272	Persécutions dans l'histoire de l'Église
223	Livres poétiques de l'Ancien Testament	273	Controverses et hérésies doctrinales
224	Livres prophétiques de l'Ancien Testament	274	Histoire du christianisme en Europe
225	Nouveau Testament	275	Histoire du christianisme en Asie
226	Évangiles et Actes des Apôtres	276	Histoire du christianisme en Afrique
227	Épîtres	277	Histoire du christianisme en Amérique du Nord
228	Apocalypse de saint Jean	278	Histoire du christianisme en Amérique du Sud
229	Apocryphes et pseudépigraphes	279	Dans les autres aires géographiques
230	**Christianisme**	**280**	**Confessions et sectes chrétiennes**
231	Dieu	281	Église primitive et Églises orientales
232	Jésus-Christ et sa famille	282	Église catholique romaine
233	Humanité (Le genre humain)	283	Églises anglicanes
234	Salut et grâce	284	Protestants d'origine européenne continentale
235	Êtres spirituels	285	Presbytériennes, réformées et congrégationalistes
236	Eschatologie	286	Baptistes, Disciples du Christ et adventistes
237	[Vacant]	287	Églises méthodistes et liées au méthodisme
238	Croyances et catéchismes	288	[Vacant]
239	Apologétique et polémique	289	Autres confessions et sectes
240	**Théologie morale et spirituelle chrétiennes**	**290**	**Autres religions**
241	Morale chrétienne	291	[Vacant]
242	Textes de dévotion	292	Religions grecque et romaine
243	Textes d'évangélisation destinés aux individus	293	Religion germanique
244	[Vacant]	294	Religions d'origine indienne
245	[Vacant]	295	Zoroastrisme
246	Art dans le christianisme	296	Judaïsme
247	Mobilier et objets d'église	297	Islam, babisme, foi bahaïe
248	Expérience, pratique et vie chrétiennes	298	(Indice facultatif)
249	Pratiques chrétiennes dans la vie familiale	299	Religions d'origine indo-européenne, sémitique, afro-asiatique et de l'Ouest asiatiques, dravidienne

Consulter les Tables générales pour les intitulés complets et exacts

Sommaires

300	**Sciences sociales**	**350**	**Administration publique et science militaire**
301	Sociologie et anthropologie	351	Administration publique
302	Interaction sociale	352	Généralités sur l'administration publique
303	Processus sociaux	353	Domaines particuliers de l'administration publique
304	Facteurs influençant le comportement social	354	Administration de l'économie et de l'environnement
305	Groupes de personnes	355	Science militaire
306	Culture et institutions	356	Infanterie et ses opérations
307	Communautés	357	Cavalerie et ses opérations
308	[Vacant]	358	Forces aériennes et autres forces spécialisées
309	[Vacant]	359	Forces navales (Marine) et leurs opérations
310	**Recueils de statistiques générales**	**360**	**Problèmes et services sociaux ; associations**
311	[Vacant]	361	Problèmes et services sociaux
312	[Vacant]	362	Problèmes sociaux des groupes de personnes
313	[Vacant]	363	Autres problèmes et services sociaux
314	Statistiques générales de l'Europe	364	Criminologie
315	Statistiques générales de l'Asie	365	Établissements pénitentiaires et connexes
316	Statistiques générales de l'Afrique	366	Associations et sociétés secrètes
317	Statistiques générales de l'Amérique du Nord	367	Clubs généraux
318	Statistiques générales de l'Amérique du Sud	368	Assurance
319	D'autres aires géographiques	369	Associations
320	**Science politique**	**370**	**Éducation**
321	Formes des gouvernements et des États	371	Écoles et leurs activités ; éducation spéciale
322	Relations entre l'État et les groupes organisés	372	Enseignement primaire
323	Droits civils et droits politiques	373	Enseignement secondaire
324	Le processus politique	374	Éducation des adultes
325	Migration internationale et colonisation	375	Programmes d'enseignement
326	Esclavage et émancipation	376	[Vacant]
327	Relations internationales	377	[Vacant]
328	Le processus législatif	378	Enseignement supérieur
329	[Vacant]	379	Questions de politique publique en matière d'éducation
330	**Sciences économiques**	**380**	**Commerce, communications, transports**
331	Économie du travail	381	Commerce
332	Économie financière	382	Commerce international
333	Économie de la terre et de l'énergie	383	Postes
334	Coopératives	384	Communications
335	Socialisme et systèmes connexes	385	Transports ferroviaires
336	Finances publiques	386	Transports par voies navigables intérieures et par ferries
337	Économie internationale	387	Transports maritimes, aériens et spatiaux
338	Production	388	Transports
339	Macroéconomie et sujets connexes	389	Métrologie et normalisation
340	**Droit**	**390**	**Coutumes, étiquette et folklore**
341	Droit international public	391	Costume et apparence personnelle
342	Droit constitutionnel et administratif	392	Coutumes relatives au cycle de vie et à la vie quotidienne
343	Droit militaire, fiscal, commercial et industriel	393	Coutumes funéraires
344	Du travail, social, de l'éducation et de la culture	394	Coutumes générales
345	Droit pénal	395	Étiquette (Savoir-vivre)
346	Droit privé	396	[Vacant]
347	Procédure et tribunaux	397	[Vacant]
348	Lois, règlements, jurisprudence	398	Folklore
349	Autorités administratives et aires géographiques particulières	399	Coutumes de la guerre et de la diplomatie

Consulter les Tables générales pour les intitulés complets et exacts

Classification décimale Dewey

400 Langues
401 Philosophie et théorie ; langues internationales
402 Ouvrages divers
403 Dictionnaires et encyclopédies
404 Sujets particuliers
405 Publications en série
406 Organisations et gestion
407 Étude et enseignement, recherche, sujets connexes
408 Groupes de personnes
409 Étude géographique et biographie

410 Linguistique
411 Systèmes d'écriture
412 Étymologie
413 Dictionnaires
414 Phonologie et phonétique
415 Grammaire
416 [Vacant]
417 Dialectologie et linguistique historique
418 Usage standard
419 Langages par signes

420 Anglais et vieil anglais
421 Écriture et phonologie de l'anglais
422 Étymologie de l'anglais
423 Dictionnaires de l'anglais
424 [Vacant]
425 Grammaire de l'anglais
426 [Vacant]
427 Variantes et variations de l'anglais
428 Usage de l'anglais standard
429 Vieil anglais (Anglo-saxon)

430 Allemand et langues connexes
431 Écriture et phonologie de l'allemand
432 Étymologie de l'allemand
433 Dictionnaires de l'allemand
434 [Vacant]
435 Grammaire de l'allemand
436 [Vacant]
437 Variantes et variations de l'allemand
438 Usage de l'allemand standard
439 Autres langues germaniques

440 Français et langues connexes
441 Écriture et phonologie du français
442 Étymologie du français
443 Dictionnaires du français
444 [Vacant]
445 Grammaire du français
446 [Vacant]
447 Variantes et variations du français
448 Usage du français standard
449 Occitan et catalan

450 Italien, roumain et langues connexes
451 Écriture et phonologie de l'italien
452 Étymologie de l'italien
453 Dictionnaires de l'italien
454 [Vacant]
455 Grammaire de l'italien
456 [Vacant]
457 Variantes et variations de l'italien
458 Usage de l'italien standard
459 Roumain et langues connexes

460 Espagnol, portugais, galicien
461 Écriture et phonologie de l'espagnol
462 Étymologie de l'espagnol
463 Dictionnaires de l'espagnol
464 [Vacant]
465 Grammaire de l'espagnol
466 [Vacant]
467 Variantes et variations de l'espagnol
468 Usage de l'espagnol standard
469 Portugais et galicien

470 Latin et langues italiques connexes
471 Écriture et phonologie du latin classique
472 Étymologie du latin classique
473 Dictionnaires du latin classique
474 [Vacant]
475 Grammaire du latin classique
476 [Vacant]
477 Latin archaïque, postclassique et populaire
478 Usage du latin classique
479 Autres langues italiques

480 Grec classique et langues connexes
481 Écriture et phonologie du grec classique
482 Étymologie du grec classique
483 Dictionnaires du grec classique
484 [Vacant]
485 Grammaire du grec classique
486 [Vacant]
487 Grec préclassique et postclassique
488 Usage du grec classique
489 Autres langues helléniques

490 Autres langues
491 Langues indo-européennes orientales et celtiques
492 Langues afro-asiatiques
493 Langues afro-asiatiques non sémitiques
494 Altaïque, ouralien, hyperboréen et dravidien
495 Langues de l'Asie de l'est et du sud-est
496 Langues africaines
497 Langues autochtones de l'Amérique du Nord
498 Langues autochtones de l'Amérique du Sud
499 Langues austronésiennes et autres langues

Consulter les Tables générales pour les intitulés complets et exacts

x

Sommaires

500	**Sciences naturelles et mathématiques**	**550**	**Sciences de la Terre**
501	Philosophie et théorie	551	Géologie, hydrologie et météorologie
502	Ouvrages divers	552	Pétrologie
503	Dictionnaires et encyclopédies	553	Géologie économique
504	[Vacant]	554	Sciences de la Terre de l'Europe
505	Publications en série	555	Sciences de la Terre de l'Asie
506	Organisations et gestion	556	Sciences de la Terre de l'Afrique
507	Étude et enseignement, recherche, sujets connexes	557	Sciences de la Terre de l'Amérique du Nord
508	Histoire naturelle	558	Sciences de la Terre de l'Amérique du Sud
509	Histoire, étude géographique, biographie	559	Sciences de la Terre d'autres aires géographiques
510	**Mathématiques**	**560**	**Paléontologie**
511	Principes généraux des mathématiques	561	Paléobotanique ; microorganismes fossiles
512	Algèbre	562	Invertébrés fossiles
513	Arithmétique	563	Invertébrés fossiles marins et du littoral
514	Topologie	564	Mollusques et molluscoïdes fossiles
515	Analyse	565	Arthropodes fossiles
516	Géométrie	566	Chordés (Cordés) fossiles
517	[Vacant]	567	Vertébrés fossiles à sang froid
518	Analyse numérique	568	Oiseaux fossiles
519	Probabilités et mathématiques appliquées	569	Mammifères fossiles
520	**Astronomie et sciences connexes**	**570**	**Biologie**
521	Mécanique céleste	571	Physiologie et sujets connexes
522	Techniques, équipement et matériel	572	Biochimie
523	Corps et phénomènes célestes particuliers	573	Systèmes physiologiques des animaux
524	[Vacant]	574	[Vacant]
525	La Terre (Géographie astronomique)	575	Anatomie et systèmes végétaux
526	Géographie mathématique	576	Génétique et évolution
527	Navigation astronomique	577	Écologie
528	Éphémérides	578	Histoire naturelle des organismes
529	Chronologie	579	Microorganismes, champignons et algues
530	**Physique**	**580**	**Plantes (Botanique)**
531	Mécanique classique	581	Sujets particuliers de l'histoire naturelle
532	Mécanique des fluides	582	Plantes selon leurs caractéristiques et leurs fleurs
533	Mécanique des gaz	583	Dicotylédones
534	Son et vibrations connexes	584	Monocotylédones
535	Lumière et rayonnements connexes	585	Gymnospermes
536	Chaleur	586	Plantes sans graines
537	Électricité et électronique	587	Plantes vasculaires sans graines
538	Magnétisme	588	Bryophytes
539	Physique moderne	589	[Vacant]
540	**Chimie et sciences connexes**	**590**	**Animaux (Zoologie)**
541	Chimie physique	591	Sujets particuliers de l'histoire naturelle
542	Techniques, équipement et matériel	592	Invertébrés
543	Chimie analytique	593	Invertébrés marins et du littoral
544	[Vacant]	594	Mollusques et molluscoïdes
545	[Vacant]	595	Arthropodes
546	Chimie inorganique	596	Chordés (Cordés)
547	Chimie organique	597	Vertébrés à sang froid
548	Cristallographie	598	Oiseaux
549	Minéralogie	599	Mammifères

Consulter les Tables générales pour les intitulés complets et exacts

Classification décimale Dewey

600 Technologie
601 Philosophie et théorie
602 Ouvrages divers
603 Dictionnaires et encyclopédies
604 Sujets particuliers
605 Publications en série
606 Organisations
607 Étude et enseignement, recherche, sujets connexes
608 Brevets d'invention
609 Histoire, étude géographique, biographie

610 Médecine et santé
611 Anatomie, cytologie et histologie humaines
612 Physiologie humaine
613 Santé et sécurité personnelles
614 Incidence et prévention de la maladie
615 Pharmacologie et thérapeutique
616 Maladies
617 Chirurgie et spécialités médicales connexes
618 Gynécologie, obstétrique, pédiatrie, gériatrie
619 [Vacant]

620 Ingénierie et activités connexes
621 Physique appliquée
622 Technique minière et activités connexes
623 Génie militaire et naval
624 Génie civil
625 Technologie des chemins de fer et des routes
626 [Vacant]
627 Technologie hydraulique
628 Technique sanitaire
629 Autres branches de l'ingénierie

630 Agriculture et techniques connexes
631 Techniques, équipement et matériel
632 Dégâts, maladies, animaux et plantes nuisibles
633 Plantes de grande culture et produits de plantations
634 Vergers, fruits, forêts et bois, sylviculture
635 Produits des jardins (Horticulture)
636 Élevage
637 Production laitière et produits connexes
638 Élevage d'insectes
639 Chasse, pêche et conservation

640 Gestion du foyer et de la vie familiale
641 Nourriture et boisson
642 Repas et service de la table
643 Logement et équipement ménager
644 Installations intérieures
645 Ameublement
646 Couture, vêtements et gestion de la vie personnelle
647 Gestion des établissements recevant le public
648 Entretien ménager
649 Puériculture et soins à domicile

650 Gestion et services auxiliaires
651 Services de bureau
652 Techniques de la communication écrite
653 Écriture abrégée
654 [Vacant]
655 [Vacant]
656 [Vacant]
657 Comptabilité
658 Gestion générale
659 Publicité et relations publiques

660 Génie chimique
661 Produits chimiques industriels
662 Explosifs, combustibles et produits connexes
663 Technologie des boissons
664 Technologie des aliments
665 Huiles, graisses, cires et gaz industriels
666 Technologie de la céramique et technologies connexes
667 Nettoyage, teinture, peinture et revêtement
668 Technologie d'autres produits organiques
669 Métallurgie

670 Fabrication industrielle
671 Travail des métaux et produits métalliques semi-finis
672 Fer, acier et autres alliages ferreux
673 Métaux non ferreux
674 Technologie du bois d'industrie, produits du bois et liège
675 Traitement du cuir et de la fourrure
676 Technologie de la pâte à papier et du papier
677 Textiles
678 Élastomères et produits élastomères
679 Autres produits d'une catégorie particulière de matériaux

680 Fabrication de produits à usages particuliers
681 Instruments de précision et autres dispositifs
682 Petits travaux de forge (Art du forgeron)
683 Quincaillerie, armes et appareils ménagers
684 Ameublement et ateliers d'amateurs
685 Articles de cuir, de fourrure et produits connexes
686 Imprimerie et activités connexes
687 Vêtements et accessoires
688 Autres produits manufacturés et emballage
689 [Vacant]

690 Construction de bâtiments
691 Matériaux de construction
692 Techniques auxiliaires de construction
693 Matériaux et usages particuliers
694 Construction en bois
695 Couverture de toitures
696 Installations intérieures
697 Chauffage, ventilation et climatisation
698 Finition
699 [Vacant]

Consulter les Tables générales pour les intitulés complets et exacts

Sommaires

700	**Arts**	**750**	**Peinture et peintures**
701	Philosophie et théorie	751	Techniques, équipement, matériel et formes picturales
702	Ouvrages divers	752	Couleur
703	Dictionnaires et encyclopédies	753	Symbolisme, allégorie, mythologie et légende
704	Sujets particuliers	754	Peintures de genre
705	Publications en série	755	Religion
706	Organisations et gestion	756	[Vacant]
707	Étude et enseignement, recherche, sujets connexes	757	Figures humaines
708	Galeries, musées et collections privées	758	Autres sujets
709	Histoire, étude géographique, biographie	759	Histoire, étude géographique, biographie
710	**Aménagement du territoire et du paysage**	**760**	**Gravure et estampes**
711	Aménagement du territoire	761	Impression en relief (Clichés)
712	Architecture du paysage	762	[Vacant]
713	Aménagement des voies de communication	763	Procédés lithographiques
714	Pièces d'eau	764	Chromolithographie et sérigraphie
715	Plantes ligneuses	765	Gravure sur métal
716	Plantes herbacées	766	Mezzo-tinto, aquatinte et procédés connexes
717	Structures dans l'architecture du paysage	767	Eau-forte et pointe sèche
718	Aménagement paysager des cimetières	768	[Vacant]
719	Sites naturels	769	Estampes
720	**Architecture**	**770**	**Photographie, art par ordinateur, film, vidéo**
721	Matériaux architecturaux et éléments de structure	771	Techniques, équipement et matériel
722	Architecture jusque vers 300	772	Procédés utilisant des sels métalliques
723	Architecture, vers 300–1399	773	Procédés d'impression aux pigments
724	Architecture, 1400–	774	Holographie
725	Bâtiments d'utilité publique	775	[Vacant]
726	Édifices religieux	776	Art par ordinateur (Art numérique)
727	Établissements d'enseignement et de recherche	777	Cinématographie et vidéographie
728	Immeubles d'habitation et bâtiments connexes	778	Catégories et domaines de la photographie
729	Conception et décoration	779	Images photographiques
730	**Sculpture et arts connexes**	**780**	**Musique**
731	Procédés, formes et thèmes de la sculpture	781	Principes généraux et formes musicales
732	Sculpture jusque vers 500	782	Musique vocale
733	Sculptures grecque, étrusque et romaine	783	Musique pour voix solistes
734	Sculpture, vers 500–1399	784	Instruments et ensembles instrumentaux
735	Sculpture, 1400–	785	Ensembles à un instrument par partie
736	Sculpture en décoration et sculptures décoratives	786	Instruments à clavier et autres instruments
737	Numismatique et sigillographie	787	Instruments à cordes
738	Céramique	788	Instruments à vent
739	Arts du métal	789	(Indice facultatif)
740	**Arts graphiques et arts décoratifs**	**790**	**Loisirs et arts du spectacle**
741	Dessin et dessins	791	Spectacles
742	Perspective	792	Représentations sur scène
743	Dessin et dessins par sujets	793	Jeux et divertissements d'intérieur
744	[Vacant]	794	Jeux d'habileté d'intérieur
745	Arts décoratifs	795	Jeux de hasard
746	Arts du textile	796	Sports et jeux athlétiques, de plein air
747	Décoration d'intérieur	797	Sports nautiques et aériens
748	Verre	798	Sports équestres et courses d'animaux
749	Mobilier et accessoires	799	Pêche, chasse et tir

Consulter les Tables générales pour les intitulés complets et exacts

Classification décimale Dewey

800 Littérature et techniques d'écriture
801 Philosophie et théorie
802 Ouvrages divers
803 Dictionnaires et encyclopédies
804 [Vacant]
805 Publications en série
806 Organisations et gestion
807 Étude et enseignement, recherche, sujets connexes
808 Techniques d'écriture et recueils de littérature
809 Histoire, analyse et critique

810 Littérature américaine en anglais
811 Poésie américaine en anglais
812 Œuvres dramatiques américaines en anglais
813 Fiction américaine en anglais
814 Essais américains en anglais
815 Discours américains en anglais
816 Correspondance américaine en anglais
817 Humour et satire américains en anglais
818 Écrits divers américains en anglais
819 (Indice facultatif)

820 Littératures anglaise et du vieil anglais
821 Poésie anglaise
822 Œuvres dramatiques anglaises
823 Fiction anglaise
824 Essais anglais
825 Discours anglais
826 Correspondance anglaise
827 Humour et satire anglais
828 Écrits divers anglais
829 Vieil anglais (anglo-saxon)

830 Littératures allemande et apparentées
831 Poésie allemande
832 Œuvres dramatiques allemandes
833 Fiction allemande
834 Essais allemands
835 Discours allemands
836 Correspondance allemande
837 Humour et satire allemands
838 Écrits divers allemands
839 Autres littératures germaniques

840 Littératures française et apparentées
841 Poésie française
842 Œuvres dramatiques françaises
843 Fiction française
844 Essais français
845 Discours français
846 Correspondance française
847 Humour et satire français
848 Écrits divers français
849 Littératures occitane et catalane

850 Littératures italienne, roumaine et apparentées
851 Poésie italienne
852 Œuvres dramatiques italiennes
853 Fiction italienne
854 Essais italiens
855 Discours italiens
856 Correspondance italienne
857 Humour et satire italiens
858 Écrits divers italiens
859 Littératures roumaine et apparentées

860 Littératures espagnole, portugaise et galicienne
861 Poésie espagnole
862 Œuvres dramatiques espagnoles
863 Fiction espagnole
864 Essais espagnols
865 Discours espagnols
866 Correspondance espagnole
867 Humour et satire espagnols
868 Écrits divers espagnols
869 Littératures portugaise et galicienne

870 Littératures latine et italique
871 Poésie latine
872 Poésie dramatique et théâtre latins
873 Poésie et fiction épiques latines
874 Poésie lyrique latine
875 Discours latins
876 Correspondance latine
877 Humour et satire latins
878 Écrits divers latins
879 Littératures des autres langues italiques

880 Littératures grecque classique et apparentées
881 Poésie grecque classique
882 Poésie dramatique et théâtre grecs classiques
883 Poésie et fiction épiques grecques classiques
884 Poésie lyrique grecque classique
885 Discours grecs classiques
886 Correspondance grecque classique
887 Humour et satire grecs classiques
888 Écrits divers grecs classiques
889 Littérature grecque moderne

890 Littératures des autres langues
891 Littératures indo-européennes et celtiques
892 Littératures afro-asiatiques
893 Littératures afro-asiatiques non sémitiques
894 Altaïques, ouraliennes, hyperboréennes et dravidiennes
895 Littératures de l'Asie de l'est et du sud-est
896 Littératures africaines
897 Littératures autochtones de l'Amérique du Nord
898 Littératures autochtones de l'Amérique du Sud
899 Littératures austronésiennes et autres littératures

Consulter les Tables générales pour les intitulés complets et exacts

Sommaires

900	**Histoire et géographie**	**950**	**Histoire de l'Asie**
901	Philosophie et théorie	951	Chine et régions adjacentes
902	Ouvrages divers	952	Japon
903	Dictionnaires et encyclopédies	953	Péninsule d'Arabie et régions adjacentes
904	Recueils de relations d'événements	954	Inde et Asie du sud
905	Publications en série	955	Iran
906	Organisations et gestion	956	Moyen-Orient (Proche-Orient)
907	Étude et enseignement, recherche, sujets connexes	957	Sibérie (Russie d'Asie)
908	Groupes de personnes	958	Asie centrale
909	Histoire universelle	959	Asie du sud-est
910	**Géographie et voyages**	**960**	**Histoire de l'Afrique**
911	Géographie historique	961	Tunisie et Libye
912	Atlas, cartes, cartes marines et plans	962	Égypte et Soudan
913	Géographie et voyages dans le monde antique	963	Éthiopie et Érythrée
914	Géographie et voyages en Europe	964	Maroc et territoires adjacents
915	Géographie et voyages en Asie	965	Algérie
916	Géographie et voyages en Afrique	966	Afrique occidentale et îles au large
917	Géographie et voyages en Amérique du Nord	967	Afrique centrale et îles au large
918	Géographie et voyages en Amérique du Sud	968	République d'Afrique du Sud et Afrique australe
919	Dans d'autres aires géographiques	969	Îles du sud de l'océan Indien
920	**Biographie, généalogie et insignes**	**970**	**Histoire de l'Amérique du Nord**
921	(Indice facultatif)	971	Canada
922	(Indice facultatif)	972	Mexique, Amérique centrale, Antilles, Bermudes
923	(Indice facultatif)	973	États-Unis
924	(Indice facultatif)	974	Nord-est des États-Unis
925	(Indice facultatif)	975	Sud-est des États-Unis
926	(Indice facultatif)	976	Centre-sud des États-Unis
927	(Indice facultatif)	977	Centre-nord des États-Unis
928	(Indice facultatif)	978	Ouest des États-Unis
929	Généalogie, onomastique et insignes	979	Grand Bassin et versant de l'océan Pacifique
930	**Histoire du monde antique jusque vers 499**	**980**	**Histoire de l'Amérique du Sud**
931	Chine jusqu'à 420	981	Brésil
932	Égypte jusqu'à 640	982	Argentine
933	Palestine jusqu'à 70	983	Chili
934	Asie du sud jusqu'à 647	984	Bolivie
935	Mésopotamie et Plateau iranien jusqu'à 637	985	Pérou
936	Europe, nord et ouest de l'Italie jusque vers 499	986	Colombie et Équateur
937	Italie et territoires adjacents jusqu'à 476	987	Venezuela
938	Grèce jusqu'à 323	988	Guyanes
939	Autres parties du monde antique jusque vers 640	989	Paraguay et Uruguay
940	**Histoire de l'Europe**	**990**	**Histoire d'autres aires géographiques**
941	Îles Britanniques	991	[Vacant]
942	Angleterre et Pays de Galles	992	[Vacant]
943	Allemagne et Europe centrale	993	Nouvelle-Zélande
944	France et Monaco	994	Australie
945	Italie, Saint-Marin, Cité du Vatican, Malte	995	Nouvelle-Guinée et pays avoisinants de la Mélanésie
946	Espagne, Andorre, Gibraltar, Portugal	996	Polynésie et autres îles de l'océan Pacifique
947	Russie et Europe de l'Est	997	Îles de l'océan Atlantique
948	Scandinavie	998	Îles de l'océan Arctique et Antarctique
949	Autres parties de l'Europe	999	Mondes extraterrestres

Consulter les Tables générales pour les intitulés complets et exacts

xv

Sommaire des niveaux de la classification de Dewey

La liste des sujets devient plus spécifique à chaque niveau. Par exemple :

CLASSE
200 = (la discipline générale de la RELIGION)
    DIVISION
    220 = (la discipline spécifique de la BIBLE)
        SECTION
        227 = (le sujet des ÉPÎTRES)
            La section peut encore être divisée après
            le point décimal par des divisions de
            sujets plus spécifiques.
            .2 = (sujet final : 1 CORINTHIENS)

Ainsi, l'indice de la classification décimale de Dewey pour l'ouvrage *Commentaire sur la première Épître aux Corinthiens* de Frédéric Louis Godet est 227.2.

La relation entre discipline et sujet

L'un des principes de base de l'approche de Dewey est qu'il n'existe ni une seule *classe*, ni une seule *discipline*, pour un sujet donné. Un sujet peut entrer dans plusieurs disciplines. La raison du choix d'une classe dépend de la manière dont l'auteur a abordé le sujet. Prenons pour exemple un livre sur les personnes en situation de handicap physique. Si le livre est un manuel pour les professionnels de la santé, il sera placé dans la classe Technologie (600) et dans la *discipline* de la Médecine (610). Si le livre traite du travail d'église, il sera classé dans la classe Religion (200), puis avec d'autres livres sur l'église locale (250).

L'arrangement principal est par *discipline*. Selon Dewey, une *discipline* est une branche de la connaissance ou un domaine d'étude. En français courant, cela s'appellerait une matière. Par exemple, l'agriculture, l'éducation, la théologie chrétienne, l'histoire, la médecine et la sociologie sont toutes des *disciplines*.

Dans la classification de Dewey, le mot *sujet* a une signification particulière. Selon Dewey, un *sujet* est un thème plus spécifique et n'est pas une branche de la connaissance. Par conséquent, un sujet sera souvent divisé en plusieurs disciplines différentes en fonction de la façon dont le sujet est traité.

Prenons l'exemple d'un sujet comme « mouton ». Si un livre traite de la manière d'élever des moutons en bonne santé, il sera classé dans la catégorie AGRICULTURE (630). S'il traite de la manière dont les moutons ont été utilisés dans les sacrifices juifs en tant que type de Christ, il serait classé dans la THÉOLOGIE CHRÉTIENNE (230). S'il traite de la manière dont les moutons sont utilisés dans la recherche médicale, il sera placé sous MÉDECINE (610).

Dans les sommaires de Dewey, neuf des dix classes principales sont de vastes disciplines. Ainsi, dans la plupart des cas, une division équivaut à une discipline. Dans les mille sections, nous commençons à voir ces disciplines divisées en matières principales. Ainsi, une section équivaut à un sujet.

Notons que nous trouvons des exceptions aux descriptions générales des différents niveaux. Par exemple, dans ses sections, la première classe (000) contient les disciplines assez précises de l'informatique, des sciences de l'information et de la bibliothéconomie, de la science des musées et du journalisme, ainsi que de nombreux types généraux d'ouvrages de référence qui ne sont pas des disciplines. Au fur et à mesure de l'expansion des champs de connaissances modernes, il a été nécessaire de réorganiser certaines parties du programme afin de laisser la place à de nouvelles disciplines.

Choisir le niveau de classification approprié

Il peut être inutile pour les petites bibliothèques d'écoles bibliques d'utiliser des indices de Dewey au-delà du point décimal de leur collection générale. Cependant, il est important de disposer de la classification correcte dans la division de la Bible (220) et les autres divisions importantes de la classe Religion (200). Des chiffres sont ajoutés à droite du point décimal afin de séparer cette division en catégories de sujets plus précises telles que les dictionnaires, les atlas, les commentaires et les 66 livres de la Bible.

Si une institution met l'accent sur la Bible, les trois sommaires des classes, divisions et sections inclus dans ce manuel peuvent être suffisants pour classer le fonds documentaire général. Autrement, il sera nécessaire d'obtenir des copies de la partie de l'annexe Dewey qui comprend la branche d'étude spéciale de l'établissement en question. Par exemple, une école de formation d'enseignants peut avoir besoin des 370 (éducation) ; un centre de formation en santé communautaire ou une école d'infirmières peut avoir besoin du 610 (médecine).

Utilisation de la section Bible (220) pour classer les livres de la Bible

La plupart des institutions bibliques souhaiteront garder les commentaires sur les livres individuels de la Bible séparés les uns des autres. Ils seront ainsi plus faciles à trouver. Il est donc préférable que les bibliothèques théologiques utilisent des indices spécifiques pour les livres de la Bible dès le début. Sinon, au fur et à mesure que le fonds documentaire grandit, un catalogueur devrait allonger les nombres Dewey à trois chiffres en des nombres plus spécifiques comportant plusieurs chiffres après le point décimal. Cette décision ajouterait beaucoup de travail. Les articles sur les rayons devraient être retraités avec de nouvelles étiquettes pour le dos des livres. Cela serait plus facile avec un système de catalogage informatisé qu'avec un catalogue sur fiches. Si l'on utilise un catalogue sur fiches, le catalogueur devra extraire de nombreuses fiches et modifier le numéro de classification.

La figure 7.4 s'étale sur plusieurs pages et donne plus de détails sur les sections bibliques.

Comment utiliser la classification décimale de Dewey : étapes générales
Étudier les sommaires

On commence par lire les trois sommaires qui ont été inclus dans ce manuel. On observe la manière dont les divisions trouvent leur place dans les classes principales et dont toutes les sections trouvent leur place dans leurs divisions respectives. Ensuite, en lisant la section 220 (Bible), on peut voir comment les livres sont divisés en groupes logiques. Il est bon d'apprendre par cœur les dix classes, puis de se familiariser avec les cent divisions et la section biblique plus détaillée (ou avec la section adaptée à la spécialisation de la bibliothèque).

Classer des livres dans des groupes logiques

Si possible, on classifie un groupe de cinq à dix livres à la fois sur des sujets similaires. Ensuite, en prenant un livre à la fois, on parcourt chaque étape de la classification.

La règle de base

Beaucoup de livres traitent d'un sujet. Si tel est le cas pour le livre que nous sommes en train de classifier, nous choisissons le sujet qui couvre le mieux tout le contenu du livre comme base pour choisir l'indice.

Cas spéciaux

1. Parfois, un livre traitera de deux ou plusieurs sujets qui ne font pas partie de la même division ou section. Dans ce cas, on choisit le sujet qui est traité par le plus grand nombre de pages du texte.
    Si chaque sujet semble avoir la même importance, on choisit le sujet selon l'une des options suivantes :
    a. celui qui est le plus important pour nos lecteurs, ou
    b. celui qui est traité en premier.
    On note l'option choisie et on veille à suivre ce même choix chaque fois qu'un livre contenant deux ou trois sujets d'égale importance est classé.
2. Si les sujets inclus dans le texte constituent la majeure partie d'un sujet plus général, on classe le livre sous le sujet général plutôt que sous l'un des plus spécifiques.

Choisir l'indice de classification

Une fois le sujet identifié pour la classification, on peut trouver l'indice approprié. Les mêmes principes généraux doivent être suivis, que l'on utilise uniquement les sommaires inclus dans ce manuel ou les éditions plus complètes de la CDD.

On remarque qu'à chaque niveau de classification (classes principales, divisions et généralités), les indices sont donnés directement à la gauche des rubriques organisées de manière logique. Ces sujets s'appellent des vedettes. Une vedette est un mot ou une phrase qui inclut tous les sujets subordonnés énumérés sous celui-ci.

Figure 7.4 Extraits des pages de la section 220, Bible

220 *Bible* 220

220 Bible

Écritures saintes du judaïsme et du christianisme

Classer la théologie biblique chrétienne à 230.041 ; classer les préceptes bibliques contenus dans les règles de vie chrétienne sous 241.52–241.54 ; classer la théologie biblique judaïque à 296.3 ; classer les préceptes bibliques contenus dans les règles de vie juives à 296.36

(Si on choisit l'option A sous 290, classer ici les sources de la religion concernée ; classer la Bible à 298)

SOMMAIRE

220.01–.09	**Subdivisions communes et sujets particuliers de la Bible**
.1–.9	**Généralités**
221	**Ancien Testament (Tanakh)**
222	**Livres historiques de l'Ancien Testament**
223	**Livres poétiques de l'Ancien Testament**
224	**Livres prophétiques de l'Ancien Testament**
225	**Nouveau Testament**
226	**Évangiles et Actes des Apôtres**
227	**Épîtres**
228	**Apocalypse de saint Jean**
229	**Livres apocryphes, pseudépigraphes, intertestamentaires**

.01–.02   Subdivisions communes

[.03]   Dictionnaires, encyclopédies, concordances

> Ne pas employer pour les dictionnaires et les encyclopédies ; classer à 220.3. Ne pas employer pour les concordances ; classer sous 220.4–220.5

.04   Sujets particuliers de la Bible

.046   Passages apocalyptiques

> Classer les passages apocalyptiques d'un livre ou d'un groupe de livres au livre ou au groupe de livres et compléter en ajoutant la notation 0046 de la table sous 221–229, ex. : passages apocalyptiques dans les Livres prophétiques, 224.0046, dans le Livre de Daniel, 224.50046

Pour l'Apocalypse de saint Jean, voir 228

.05–.08   Subdivisions communes

.09   Histoire, étude géographique, biographie

> Ne pas employer pour la géographie, l'histoire, la chronologie, les personnages des pays de la Bible aux temps bibliques ; classer à 220.9

Classer le canon à 220.12

| 220 | *Classification décimale Dewey* | 220 |

SOMMAIRE

220.1	Origines et authenticité
.3	Encyclopédies et dictionnaires
.4	Textes originaux, versions primitives, traductions primitives
.5	Versions et traductions modernes
.6	Interprétation et critique (Exégèse)
.7	Commentaires
.8	Sujets profanes étudiés dans la Bible
.9	Géographie, histoire, chronologie, personnages des pays de la Bible aux temps bibliques

> **220.1–220.9 Généralités**

    Classer les ouvrages généraux à 220. Classer les généralités appliquées à un livre particulier de la Bible au livre et compléter en ajoutant la notation 01–09 de la table sous 221–229, ex. : commentaire sur Job, 223.107

.1   **Origines et authenticité**

  .12   Canon

        Classer ici la sélection des livres retenus comme constituant l'Écriture sainte

  .13   Inspiration

        La Bible considérée comme révélation (Parole de Dieu)

        Y compris l'autorité de la Bible

  .132   Infaillibilité

  .15   Prophétie et prophéties bibliques

        Classer les prophéties messianiques chrétiennes à 232.12 ; classer les prophéties eschatologiques chrétiennes à 236 ; classer les prophéties messianiques et eschatologiques judaïques à 296.33

        Voir aussi 224 pour les livres prophétiques de l'Ancien Testament

.3   **Encyclopédies et dictionnaires**

    Pour les dictionnaires des textes particuliers, voir 220.4–220.5

> **220.4–220.5 Textes, versions, traductions**

    Classer ici la critique de la langue et du style ; les concordances, les index, les dictionnaires de textes particuliers ; les textes intégraux ; les recueils composés de plus d'une partie de la Bible ; les paraphrases

    Classer les textes accompagnés de commentaires à 220.77 ; classer les ouvrages généraux à 220.4. Classer les recueils compilés dans un but particulier au but, ex. : recueils pour la méditation quotidienne, 242.2

220		*Bible*	220

.4 **Textes originaux, versions primitives, traductions primitives**

> Classer ici les textes originaux accompagnés de traductions modernes, les ouvrages généraux sur les textes et les versions
>
> *Pour les versions et les traductions modernes, voir 220.5*

.404 Critique textuelle et études terminologiques

.404 6 Critique textuelle

> Utilisation des méthodes scientifiques pour authentifier les textes originaux

.404 7 Études théologiques terminologiques ou syntagmatiques

\> 220.42–220.49 Textes dans les langues particulières

> Ajouter à chaque subdivision précédée d'un † le développement de 220.404 sous 220.4046–220.4047 sans tenir compte de la version particulière, ex. : critique textuelle des Bibles latines, de la Vulgate, 220.476, de l'Ancien Testament en grec, de la version de la Septante, 221.486
>
> Classer les ouvrages généraux à 220.4

.42 †Versions en araméen

.43 †Versions en syriaque

.44 †Version en hébreu

.45 †Versions en samaritain

.46 Versions en d'autres langues sémitiques

> Y compris l'arabe, le ge'ez (éthiopien ancien)

.47 †Versions en latin

.48 †Versions en grec

.49 Autres versions primitives

> Y compris les versions arménienne, copte

.5 **Versions et traductions modernes**

.51 Polyglottes

.52 Versions en anglais et en anglo-saxon

> Ajouter les subdivisions communes pour les versions en anglais et en anglo-saxon étudiées ensemble ou pour les versions en anglais étudiées seules
>
> Classer les ouvrages comportant des traductions en anglais et dans une autre langue moderne à l'autre langue, ex. : la Bible en anglais et en allemand, 220.531

.520 01–.520 09 Subdivisions communes

†Compléter selon les indications sous 220.42–220.49

3

220	*Classification décimale Dewey*	220

> 220.520 1–220.520 9 Versions en anglais

    Compléter les subdivisions précédées d'un * de la façon suivante :
        01–02   Subdivisions communes
        [03]   Dictionnaires, encyclopédies, concordances
                  Ne pas employer ; classer à la notation 3 de cette table
        05–08   Subdivisions communes
        09   Étude géographique et biographie
                  Ne pas employer pour l'histoire de la traduction ; classer à la notation 8 de cette table
        2   Éditions officielles
        3   Concordances, index, dictionnaires
        4   Éditions particulières
                  Y compris les éditions annotées, les éditions d'étude, les éditions remarquables pour leurs illustrations
        6   Recueils
        7   Paraphrases
        8   Histoire, critique, explication de la traduction

    Classer les ouvrages généraux à 220.52

.520 1   Versions en anglais antérieures à 1582

                Y compris les versions de Coverdale, de Tyndale, de Wycliffe

.520 2   *Version de Douai

                Classer ici les versions de Rheims-Douai, de Rheims-Douai-Challoner

                Voir aussi 220.5205 pour la version de la Confraternity-Douai-Challoner

.520 3   *Version autorisée (Bible du roi Jacques)

.520 4   Version révisée

                Y compris la version anglaise révisée (1881–1885), la version américaine révisée (américaine officielle) (1901)

.520 42   *Version officielle révisée (1946–1957)

.520 43   *Nouvelle version officielle révisée (1990)

.520 5   *Bible de la Confraternity et Nouvelle Bible américaine (New American Bible)

                Classer ici la version de la Confraternity-Douai-Challoner

                Ajouter les subdivisions pour chaque partie ou pour l'ensemble de l'intitulé

                Voir aussi 220.5202 pour les versions de Rheims-Douai, de Rheims-Douai-Challoner

.520 6   *Nouvelle Bible anglaise (New English Bible) et Bible anglaise révisée

                Ajouter les subdivisions pour chaque partie ou pour l'ensemble de l'intitulé

*Compléter selon les indications sous 220.5201–220.5209

4

| 220 | *Bible* | 220 |

.520 7   *Bible de Jérusalem et Nouvelle Bible de Jérusalem

                 Ajouter les subdivisions pour chaque partie ou pour l'ensemble de l'intitulé

.520 8   Autres traductions anglaises depuis 1582

                 Y compris les nouvelles versions de la Bible du roi Jacques, de la Bible New Century

                 Pour les traductions faites par une seule personne, voir 220.5209

.520 81   *Nouvelle version internationale

.520 82   *Today's English Bible (Good News Bible)

.520 83   *Living Bible et New Living Translation

                 Ajouter les subdivisions pour chaque partie ou pour l'ensemble de l'intitulé

.520 9   Traductions faites par une seule personne

                 Y compris Goodspeed, Knox, Moffatt, Phillips

.529   Versions en anglo-saxon

.53–.59   Versions en d'autres langues

                 Ajouter à l'indice de base 220.5 la notation 3–9, Table 6, ex. : Bible en allemand, 220.531

                 Classer les ouvrages comportant des traductions en deux langues modernes autres que l'anglais à la langue figurant en dernier dans la Table 6 ; en plus de deux langues modernes, à 220.51

.6   **Interprétation et critique (Exégèse)**

                 Classer les méditations chrétiennes fondées sur des passages bibliques et proposées comme textes de dévotion à 242.5 ; classer la documentation sur la Bible destinée à la préparation des sermons chrétiens à 251 ; classer les sermons chrétiens fondés sur des passages bibliques à 252 ; classer la documentation sur la Bible servant à la préparation des sermons judaïques et les textes des sermons judaïques à 296.47 ; classer les méditations judaïques fondées sur des passages bibliques et proposées comme textes de dévotion à 296.72

                 Pour la critique textuelle, voir 220.4046 ; pour les commentaires, voir 220.7

.601   Philosophie et théorie

                 Classer ici l'herméneutique

.61   Introductions générales à la Bible

                 Y compris l'isagogique (études préliminaires antérieures à l'exégèse)

.64   Symbolisme et typologie

                 Ajouter les subdivisions communes pour chaque partie ou pour l'ensemble de l'intitulé

                 Classer ici l'interprétation des symboles particuliers

*Compléter selon les indications sous 220.5201–220.5209

| 220 | | *Classification décimale Dewey* | 220 |

.65 Harmonies

.66 Critique littéraire

    Examen littéraire du texte pour déterminer sa signification, sa structure, son auteur, sa date de rédaction

    Classer ici la critique des sources, la critique interne, la critique rédactionnelle

    Classer la langue et le style des textes particuliers sous 220.4–220.5

    Voir aussi 809.93522 pour la Bible considérée comme littérature

.663 Critique de la forme

    Analyse des formes et des traditions pré-littéraires ou orales du texte biblique

.67 Critique historique

    Interprétation des textes à la lumière du contexte culturel, historique, religieux, social dans lequel ils ont été rédigés

    Classer la critique de la forme à 220.663

.68 Interprétations mythologique, allégorique, numérique, astronomique

    Y compris la mythologie dans la Bible, la démythification

.7 Commentaires

    Critique et interprétation présentées suivant l'ordre du texte

.77 Commentaires accompagnés du texte

.8 Sujets profanes étudiés dans la Bible

    Classer un sujet religieux étudié dans la Bible à la religion et au sujet particuliers, ex. : théologie chrétienne, 230, théologie judaïque, 296.3

.800 01–.800 09   Subdivisions communes

.800 1–.899 9   Sujets profanes particuliers

    Ajouter à l'indice de base 220.8 la notation 001–999, ex. : sciences naturelles dans la Bible, 220.85 ; cependant, pour la géographie, l'histoire, la chronologie, les personnages des pays de la Bible aux temps bibliques, voir 220.9

.9 Géographie, histoire, chronologie, personnages des pays de la Bible aux temps bibliques

    Classer l'histoire générale des pays de la Bible dans le monde antique à 930

.91 Géographie

    Classer ici la description géographique et la civilisation

    Classer la civilisation étudiée comme sujet distinct de la géographie à 220.95

| 220 | | *Bible* | 220 |

	.92	Biographie collective
		Classer les personnes considérées individuellement à la partie du livre de la Bible qui les concerne, ex. : Abraham, 222.11092
		Voir Guide 220.92 ; aussi 230–280
	.93	Archéologie (Vestiges matériels)
	.95	Histoire
		Y compris la civilisation étudiée comme sujet distinct de la géographie
		Classer la description géographique et la civilisation étudiées ensemble à 220.91
	.950 01–.950 09	Subdivisions communes
	.950 5	Adaptations des récits de la Bible
		Y compris les livres illustrés

> **221–229 Parties spécifiques de la Bible, livres apocryphes, pseudépigraphes, intertestamentaires**

Compléter les subdivisions précédées d'un * de la façon suivante (on peut ajouter les subdivisions de cette table à une partie d'un livre ayant son propre indice) :
```
001–009   Subdivisions communes
              Ajouter à 0 le développement de 220 sous 220.01–220.09,
              ex. : passages apocalyptiques d'un livre ou d'un groupe de
              livres, 0046
01–08     Généralités
              Ajouter à 0 le développement de 220 sous 220.1–220.8, ex. :
              interprétation d'un livre ou d'une partie d'un livre, 06
09        Géographie, histoire, chronologie, personnes
              Ajouter à 09 le développement de 221.9 sous 221.91–221.95,
              ex. : biographie, 092
```
Classer les ouvrages généraux à 220

221 **Ancien Testament (Tanakh)**

Écritures saintes du judaïsme, Ancien Testament du christianisme

Classer la théologie biblique judaïque à 296.3 ; classer les préceptes bibliques contenus dans les règles de vie judaïque à 296.36

Pour les livres historiques, voir 222 ; pour le Pentateuque (Torah), voir 222.1 ; pour les livres poétiques, le Ketouvim, voir 223 ; pour les livres prophétiques, les Neviim, voir 224

Voir Guide 221

[.03]	Dictionnaires, encyclopédies, concordances
	Ne pas employer pour les dictionnaires et les encyclopédies ; classer à 221.3. Ne pas employer pour les concordances ; classer sous 221.4–221.5
.04	Sujets particuliers de l'Ancien Testament

| 221 | *Classification décimale Dewey* | 221 |

.044   Megillot (Cinq rouleaux)

Pour un livre particulier des Megillot, voir le livre, ex. : Ruth, 222.35

.046   Passages apocalyptiques

Classer les passages apocalyptiques d'un livre ou d'un groupe de livres au livre ou au groupe de livres, et compléter en ajoutant la notation 0046 de la table sous 221–229, ex. : passages apocalyptiques dans les Livres prophétiques, 224.0046, dans le Livre de Daniel, 224.50046

.09   Histoire, étude géographique, biographie

Ne pas employer pour la géographie, l'histoire, la chronologie, les personnages des pays de l'Ancien Testament aux temps de l'Ancien Testament ; classer à 221.9

Classer le canon à 221.12

.1–.8   **Généralités**

Ajouter à l'indice de base 221 le développement de 220 sous 220.1–220.8, ex. : targums, 221.42, commentaires, 221.7

.9   **Géographie, histoire, chronologie, personnages des pays de l'Ancien Testament aux temps de l'Ancien Testament**

Classer l'histoire générale des aires géographiques anciennes à 930

.91   Géographie

Classer ici la description géographique et la civilisation

Classer la civilisation étudiée comme sujet distinct de la géographie à 221.95

.92   Personnes

Voir Guide 220.92 ; aussi 230–280

.922   Étude relative à un groupe de personnes

.93   Archéologie (Vestiges matériels)

.95   Histoire

Y compris la civilisation étudiée comme sujet distinct de la géographie

Classer la description géographique et la civilisation étudiées ensemble à 221.91

.950 01–.950 09   Subdivisions communes

.950 5   Adaptations des récits de l'Ancien Testament

Y compris les livres illustrés

| 222 | *Bible* | 222 |

> **222–224 Livres de l'Ancien Testament**

    Classer les ouvrages généraux à 221

    Voir Guide 221

    (Option : pour présenter les livres de l'Ancien Testament (Tanakh) selon l'ordre des Bibles juives, employer une des options suivantes :
        (Option A : suivre l'ordre de 222–224 proposé dans le Guide à 221
        (Option B : classer à 296.11

    (On trouve une table indiquant les trois chiffres pour chaque livre dans le Guide à 221)

222   ***Livres historiques de l'Ancien Testament**

    .1   ***Pentateuque (Torah)**

        Classer ici l'Hexateuque

        Pour Josué, voir 222.2

    .11   *Genèse

    .12   *Exode

        Pour les Dix commandements (Décalogue), voir 222.16

    .13   *Lévitique

    .14   *Nombres

    .15   *Deutéronome

        Pour les Dix commandements (Décalogue), voir 222.16

    .16   *Dix commandements (Décalogue)

        Classer les Dix commandements considérés comme règles de vie chrétienne à 241.52 ; classer les Dix commandements considérés comme règle de vie judaïque à 296.36

    .2   ***Josué**

    .3   ***Juges et Ruth**

    .32   *Juges

    .35   *Ruth

    .4   ***Samuel**

    .43   *Samuel 1

        Variante du titre : Rois 1

    .44   *Samuel 2

        Variante du titre : Rois 2

*Compléter selon les indications sous 221–229

| 222 | *Classification décimale Dewey* | 222 |

.5	***Rois**	
.53	*Rois 1	
	Variante du titre : Rois 3	
.54	*Rois 2	
	Variante du titre : Rois 4	
.6	***Chroniques (Paralipomènes)**	
.63	*Chroniques 1 (Paralipomènes 1)	
.64	*Chroniques 2 (Paralipomènes 2)	
.7	***Ezra (Esdras 1)**	
	Voir aussi 229.1 pour l'Esdras 1 des Apocryphes (appelé aussi Esdras 3)	
.8	***Néhémie (Esdras 2)**	
	Voir aussi 229.1 pour l'Esdras 2 des Apocryphes (appelé aussi Esdras 4)	
(.86)	*Tobie	
	(Indice facultatif ; préférer 229.22)	
(.88)	*Judith	
	(Indice facultatif ; préférer 229.24)	
.9	***Esther**	
	(Option : classer ici les fragments deutérocanoniques d'Esther ; préférer 229.27)	
223	***Livres poétiques de l'Ancien Testament**	

Classer ici les Ketouvim (Hagiographes, Écrits), la littérature sapientiale

Pour la littérature sapientiale apocryphe, voir 229.3. Pour un livre particulier des Ketouvim ne figurant pas ici, voir le livre, ex. : Ruth, 222.35

.1	***Job**	
.2	***Psaumes**	
.7	***Proverbes**	
.8	***Ecclésiaste (Qohélet)**	
.9	***Cantique des cantiques (Cantique de Salomon, Chant des chants)**	
(.96)	*Sagesse de Salomon (Sagesse)	
	(Indice facultatif ; préférer 229.3)	
(.98)	*Ecclésiastique (Siracide)	
	(Indice facultatif ; préférer 229.4)	

*Compléter selon les indications sous 221–229

224	Bible	224

224   *Livres prophétiques de l'Ancien Testament

         Classer ici les grands prophètes, les Neviim

         Pour un livre particulier des Neviim ne figurant pas ici, voir le livre, ex. : Josué, 222.2

- .1   ***Isaïe (Isaiah)**
- .2   ***Jérémie (Jeremiah)**
- .3   ***Lamentations**
- (.37)   *Baruch

         (Indice facultatif ; préférer 229.5)

- .4   ***Ézéchiel (Ézékiel)**
- .5   ***Daniel**

         (Option : classer ici le Cantique des trois jeunes gens, Suzanne, Bel et le Dragon ; préférer 229.6)

- .6   ***Osée (Hosea)**
- .7   ***Joël**
- .8   ***Amos**
- .9   ***Petits prophètes**

         Pour Osée, voir 224.6 ; pour Joël, voir 224.7 ; pour Amos, voir 224.8

- .91   *Abdias
- .92   *Jonas
- .93   *Michée
- .94   *Nahum
- .95   *Habacuc
- .96   *Sophonie
- .97   *Aggée
- .98   *Zacharie
- .99   *Malachie
- (.997)   *Maccabées 1 et 2

         (Indice facultatif ; préférer 229.73)

225   **Nouveau Testament**

         Pour les évangiles et les Actes des Apôtres, voir 226 ; pour les épîtres, voir 227 ; pour l'Apocalypse de saint Jean, voir 228

---

*Compléter selon les indications sous 221–229

225		*Classification décimale Dewey*	225

	[.03]	Dictionnaires, encyclopédies, concordances
		Ne pas employer pour les dictionnaires et les encyclopédies ; classer à 225.3. Ne pas employer pour les concordances ; classer sous 225.4–225.5
	.04	Sujets particuliers du Nouveau Testament
	.046	Passages apocalyptiques
		Classer les passages apocalyptiques d'un livre ou d'un groupe de livres au livre ou au groupe de livres et compléter en ajoutant la notation 0046 de la table sous 221–229, ex. : passages apocalyptiques dans les évangiles, 226.0046, dans l'évangile de Marc, 226.30046
		Pour l'Apocalypse de saint Jean, voir 228
	.09	Histoire, étude géographique, biographie
		Ne pas employer pour la géographie, l'histoire, la chronologie, les personnages des pays du Nouveau Testament aux temps du Nouveau Testament ; classer à 225.9
		Classer le canon à 225.12
	.1–.8	**Généralités**
		Ajouter à l'indice de base 225 le développement de 220 sous 220.1–220.8, ex. : version autorisée, 225.5203
	.9	**Géographie, histoire, chronologie, personnages des pays du Nouveau Testament aux temps du Nouveau Testament**
		Ajouter à l'indice de base 225.9 le développement de 221.9 sous 221.91–221.95, ex. : personnages étudiés individuellement, 225.92 ; cependant, pour Jésus-Christ, Marie, Joseph, Joachim, Anne, Jean-Baptiste, voir 232
		Voir Guide 220.92 ; aussi 230–280
226		***Évangiles et Actes des Apôtres**
		Classer ici les évangiles synoptiques
		Ajouter les subdivisions pour les évangiles et les Actes des Apôtres étudiés ensemble ou pour les évangiles étudiés seuls
		Voir Guide 230–280
	.095 05	Adaptations des récits des évangiles
		Indice construit selon les indications sous 221–229
		Classer Jésus considéré comme personnage historique, la biographie et les événements marquants de sa vie à 232.9
	.1	**Harmonies des Évangiles**

*Compléter selon les indications sous 221–229

| 226 | Bible | 226 |

> **226.2–226.5 Évangiles particuliers**

    Classer les ouvrages généraux à 226

    Pour les miracles, voir 226.7 ; pour les paraboles, voir 226.8

.2   ***Saint Matthieu**

    Classer la Règle d'or considérée comme règle de vie à 241.54

    Pour le Sermon sur la montagne, voir 226.9

.3   ***Saint Marc**

.4   ***Saint Luc**

    Classer la Règle d'or considérée comme règle de vie à 241.54

    Pour le Sermon sur la montagne, voir 226.9

.5   ***Saint Jean**

    Classer ici les ouvrages généraux sur la littérature johannique

    Pour les Épîtres de saint Jean, voir 227.94 ; pour l'Apocalypse de saint Jean, voir 228

.6   ***Actes des Apôtres**

.7   ***Miracles**

    Classer les miracles dans la vie de Jésus à 232.955

.8   ***Paraboles**

    Classer les paraboles dans la vie de Jésus à 232.954

.9   ***Sermon sur la montagne**

    Classer le Sermon sur la montagne comme règle de vie à 241.53

.93   *Béatitudes

.96   *Notre Père (Prière)

227   ***Épîtres**

    Classer ici les épîtres de saint Paul

.1   ***Épître aux Romains**

.2   ***Épître aux Corinthiens (1re)**

    Classer ici les ouvrages généraux sur les Épîtres aux Corinthiens

    Pour la 2e Épître aux Corinthiens, voir 227.3

.3   ***Épître aux Corinthiens (2e)**

*Compléter selon les indications sous 221–229

| 227 | *Classification décimale Dewey* | 227 |

.4	*Épître aux Galates
.5	*Épître aux Éphésiens
.6	*Épître aux Philippiens
.7	*Épître aux Colossiens
.8	*Autres épîtres de saint Paul
.81	*Épître aux Thessaloniciens (1re)

        Classer ici les ouvrages généraux sur les épîtres aux Thessaloniciens

            Pour la 2e épître aux Thessaloniciens, voir 227.82

.82	*Épître aux Thessaloniciens (2e)
.83	*Épître à Timothée (1re)

        Classer ici les ouvrages généraux sur les épîtres à Timothée, sur les épîtres pastorales

            Pour la 2e épître à Timothée, voir 227.84 ; pour l'épître à Tite, voir 227.85

.84	*Épître à Timothée (2e)
.85	*Épître à Tite
.86	*Épître à Philémon
.87	*Épître aux Hébreux
.9	*Épîtres catholiques
.91	*Épître de saint Jacques
.92	*Épître de saint Pierre (1re)

        Classer ici les ouvrages généraux sur les épîtres de saint Pierre

            Pour la 2e épître de saint Pierre, voir 227.93

.93	*Épître de saint Pierre (2e)
.94	*Épître de saint Jean (1re)

        Classer ici les ouvrages généraux sur les épîtres de saint Jean

            Pour la 2e épître de saint Jean, voir 227.95 ; pour la 3e épître de saint Jean, voir 227.96

.95	*Épître de saint Jean (2e)
.96	*Épître de saint Jean (3e)
.97	*Épître de saint Jude
228	***Apocalypse de saint Jean**

*Compléter selon les indications sous 221–229

14

| 229 | *Bible* | 229 |

229   *****Livres apocryphes, pseudépigraphes, intertestamentaires**

> Livres apocryphes : livres acceptés comme deutérocanoniques dans certaines Bibles
>
> Livres pseudépigraphes, intertestamentaires : livres de la période intertestamentaire qui ne sont pas acceptés dans le canon de la Bible
>
> Ajouter les subdivisions pour les livres apocryphes, pseudépigraphes, intertestamentaires étudiés ensemble ou pour les livres apocryphes étudiés seuls

> **229.1–229.7   Livres et ouvrages apocryphes particuliers**

> Classer les ouvrages généraux à 229

.1   *****Esdras 1 et 2**

> Variantes du titre : Esdras 3 et 4
>
> *Voir aussi 222.7 pour Ezra ; aussi 222.8 pour Néhémie*

.2   *****Tobie, Judith, fragments deutérocanoniques d'Esther**

.22   *Tobie

> (Option : classer à 222.86)

.24   *Judith

> (Option : classer à 222.88)

.27   *Fragments deutérocanoniques d'Esther

> (Option : classer à 222.9)

.3   *****Sagesse de Salomon (Sagesse)**

> Classer ici la littérature sapientiale apocryphe
>
> *Pour l'Ecclésiastique, voir 229.4*
>
> (Option : classer à 223.96)

.4   *****Ecclésiastique (Siracide)**

> (Option : classer à 223.98)

.5   *****Baruch et Épître de Jérémie**

> (Option : classer Baruch à 224.37)

.6   *****Cantique des trois jeunes gens, Suzanne, Bel et le Dragon, Prière de Manassé**

> (Option : classer le Cantique des trois jeunes gens, Suzanne, Bel et le Dragon à 224.5)

.7   *****Maccabées**

---

*Compléter selon les indications sous 221–229

| 229 | | *Classification décimale Dewey* | 229 |

	.73	*Maccabées 1 et 2
		(Option : classer à 224.997)
	.75	*Maccabées 3 et 4

> **229.8–229.9 Livres pseudépigraphes, deutérocanoniques (intertestamentaires)**
>
> Classer les ouvrages généraux à 229.9
>
> *Pour les Maccabées 3 et 4, voir 229.75*

.8 ***Évangiles apocryphes**

Y compris les agrapha (les paroles de Jésus n'apparaissant pas dans les Évangiles canoniques), l'évangile de Thomas

Classer les ouvrages généraux sur les pseudépigraphes contenus dans le Nouveau Testament à 229.92

.9 ***Pseudépigraphes**

Pour les évangiles apocryphes, voir 229.8

.91 *Ancien Testament

Pour les Maccabées 3 et 4, voir 229.75

.911 *Livres historiques

.912 *Livres poétiques

Y compris les Odes de Salomon

.913 *Livres prophétiques

Y compris l'Apocalypse d'Élie, les apocalypses juives, l'Ascension d'Isaïe, l'Assomption de Moïse, les Livres d'Énoch

.914 *Testaments

Y compris le Testament des douze patriarches

.92 *Nouveau Testament

Pour les évangiles apocryphes, voir 229.8 ; pour les épîtres, voir 229.93 ; pour les Apocalypses, voir 229.94

.925 *Actes des Apôtres

.93 *Épîtres

.94 *Apocalypses

*Compléter selon les indications sous 221–229

16

Exemples :

200	Religion
210	Philosophie et théorie de la religion
220	Bible
220	Bible
225	Nouveau Testament
227	Épîtres
227.9	Épîtres catholiques
227.91	Jacques

Ainsi, le titre général RELIGION comprend la philosophie de la religion, la Bible, la théologie chrétienne, etc. Le titre plus précis BIBLE comprend la Bible entière, l'Ancien Testament, le Nouveau Testament et chacun des livres individuels de la Bible. La vedette la plus précise de JACQUES comprend des livres traitant principalement ou uniquement de ce livre de la Bible. Ainsi, à mesure que l'indice Dewey s'allonge, la vedette qu'il représente devient de plus en plus précise.

À présent, il faut faire correspondre le sujet du livre avec le numéro de classification correspondant. *Remarque* : pour ce faire, suivre cette règle très importante : utiliser l'indice le plus spécifique, qui comprend toujours le sujet complet choisi pour l'ouvrage. Parfois, la vedette devra être moins spécifique que le sujet de l'ouvrage lui-même. Ce sera toujours la bonne vedette. L'indice indiqué à gauche de cette rubrique est le numéro de classification correct pour l'ouvrage.

En utilisant l'exemple de *Réflexions sur l'Épître de saint Jacques* de Jean Nakos, suivre ces étapes pour trouver l'indice correct :

1. Comparer le sujet (BIBLE. N.T. ÉPÎTRES CATHOLIQUES. JACQUES) aux dix classes principales. Décider de la classe.
   CLASSE = 200 Religion
2. Lire les dix divisions répertoriées dans la classe 200 choisie. Décider quelle division est correcte.
   DIVISION = 220 Bible
3. Passer aux sommaires de la division 220. Étudier les dix sections énumérées dans cette section. Décider laquelle de ces sections est la bonne.
   SECTION = 227 Épîtres
   Dans certains cas, ce nombre à trois chiffres conviendra pour un petit fonds documentaire.
4. Cependant, si le livre se trouve dans la division biblique et que la bibliothèque se trouve dans une école biblique ou institution théologique, passer aux tables 221-229. Décider laquelle de ces divisions décimales correspond au sujet du livre.
   DIVISION DÉCIMALE : .91 Jacques

Comparer les classifications

Comme c'est le cas pour d'autres fonctions de catalogage, il est généralement préférable de classer plusieurs livres similaires en même temps. Suivre les instructions données ci-dessus et classifier les exemples donnés dans l'exercice 1. Comparer ensuite les indices qui leur sont attribués pour voir s'ils sont cohérents dans le groupe.

Enfin, consulter la liste des livres du fonds documentaire qui portent les mêmes numéros de classification que ceux qui viennent d'être classés.

1. Appartiennent-ils au même genre de livres ?
2. Si ce n'est pas le cas, en se servant des numéros de classification précédemment utilisés dans le catalogue topographique, on retourne lire les sommaires pour rechercher un emplacement plus cohérent pour classer les nouveaux livres.
3. Il est toujours possible que des erreurs aient été commises lors du classement précédent. Si tel est le cas, on conserve la classification correcte pour les nouveaux livres et on corrige les erreurs passées à mesure qu'elles sont découvertes.
4. Si les nouveaux numéros sont similaires, ils sont probablement corrects.

166 La gestion d'une bibliothèque

Exercice 1 (corrigé à la page 176-177)

Classer les cinq livres énumérés ci-dessous en utilisant les sommaires. (Utiliser trois chiffres entiers.) Utiliser les tableaux pour remplir les informations nécessaires étape par étape. Vérifier les réponses avec celles données dans le corrigé de l'exercice 1. *Remarque* : pour pouvoir utiliser les exercices plus d'une fois, écrire les réponses sur une feuille séparée, en laissant cette page à la disposition des autres.

1. Paul Solomiac, *De Jérusalem à Kuala Lumpur*, Montbeliard, Éditions Mennonites, 2011. (Un livre qui définit les termes de base utilisés pour définir la mission de l'Église. Il inclut une discussion objective sur les rôles de l'évangélisation et de l'action sociale dans les missions modernes.)

a. Sujet : Philosophie des missions
b. Classe :
c. Division :
d. Section :
e. Indice Dewey :

2. Rovira & Reyes, sous dir., *Sears List of Subject Headings*, 13ᵉ éd., New York, Wilson, 1986. (La liste des vedettes-matière standard utilisées par la majorité des petites bibliothèques.)

a. Sujet : Liste des vedettes-matière standard
b. Classe :
c. Division :
d. Section :
e. Indice Dewey :

3. Claire-Lise de Benoit, *L'important c'est l'enfant*, Lausanne, Ligue pour la lecture de la Bible, 1993.

a. Sujet : Éducation chrétienne
b. Classe :
c. Division :
d. Section :
e. Indice Dewey :

4. Elliot Eisner, *The Educational Imagination : on the Design and Evaluation of School Programs* [L'imagination éducative : de la conception et de l'évaluation des programmes scolaires], New York, Macmillan, 1985.

a. Sujet : Développement et évaluation du curriculum
b. Classe :
c. Division :
d. Section :
e. Indice Dewey :

5. Paul Mercier, *Histoire de l'anthropologie*, Paris, Presses universitaires de France, 1984.

a. Sujet : Anthropologie
b. Classe :
c. Division :
d. Section :
e. Indice Dewey :

Exercice 2 (corrigé à la page 177-178)

Classer les titres suivants en complétant les informations nécessaires étape par étape sur la fiche de travail de la page suivante. Vérifier les résultats à l'aide du corrigé de l'exercice 2. Si certaines des réponses sont incorrectes, passer en revue les sections concernées, puis recommencer l'exercice.

1. *La Bible déchiffrée*, sous dir. Yves Jolly et Theo Snitselaar, trad. Monique Chevanne, Paris, Fleurus c1977.
2. *La Bible annotée*, par une société de théologiens et de pasteurs, sous dir. Frédéric Godet, Saint-Légier, P.E.R.L.E. Éditions Emmaüs, c1981-1982.
3. *Will It Liberate ? Questions about Liberation Theology* [Libérera-t-elle ? Questions sur la théologie de la libération], de Michael Novak, New York, Paulist, 1986.
4. *Concordance des Saintes Écritures. D'après les versions Segond et Synodale*, Lausanne, Société biblique auxiliaire du Canton de Vaud, 1965.
5. *Dictionnaire biblique universel*, sous dir. L. Monloubou et F. M. Du Buit, Paris, Desclée, 1985.
6. *L'Évangile selon Luc*, de François Bassin, Vaux-sur-Seine, Edifac, 2006.
7. *Création/évolution : faut-il trancher ? Une critique du néo-créationnisme américain. Un plaidoyer en faveur du créationnisme progressif*, de Jean Humbert, Méry-sur-Oise, Éditions Sator, 1990, c1989.
8. *De vive voix. Oraliture et prédication*, de Bernard Reymond, Genève, Labor et Fides, c1998.
9. *Jésus et ses héritiers : mensonges et vérités*, de Michel Benoît, Paris, Albin Michel, 2008.
10. *Les trois amis. Conférence francophone sur l'évangélisation*, Lausanne, Ligue pour la Lecture de la Bible, 1967.

Exercice 2	Sujet	Classe	Division	Section	[Pour Bible] Division décimale	Indice Dewey final
L'Épître de Jacques	Bible, Jacques	200 Religion	220 Bible	227 Épîtres	227.91 Jacques	227.91
1.						
2.						
3.						
4.						
5.						
6.						
7.						
8.						
9.						
10.						

La notice CIP – l'amie du catalogueur

La notice CIP ne figure pas souvent dans les livres en français, mais si notre fonds documentaire comprend des livres en anglais, elle peut être très utile. La notice CIP est une abréviation de *Cataloguing-in-Publication*. La Library of Congress a mis au point un système de catalogage en collaboration avec de nombreux éditeurs de livres américains. Les catalogueurs de la Library of Congress effectuent le catalogage initial des nouveaux livres à partir d'informations de prépublication. Ensuite, une copie de ce catalogage est imprimée dans le livre. C'est un guide utile pour prendre des décisions concernant notre catalogage, en particulier pour choisir un numéro de classification pour le livre. Étant donné que ce catalogage a été effectué à partir des épreuves de livres, certaines erreurs peuvent être trouvées dans les titres, les séries ou les vedettes-matière.

La notice CIP apparaît généralement au verso de la page de titre. Voir l'exemple dans la figure 7.5a-b.

Figure 7.5a Page de titre de l'ouvrage *Proverbs*

LEO G. PERDUE

Proverbs

*A Bible Commentary
for Teaching and Preaching*

WJK WESTMINSTER
JOHN KNOX PRESS
LOUISVILLE · KENTUCKY

Figure 7.5b Verso de la page de titre de l'ouvrage *Proverbs*

© 2000 Leo Garrett Perdue

2012 paperback edition
Originally published in hardback in the United States
by John Knox Press in 2000
Louisville, Kentucky

12 13 14 15 16 17 18 19 20 21—10 9 8 7 6 5 4 3 2 1

All rights reserved. No part of this book may be reproduced or transmitted in any form or by any means, electronic or mechanical, including photocopying, recording, or by any information storage or retrieval system, without permission in writing from the publisher. For information, address Westminster John Knox Press, 100 Witherspoon Street, Louisville, Kentucky 40202-1396. Or contact us online at www.wjkbooks.com.

Scripture quotations from the New Revised Standard Version of the Bible are copyright © 1989 by the Division of Christian Education of the National Council of the Churches of Christ in the U.S.A. and are used by permission. Italic emphasis has been added in some quotations.

Library of Congress Cataloging-in-Publication Data

Perdue, Leo G.
    Proverbs / Leo G. Perdue.
       p. cm. — (Interpretation, a Bible commentary for teaching and preaching)
    Includes bibliographical references.
    ISBN 0-8042-3116-8 (alk. paper)
    1. Bible. O.T. Proverbs—Commentaries.   I. Title.   II. Series.
BS1465.3.P45 2000
233'.7077—dc21   00-032712

ISBN: 978-0-664-23884-1 (paper edition)

∞ The paper used in this publication meets the minimum requirements of the American National Standard for Information Sciences—Permanence of Paper for Printed Library Materials, ANSI Z39.48-1992.

170 La gestion d'une bibliothèque

La notice CIP indique généralement les informations de catalogage descriptif suivantes : la notice principale (généralement l'auteur), le titre, certaines notes, les vedettes-matière, les vedettes supplémentaires et l'ISBN. La notice CIP n'inclut pas les informations sur l'éditeur ni la description physique. Le catalogueur local doit les identifier à partir du livre lui-même. Si la notice CIP affiche une note de bibliographie, nous devons indiquer le nombre de pages. Toutes les informations sur le nombre de pages et la taille du livre doivent attendre que le livre soit publié dans sa forme finale. Nous les ajouterons également à la notice du catalogue local.

Les vedettes-matière dans la notice CIP sont les vedettes-matière de la Library of Congress et non les vedettes RAMEAU. Les livres britanniques utilisent les vedettes de la British Library. Celles-ci peuvent être différentes de celles de la Library of Congress. On peut utiliser ces vedettes si elles n'entrent pas en conflit avec une vedette déjà utilisée. Si l'on utilise des vedettes-matière d'une autre source, on n'oublie pas de les placer dans le fichier autorité topographique comme indiqué au **chapitre 6**.

La notice CIP est très utile pour aider les catalogueurs dans leur tâche de classification. La notice CIP répertorie deux numéros de classification : le numéro du système LC et l'indice Dewey. Dans la section suivante, nous verrons comment réduire un indice Dewey correctement. *Remarque* : dans la figure 7.5b, le numéro de classification du système LC est BS1465.3.P45 2000 et l'indice Dewey est 233'.7077.

Nombres décroissants

De nombreux livres récemment publiés au Royaume-Uni, aux États-Unis et au Canada contiennent la notice CIP au verso de la page de titre. Nous pourrions également recevoir des livres donnés qui ont déjà un indice complet Dewey écrit sur le dos. Le seul texte sur la classification de Dewey disponible pour le catalogueur est peut-être la version intégrale.

Dans ce cas, le catalogueur peut choisir d'utiliser l'indice complet du système Dewey ou un indice plus court de trois à sept chiffres, y compris le point décimal. Si un choix arbitraire est fait, les indices peuvent être coupés de manière incorrecte.

Lorsque des indices Dewey sont donnés avec les données de la notice CIP ou répertoriés dans des publications Dewey, ils sont divisés par des apostrophes (') ou des traits obliques (/). Cela indique les points logiques auxquels des indices peuvent être raccourcis.

Exemples :

230'092'4 Réduire l'indice à 230 ou à 230.092.

025/.4/3 Réduire l'indice à 025 ou 025.4

Chaque bibliothèque devrait décider de sa propre politique pour la longueur du numéro de classification. Un exemple de politique peut être se trouve à la figure 7.6.

Manières supplémentaires d'utiliser la classification décimale de Dewey
Des zéros dans l'indice de base

Parfois, avec des textes très généraux, nous constaterons que le sujet de notre livre correspond à l'indice d'une classe (l'indice le plus général) ou à l'indice de division (au niveau suivant). Si tel est le cas, les deuxième et/ou troisième chiffres seront des zéros.

Exemples :

Introduction aux beaux-arts = 700
   (Un manuel général)

Qu'est-ce que la technologie ? = 600
   (Un livre de lecture pour enfants)

Musique : sacrée et profane = 780
   (Un mélange égal de divers types de musique vocale et instrumentale)

L'agriculture : la filière mondiale = 630
   (Un manuel d'enseignement secondaire)

Figure 7.6 Exemple de politique relative à la diminution des indices Dewey

> La bibliothèque de l'institution utilisera des indices Dewey à trois chiffres pour les livres classés dans toutes les divisions sauf les 200. Dans la division 200 (Religion), les indices peuvent être allongés jusqu'à un maximum de quatre chiffres au-delà du point décimal. Si, ce faisant, une séquence logique est coupée de manière incorrecte, la rupture sera effectuée avant la séquence incomplète.

En utilisant la politique ci-dessus pour réduire les indices Dewey, décider des numéros de classification corrects à l'aide des informations de la notice CIP fournies pour cet exercice. Inscrire les numéros sur la feuille de travail de l'exercice 3.

Exercice 3 : Feuille de travail (corrigé à la page 178)

Titre	Indice complet de la notice CIP	Indice local selon la politique de la bibliothèque
La ville africaine	307'64'096	(exemple) 307
Le christianisme au milieu de l'apartheid	276.8	
L'Église et les femmes dans les pays du Sud	261.8'344'091724	
L'histoire de la radio chrétienne en Asie	269'.26'0601	
La bibliothéconomie internationale	020.6'21	
Des stratégies pour apprendre les langues	418'.0071	
L'histoire de World Vision	267'.13	
La traduction comme mission	220.5'09	

Ces chiffres sont exacts tels quels. En employant la CDD, nous utiliserons toujours au moins trois chiffres. L'indice doit être exact à travers les trois chiffres de l'indice de base, même lorsque le fonds documentaire est très petit.

Élargir les indices

Si nous choisissons soigneusement notre indice Dewey à trois chiffres, il sera toujours correct. Lorsque notre fonds documentaire atteindra plus de 3 000 titres, nous souhaiterons peut-être commencer à utiliser la classification de Dewey abrégée. À 15 000 titres, nous pouvons décider de commencer à utiliser la classification de Dewey intégrale. À tout moment, nous pouvons commencer à ajouter des chiffres à droite de la décimale pour les livres nouvellement catalogués.

Pour les livres les plus anciens du fonds documentaire, les trois premiers chiffres seront corrects. Si nous avons le temps, nous pouvons reclasser ces livres. Lorsque nous reclassons un document, nous devons corriger les cotes du document physique. Nous devrons également mettre à jour les notices du catalogue public. Pour les catalogues sur fiches, nous devrons extraire toutes les fiches liées au titre et ajouter les bons numéros après le point décimal de chaque fiche. Nous devons alors reclasser les fiches.

C'est pourquoi la CDD est si pratique pour les petits fonds documentaires en croissance.

Exemples :

Titre du livre	Indice Dewey retenu de 3 chiffres	Classification décimale ajoutée
Théologie du berceau de l'Asie par C. S. Song	230 = Christianisme	.095 / Asie

Indice complet : 230.095 (.09 est la subdivision commune pour la zone géographique ; ajouter le numéro 5 indique que la zone géographique est l'Asie).

Zaïre : une étude du pays	967 = Afrique centrale et îles au large	.51 03 / Congo (République démocratique) Indépendance, 1960-

Indice complet : 967.5103 (le 03 qui est ajouté à .51 est tiré d'une table pour les périodes de temps historiques).

Comprendre les subdivisions communes

Lorsque nous utilisons la notice CIP, nous souhaiterons peut-être savoir ce que signifie un indice Dewey plus long. Melvil Dewey a mis au point un système de subdivisions communes pouvant être ajoutées à n'importe quel indice Dewey principal. La liste ci-après montre les subdivisions communes. La plupart des petites bibliothèques n'ont pas besoin d'utiliser des subdivisions communes. Les bibliothèques qui utilisent la CDD non abrégée peuvent toutefois vouloir les utiliser.

Lors de l'ajout d'une subdivision commune à un indice Dewey existant, un catalogueur suit les instructions suivantes :

- Rechercher les instructions sous le numéro de classification. Ces instructions indiquent comment ajouter des subdivisions communes.
- Rechercher des exemples de subdivisions communes qui figurent déjà dans la liste d'indices Dewey (parfois appelée tables). Suivre ce modèle.
- Ajouter une subdivision commune comme indiqué ci-après.

Subdivisions communes

—01 Philosophie et théorie

—02 Divers

—03 Dictionnaires, encyclopédies, concordances

—04 Sujets spéciaux

—05 Publications en série

—06 Organismes et gestion

—07 Éducation, recherche et sujets connexes

—08 Histoire et description concernant les types de personnes

—09 Histoire, géographie, personnes

Remplir la cote
Identification de l'auteur ou de la notice principale

La plupart des bibliothèques choisissent d'ajouter une deuxième ligne d'informations sous l'indice Dewey. Ce code organise les éléments de chaque sujet par ordre alphabétique en fonction de la notice principale, généralement l'auteur. Ainsi, tous les livres écrits sur le sujet par le même auteur sont rassemblés sur une seule étagère.

Certaines bibliothèques utilisent trois ou quatre lettres du nom de l'auteur. D'autres bibliothèques utilisent une combinaison de lettres et de chiffres pour le nom de l'auteur. L'un ou l'autre système nous permettra de classer les articles par ordre alphabétique dans chaque numéro de classification unique. S'il n'y a pas d'auteur, le premier mot principal du titre peut être utilisé à la place.

Si le fonds documentaire de notre bibliothèque ne dépasse pas 3 000 documents, il n'est pas nécessaire d'avoir les numéros de classification uniques. Mettre trois lettres du nom de l'auteur en bas de l'indice Dewey permettra que les livres soient organisés sur les rayons en ordre alphabétique selon le nom de l'auteur. Il est rare que deux livres aient les mêmes cotes. Dans ces cas rares, il ne serait pas difficile de trouver le livre voulu dans les rayons. Son ordre dans les rayons ne serait pas important. Néanmoins, si le fonds documentaire de notre bibliothèque est toujours en train d'augmenter, nous suggérons d'utiliser les *indices d'auteur*. On peut les appeler aussi *indices du livre* lorsqu'ils se basent sur le titre.

Ce chapitre inclut des exemples qui emploient les deux systèmes pour identifier la notice principale à l'auteur. Un système qui emploie seulement des lettres est plus facile à apprendre et à mettre en pratique et c'est pourquoi on l'utilise dans les exercices. Si nous décidons d'utiliser des numéros, voir **l'annexe A** pour apprendre à les choisir.

En utilisant seulement des lettres, l'indice de base du livre de Kato sera :

276   ou   276
KAT   KATO

Si l'on décide d'utiliser uniquement des lettres, on choisit trois ou quatre lettres. On écrit sa décision dans le manuel de politique de catalogage. Des lettres supplémentaires peuvent être utilisées si les noms de plusieurs auteurs commencent de la même manière.

Certaines bibliothèques utilisent une combinaison de lettres et de chiffres. Celles-ci sont souvent appelées indices d'auteur ou chiffres Cutter. Les chiffres Cutter portent le nom d'un bibliothécaire, Charles A. Cutter, qui a inventé ce système d'identification. Le tableau Cutter répertorie une lettre et deux chiffres pour plusieurs noms (voir **l'Annexe A**). Le système de Cutter a été étendu à trois chiffres par Kate E. Sanborn. L'objectif des tableaux Cutter ou Cutter-Sanborn est de créer des cotes uniques. Ensuite, chaque livre aura une cote différente de chaque autre livre. Si l'on découvre que la bibliothèque utilise l'une de ces tables, il faudra alors apprendre à s'en servir. Il n'est pas nécessaire de changer la cote en lettres seulement.

Date de publication

S'il existe plus d'une édition d'un livre, il est utile de distinguer les différentes éditions en ajoutant la date de publication du volume sur la troisième ligne de la cote.

Exemple :

La croix et son message   234
d'Alphonse Banga   BAN
                                   1983

Nom de la collection dans le fonds documentaire

La plupart des livres seront situés dans le fonds documentaire principal sans nom de collection. Les bibliothèques utilisent généralement un ou plusieurs noms de collections spéciales pour indiquer les emplacements et/ou les restrictions particulières de prêt. Le nom de la collection apparaît au-dessus de la cote. Nous pouvons utiliser des mots complets ou des abréviations. Certains noms de collections possibles sont :

REF = ouvrages de référence (à consulter dans la bibliothèque uniquement)
PROG = ouvrages en lien avec le programme d'études de l'institution (prêt de 3 jours)
MAN = manuels scolaires (2 heures ou une nuit)
RARE = publié avant 1850
AUDIO = enregistrement sur cassette
VIDEO = enregistrement vidéo
CD = disque compact

Exemple : REF
Dictionnaire anglais américain 423
(aucun auteur) DIC
1983

Les biographies – un cas particulier

Pour la plupart des livres, le numéro de classification du livre est basé sur le nom de l'auteur. Cette règle est modifiée lorsque des livres sont écrits sur la vie d'un individu. Dans ce cas, le nom de la personne sur lequel le livre est écrit est utilisé à la place du nom de l'auteur. Il en est ainsi parce que les usagers souhaitent trouver un livre sur une personne en particulier. Ils ne recherchent généralement pas un auteur en particulier. Ce type de livre s'appelle une biographie et la personne sur laquelle on écrit s'appelle la personne biographée.

Il existe plusieurs façons de traiter les biographies. Voici quelques méthodes différentes.

1. De nombreuses petites bibliothèques regroupent toutes leurs biographies au même endroit sous l'étiquette B ou 920. Elles les rangent ensuite par ordre alphabétique en fonction des trois premières lettres du nom de la personne biographée. S'il existe deux ou trois livres sur le même individu, ils peuvent être classés dans un ordre aléatoire ou par le nom de l'auteur. Les titres des livres et les auteurs dans les exemples suivants sont inventés.

a. *Simon Kimbangu* de Dieudonné Ngoma	B KIM
b. *Prophète du Congo : la vie de Simon Kimbangu* d'Évariste Ngaliema	B KIM

2. D'autres bibliothèques placent les livres sous la lettre B mais utilisent un tableau Cutter pour ajouter des chiffres Cutter pour le nom de la personne biographée. Si deux personnes biographées ont le même nom, on ajoute un troisième numéro pour faire une distinction entre les deux personnes.

a. *Le secret spirituel de Tomasi Paku* de René Inongo	B P35
b. *Valéry Paku* de C. J. Kumbu	B P356

3. Quelques bibliothèques, surtout celles dont le fonds documentaire comprend plusieurs biographies sur les mêmes personnes, ajoutent une troisième ligne pour désigner le nom de l'auteur, ce qui donne une cote unique à chaque livre.

a. *Tite Koffi, diplomate extraordinaire* de Alphonse Kouassi	B KOF KOU

| b. *Mon père le diplomate* de Suzette Koffi | B KOF KOF |

4. Une quatrième possibilité est de classer la biographie dans la discipline professionnelle de la personne biographée. On ajoute ensuite un chiffre Cutter en fonction du nom de la personne biographée. Un ajout facultatif serait de placer un B sous la dernière ligne de la cote. Cela permettrait aux usagers de la bibliothèque de comprendre facilement que le livre est une biographie.

| *a. Alphonse Wembu, héros du Mayombe* de Lillette Mabiala | 266 W46 |
| b. *La vie d'Alphonse Wembu, missionnaire* d'Olive Mbuluku | 266 W46 B |

Une autre variante courante consiste à utiliser « 920 » à la place de « B », sauf pour la méthode quatre. Si notre bibliothèque utilise un autre système, nous souhaiterons peut-être continuer cette pratique. Tout système choisi doit être noté dans un manuel de politique de catalogage qui sera décrit à la fin de ce chapitre.

L'exercice 4 nous aidera à nous entraîner à attribuer des cotes à des biographies.

Exercice 4 (corrigé à la page 178)

À l'aide des dix biographies énumérées ci-dessous, déterminer leurs cotes selon la méthode 1 de la section précédente. Les titres des livres et les noms des auteurs dans l'exercice suivant ont tous été inventés.

1. *Didier Bokassa*, de Marie Tshombe.
2. *Didier Bokassa : un portrait intime*, de Laurent Bokassa.
3. *C. B. Konan : sa vie et son œuvre*, d'Hélène Pohor.
4. *Charles Baudelaire Konan : ami sans pareil*, de Hervé Boigni.
5. *La vie de ma mère, Justine Phuela*, de Lumumba Phuela.
6. *Justine Phuela : amie de Jésus*, de Marie-Claire Vangu.
7. *Jean-Jacques Fanga : martyre camerounais*, de Pierrette Uchanda.
8. *J. J. Fanga : martyre ou victime d'accident ?* de Martin Traore.
9. *Mélanie Tangara et l'église qu'elle a fondée*, d'Isabelle Keita.
10. *Mélanie Tangara : héroïne malienne*, de Victorine Tangara.

La fiction

Les livres de fiction sont ceux dans lesquels les personnages et les circonstances ont été créés dans l'esprit de l'auteur. Ils sont imaginaires et ne sont pas une partie réelle de l'histoire.

Ces livres peuvent être conservés dans une section distincte sous les étiquettes générales « F » ou « FIC ». Le numéro du livre doit être basé sur le nom de l'auteur. Là encore, les bibliothèques peuvent choisir d'utiliser les trois premières lettres du nom de l'auteur ou les chiffres Cutter ou Cutter-Sanborn.

Il y a souvent deux ou plusieurs livres de fiction du même auteur dans le fonds documentaire. Ils sont d'abord mis en ordre alphabétique en fonction du nom de l'auteur. Cette méthode permet de regrouper tous les livres d'un même auteur. Dans ce groupe, ils sont ensuite classés par ordre alphabétique selon le titre.

| a. *Le monde s'effondre*, d'Achebe | F ACH | ou | F A25 |
| b. *L'enfant noir*, de Laye | FIC LAY | ou | FIC L39 |

Comme dans le cas des biographies, l'exercice 5 nous permettra de nous entraîner à attribuer des cotes à des livres de fiction.

176 La gestion d'une bibliothèque

Exercice 5 (Corrigé à la page 178)

Écrire les cotes pour chacun des titres suivants.
1. *Le rouge et le noir*, de Stendhal
2. *Pleure Ô pays bien-aimé*, d'Alan Paton
3. *La ferme africaine*, d'Isak Dinesen
4. *Kouassi Koko... ma mère*, de Josette Abondio
5. *À la recherche de Léopold*, de Didier Kayombo
6. *Les vipères de la nuit*, d'Amadou Diop
7. *Tippu Tip, où es-tu allé ?* d'Abel Tansi
8. *Les chasseurs d'ivoire*, de Blaise Bamboté
9. *Les neiges du Rwenzori*, de Jean-Michel UNEN Kagame
10. *Maigret à Bangui*, de Georges Simenon

La fiction et la littérature

Certains livres de fiction sont inspirés d'un événement historique ou de la vie d'une personne célèbre. Mais des faits ont été changés, ou des événements et des détails (tels que le dialogue) ont été ajoutés, lesquels ne constituent pas de vrais faits historiques. Ces livres s'appellent souvent des romans historiques. Même s'ils sont basés sur l'histoire, ils sont toujours classés dans la fiction, car ils ne sont pas complètement vrais. La plupart des bibliothèques publiques ont un vaste fonds de livres de fiction. La plupart des bibliothèques universitaires n'ont que quelques livres de ce type, qui sont destinés à la lecture récréative.

Certaines œuvres de fiction deviennent, avec le temps, reconnues comme étant de très bonne qualité. Elles ne s'appellent plus œuvres de fiction mais œuvres littéraires. Les meilleures œuvres littéraires s'appellent des classiques et sont souvent étudiées dans les cours du secondaire et de l'université. *L'enfant noir* de Camara Laye ou *Le monde s'effrondre* de Chinua Achebe sont des œuvres célèbres de littérature de fiction. Ces travaux seraient classés dans la littérature française (843). Si nous ne savons pas si une œuvre de fiction est considérée comme de la littérature, nous consultons un professeur ou un autre expert de cette littérature avant de la classer. En cas de doute, on place l'œuvre sous fiction.

Tenue de registres des décisions politiques

La classification décimale de Dewey est flexible. De ce fait, les bibliothécaires prendront de nombreuses décisions stratégiques afin d'adapter au mieux la CDD aux besoins particuliers de la bibliothèque. Ces décisions peuvent inclure la réduction des nombres décimaux longs, l'ajout de la date de publication à la cote et les méthodes de classification de la biographie et de la fiction. D'autres considérations peuvent concerner l'utilisation de chiffres Cutter ou de lettres d'auteur.

Il est important de conserver des registres clairs de nos décisions de politique dans un cahier spécial (si nous utilisons uniquement ce manuel), dans les marges du livre Dewey (si nous en utilisons un) et dans le fichier autorité. Si nécessaire, des notes doivent être ajoutées pour expliquer pourquoi chaque choix a été fait. De cette manière, les bibliothécaires actuels seront plus cohérents et il sera plus facile de se renseigner sur les décisions passées.

Les notes clairement écrites sont très importantes en cas de changement de personnel. Les nouveaux bibliothécaires qui n'ont pas participé aux décisions précédentes ont besoin d'explications écrites claires pour rester cohérents avec les décisions antérieures.

Corrigés des exercices
Exercice 1

1. Paul Solomiac, *De Jérusalem à Kuala Lumpur*, Montbeliard, Éditions Mennonites, 2011.

a. Sujet : Philosophie des missions
b. Classe : 200 Religion
c. Division : 260 Théologie sociale et ecclésiastique

d. Section : 266 Missions
e. Indice Dewey : 266

2. Rovira & Reyes, sous dir., *Sears List of Subject Headings*, 13ᵉ éd., New York, Wilson, 1986.

a. Sujet : Liste des vedettes-matière standard
b. Classe : 000 Informatique, information, ouvrages généraux
c. Division : 020 Bibliothéconomie et sciences de l'information
d. Section : 025 Opérations bibliothéconomiques
e. Indice Dewey : 025

3. Claire-Lise de Benoit, *L'important c'est l'enfant*, Lausanne, Ligue pour la lecture de la Bible, 1993.

a. Sujet : Éducation chrétienne
b. Classe : 200 Religion
c. Division : 260 Théologie sociale et ecclésiastique
d. Section : 268 Enseignement religieux
e. Indice Dewey : 268

4. Elliot Eisner, *The Educational Imagination. On the Design and Evaluation of School Programs* [L'imagination éducative : de la conception et de l'évaluation des programmes scolaires, New York, Macmillan, 1985.

a. Sujet : Développement et évaluation du curriculum
b. Classe : 300 Sciences sociales
c. Division : 370 Éducation
d. Section : 375 Programmes d'enseignement
e. Indice Dewey : 375

5. Paul Mercier, *Histoire de l'anthropologie*, Paris, Presses universitaires de France, 1984.

a. Sujet : Anthropologie
b. Classe : 300 Sciences sociales
c. Division : 300 Sciences sociales
d. Section : 306 Cultures et institutions
e. Indice Dewey : 306

Exercice 2

Exercice 2	Sujet	Classe	Division	Section	[Pour Bible] Division décimale	**Indice** final
L'Épître de Jacques	Bible ; Jacques	200 Religion	220 Bible	227 Épîtres	227.91 Jacques	227.91
1.	Almanach de la Bible	200 Religion	220 Bible		.3 Guides, manuels, etc.	220.3
2.	Versions modernes de la Bible	200 Religion	220 Bible		.5 versions et traductions modernes	220.5
3.	Théologie de la libération	200 Religion	230 Christianisme			230
4.	Concordance de la Bible	200 Religion	220 Bible		.523 Concordances, index, dictionnaires	220.523

5.	Dictionnaire de la Bible	200 Religion	220 Bible		.523 Concordances, index, dictionnaires	220.523
6.	Bible ; Luc ; commentaires	200 Religion	220 Bible	226 Évangiles et Actes	.4 Luc	226.4
7.	Création ; évolution	200 Religion	210 Philosophie et théorie de la religion	213 Création		213
8.	Prédication	200 Religion	250 Ordres et Église locale chrétiens	251 Prédication		251
9.	Jésus-Christ	200 Religion	230 Christianisme	232 Jésus-Christ et sa famille		232
10.	Évangélisme	200 Religion	240 Théologie morale et spirituelle chrétiennes	248 Expérience, pratique et vie chrétiennes		248

Exercice 3

Titre	Numéro complet de la notice CIP	Numéro local selon la politique de la bibliothèque
La ville africaine	307'64'096	(exemple) 307
Le christianisme au milieu de l'apartheid	276.8	276.8
L'Église et les femmes dans les pays du Sud	261.8'344'091724	261.8344
L'histoire de la radio chrétienne en Asie	269'.26'0601	269.26
La bibliothéconomie internationale	020.6'21	020
Des stratégies pour apprendre les langues	418'.0071	418
L'histoire de World Vision	267'.13	267.13
La traduction comme mission	220.5'09	220.509

Exercice 4

1. B BOK
2. B BOK
3. B KON
4. B KON
5. B PHU
6. B PHU
7. B FAN
8. B FAN
9. B TAN
10. B TAN

Exercice 5

1. F STE
2. F PAT
3. F DIN
4. F ABO
5. F KAY
6. F DIO
7. F TAN
8. F BAM
9. F UNE
10. F SIM

8

Le catalogage assisté par ordinateur

Une fois qu'un livre a été décrit et classé et qu'il a reçu des vedettes-matière, il doit être enregistré dans le catalogue de la bibliothèque, étiqueté pour la mise en rayon et préparé pour la circulation. Pour les systèmes manuels, il s'agissait traditionnellement de taper des fiches de livre à la machine ou l'ordinateur ou de rédiger les fiches à la main et de les ranger dans un meuble à tiroirs. Si la bibliothèque utilise ce dernier système, voir **l'annexe J**. Cette annexe comprend des illustrations montrant l'espacement exact des informations sur les fiches et des indications pour classer les fiches par ordre alphabétique.

Ce chapitre porte sur l'utilisation de logiciels informatiques pour le catalogage. La première section décrira les différents systèmes de catalogues informatisés, des plus simples aux plus complexes. Cette discussion se limitera au catalogage et ne traitera que brièvement d'autres fonctions. Les modules spéciaux pour les fonctions telles que les acquisitions et les publications en série ont été mentionnés dans les chapitres correspondants de ce manuel. Pour une explication plus détaillée sur la manière de choisir un système intégré de gestion de bibliothèque (SIGB) avec plusieurs modules qui interagissent entre eux, voir le **chapitre 12**. Le présent chapitre utilise souvent le repère « *Remarque* » pour indiquer un commentaire relatif à l'évaluation et à la sélection de logiciels.

La deuxième partie présentera les normes internationales pour le partage d'informations sur les catalogues de bibliothèques. La première de ces normes a été lancée par la Library of Congress à Washington D.C. aux États-Unis avec le format « MARC » (ensemble d'étiquettes numériques marquant les divers éléments des informations de catalogage). Le format MARC signifie *machine-readable cataloguing* (catalogage lisible par machine) et la version la plus courante s'appelle « MARC 21 ». À partir de cette initiative, l'International Federation of Library Associations and Institutions (IFLA)[1], a développé le format UNIMARC (*universal machine-readable cataloguing* – format de catalogage lisible par machine en version universelle). C'est ce format qui est utilisé par la Bibliothèque nationale de France (BnF) et par la plupart des bibliothèques de la francophonie.

Il est important de comprendre les trois types de notices UNIMARC. La *notice bibliographique* décrit l'article ou la ressource média. Précédemment, le présent ouvrage a fait référence à la *notice bibliographique* comme *notice de catalogue*. Si un système décrit chaque volume, copie ou élément séparément, il le fait au moyen d'une *notice de localisation UNIMARC*. Le format des *autorités UNIMARC* utilise à nouveau des *étiquettes* ou *zones* numériques pour marquer les éléments de renvoi « Voir » et « Voir aussi ». Ceux-ci sont ajoutés à un catalogue pour faire référence aux différentes formes du même nom ou pour orienter vers des vedettes-matière plus générales ou plus spécifiques. (Pour un rappel, voir la section sur les fichiers d'autorité du **chapitre 5**.)

Remarque : lors de la sélection de tout logiciel de catalogage, il est recommandé que le fournisseur utilise une version récente du format UNIMARC. Il est bon de sélectionner un fournisseur qui restera à jour sur cette norme internationale pour le partage des notices de catalogue.

Un exemple peut aider à illustrer les trois parties du format UNIMARC. Un catalogueur francophone qui ne connait pas l'allemand pourrait consulter la zone 200 d'une notice bibliographique en allemand d'une autre bibliothèque et savoir que c'est la description du titre du livre. Pour vérifier le nombre d'exemplaires disponibles dans la bibliothèque, il pourrait chercher les zones 9XX (localisations).

Remarque : pour une explication de « XX » en notation UNIMARC, voir la remarque qui suit la section « **Zones UNIMARC courantes** » plus loin dans ce chapitre.

Pour vérifier l'orthographe exacte du nom de l'auteur, le même catalogueur pourrait accéder aux notices d'autorité de la BnF et y chercher le nom de l'auteur qui est inscrit dans la zone 200.

---

1. C'est-à-dire la Fédération internationale des associations de bibliothécaires et des bibliothèques.

Remarque : la norme *localisations UNIMARC* est susceptible de varier d'un logiciel à un autre, mais les éditeurs de logiciels tendent à appliquer le format bibliographique UNIMARC d'une manière qui est conforme aux spécifications UNIMARC. Le présent chapitre donne des exemples d'affichage MARC 21 et des exemples d'affichage UNIMARC, comme beaucoup de bibliothèques de la francophonie ont des fonds documentaires qui comprennent des ressources d'origine américaine. Pour gagner du temps en cataloguant ces ouvrages, les catalogueurs de ces bibliothèques peuvent télécharger les notices bibliographiques MARC 21 correspondantes et les modifier selon les normes UNIMARC et (dans le cas des vedettes-matière) selon celles de la BnF, au lieu de composer une notice originale. Pour en savoir plus sur cette modification et sur l'importation des notices bibliographiques, voir la section « Sources en ligne » plus loin dans ce chapitre. Dans tous les cas, il sera utile de connaître les différences de codage entre les deux systèmes.

Le protocole international Z39.50 permet de rechercher plus facilement d'autres catalogues de bibliothèques et d'en télécharger des notices. Il est important de savoir si le logiciel de la bibliothèque est conforme à la norme Z39.50. De plus, si nous souhaitons donner à d'autres bibliothèques la possibilité de télécharger des notices bibliographiques de notre catalogue, il faudra que notre SIGB utilise cette norme.

Remarque : la conformité à la norme Z39.50 est utile, mais non requise si le catalogue informatisé est destiné à un usage uniquement local.

La dernière section de ce chapitre donne des exemples sur les manières de rechercher et d'importer des notices dans un logiciel de catalogage. En cas de changement de société de logiciel et/ou de migration vers un nouveau logiciel, il est important de pouvoir *exporter* et *importer* des notices UNIMARC complètes. Le terme *importation* fait référence au chargement de données dans un logiciel informatique ; le terme *exportation* fait référence au transfert de données dans un autre but. Lorsqu'une bibliothèque passe d'un logiciel informatique à un autre, cela s'appelle une *migration*.

Taille et complexité du catalogue
Utilisateur unique, catalogue informatisé

Une petite bibliothèque peut commencer par un catalogue informatisé simple. Des informations précises sur chaque élément, souvent appelées *données*, seront dactylographiées ou transférées électroniquement dans un seul ordinateur de bibliothèque polyvalent. Si ce n'est pas un système open source, l'institution paye des frais initiaux pour obtenir une *licence à utilisateur unique* pour utiliser le logiciel. En payant des frais de maintenance annuels, la bibliothèque aurait accès au support technique de l'entreprise et aux mises à jour des logiciels. Un *système à utilisateur unique* fonctionnera bien pour une bibliothèque disposant, dans une seule pièce, d'espaces de travail publics et d'espaces réservés au personnel.

Un catalogue informatisé en réseau qui permet la gestion des prêts

Dans les grandes bibliothèques, le catalogue informatisé peut être chargé sur un ordinateur central connecté à plusieurs postes de travail. L'ordinateur central est souvent désigné comme un *poste serveur* et les postes de travail sont appelés des *clients*. Le système dans son ensemble peut être désigné sous le nom de *réseau local* ou simplement de *réseau*. Un réseau local peut être *câblé*, avec des câbles physiques qui relient les ordinateurs, ou *sans fil*, ce qui permet à tout ou une partie des éléments de se connecter via des périphériques qui ne nécessitent pas de câbles. Dans ce type de configuration, dans un *environnement réseau*, et s'il ne s'agit pas d'un système open source, la bibliothèque paie un certain nombre de licences pour le nombre prévu d'*utilisateurs simultanés*. Lorsque cela est financièrement possible, il est préférable dans ce cas d'acheter une *licence utilisateurs illimités* pour permettre à un maximum d'utilisateurs d'utiliser le logiciel en même temps. Ce type de catalogue prend facilement en charge un système de prêt informatisé qui met à jour une notice de localisation chaque fois qu'un article est emprunté par un usager ou est retourné. Beaucoup vont également suivre et signaler les documents en retard et les amendes à payer.

Remarque : la configuration physique et le support technique pour la mise en réseau ne seront pas abordés dans le présent ouvrage. Les informaticiens devront être impliqués dans cet aspect crucial de la planification pour l'utilisation des ordinateurs dans le développement d'un catalogue informatisé. Un niveau élevé de connaissances ou de formation en informatique est nécessaire pour maintenir un réseau d'ordinateurs. Se connecter à un réseau existant sur le campus ou en créer un dans le cadre de la rénovation de la bibliothèque offrira de nombreux avantages. Un bon réseau permet au personnel de partager des documents, des imprimantes et d'autres ressources informatiques au-delà des murs physiques de la bibliothèque.

Options possibles avec un catalogue informatisé sans réseau

Des solutions concernant le matériel informatique et les logiciels sont aujourd'hui disponibles pour les bibliothèques qui ne peuvent pas se permettre des capacités de réseau ou qui manquent de l'expertise technique pour les maintenir. Un seul ordinateur peut répondre aux besoins d'une petite bibliothèque pendant plusieurs années, surtout lorsque toutes les activités de la bibliothèque ont lieu dans une seule pièce. Cependant, certaines bibliothèques disposent déjà de deux salles ou plus, et d'autres s'agrandissent pour ajouter des bureaux, des zones de stockage et des espaces de travail séparés.

Les solutions pour une bibliothèque en expansion sans réseau nécessiteront un certain nombre de décisions. La décision la plus élémentaire est de savoir si la bibliothèque aura un module de circulation et un catalogue informatisé. Si la bibliothèque souhaite avoir un système de prêt informatisé, un réseau interactif complet est souhaitable. Certaines entreprises ont toutefois des solutions créatives pour permettre l'accès à plusieurs postes de travail sans les mettre en réseau. Leurs produits peuvent être évalués après avoir pris une décision sur le nombre de fonctions de la bibliothèque qui seront disponibles en ligne.

Plusieurs options sont possibles pour les bibliothèques situées à mi-chemin entre le système à utilisateur unique et le système en réseau. La première option consiste à utiliser un ordinateur portable comme ordinateur mobile multi-usage. Un ordinateur portable permet de déplacer facilement le catalogue des bureaux du personnel au comptoir de prêt ou de référence dans la zone accessible au public. Cependant, des mesures de sécurité supplémentaires devront être prises pour protéger l'ordinateur contre le vol. Planifier l'utilisation de l'ordinateur à des fins différentes poserait également un problème.

Une autre solution consiste à obtenir du fournisseur de logiciel l'autorisation de charger le logiciel et les données du catalogue sur plusieurs ordinateurs via des clés USB, un CD-ROM ou un autre support de stockage informatique. Dans ce cas, le personnel devra maintenir tous les ordinateurs à jour avec la version la plus récente du catalogue.

Remarque : cette option ne fonctionnera pas bien si le système utilise un module de circulation qui met à jour le statut des localisations chaque fois qu'un article est emprunté et retourné. Encore une fois, un réseau serait mieux adapté si la circulation des documents est gérée par le logiciel.

Une troisième option consiste à imprimer les entrées sous forme de liste qui servira de *catalogue imprimé*. Cela nécessiterait la possibilité d'imprimer des rapports triés ou organisés en fonction des différents éléments de la description. Le catalogue imprimé comprendrait au moins quatre sections : une liste auteur/titre, une liste titre/auteur, des listes de vedettes-matière et une liste topographique. Chaque entrée doit inclure des informations qui permettent de distinguer un titre ou une édition d'un(e) autre et d'indiquer où se trouve l'article sur les rayons.

Remarque : un catalogue imprimé peut également servir de catalogue de sauvegarde à utiliser en cas de coupure d'électricité. Il serait mis à jour plus régulièrement en tant que catalogue unique et moins souvent en tant que catalogue de sauvegarde.

Formats de données et structures de fichiers

Tous les logiciels informatiques reposent sur des *formats de données* et des *structures de fichiers*. Les informaticiens et les personnes qui programment les logiciels les comprennent mieux que les bibliothécaires qui les utilisent. Il est utile pour toute personne souhaitant utiliser un ordinateur pour le catalogage d'avoir une connaissance de base des tableurs, comme Microsoft Excel. On peut également apprendre en observant une autre personne utiliser un logiciel de gestion de bibliothèque ou un système de gestion de base comme dBase ou Microsoft Access. Les deux types de logiciels utilisent des champs ou des colonnes/lignes étiquetés pour séparer les informations. Les données peuvent être facilement déplacées et organisées en différents éléments. L'organisation des données en différents champs s'appelle *le tri*.

La plupart des logiciels de catalogage dans le monde francophone auront leur propre format d'affichage à l'écran et utiliseront le format de communication UNIMARC.

Remarque : il est bon de privilégier un système capable de convertir automatiquement les notices MARC 21 au format UNIMARC. Cette fonction est nécessaire car beaucoup de bibliothèques francophones comptent un grand nombre d'articles de langue anglaise dans leurs fonds documentaire et souvent, la seule source de notices bibliographiques correspondantes est une source MARC comme celle de la Library of Congress. Le système doit aussi être capable de lire les étiquettes numériques du format UNIMARC et de les traduire en étiquettes de champs. Ainsi, une étiquette UNIMARC 200 devient l'étiquette de champ « TITRE ». D'autres systèmes permettent de stocker les données dans un format particulier mais de les afficher de plusieurs façons. Un système dépourvu de capacités UNIMARC peut poser problème à l'avenir, lorsque la bibliothèque doit migrer vers un nouveau système.

Par exemple, le catalogue de la BnF et celui de la Library of Congress (LC) proposent plusieurs formats pour l'affichage de leurs notices bibliographiques. La BnF propose d'afficher la notice « au format public », « au format INTERMARC » (format interne de production utilisé par la BnF) et « au format UNIMARC » en cliquant sur une flèche pour faire dérouler les options (voir les figures 8.1 et 8.3). La LC affiche les informations au format public dans son « Full Record » et propose aussi d'afficher les étiquettes numériques du format MARC en cliquant sur « MARC Tags » (voir les figures 8.2 et 8.4).

Affichage au « format public »

Un affichage au « format public » de l'ouvrage *De la violence à la divinité* du catalogue de la BnF est présenté à la figure 8.1. Voir aussi l'affichage « Full Record » de *Christianity Confronts Culture* du catalogue de la Library of Congress à la figure 8.2. Les étiquettes en gras dans la figure 8.1 indiquent la nature des données qui suivent les deux-points.

Affichage au format UNIMARC

L'affichage au « format UNIMARC » de *De la violence à la divinité* du catalogue de la BnF dans la figure 8.3 montre comment les mêmes informations sont indiquées au format UNIMARC. Les numéros à 3 chiffres à gauche sont appelés *étiquettes* ou *zones*. En regardant par exemple la zone 700 dans la figure 8.3, nous trouvons le nom de l'auteur. Dans la notice au format public illustrée à la figure 8.1, ces données concernant l'auteur sont intitulées « Auteur(s) ». Le format UNIMARC permet aux bibliothèques de partager facilement des informations à l'aide d'un ensemble commun de zones. Le logiciel de bibliothèque peut traduire ces étiquettes numériques en différentes étiquettes en fonction de la langue et des préférences de la bibliothèque. Dans un catalogue en langue espagnole, par exemple, une zone 700 pourrait être étiqueté « Autor ». Voir aussi l'affichage « MARC Tags » de *Christianity Confronts Culture* du catalogue de la Library of Congress dans la figure 8.4.

Le tableau de la figure 8.5 place les deux formes d'affichage de zone côte à côte. La première colonne affiche les définitions des zones au « format public » de la figure 8.1. La deuxième colonne indique la zone UNIMARC avec les sous-zones comme présentées dans la figure 8.3. Une explication plus détaillée des sous-zones sera donnée dans la figure 8.7. Les définitions et noms des zones et sous-zones UNIMARC utilisés dans les figures 8.5-8.10 sont tirées du manuel UNIMARC de l'IFLA[2].

---

2. Manuel UNIMARC : format bibliographique, « liste des zones », disponible sur : https://www.transition-bibliographique.fr/wp-content/uploads/2018/07/Bsection5-6-2011.pdf, consulté le 4 octobre 2021. Les autres parties du manuel sont disponibles en ligne : https://www.transition-bibliographique.fr/unimarc/manuel-unimarc-format-bibliographique/.

Figure 8.1 Affichage au « format public » de la Bibliothèque nationale de France[3]

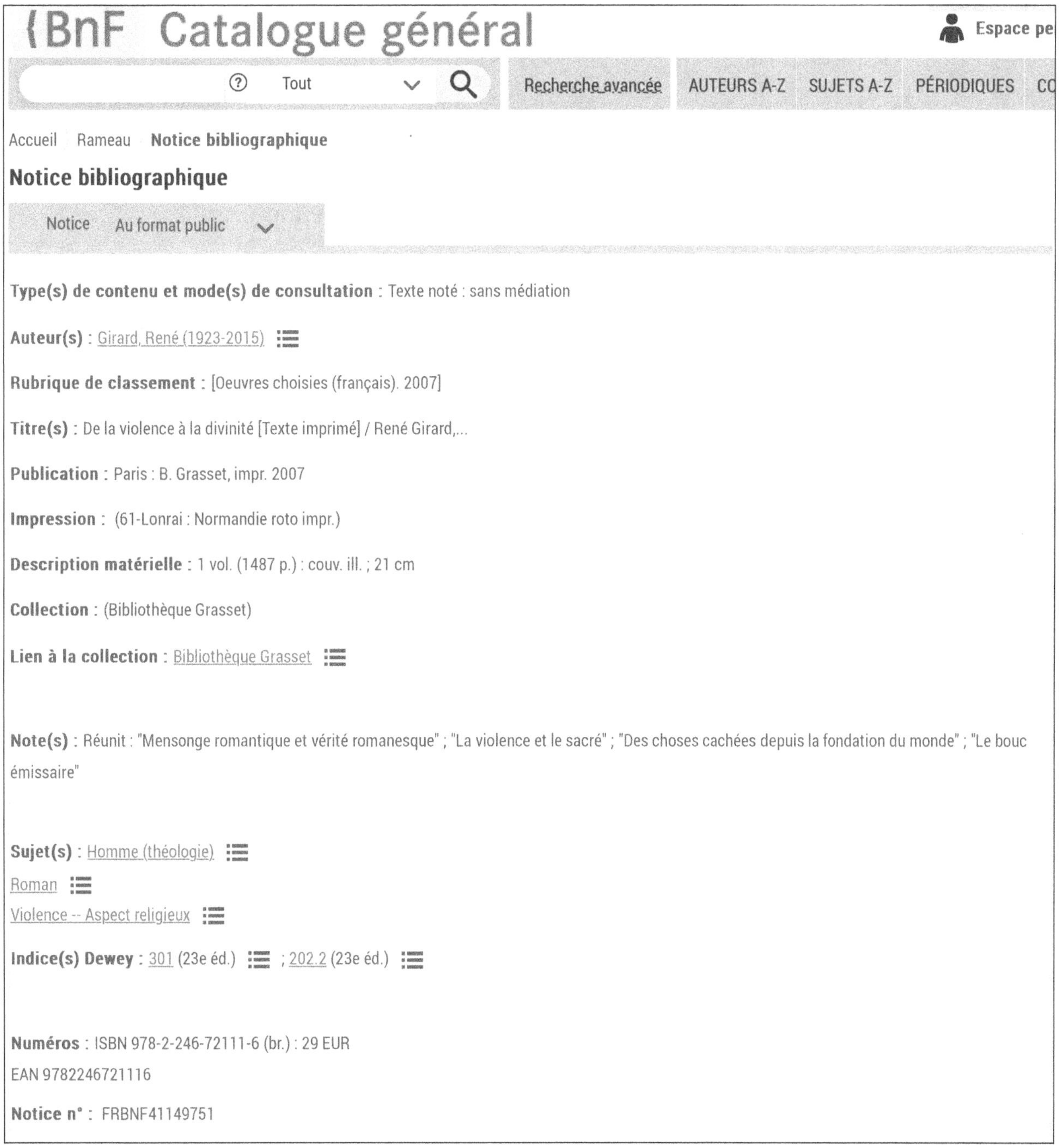

{BnF Catalogue général   Espace pe

                    ⓘ   Tout   ∨ 🔍   Recherche avancée   AUTEURS A-Z   SUJETS A-Z   PÉRIODIQUES   CC

Accueil   Rameau   Notice bibliographique

Notice bibliographique

    Notice   Au format public   ∨

Type(s) de contenu et mode(s) de consultation : Texte noté : sans médiation

Auteur(s) : Girard, René (1923-2015)

Rubrique de classement : [Oeuvres choisies (français). 2007]

Titre(s) : De la violence à la divinité [Texte imprimé] / René Girard,...

Publication : Paris : B. Grasset, impr. 2007

Impression : (61-Lonrai : Normandie roto impr.)

Description matérielle : 1 vol. (1487 p.) : couv. ill. ; 21 cm

Collection : (Bibliothèque Grasset)

Lien à la collection : Bibliothèque Grasset

Note(s) : Réunit : "Mensonge romantique et vérité romanesque" ; "La violence et le sacré" ; "Des choses cachées depuis la fondation du monde" ; "Le bouc émissaire"

Sujet(s) : Homme (théologie)
Roman
Violence -- Aspect religieux

Indice(s) Dewey : 301 (23e éd.)   ; 202.2 (23e éd.)

Numéros : ISBN 978-2-246-72111-6 (br.) : 29 EUR
EAN 9782246721116

Notice n° : FRBNF41149751

---

3. Extrait de la notice bibliographique au format public du livre *De la violence à la divinité* du catalogue de la BnF : https://catalogue.bnf.fr/ark:/12148/cb41149751m.public.

Figure 8.2 Affichage « Full Record » du catalogue de la Library of Congress[4]

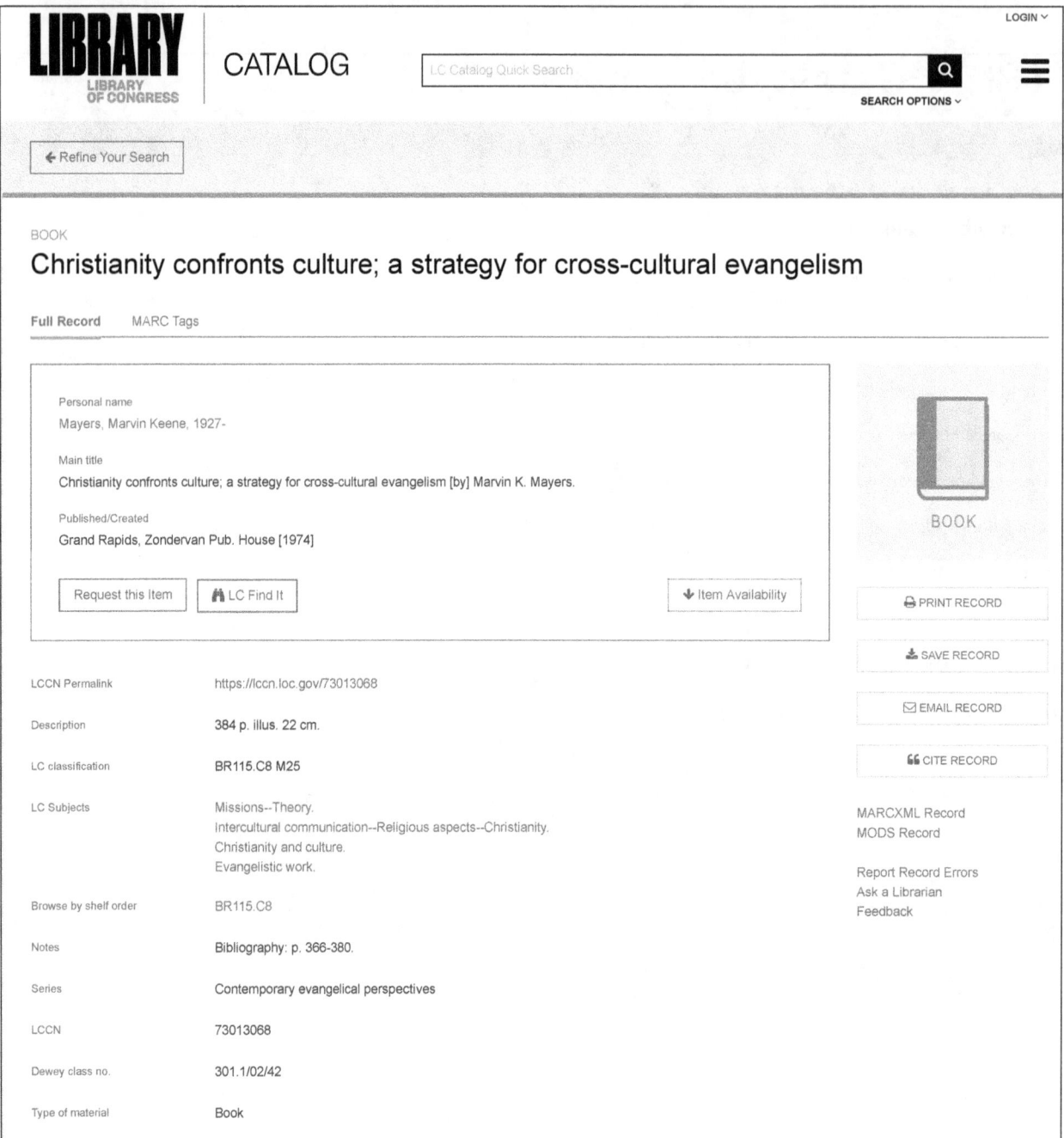

4. Library of Congress catalog : https://catalog.loc.gov/vwebv/holdingsInfo?searchId=27743&recCount=25&recPointer=0&-bibId=307123.

Figure 8.3 Affichage au « format UNIMARC » de la Bibliothèque nationale de France[5]

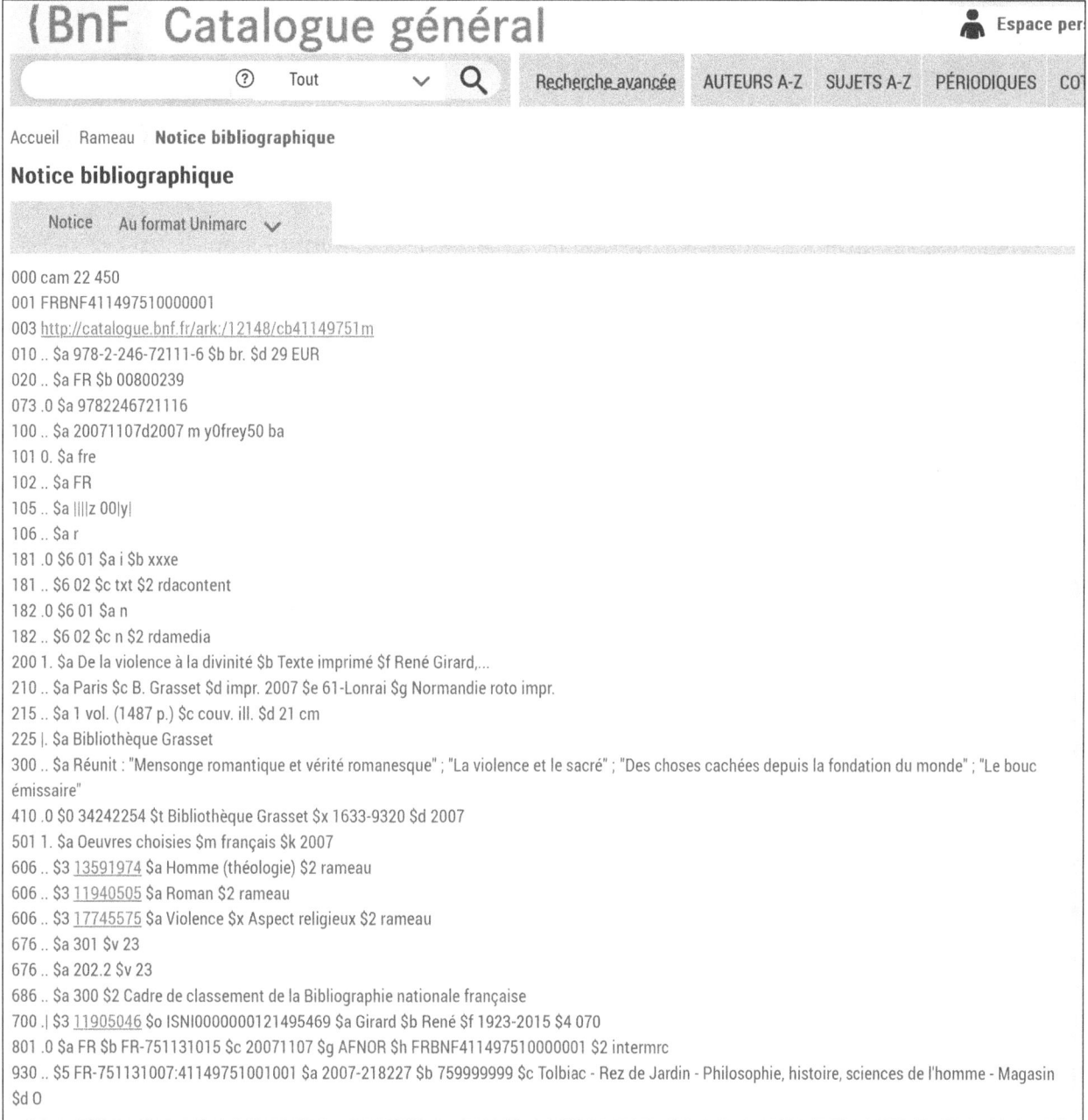

---

5. Extrait de la notice bibliographique au format UNIMARC du livre *De la violence à la divinité* du catalogue de la BnF : https://catalogue.bnf.fr/ark:/12148/cb41149751m.unimarc.

186 La gestion d'une bibliothèque

Figure 8.4 Affichage « MARC Tags » du catalogue de la Library of Congress[6]

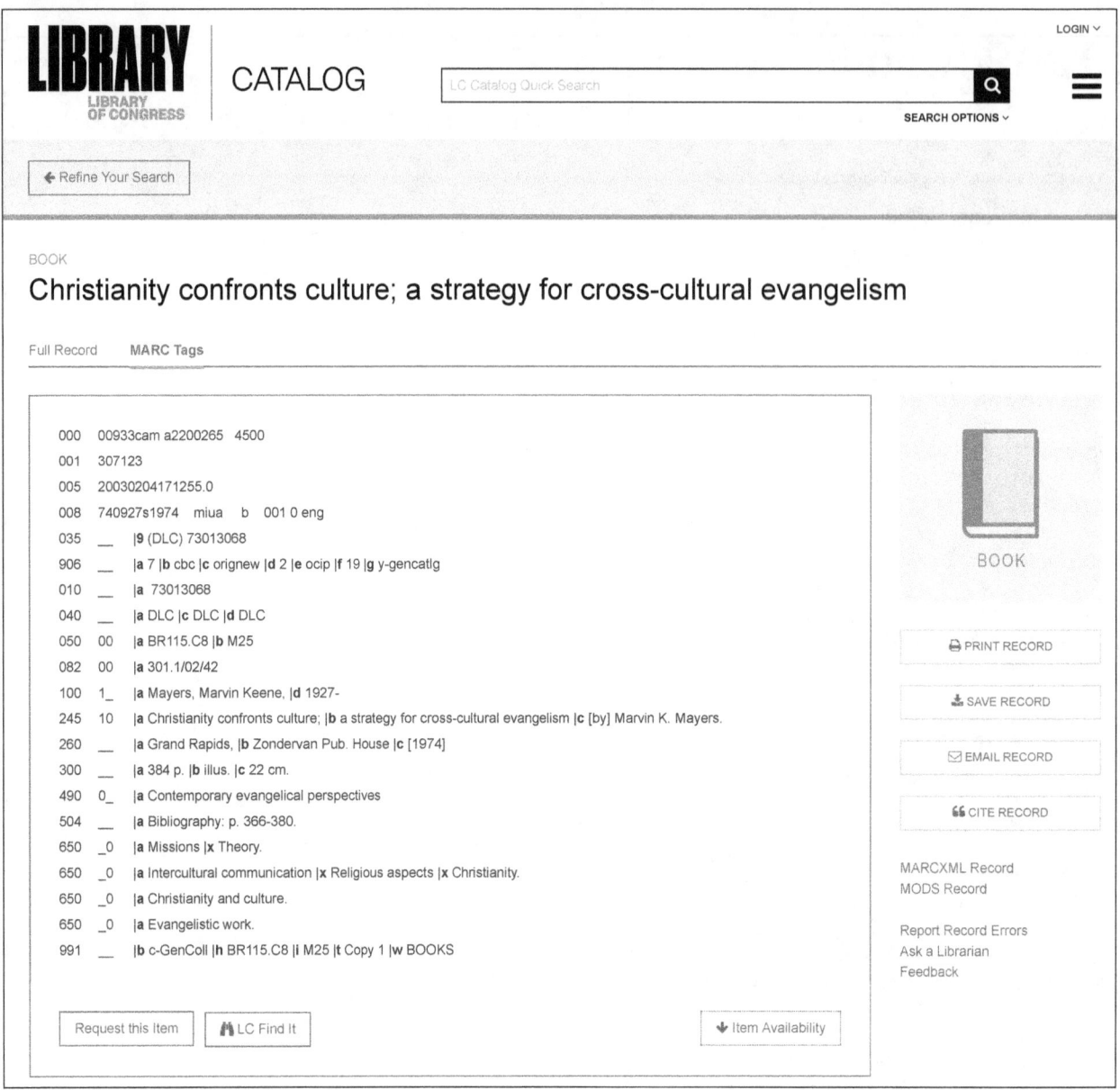

---

6. Library of Congress catalog : https://catalog.loc.gov/vwebv/staffView?searchId=27743&recPointer=0&recCount=25&bibId=307123.

Figure 8.5 Tableau comparatif : Définitions des zones et affichage des zones UNIMARC et MARC 21

Définitions des zones	Zones UNIMARC et sous-zones	Zones MARC 21 et sous-zones	Informations de *De la violence à la divinité*
ISBN	010 $a $b $d	020 |a	ISBN 978-2-246-72111-6 br. 29 EUR
Titre(s)	200 $a $b $l	245 |a |c	De la violence à la divinité Texte imprimé René Girard.
Publication	210 $a |c $d $e $g	260 |a |b |c 500 |a (zone de note. Ici se trouve le nom et l'adresse de l'imprimerie)	Paris B. Grasset impr. 2007 61-Lonrai Normandie roto impr.
Description matérielle	215 $a $c $d	300 |a |b |c	1 vol. (1487 p.) : couv. ill. 21 cm
Note générale	300 $a	500 |a	Réunit : "Mensonge romantique et vérité romanesque" : "La violence et le sacré" : "Des choses cachées depuis la fondation du monde" : "Le bouc émissaire"
Sujet(s)	606 $3 $a $2	650 |a	13591974 Homme (théologie) rameau
	606 $3 $a $2	650 |a |x	11940505 Roman rameau
	606 $3 $a $x $2	650 |a |x	17745575 Violence Aspect religieux rameau
Indice(s) Dewey	676 $a $v	082 |a |2	301 23
	676 $a $v	082 |a |2	202 23
Auteur(s)	700 $3 $o $a $b $f $4	100 |a |d	11905046 ISNI0000000121495469 Girard René 1923-2015 070

Les éléments qui se trouvent dans les notices UNIMARC

Cette section décrira le format UNIMARC de manière assez détaillée. Cela permettra à un catalogueur de « lire » correctement une notice UNIMARC et d'apprendre les notions de base à partir d'exemples et de résumés.

Chaque notice UNIMARC contient trois éléments de base : (1) des étiquettes de zones à trois chiffres ; (2) des codes de sous-zone en caractères alphabétiques ou numériques qui divisent l'information dans une zone ; et (3) deux indicateurs pour de nombreuses zones, mais pas pour toutes. La figure 8.7 affiche les zones sélectionnées : 676, 700, 200, etc. En recherchant l'étiquette 200 dans la figure 8.7, nous voyons que les sous-zones sont : « $a » « $b » « $f » et « $g ». Le signe du dollar américain « $ » précède chaque sous-zone dans le catalogue de la BnF. C'est ce qu'on appelle un symbole *séparateur de zones*. D'autres logiciels peuvent utiliser un signe différent pour marquer la séparation entre les sous-zones. Le système MARC utilise une ligne verticale « | » par exemple.

Les bibliothèques qui décident d'utiliser UNIMARC peuvent obtenir sur le site web de la BnF le *Manuel UNIMARC* qui contient une description complète des éléments[7]. Certains logiciels de catalogage incluront les définitions exactes dans la partie « aide » du logiciel. Pour mieux comprendre les différents éléments, cette section présentera des tableaux pour illustrer la signification des codes de sous-zones et des indicateurs.

La figure 8.6 illustre certaines zones UNIMARC qui n'apparaissent pas dans la figure 8.1 (affichage « au format public » de la BnF) ou qui y apparaissent mais sans explication. La plupart de ces zones contiennent des numéros de contrôle et des informations sur la source du catalogage. Celles-ci sont très importantes pour le personnel de la bibliothèque mais pas pour les lecteurs. Par exemple, à la zone 801, le code FR à la sous-zone $b indique que la BnF est la source de catalogage de la notice.

La zone 930 est une zone locale où les catalogueurs de la BnF indiquent des informations de fonds spécifiques pour leurs fonds documentaires. En lisant la sous-zone $c on comprend que la BnF a un exemplaire de ce livre à un endroit appelé « Tolbiac – Rez de jardin – Philosophie, histoire, sciences de l'homme – Magasin ». Le numéro de classification se trouve à la zone 676, sous-zone $a.

---

7. https://www.transition-bibliographique.fr/systemes-et-donnees/manuel-UNIMARC-format-bibliographique/.

Figure 8.6 Étiquettes de zones UNIMARC spécialisées[8]

Zone	Indicateurs	Nom de la zone	Informations de *De la violence à la divinité*
000		Étiquette de la notice	cam 22 450
001		Identifiant de la notice	FRBNF411497510000001
003		Identifiant pérenne de la notice	http://catalogue.bnf.fr/ark:/12148/cb41149751m
010		ISBN	ISBN 978-2-246-72111-6 $b br. $d 29 EUR
020	–##	Numéro de la bibliographie nationale	$a FR $b 00800239
073	# 0	EAN (International Article Number)	$a 9782246721116
100	##	Bloc des informations codées	$a 20071107d2007 m y0frey50 ba
101	1 #	Langue de la ressource	$a fre
102	##	Pays de publication ou de production	$a FR
105	##	Zone de données codées : Ressources textuelles – Monographies	$a ||||z 00|y|
106	##	Zone de données codées : Forme de la ressource	$a r
181	#0	Zone de données codées : Forme du contenu	$6 01 $a i $b xxxe
181	##	Zone de données codées : Forme du contenu	$6 02 $c n $2 rdacontent
182	#0	Zone de données codées : Type de médiation	$6 01 $a n
182	##	Zone de données codées : Type de médiation	$6 02 $c n $2 rdamedia
676	##	Classification décimale Dewey (CDD)	$a 301 $v 23
676	##	Classification décimale Dewey (CDD)	202.2 $v 23
686	##	Autres classifications	$a 300 $2 Cadre de classement de la Bibliographie nationale française
801	#0	Source de catalogage	$a FR $b FR-751131015 $c 20071107$g AFNOR $h FRBNF411497510000001 $2 intermrc
930	##	Localisation et cote	$5 FR-751131007 :41149751001001 $a 2007-218227 $b 759999999 $c Tolbiac – Rez de jardin – Philosophie, histoire, siences de l'homme – Magasin $d 0

Codes de sous-zones

Pour en savoir plus sur les codes de sous-zones, voir la figure 8.7 pour comprendre la signification générale des sous-zones. Elles sont séparées par le symbole séparateur « $ » suivi de lettres minuscules ($a, $b, $c, etc.) ou de chiffres ($2). La colonne de droite affiche les informations du livre *De la violence à la divinité*. Les étiquettes de zone et les codes de sous-zones sont mis en évidence en caractère gras.

Les indicateurs

Les indicateurs sont des marqueurs, soit des chiffres ou des blancs (représentés par le signe #), qui aident à indexer les données. Pour mieux comprendre l'utilisation des indicateurs, voir la figure 8.8. Les valeurs des indicateurs sont indiquées dans la deuxième colonne. Les définitions UNIMARC apparaissent dans la troisième colonne. La quatrième colonne indique la signification spécifique des indicateurs pour la notice bibliographique de *De la violence à la divinité*.

En examinant la figure 8.7, nous constatons que les zones 210, 215, 606 et 676 ne comportent aucun indicateur. Ils ont été laissés volontairement en blanc dans la notice UNIMARC.

---

8 Les noms des zones contenus dans ce tableau proviennent des données du Comité français UNIMARC, *Manuel UNIMARC : format bibliographique*, édition française en ligne, section « liste des zones », https://www.transition-bibliographique.fr/wp-content/uploads/2018/07/Bsection5-6-2011.pdf, consulté le 2 février 2022.

Figure 8.7 Codes de sous-zones de zones UNIMARC sélectionnées de *De la violence à la divinité*[9]

Zone	Indicateurs	Signification des sous-zones	Informations de *De la violence à la divinité*
200	1#	$a Titre propre (titre principal du document) $b Indication générale du type de ressource $f Première mention de responsabilité	$a De la violence à la divinité $b Texte imprimé $f René Girard
210	##	$a Lieu de publication, production, diffusion, etc. $c Nom de l'éditeur, du diffuseur, etc. $d Date de publication, de diffusion, etc. $e Lieu de fabrication $g Nom du fabricant	$a Paris $c B. Grasset $d impr. 2007 $e 61-Lonrai $g Normandie roto impr.
215	##	$a Type de présentation matérielle et importance matérielle $c Autres caractéristiques matérielles $d Dimensions	$a 1 vol. (1487 p.) $c couv. ill. $d 21 cm
606	##	$a Élément d'entrée $x Subdivision de sujet $2 Code du système d'indexation $3 Identifiant de la notice d'autorité	$3 13591974 $a Homme (théologie) $2rameau $3 11940505 $a Roman $2 rameau $3 17745575 $a Violence $x Aspect religieux $2 rameau
676	##	$a Indice $v Édition	$a 301 $v 23 $a 202.2 $v 23
700	#1	$3 Identifiant de la notice d'autorité $o ISNI (International Standard Name Indentifier) $a Élément d'entrée $b Partie du nom autre que l'élément d'entrée $f Dates $4 Code de fonction	$3 11905046 $o ISNI0000000121495469 $a Girard $b René $f 1923-2015 $4 070

Figure 8.8 Signification des indicateurs de zones sélectionnées de *De la violence à la divinité*[10]

Zone	Indicateurs	Définitions des indicateurs	Signification de ces indicateurs
200	1#	Indicateur 1 Le titre est significatif ou non Indicateur 2 Blanc non défini	0 Le titre n'est pas significatif Ce titre ne justifie pas la création d'un point d'accès. 1 Le titre est significatif Un point d'accès doit être créé pour ce titre.
210	##	Indicateur 1 Historique des changements dans la publication, la diffusion, etc. Indicateur 2 Diffusion	# Ne s'applique pas / Premier éditeur, producteur, diffuseur, etc. connu 0 Éditeur, producteur, diffuseur, etc. intermédiaire 1 Éditeur, producteur, diffuseur, etc. courant ou dernier connu # Produit en nombre, pour l'édition ou la diffusion publique 1 N'est pas publié, ni diffusé publiquement
606	##	Indicateur 1 Niveau du mot sujet Indicateur 2 Blanc non défini	# Aucun niveau n'est spécifié 1 Terme primaire 2 Terme secondaire
700	#1	Indicateur 1 Blanc non défini Indicateur 2 Forme du nom	0 Nom entré au prénom ou dans l'ordre direct 1 Nom entré au nom (de famille, patronymique, etc.)

---

9   Les données concernant la signification des sous-zones sont tirées du *Manuel UNIMARC*, édition française en ligne, et sont accessibles en cliquant sur chaque document correspondant à une zone particulière : https://www.transition-bibliographique.fr/unimarc/manuel-unimarc-format-bibliographique/, consulté le 2 février 2022.
10 Les définitions des indicateurs sont tirées du *Manuel UNIMARC*, édition française en ligne, et sont accessibles à partir de chaque document correspondant à une zone particulière : https://www.transition-bibliographique.fr/unimarc/manuel-unimarc-format-bibliographique/, consulté le 2 février 2022.

Les zones UNIMARC

Pour en savoir plus sur le système de marquage UNIMARC, cette section présentera les zones les plus couramment utilisées. Elle expliquera également les schémas de codage des zones connexes qui facilitent leur mémorisation.

Zones UNIMARC courantes

La notice moyenne contiendra la plupart des étiquettes de la figure 8.9. Chaque notice doit comporter au moins trois étiquettes : 200 (titre), 210 (publication) et 215 (description matérielle). De plus, une zone 700 (nom de personne – responsabilité principale) apparaît pour l'entrée d'un auteur. Si l'article a un co-auteur, ce nom apparaîtra ou dans la zone 701 (nom de personne – autre responsabilité principale) ou dans la zone 702 (nom de personne – responsabilité secondaire). Une zone 110 est ajoutée si le livre fait partie d'une série. Les notes sont placées dans l'une des séries de zone 3XX. Les vedettes-matière apparaissent dans l'une des nombreuses zones 6XX.

Remarque : lorsque XX apparaît en notation UNIMARC, cela fait référence à plus d'une étiquette de zone qui commence par le même numéro. Ainsi, 3XX est une manière abrégée de faire référence aux champs 300, 306, 314, 333 et autres.

Figure 8.9 Zones UNIMARC courantes[11]

Zone	Ind.	
000		Étiquette de la notice. Généralement attribuée par le système SIGB.
001		Identifiant de la notice. Le numéro d'identification de la notice attribué par l'agence de catalogage.
003		Identifiant pérenne de la notice. Attribué à la notice par l'agence qui a créé cette notice ; s'applique à la notice bibliographique, non à la ressource décrite.
010	##	$a ISBN. Numéro international normalisé du livre.
020	##	$a Code de pays $b Numéro de la bibliographie nationale ; ancien format = 10 chiffres ; nouveau format = 13 chiffres
200	1#	$a Titre propre $b Indication générale du type de ressource : $e Complément du titre / $f Première mention de responsabilité ; $g Mention de responsabilité suivante
205	##	$a Mention d'édition (Utiliser des abréviations telles que 2e éd.)
210	##	$a Lieu de publication, de diffusion, etc. : $c Nom de l'éditeur, du diffuseur, etc., $d Date de publication, diffusion, etc. : $g Nom du fabricant
215	##	$a Type de présentation matérielle et importance matérielle : $c Autres caractéristiques matérielles ; $d Dimensions
225	2#	Indicateur 2 indique que les données de la zone 225 sont équivalentes à la forme de référence utilisée comme point d'accès dans la zone 410. $a Titre de la collection ; $v Numérotation du volume (p. ex., $a Tyndale New Testament Commentaries ; $v vol. 6)
300	##	$aTexte de la note (p. ex., Textes en français et en anglais)
320	##	$a Texte de la note (sur de bibliographie(s) ou d'index, p. ex., Bibliogr. p. 197-210)
410	#0	$t Titre de la ressource. La zone 225 est utilisée pour saisir des données sur la collection telles que trouvées sur la ressource. La zone 410 est utilisée pour entrer le nom de la collection sous forme de point d'accès autorisé.(p. ex., $t Tyndale New Testament Commentaries)

---

11 Les données rassemblées dans ce tableau sont tirées du *Manuel UNIMARC*, édition française en ligne, et sont accessibles en cliquant sur chaque document correspondant à une zone particulière : https://www.transition-bibliographique.fr/unimarc/manuel-unimarc-format-bibliographique/, consulté le 2 février 2022.

500	##	Titre uniforme Indicateur 1, 1 = Le titre uniforme est significatif Indicateur 2, 1 = Le titre est l'entrée principale $a Titre uniforme. $k Date de publication $m Langue (quand elle fait partie de la vedette) $q Version (ou date d'une version)
600	#1	Vedette-matière – Nom de personne. Indicateur 2 (1 = Nom entré au nom (de famille, patronymique, etc.) $a Élément d'entrée $b Partie du nom autre que l'élément d'entrée (p. ex., $a Drogba $b Didier)
601	02	Vedette-matière – Nom de collectivité Indicateur 1 Spécifie le type de nom de la collectivité (0 = nom de la collectivité). Indicateur 2 Forme du nom (2 = nom dans l'ordre direct) $a Élément d'entrée $y Subdivision géographique (p. ex., Université Shalom de Bunia $y Bunia $y Rép. dém. du Congo)
605	##	Vedette matière – Titre (p. ex., Bible) $a Élément d'entrée $h Numéro de partie $i Nom de partie $x Subdivision de sujet (p. ex., Bible $i N.T. $i Épîtres $i Paul $i Corinthiens $h 2 $x Commentaires).
606	0#	Vedette matière – Nom commun. Indicateur 1 Niveau du mot sujet (0 = Aucun niveau n'est spécifié) $a Élément d'entrée $j Subdivision de forme, pour préciser le(s) type(s) ou genre(s) de ressource $x Subdivision de sujet $z Subdivision chronologique
607	##	Vedette matière – Nom géographique $a Élément d'entrée $x Subdivision de sujet (p. ex., $a Côte d'Ivoire $x Industrie)
676	##	Classification décimal Dewey $a Indice $v Édition
700	#1	Nom de personne – Responsabilité principale Indicateur 2 (1= Nom entré au nom (de famille, patronymique, etc.) $a Élément d'entrée $b Partie du nom autre que l'élément d'entrée
710	12	Nom de collectivité – Responsabilité principale Indicateur 1, Type de nom de collectivité, 1 = Congrès Indicateur 2, Forme du nom, 2 = Nom entré dans l'ordre direct $a Élément d'entrée $d Numéro de congrès et/ou numéro de session de congrès $e Lieu du congrès $f Date du congrès p. ex. $a Colloque international conjoint $d 03 $f 2018 $e Bunia, Rép. dém. du Congo.

Codage des zones associées

Au fur et à mesure que les catalogueurs commencent à lire les notices UNIMARC, ils verront des modèles émerger dans le système de codage. Le nom d'une personne peut être utilisé comme notice principale, vedette-matière ou comme vedette supplémentaire. La figure 8.10 montre certaines de ces relations et similitudes. Une notice principale de titre uniforme est similaire. La zone 500 intéresse particulièrement les bibliothèques chrétiennes. Le marquage des parties de l'Écriture nécessite une compréhension des indicateurs et des sous-zones.

Exemples de vedettes bibliques :
1. *La Sainte Bible.* Traduite par Louis Segond. Cette Bible a une entrée principale de titre uniforme qui utilise le code suivant :
500 11 $3 12008248 $a Bible $m français $k 1980.

2. Un commentaire en anglais sur le livre de Jacques écrit par David Nystrom pour la série de commentaires NIV Application Commentary est codé comme suit :
200 1- $a James $d NIV Application Commentary...
605 -- $a Bible $i N.T. $i Épîtres catholiques $i Jacques $x Commentaires
700 -1 $a Nystrom, David P., $f 1959-

Format UNIMARC pour les localisations

Comprendre cette norme UNIMARC est très important si l'on envisage d'utiliser un SIGB. Certains systèmes permettent l'enregistrement de copies et de volumes dans des notices de localisation individuelles. Ces notices sont jointes ou liées à la bonne notice bibliographique. Les fournisseurs de logiciels diffèrent par le niveau de détail qu'ils acceptent. Avant de commencer tout catalogage informatisé, il est nécessaire de connaître les codes UNIMARC de zone et de sous-zone. La plupart des zones sont uniformes dans le format bibliographique UNIMARC. Ce n'est pas le cas pour les zones 9XX (Bloc des données nationales et locales) qu'on emploie pour les localisations locales. Certains logiciels de bibliothèque, comme celui de la BnF, utilisent la zone 930 (voir la figure 8.3), d'autres la 996, d'autres encore pourraient choisir une autre zone 9XX.

Cette section définit les zones 9XX pour deux raisons principales : elles apparaissent dans la documentation de la BnF pour les données locales et plusieurs logiciels de bibliothèques les utilisent pour les informations de localisation. La figure 8.10 résume la signification des indicateurs et des codes de sous-zones pour les zones UNIMARC 9XX.

Figure 8.10 Les zones UNIMARC 9XX (Bloc des données nationales et locales)

Zone	Indicateur 1	Indicateur 2	Sous-zones
9##	#	#	$a Origine du document, texte libre $b Origine du document sous forme codée (= l'organisme propriétaire de l'exemplaire) $f Code-barres, suite numérique intégrale $k Cote $l Volumaison $o Catégorie de circulation longueur fixe (1 caractère) · c (l'exemplaire est réservé à la consultation sur place) · p (l'exemplaire peut être prêté) $r Type de document et support matériel (2 caractères) p. ex., Position 1, $a imprimé; Position 2 $a affiche $u Note sur l'exemplaire

Notices d'autorité UNIMARC

La BnF offre un service aux bibliothèques par son site web[12]. Les bibliothèques peuvent vérifier si les vedettes de nom, de matière et de titre ont été autorisées dans le catalogue de la BnF. La figure 8.11 illustre une partie de l'écran de recherche « Notices d'autorité ». En sélectionnant « Notices d'autorité » comme « Type de recherche », un catalogueur peut trouver la forme correcte de vedette pour l'auteur de *De la violence à la divinité*. Il faut simplement saisir « Girard, René » dans la deuxième case de recherche (voir figure 8.11).

Dans la liste de résultats qui apparaît (voir la figure 8.12), on sélectionne « Girard, René (1923-2015) – Philosophe et universitaire, spécialiste de l'étude des religions et de l'anthropologie du sacré ».

Les figures 8.13 et 8.14 présentent la notice de personne de « Girard, René (1923-2015) ». Les résultats peuvent être visualisés dans l'un des trois styles suivants : format public, format UNIMARC ou format INTERMARC (format interne de production utilisé par la BnF).

Lors de la recherche dans la base de données des notices d'autorité de la BnF, le premier résultat est généralement une liste de vedettes. Dans la liste, nous choisissons la vedette la plus proche de ce que nous recherchons (voir encore la figure 8.12). Si les noms ne contiennent que des initiales plutôt que des noms entiers, il nous faudra peut-être consulter plusieurs notices avant de trouver la vedette correcte. Dans l'exemple, le nom autorisé pour René Girard est « Girard, René (1923-2015) ».

---
12. L'adresse du site web est la suivante : https://catalogue.bnf.fr/recherche-autorite.do?pageRech=rat.

Lecture d'une notice d'autorité de la BnF

Lors de la lecture de l'affichage UNIMARC, le catalogueur peut ne pas comprendre la signification exacte des zones. Le moyen le plus simple d'en apprendre davantage est de cliquer sur l'onglet « Format public ». Dans l'affichage au format public, les étiquettes numérotées sont remplacées par des en-têtes qui les expliquent. Par exemple, l'en-tête « Source(s) » indique que la zone 810 montre les livres ou les autres sources utilisés pour vérifier la vedette de nom choisie.

Remarque : le format UNIMARC pour les autorités dispose d'une documentation séparée pour toutes les zones, tous les indicateurs et tous les codes de sous-zones. Certains numéros ressembleront au format de la notice bibliographique, *mais ils ne sont pas identiques.*

Figure 8.11 Exemple de recherche dans les notices d'autorité de la BnF[13]

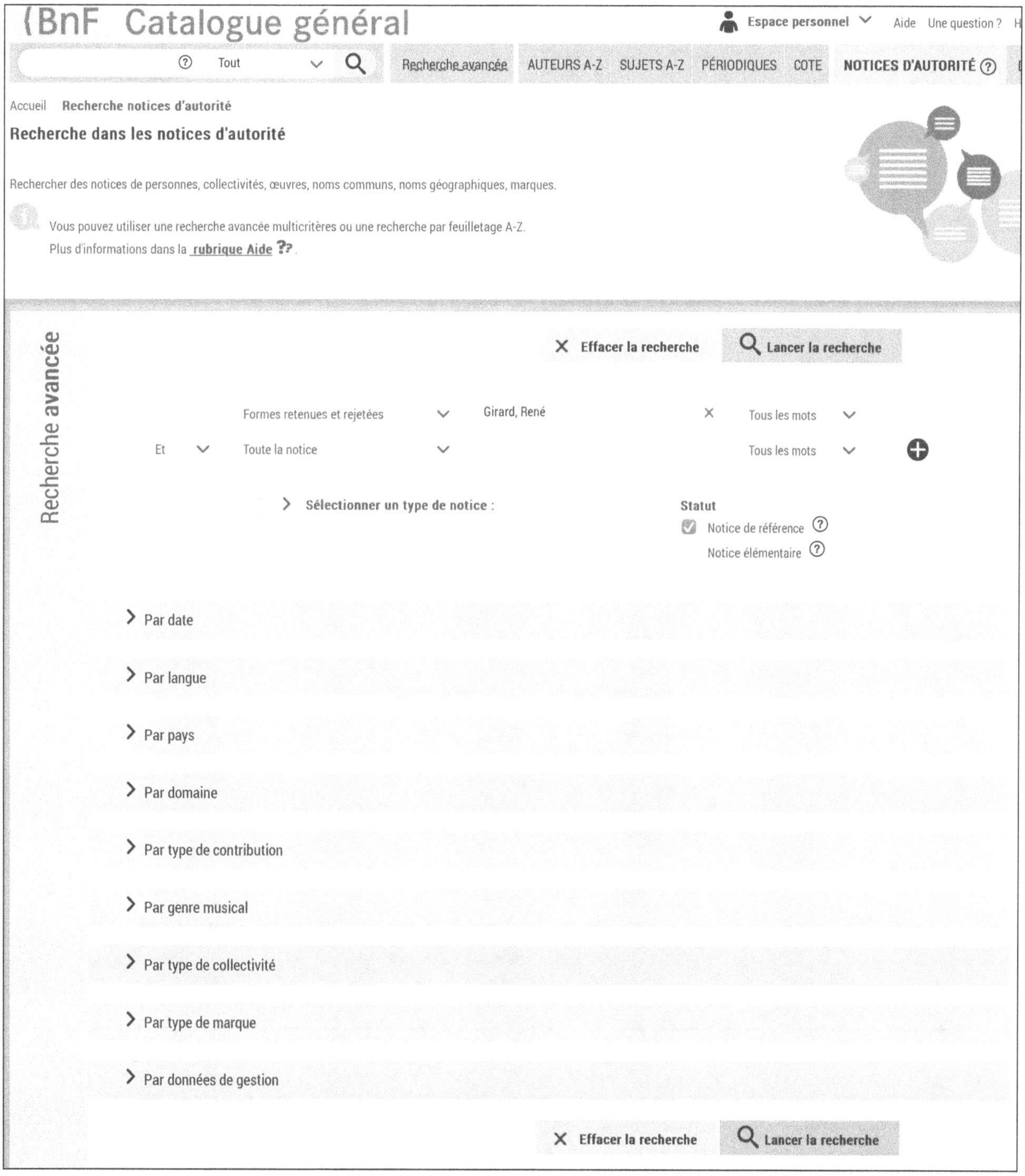

---

13. Extrait du catalogue général de la BnF, Recherche dans les notices d'autorité : https://catalogue.bnf.fr/recherche-autorite.do?pageRech=rat.

194   La gestion d'une bibliothèque

Figure 8.12 Liste des résultats de la recherche de « Girard, René » dans les notices d'autorité de la BnF[14]

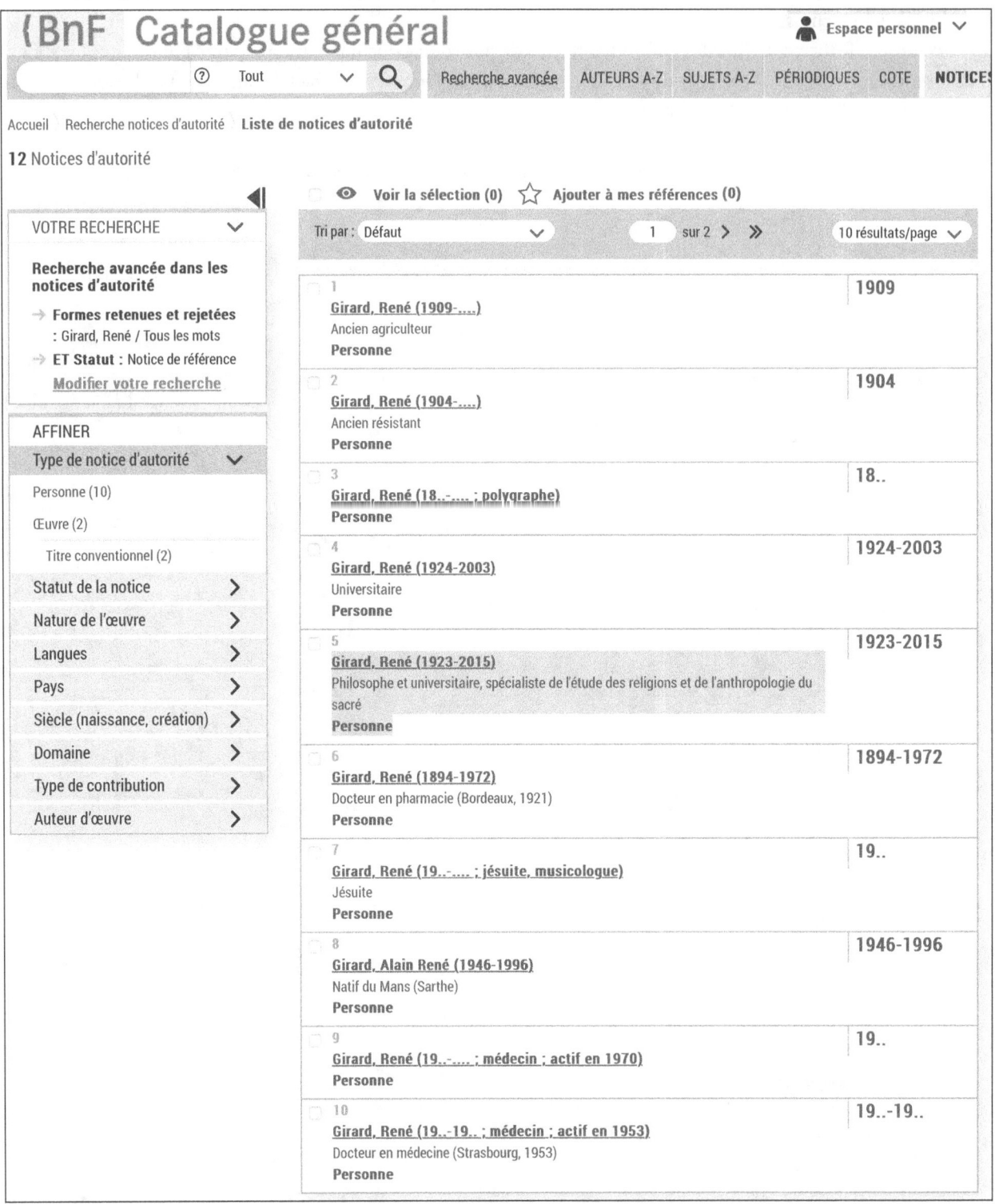

---

14. Extrait de la liste des résultats de la recherche de « Girard, René » dans les notices d'autorité du catalogue de la BnF : https://catalogue.bnf.fr/resultats-autorite-avancee.do?mots0=FRM;-1;0;Girard%2C+rené&mots1=ALL;0;0;&statutAuto=C&&&&pageRech=rat.

Figure 8.13 Affichage au format UNIMARC de la notice d'autorité BnF de « Girard, René (1923-2015) »[15]

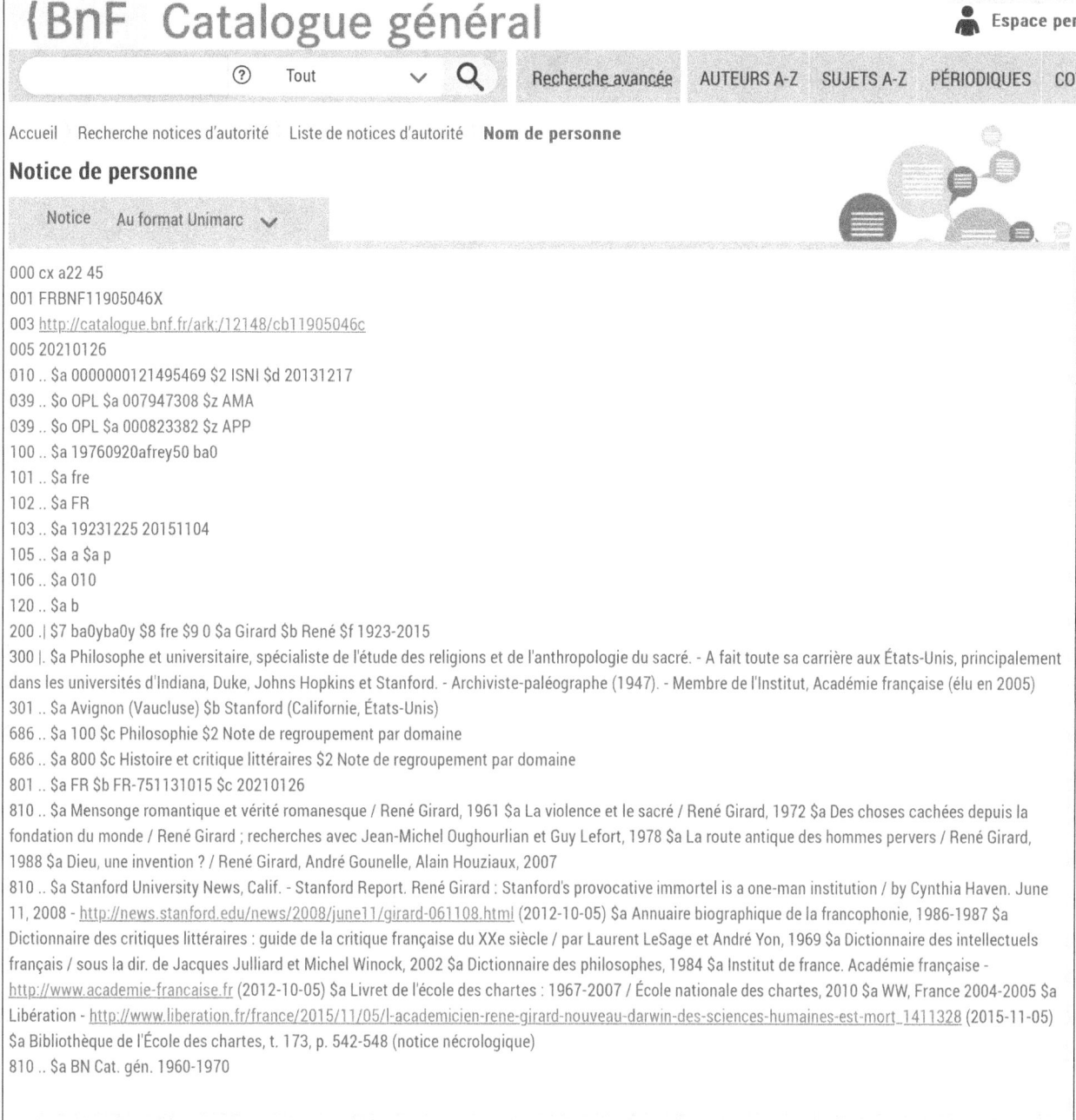

---

15. Extrait de la notice de personne au format UNIMARC de « Girard, René (1923-2015) » du catalogue de la BnF : https://catalogue.bnf.fr/ark:/12148/cb11905046c.unimarc.

Figure 8.14 Affichage au format public de la notice d'autorité BnF de « Girard, René (1923-2015) »[16]

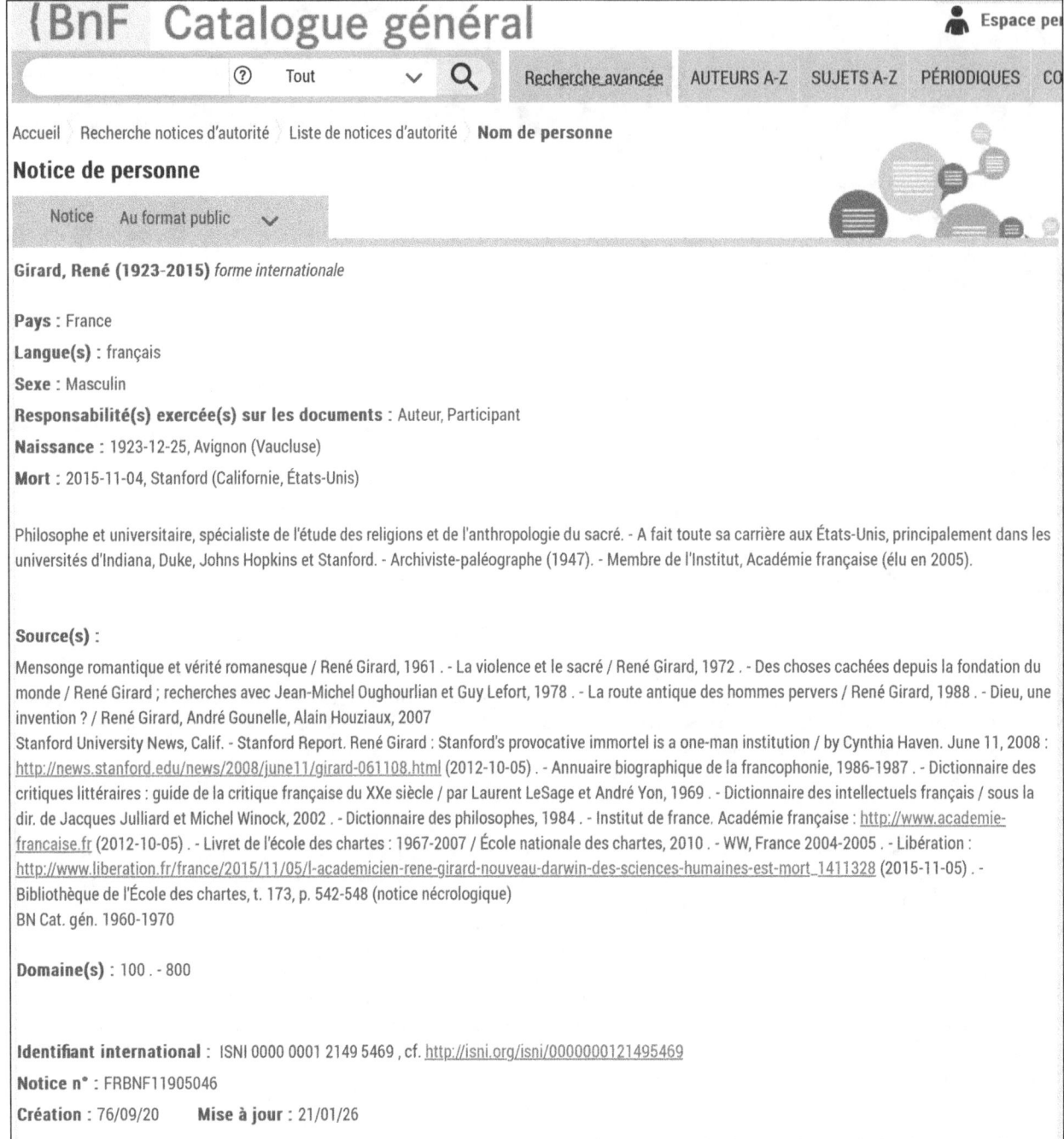

---

16. Extrait de la notice de personne au format public de « Girard, René (1923-2015) » du catalogue de la BnF : https://catalogue.bnf.fr/ark:/12148/cb11905046c.public.

Notices d'autorité dans un catalogue informatisé

Certains logiciels de bibliothèque moins coûteux ne peuvent pas utiliser directement les notices d'autorité UNIMARC. Lors de la sélection du logiciel, les évaluateurs doivent savoir si et comment le module de catalogage traite les notices d'autorité.

Un meilleur logiciel de catalogage de bibliothèque comprendra un module d'autorité permettant au catalogueur de corriger les enregistrements et de fusionner plusieurs formes des mêmes vedettes. Par exemple, un catalogue pourrait montrer certains livres de René Girard sous « Girard, René » et d'autres sous « Girard, René (1923-2015) ». En utilisant un bon module d'autorité, un catalogueur pourrait s'assurer que le mauvais formulaire est fusionné dans le bon formulaire. L'ordinateur modifierait alors toutes les notices bibliographiques sous la forme appropriée à la demande du catalogueur.

Remarque : les systèmes font ces changements de différentes manières. Il est important d'évaluer cette fonction lors de la sélection du logiciel. Autrement, le travail d'autorité devra être effectué notice par notice ou manuellement. Les logiciels les moins coûteux signalent souvent les doublons de vedettes en ligne dans des listes déroulantes ou hors ligne avec des listes imprimées. Mais ces logiciels ne peuvent pas empêcher la dactylographe de saisir des doublons ou des vedettes très similaires.

Si un système possède un *module d'autorité* ou des *fonctions d'autorité*, il devrait permettre au dactylographe de vérifier les vedettes et de réduire les doublons lors de la saisie de données. De meilleurs systèmes permettent aux *modifications globales* de corriger plusieurs enregistrements en une seule opération et/ou de fusionner différentes formes d'une vedette dans la forme autorisée.

Sources de notices UNIMARC

L'obtention de notices UNIMARC complètes auprès de la BnF ou d'une autre source améliorera la qualité du catalogue et augmentera la productivité du personnel. La plupart des notices UNIMARC contiennent toutes les informations descriptives, toutes les vedettes-matière et tous les numéros de classification nécessaires au catalogage. Les catalogueurs peuvent accepter la plupart des données sans correction et les transférer électroniquement sans les ressaisir. Ils disposent alors de plus de temps pour définir la meilleure cote et ajouter des vedettes-matière spéciales ou des notes locales. Ce processus s'appelle le *catalogage dérivé.*

Un certain nombre d'options sont disponibles pour rechercher et/ou acheter des notices UNIMARC. Les descriptions suivantes illustreront une variété de choix, mais elles ne fourniront pas de listes complètes de logiciels ou de bases de données.

Sources en ligne

De nombreuses sources de notices UNIMARC sont disponibles au moyen d'une connexion Internet. Quelques-unes sont gratuites tandis que d'autres sont disponibles sur abonnement ou selon un tarif unique. Pour profiter de ces sources, la bibliothèque ou l'institution doit disposer d'une connexion fiable à Internet.

La BnF et la Library of Congress sont les sources principales de notices gratuites[17]. On utilise cette dernière pour les documents de langue anglaise pour lesquels il n'y a pas de notices dans le catalogue de la BnF. Les notices de la Library of Congress sont paramétrées selon le format MARC 21. Ainsi, en choisissant un logiciel de bibliothèque, il serait préférable d'en trouver un qui permette l'importation directe des notices sans modification et qui convertisse les notices MARC 21 en format UNIMARC lors du téléchargement (ou vice versa, si l'on dispose d'un système qui est paramétré selon MARC 21). Si le système n'est pas capable de faire ces changements, il faudra employer l'outil de conversion MarcEdit[18].

Remarque : si un système se conforme seulement à MARC 21, il est possible d'importer les notices bibliographiques MARC 21 et de les réviser de sorte que les vedettes de nom se conforment aux autorités de nom de la BnF (voir le **chapitre 5**) et que les vedettes-matière se conforment à RAMEAU (voir le **chapitre 6**).

Les corrections apportées à la notice bibliographique, l'achèvement de la cote et l'ajout d'informations sur les fonds sont gérés par les catalogueurs *après* importation dans le module de catalogage.

---
17. Site de la BnF : https://catalogue.bnf.fr/ark:/12148/cb119759407.public. Site de la Library of Congress : http://catalog.loc.gov.
18. Disponible sur : https://marcedit.reeset.net/downloads.

La saisie de données locales

De meilleurs SIGB permettent aux données saisies d'être automatiquement converties au format UNIMARC. Cependant, à moins que les choix d'étiquettes soient très détaillés, la conversion sera plus générale que spécifique. Par exemple, pour les données concernant l'auteur, si les dactylographes ne peuvent pas choisir entre nom de personne, nom de collectivité ou nom de congrès, la zone auteur sera très probablement étiquetée en tant que zone UNIMARC 700 (nom de personne) au lieu de 710 (nom de collectivité, y compris nom de congrès). Ces distinctions sont moins importantes dans les petites bibliothèques que dans les grandes.

Remarque : il est utile de connaître la structure de données sous-jacente de tout logiciel. Les logiciels capables d'exporter des notices au format UNIMARC et de les importer sont les mieux. À mesure que la bibliothèque se développe, il peut être nécessaire d'acheter un système de bibliothèque plus complexe. Le personnel des bibliothèques et des services informatiques souhaite pouvoir transférer les données aussi facilement que possible d'un système ancien à un nouveau.

Grilles de catalogage et modèles

Les grilles de catalogage et les modèles sont utiles lors de la création des notices de catalogue sans aide extérieure. Les modèles sont des grilles de catalogage configurées en ligne. La figure 8.15 est un exemple de grille de catalogage UNIMARC pour les monographies. Un formulaire d'une seule page se trouve à **l'annexe E**.

Recherche, sauvegarde, correction et adaptation de notices UNIMARC

La section « Sources de notices UNIMARC » explique plusieurs manières d'obtenir des notices UNIMARC pour les documents d'une bibliothèque. Voici une description plus détaillée des sources en ligne telles que la BnF et d'autres catalogues permettant d'accéder aux notices pour les sauvegarder.

Le logiciel de catalogue local peut-il importer des notices UNIMARC à des fins de correction ?

Certains SIGB permettent l'importation de notices individuelles ou de groupes de notices UNIMARC extraits du catalogue d'une autre bibliothèque. Les notices doivent être sauvegardées au format UNIMARC. Après avoir importé les notices, les catalogueurs corrigent ou adaptent les notices, finalisent la cote et ajoutent des notes spéciales, davantage de vedettes-matière, etc. Le logiciel doit disposer d'une fonction d'importation ou de chargement de données UNIMARC dans le cadre du module ou des utilitaires de catalogage.

Recherche des notices UNIMARC dans les catalogues de bibliothèque au moyen du protocole Z39.50

L'introduction de ce chapitre décrit brièvement la norme internationale de recherche, le protocole Z39.50. Comme mentionné dans la section « Sources en ligne » des notices UNIMARC, les meilleurs SIGB ont la capacité de rechercher dans des catalogues en ligne comme celles de la BnF, de la Library of Congress et des grandes universités pour enregistrer des notices en vue de leur correction ou adaptation ultérieure. Les systèmes intégrés open source les plus avancés comprennent des modules Z39.50 qui peuvent rechercher plusieurs catalogues à la fois et en télécharger des notices pour les consulter. Si le système utilisé par la bibliothèque ne dispose pas de cette capacité, il existe des logiciels peu coûteux comme BookWhere[19] qui peuvent être exploités à ces fins.

Comment utiliser les notices de la BnF si le logiciel du catalogue local ne peut pas importer des notices UNIMARC ?

Si le logiciel de la bibliothèque ne comporte pas de fonction d'importation et si la bibliothèque n'a pas pu acheter un logiciel comme BookWhere, les catalogueurs dispose de deux options. La première option consiste à tester une « méthode copier-coller ». Si le logiciel de catalogage local a été développé avec des fonctionnalités standard de Windows, il sera peut-être possible de faire un copier-coller des informations du catalogue de la BnF dans les formulaires de catalogage du système local. La deuxième option consiste à imprimer les notices et à ressaisir les informations dans le système local.

---

19. http://www.webclarity.info/products/bookwhere/.

Remarque : lors de l'achat d'un logiciel de bibliothèque, nous recommandons de choisir un logiciel doté de la fonction d'importation. Il est important d'en apprendre le plus possible sur cette fonctionnalité très utile.

Figure 8.15 Exemple de grille de catalogage UNIMARC pour les monographies (ouvrages)

MONOGRAPHIE : Catalogueur : _____ Dactylographe : _____ Date : _____

Le signe # remplace un <blanc> au format UNIMARC.

ISBN : 010	#	#	$a
Code de pays 020	#	#	$a $b
Titre propre 200	1	#	$a $b $f
Édition 205	#	#	$a
Publication, etc. 210	#	#	$a : $c_____ ,$d
Type de présentation matérielle 215	#	#	$a p. : $c ; $d _ _ cm.
Collection (données trouvées sur la ressource) 225	2	#	$a ; $v
Texte de note 300	#	#	$a
Texte de note sur bibl ou index 320	#	#	$a
Collection (point d'accès autorisé) 410	#	0	$t
Titre uniforme 500	#	#	$a . $k $m $q
Vedette-matière Nom de personne 600	#	1	$a
Vedette-matière – Nom de collectivité 601 6_ _ 6_ _	0	2	$a $y
Vedette-matière – Nom commun 606	0	#	$a $j $x $z
Nom de personne – Resp. principale 700 7_ _ 7_ _	#	1	$a $b
Nom de collectivité – Resp. principale 710	1	2	$a $d $e $f

Informations sur les localisations et les étiquettes codes-barres

Les logiciels de bibliothèque utilisent un certain type de notice de localisations au niveau des articles. La plupart autoriseront, voire exigeront, l'utilisation de numéros de code-barres uniques qui peuvent être lus électroniquement par des scanners ou lecteurs de code-barres. Ces scanners sont similaires à ceux qui sont utilisés dans les grands magasins. Certains logiciels moins coûteux peuvent ne pas utiliser une notice de localisation distincte. Si un tel logiciel est choisi, les instructions qui l'accompagnent suggèrent les meilleurs moyens d'indiquer les localisations pour les ouvrages de référence en plusieurs volumes et les exemplaires multiples.

La figure 8.16 montre un type spécifique de code-barres à titre d'exemple.

Figure 8.16 Exemple d'étiquette code-barres

Les codes-barres

De nombreux types de codes-barres existent pour différentes applications. Les SIGB varient en termes de type de code-barres recommandé. Il est préférable d'avoir acheté un logiciel de bibliothèque, ou au moins d'avoir pris une décision finale sur le logiciel à acheter, avant de choisir un type de code-barres. La société qui vend le logiciel saura indiquer le type de code-barres qui fonctionne le mieux avec les scanners qu'elle vend.

Zone 9XX Localisations, codes-barres et cote

La zone 9XX Localisations contient des informations qui peuvent être utilisées par de nombreux SIGB. Avant d'utiliser cette zone pour les localisations, il est judicieux de consulter les sociétés qui nous intéressent et de savoir exactement comment leurs logiciels utilisent les codes de sous-zone. La figure 8.10 donne un échantillon représentatif des sous-zones de la zone 9XX.

La conversion rétrospective : du catalogue sur fiches à l'ordinateur

La conversion rétrospective est un ensemble de processus requis pour transformer tout catalogue de bibliothèque manuel en une base de données lisible par machine. La base de données contiendra des notices bibliographiques pour chaque document unique du fonds documentaire. Elle enregistrera également les volumes individuels et les exemplaires associées à chaque titre. Certains systèmes fonctionnent mieux lorsque chaque article en circulation se voit attribuer un numéro de code-barres unique. Une étiquette correspondante est attachée à l'article. Des informations sur l'emprunteur peuvent également être ajoutées. Ces informations peuvent provenir d'un système informatisé de dossiers d'étudiants conservé au bureau du directeur des études.

La conversion rétrospective est unique pour chaque bibliothèque. Il est préférable de trouver un conseiller ou un consultant pour aider à la planification du projet de conversion. Ou encore, les bibliothécaires peuvent visiter d'autres bibliothèques pour interroger et/ou observer ceux qui ont terminé les processus avec succès. Cette section décrit brièvement les principaux éléments à prendre en compte lors de la conversion rétrospective.

Quels catalogues et quelles autres sources d'information ont besoin de conversion ?

Les bibliothécaires devront rassembler des informations sur tous les fonds documentaires de la bibliothèque avant de prendre des décisions ou d'agir. Voici quelques questions à poser :

1. La bibliothèque dispose-t-elle d'un catalogue topographique complet ou d'une autre source qui répertorie chaque article sur les rayonnages ? Si non, un inventaire devra faire partie de la conversion rétrospective.
2. Chaque notice topographique, dans un rapport ou dans un autre format, contient-elle les informations bibliographiques complètes, y compris la cote et les vedettes-matière ?
3. Chaque notice topographique contient-elle le nombre exact de volumes et d'exemplaires qui se trouvent dans le fonds documentaire ?
4. Le catalogue topographique identifie-t-il clairement les emplacements spéciaux et/ou les types de documents tels que les ouvrages de référence, les archives, les manuels, les vidéos, etc. ? Si oui, faire une liste de ces désignations spéciales.

5. Si le catalogue topographique ne contient pas de vedettes-matière et/ou d'informations complètes sur la publication, le catalogue contient-il au moins une fiche complète qui reprend toutes les vedettes-matière et les vedettes supplémentaires pour les titres et les auteurs ?
Remarque : si la fiche topographique est incomplète, la fiche notice principale peut souvent être extraite et utilisée pour la saisie de données.
6. L'institution rattachée à la bibliothèque dispose-t-elle de sources d'information qui peuvent être converties pour créer un fichier d'informations sur les emprunteurs pour un système de prêt informatisé ? Ces dossiers peuvent être situés dans un système de dossiers d'étudiants et peuvent ou non contenir des informations sur le corps professoral et le personnel.

Y a-t-il déjà des notices dans certains formats lisibles par machine ?

Si une bibliothèque possède un nombre important de données dans un format lisible par machine, il est préférable de consulter les fournisseurs lors du choix du logiciel. Les fournisseurs peuvent avoir vu et traité des données similaires avec d'autres clients. Les personnes qui connaissent bien ce type de données auront plus de facilités à analyser la cohérence du contenu et de la structure.

Remarque : lors de la collaboration avec un fournisseur de logiciel potentiel, il faut veiller à inclure toutes les sources de données : informations de catalogue, dossiers sur les étudiants et tous les fichiers distincts pour les acquisitions, gestion des publications en série, etc.

Certains documents seront-ils retirés de la bibliothèque avant la conversion ?

La plupart des bibliothèques possèdent des documents obsolètes et des exemplaires supplémentaires sur les rayonnages. Avant de commencer une conversion rétrospective, il est judicieux de retirer tous les éléments inutiles. Cela réduira le temps nécessaire à la saisie des données et l'espace disponible pour les nouveaux documents. Il convient d'examiner le fonds documentaire et d'établir des critères pour supprimer les éléments non souhaités avant la conversion. Si les dates de prêts sont enregistrées pour chaque article, c'est l'occasion d'évaluer les documents selon leur utilisation antérieure. Par exemple, si un article est dans le fonds documentaire depuis plus de dix ans mais n'a jamais été emprunté ou utilisé, il pourrait être envisagé de le retirer. Pour en savoir plus sur le « désherbage », voir la section correspondante au **chapitre 3**.

Quelles sont les étapes du processus de conversion ?

Dans la plupart des cas, une institution aura acheté un SIGB avant de lancer un processus de conversion rétrospective sur son catalogue existant. Le processus de sélection proprement dit sera présenté au **chapitre 12**. La présente section décrira dix étapes importantes.

Étape 1 : Déterminer si un inventaire est nécessaire. Les résultats d'une analyse du catalogue topographique et d'une comparaison avec les livres sur les rayonnages détermineront si un inventaire est nécessaire. Certains bibliothécaires se rendent immédiatement compte qu'il existe de nombreuses différences entre le catalogue topographique et le fonds documentaire. Parfois, les livres étaient traités pour la mise en rayon sans fiche, ou des fiches n'étaient jamais extraites du catalogue ou du catalogue topographique lorsque des articles étaient perdus ou manquants. Si un inventaire est nécessaire, une option consiste à le faire séparément avant la conversion. Toutefois, si la conversion est effectuée dans la bibliothèque, l'inventaire peut devenir une étape supplémentaire du processus.

Remarque : certaines bibliothèques ont sur leurs rayonnages des livres qui n'ont jamais été enregistrés dans le catalogue ou dans le catalogue topographique. Une conversion rétrospective comprenant un inventaire trouvera ces « trésors cachés ». Cela signifie généralement que le personnel de la bibliothèque fera l'inventaire de chaque fonds, cote par cote. Ils prendront les livres, un par un, tout au long du processus de conversion.

Étape 2 : Analyser le catalogue topographique pour vérifier l'exactitude et la complétude des informations. Pour décider de la précision avec laquelle le catalogue topographique enregistre les livres présents sur les rayons, choisir au hasard environ 30 livres de différentes sections de la bibliothèque. Vérifier qu'ils sont tous enregistrés dans le catalogue topographique. Comparer chaque notice à l'élément correspondant pour vérifier l'exactitude de la description, la présence des vedettes-matière, etc. Répéter ce processus avec 20 livres de la même zone de classification.

Examiner les réponses à la question qui figurent dans la rubrique « Quelles sources de catalogue et autres informations doivent être converties ? ». Idéalement, la fiche correspondante du catalogue topographique contient les informations de catalogage complètes pour chaque titre et répertorie chaque volume et exemplaire de l'édition en question. Un catalogue topographique qui contient des informations de catalogage précises et complètes est souvent appelé *le catalogue topographique vierge*. Si cela reflète également avec précision les livres sur les rayonnages et ceux qui manquaient dans un inventaire récent, il est temps de choisir une méthode de conversion.

Un catalogue topographique impropre est inexact, ne reflète pas les livres en stock et/ou manque d'informations essentielles pour identifier correctement les livres, que ce soit sur les auteurs, sur les éditeurs ou sur les dates. Un catalogue topographique impropre nécessitera des étapes supplémentaires pour vérifier les informations manquantes. Il faudra peut-être extraire les fiches notice principale correspondantes et/ou retirer les livres correspondants des rayonnages pour la vérification ou la création d'une notice bibliographique correspondante.

Remarque : le nouveau catalogue informatisé doit afficher des notices pour les fonds vérifiés uniquement. Une entrée au catalogue topographique ne doit jamais être ajoutée sans vérifier au préalable que le livre est bien dans le fonds documentaire. Il est soit sur le rayonnage, soit enregistré comme emprunté par un emprunteur.

Étape 3 : Comprendre le format requis pour les notices et comment les charger. Le fournisseur du logiciel et les instructions doivent indiquer quels formats sont acceptés et comment les notices peuvent être *chargées* dans le système. Le transfert électronique de données dans un ordinateur est appelé *chargement* ou *importation*.

Remarque : il est essentiel de connaître et de comprendre toutes les normes d'importation avant de commencer la conversion rétrospective. Il est judicieux de tester l'importation d'un seul et d'un petit groupe de notices avant d'importer un grand nombre de notices.

Étape 4 : Compter ou estimer le nombre de notices bibliographiques qui seront créées. Un décompte ou une estimation précise des entrées dans le catalogue topographique résumera le nombre de documents qui nécessitera des notices électroniques. Pour les petits fonds documentaires, on peut compter les fiches. Pour les grands fonds, il sera plus rapide d'estimer le nombre d'entrées.

Pour commencer une estimation, nous prenons tout d'abord une règle. Dans n'importe quel tiroir du catalogue topographique, nous choisissons une section de fiches d'un centimètre (1 cm) à mesurer. Nous séparons cette petite section des autres fiches et la serrons fermement. Ensuite, nous comptons le nombre de fiches dans cette petite section et le notons. Si le catalogue topographique contient généralement des jeux de deux fiches ou plus agrafées ensemble, nous les comptons comme une seule entrée dans notre exemple de mesure.

Quand nous savons combien de fiches/entrées se trouvent dans 1 cm du catalogue topographique, nous mesurons la longueur totale des fiches dans chaque tiroir. Dans chaque tiroir, nous tenons les fiches ensemble avant de mesurer et d'écrire la longueur. Pour obtenir un nombre estimé d'entrées, nous multiplions la longueur totale en centimètres par le nombre de fiches par centimètre.

Étape 5 : Identifier les personnes et les compétences disponibles pour le projet. Beaucoup d'administrateurs d'institutions supposent qu'un projet de conversion rétrospective interne est préférable à l'achat de notices UNIMARC auprès d'un fournisseur ou d'une entreprise externe. Un projet géré localement et supervisé par les bibliothécaires emploiera des étudiants et des dactylographes qualifiés de la communauté. L'école pourrait également disposer d'une source de recrutement de bénévoles pour l'aider.

Les bibliothécaires devraient rédiger une liste d'employés et de bénévoles potentiels. La liste peut contenir des noms spécifiques d'individus ou non. Il est important de bien comprendre les compétences requises pour ce travail. Les employés ou les bénévoles devraient savoir comment saisir des informations avec précision, être intéressés par la recherche et la correction des incohérences dans les données et pouvoir apprendre à utiliser diverses fonctions de l'ordinateur. Une certaine compréhension des pratiques de catalogage serait hautement souhaitable.

Dans le cadre de cette évaluation des ressources humaines, il serait utile de noter les meilleurs moments pour accueillir des bénévoles et/ou embaucher des employés temporaires. Par exemple, les étudiants pourraient être plus disponibles pendant les vacances scolaires. Les bénévoles pourraient venir pendant les vacances scolaires lorsque des logements pour étudiants leur sont disponibles.

Étape 6 : Choisir la ou les méthodes les plus économiques et les plus rentables pour ajouter des notices complètes au catalogue informatisé. Il serait avantageux d'ajouter des notices complètes et précises au nouveau catalogue informatisé au prix le plus bas possible par notice. Comme mentionné à la deuxième étape, un catalogue topographique vierge sera la meilleure source pour tout projet. Si les fiches ont des informations complètes sur la publication et les vedettes-matière, deux excellentes options sont possibles pour la conversion.

- Première option : le personnel et/ou les bénévoles peuvent rechercher et sauvegarder des notices UNIMARC à partir d'une source externe, telle qu'un catalogue sur Internet (celui de la BnF, p. ex.). (Voir la section précédente « Sources de notices UNIMARC » pour identifier ces sources.) Les notices seront stockées dans des fichiers en ligne qui peuvent être importés dans le SIGB.

Remarque : cette méthode est particulièrement utile lorsque les fiches du catalogue topographique sont incomplètes ou que les données doivent être saisies directement à partir des livres. Le catalogue sera enrichi par de bonnes notices d'une autre bibliothèque.

- Deuxième option : ressaisir les informations du catalogue topographique directement dans les formulaires de catalogage du système de bibliothèque. Cette méthode peut être la plus rapide et la plus facile. Les principaux problèmes de cette méthode sont les suivants : saisie inexacte des données qui entraîne des erreurs d'orthographe dans les points d'accès clés et enregistrement incohérent des localisations (p. ex. différentes formes et abréviations de noms et de vedettes-matière).

Remarque : si cette méthode est choisie, les bibliothécaires ou le consultant du projet doivent rédiger un « Manuel de présentation » pour la saisie des informations. Ce manuel sera un document qui changera à mesure que de nouvelles situations se présenteront et nécessiteront une décision pour le choix de la présentation. Par exemple, le manuel devra indiquer aux dactylographes si le lieu de publication doit utiliser des abréviations ou la forme la plus complète d'un nom d'État américain. Il peut également indiquer comment les noms d'éditeurs doivent être saisis, en définissant les abréviations qui peuvent être utilisées ou non.

- Une troisième option consiste à acheter des notices de catalogue auprès d'une société extérieure. Cette option est la moins recommandée parce qu'il faut généralement que le catalogue topographique ou qu'un fac-similé soit envoyé au fournisseur. De plus, pour une petite bibliothèque, le coût par notice peut rendre le coût total trop élevé.

Étape 7 : Indiquer les processus prévus dans un calendrier. Pour tout projet, une bonne planification nécessite que le chef de projet connaisse les procédures, les applique sur de petits nombres de documents et indique le temps nécessaire à la réalisation de différentes étapes. Dans la conversion rétrospective, chaque étape doit être répertoriée et chronométrée. Ensuite, des estimations de temps par notice peuvent être calculées. Voici quelques étapes à considérer et à chronométrer :

1. Sélectionner les premières ou les prochaines 20 fiches du catalogue topographique/entrées pour lesquelles il faut rechercher et sauvegarder des notices UNIMARC.
2. Si des fiches notice principale et/ou des livres doivent être retirés, estimer le temps nécessaire pour les retirer et les remplacer dans le catalogue ou sur les rayonnages.
3. Rechercher chaque document dans le catalogue de la BnF et enregistrer chaque notice exacte dans un fichier de session.
4. Pour chaque notice sauvegardée, marquer la fiche topographique avec le numéro de notice de la BnF.
5. Noter ou mettre de côté les éléments qui ne figuraient pas dans le catalogue BnF (afin de les rechercher dans un autre catalogue).
6. Rechercher d'autres catalogues en ligne et sauvegarder les notices exactes. Lorsqu'elles sont trouvées, marquer les fiches topographiques.
7. Les notices correspondantes proches, mais non exactes, doivent être enregistrées dans un fichier afin de les corriger ultérieurement ou être imprimées pour aider les dactylographes à la saisie des données. Une correspondance proche entre des notices consisterait, par exemple, en un éditeur différent pour un même livre avec tous les autres détails identiques (y compris le nombre de pages).
8. Les entrées sans notice correspondante doivent être réservées pour le catalogage original ou la saisie à partir de la fiche.
9. *Rappel* : il est important de toujours écrire des notes cohérentes sur les fiches topographiques qui indiqueront celles pour lesquelles on a trouvé des notices et celles pour lesquelles on n'en a pas trouvé.

Étape 8 : identifier et obtenir les logiciels, le matériel informatique et l'accès Internet nécessaires. L'achèvement d'un projet de conversion rétrospective dans un délai raisonnable dépend de la quantité d'équipements et d'outils informatiques disponibles, y compris d'un accès à Internet. Idéalement, chaque personne qui saisit les données devrait avoir l'usage exclusif d'un poste de travail informatique pendant les heures normales de bureau.

Toutefois, si le matériel est limité, il est possible de prévoir que des personnes travaillent sur des postes de travail à des heures différentes, éventuellement en soirée.

Chaque poste de travail devrait disposer de tous les logiciels, bases de données et accès à Internet nécessaires, le cas échéant. Chaque poste de travail devrait également avoir un système d'alimentation électrique de secours en cas de panne de courant. L'équipement habituel est un onduleur (*uninterruptible power supply* ou UPS en abrégé), connecté entre l'ordinateur et la prise de courant. Dans certaines situations, cependant, plusieurs ordinateurs peuvent être connectés à un autre type d'alimentation de secours ou de générateur.

Remarque : dans les endroits où l'alimentation électrique est instable, ces systèmes d'alimentation de secours sont extrêmement importants, tout comme les sauvegardes de données fréquentes au cours de chaque session de travail.

Étape 9 : rédiger des instructions et des manuels de présentation pour les pratiques de catalogage locales. Comme indiqué à la sixième étape, le chef de projet doit rédiger des instructions et des manuels à l'intention des étudiants, des intérimaires et des bénévoles. Les processus de conversion rétrospective comportent de nombreux détails qui sont facilement oubliés ou non communiqués s'ils ne sont pas écrits. Ces documents devraient traiter des sujets suivants :

1. Normes : liste des erreurs critiques (p. ex. mots mal orthographiés dans les vedettes d'auteur, de titre et de matière) et moins importantes (p. ex. espace ou aucun espace avant « p. » pour la pagination, variation des abréviations dans la description : « illus. » plutôt qu' « ill. », ou autres petits détails dans les zones de notes).
2. Listes : fonds (REF, AFRICANA, Archives, etc.), lieux de publication les plus utilisés (Bunia, Rép. dém Congo ; Abidjan ; etc.), formes fréquentes des noms d'éditeurs (Eerdmans, pas Wm. B. Eerdmans ou WB Eerdmans).
3. Captures d'écran du système de bibliothèque avec les informations complétées.
4. Informations sur les localisations : où et comment saisir les informations.

Étape 10 : effectuer la conversion pendant une période d'utilisation réduite. Le projet doit être planifié de manière à ce que la bibliothèque soit fermée ou peu utilisée. Une telle période permettra aux employés de se concentrer sur le projet de conversion et de maintenir un rythme constant. La plupart des livres seront sur les rayonnages et pourront être consultés si nécessaire. Certains espaces publics peuvent être utilisés pour installer du matériel supplémentaire qui sera retiré une fois le projet terminé.

Pour encourager la motivation, il peut être utile de définir des objectifs quotidiens, hebdomadaires ou mensuels, et de noter les progrès réalisés dans un tableau ou un calendrier. La réalisation d'objectifs marquants peut alors être célébrée, telle que toutes les 1 000 notices. Une compétition saine peut encourager les employés à augmenter leur quantité de travail, pourvu que la qualité du travail n'en souffre pas. En toutes choses, « veillons les uns sur les autres pour nous inciter à l'amour et à de belles œuvres » (Hébreux 10.24, Bible Segond 21).

Migration, catalogues collectifs et exportation de notices UNIMARC

La possibilité d'exporter des notices dans un format standard est presque aussi importante que la possibilité de les importer. Lorsqu'une école envisage l'achat d'un SIGB, les bibliothécaires et l'administration doivent regarder vers l'avenir. Il faut prendre en compte le besoin potentiel de changer de logiciel et de fournisseur dans quelques années. Le transfert de données d'un système à un autre est souvent appelé la *migration*.

En outre, une bibliothèque peut avoir la possibilité de se joindre à d'autres bibliothèques pour créer un *catalogue collectif* qui répertorie dans un seul catalogue les fonds documentaires de plusieurs bibliothèques. Le partage des notices sera beaucoup plus facile si tous les logiciels utilisent le même format UNIMARC.

Diagramme de flux de travail des étapes requises pour la création d'un catalogue informatisé

Pour mieux comprendre le déroulement d'un projet d'automatisation du début à la fin, la figure 8.17 présente un diagramme de flux de travail comportant plusieurs éléments : (1) installation du matériel informatique, (2) sélection du logiciel, (3) installation du système, (4) processus de sauvegarde, (5) conversion des données et (6) ouverture du catalogue au public.

1. Installation du matériel informatique.

    De nombreuses institutions disposent d'une liste de types d'équipements privilégiés pour les projets informatiques. Les bibliothécaires responsables de sélectionner un SIGB devront travailler en étroite collaboration avec les informaticiens. Le logiciel doit être compatible avec le matériel de la bibliothèque ou avec le matériel qui sera acquis pour le projet. Les experts en informatique connaîtront bien le matériel nécessaire et leurs exigences d'installation. Certaines de ces équipements sont : des ordinateurs en tant que postes de travail et/ou serveurs individuels, des périphériques réseau, une alimentation de secours, un routeur Internet, et d'autres équipements nécessaires.

2. Sélection du logiciel.

    Le choix du logiciel sera traité au **chapitre 12**.

3. Installation du système.

    Lorsque le logiciel arrive, il devra être chargé sur l'ordinateur attribué. Le fournisseur enverra des instructions pour le chargement et la définition des paramètres du système à l'informaticien ou à l'administrateur du système de bibliothèque. La documentation sur la façon d'utiliser le système sera soit imprimée sous forme de manuel, soit sous forme de fichier électronique. Si elle est fournie sous forme électronique, il est extrêmement important d'imprimer toutes les sections pour faciliter l'accès aux instructions. En général, le fournisseur envoie un guide de démarrage qui décrit toutes les étapes initiales et un manuel de référence à lire selon les besoins. *Remarque* : lorsque cela est financièrement possible, il est préférable de payer pour une formation en personne dispensée par un formateur du fournisseur. Si cela n'est pas possible, il faudra essayer d'obtenir le plus grand nombre possible de supports de formation et de conseils utiles pour configurer et utiliser le système.

4. Conversion des données, y compris la saisie manuelle des données.

    Les étapes de la conversion rétrospective du catalogue de la bibliothèque ont été décrites précédemment dans ce chapitre. Il est très probable que d'autres informations nécessitent une conversion ou une saisie manuelle. Les informations sur les emprunteurs sont très importantes. Les responsables de la conversion des données devront choisir le type de fiche d'emprunteur le mieux adapté, les informations qui doivent figurer dans le dossier de chaque emprunteur et s'il convient d'utiliser des codes-barres. Si des sources électroniques d'informations sur les étudiants et le personnel ne sont pas disponibles, il faudra saisir toutes ces informations pour la première fois.

5. Processus de sauvegarde.

    Chaque administrateur du système de la bibliothèque doit se soucier des processus de sauvegarde. Les informaticiens sont les mieux placés pour effectuer régulièrement les tâches requises. Il est toutefois essentiel que les bibliothécaires comprennent l'importance de cette fonction. Les données stockées sur le disque dur d'un ordinateur peuvent être assez fragiles. Parfois, pour des raisons inconnues, le logiciel corrompra les données. Les informations peuvent devenir inaccessibles ou l'indexation sera incorrecte. Les éditeurs de logiciels disposent généralement de logiciels utilitaires capables de rechercher les erreurs dans les données ou de réindexer toutes les entrées. Il est également possible que le matériel tombe complètement en panne. Par exemple, un lecteur de disque dur peut arrêter de lire les données. Dans ce cas, le logiciel et la base de données devront être transférés sur un autre ordinateur. Pour se préparer à ce type d'événement, il faut prévoir de pouvoir tout restaurer à partir d'une source de sauvegarde récente. Cette source peut être (1) un lecteur de bande magnétique, (2) un disque dur externe portable, (3) une clé USB, (4) un DVD, ou (5) tout autre support approprié pour stocker des données informatiques. Dans le pire des cas, le logiciel et les données devront être restaurés. *Remarque* : les meilleurs logiciels incluent une option de sauvegarde facile dans le logiciel même. Le système demande souvent à l'utilisateur s'il souhaite faire une sauvegarde à la fin de chaque session de travail. En plus de telles sauvegardes de données, un informaticien peut configurer d'autres routines de sauvegarde que le personnel de la bibliothèque peut effectuer à la fin de chaque journée et de chaque semaine. Ils connaissent bien les fonctions de sauvegarde et de restauration dans les opérations informatiques normales.

Figure 8.17 Diagramme de flux de travail pour la création d'un catalogue informatisé avec la fonction de prêt

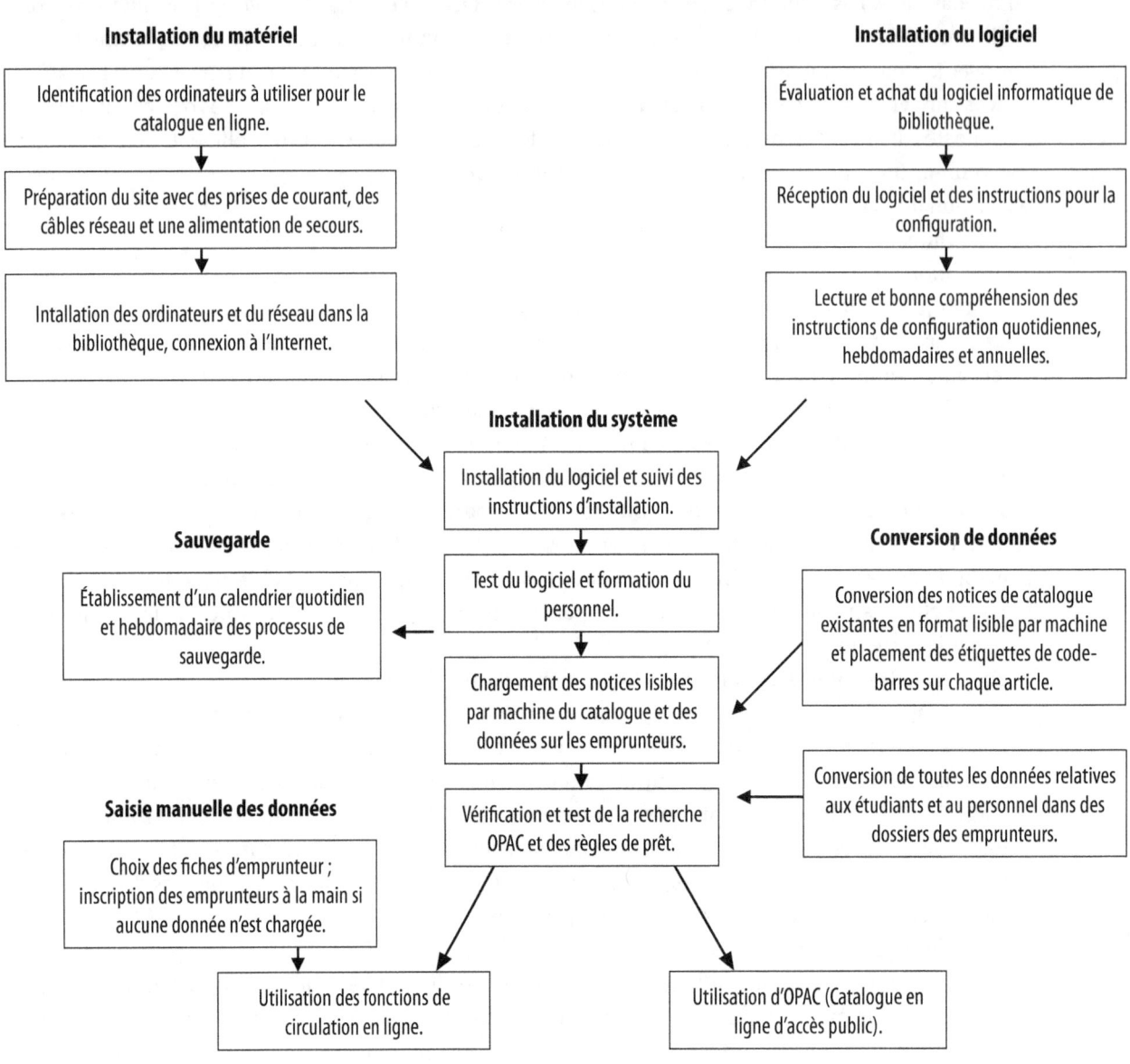

Remarque : la sélection et la configuration du matériel informatique et des logiciels sont des processus parallèles et complémentaires.

Ouverture du catalogue au public

Le meilleur moment de tout projet est la cérémonie d'inauguration. Après avoir appris à utiliser le logiciel et le matériel, il sera temps de le rendre accessible au public. Avant de rendre le catalogue accessible au public, il est préférable que la majorité des ressources soit entrée dans le catalogue. Si les prêts doivent commencer immédiatement, la majorité des articles devraient être dotés d'un code-barres. Le personnel devra maîtriser la plupart des opérations avant de les exécuter en présence des usagers. Au fil du temps, le personnel en apprendra de plus en plus sur le système. Chacun pourra constater que le système offre un meilleur accès à toutes les ressources que Dieu a données.

9

Traitement et conservation des documents

La dernière étape de la préparation d'un livre en vue de sa circulation s'appelle *le traitement physique des documents*. Cela peut inclure, si la bibliothèque n'est pas encore automatisée, l'insertion d'une *pochette* et d'une *fiche de livre* dans l'ouvrage, l'ajout d'un *ex-libris*[1] et d'une *feuille de rappel* portant l'inscription « À retourner le » et indiquant ainsi la *date de retour du livre au lecteur*. Toute bibliothèque doit ajouter un ex-libris à l'intérieur du livre et une étiquette au dos du livre avec la cote. Lorsqu'un livre provient du catalogueur, une feuille de traitement (figure 9.1) doit être insérée dans le livre. Le livre devrait ensuite être placé sur une étagère séparée et prévue pour les livres « en cours de traitement ». Une étiquette sur l'étagère indiquant « en cours de traitement » peut être ajoutée.

Figure 9.1 Feuille de traitement

FEUILLE DE TRAITEMENT
(Marquer les tâches d'un « x » lorsqu'elles sont effectuées.)

ÉTAPE 1 (Dactylographe / Personne responsable de la saisie des données)
_____ Saisir LES ENTRÉES DE CATALOGUE
_____ Auteur, titre, vedette(s)-matière
_____ Fiche topographique*
_____ Préparer LA FICHE DE LIVRE*
_____ Préparer LA POCHETTE*
_____ Préparer L'ÉTIQUETTE DE DOS
_____ Relire la fiche*, la pochette* et étiquette avec la cote en comparant avec les informations dans le livre et la feuille de travail du catalogueur.

ÉTAPE 2 (Personne chargée du traitement du livre)
_____ Comparer la fiche de livre, la pochette et l'étiquette de dos avec la grille de catalogage.*
_____ Ajouter la RELIURE À BROCHURES
_____ Coller la POCHETTE*
_____ Insérer la FICHE DE LIVRE*
_____ Coller L'ÉTIQUETTE DE DOS
_____ Estampiller L'EX-LIBRIS
_____ Coller la FEUILLE DE RAPPEL avec la date de retour*

Dans beaucoup de petites bibliothèques, la plupart des traitements non techniques seront effectués par des étudiants employés à temps partiel.

Chacune des étapes pourrait être effectuée par une personne semi-spécialisée différente. Ou bien, si le nombre de livres en cours de traitement est faible, deux étapes ou plus peuvent être effectuées par la même personne.

Les feuilles de traitement peuvent être imprimées sur une feuille de format standard (deux feuilles de traitement par feuille). Elles peuvent être placées à l'intérieur du livre et y être conservés à la fin de chaque étape.

Il est bon de conserver les livres à chaque étape du traitement sur une étagère clairement identifiée. Cependant, en conservant les feuilles de traitement dans chaque livre, même s'ils sont mélangés, les étapes ne risquent pas d'être sautées.

Les personnes remplissant la feuille de traitement doivent s'assurer de cocher chaque élément effectué puis d'apposer leurs initiales à côté et d'écrire la date. Cela permet à tout le monde de savoir ce qui a été fait et aide au contrôle de la qualité du travail. Si des erreurs ont été commises, les bibliothécaires sauront immédiatement qui a besoin de les corriger ou qui a besoin d'aide.

---

1. N.D.E. : Selon le Dictionnaire Le Robert, un ex-libris est une « inscription ou vignette apposée sur un livre pour en indiquer le propriétaire ».

> **ÉTAPE 3 (Bibliothécaires et assistants)**
> _____ DERNIÈRE RELECTURE
> _____ Classer les FICHES DE CATALOGUE* (si utilisées)
> _____ Supprimer LE BON DE COMMANDE du fichier « commandé/en cours de traitement »
> _____ Ajouter LE BON DE COMMANDE au fichier « liste de nouveaux livres »*
> _____ Informer l'enseignant qui a demandé l'article de l'arrivée du livre
> _____ Supprimer la feuille de traitement*
> _____ Mettre le livre en rayon

*Ces étapes présupposent un système manuel.

Si l'espace disponible sur les étagères est suffisant, on divise les livres en fonction des trois étapes répertoriées dans la feuille de traitement. Un étudiant employé pourrait effectuer la première étape pour un groupe de livres, puis les placer sur l'étagère réservée à la deuxième étape. Une deuxième personne peut ensuite effectuer la deuxième étape pour ces livres et les placer sur la dernière étagère. Il est plus efficace de faire appel à un spécialiste d'une étape particulière pour chaque étape plutôt que de demander à une seule personne d'effectuer toutes les étapes pour chaque livre. Même s'il n'y a qu'une seule personne employée, plusieurs livres devraient passer ensemble par la première étape, puis par la deuxième et enfin la troisième. Il est plus facile de traiter plusieurs livres pour la même étape pendant que nous avons les fournitures à disposition pour cette étape.

Étape 1 : préparation de la fiche de livre, de la pochette et de l'étiquette de dos. Dans un système manuel, chaque article nécessite une fiche de livre, une pochette et une étiquette de dos. Les informations relatives à ces éléments proviennent de la notice principale du catalogue ou d'une grille de catalogage. Une étiquette doit être préparée pour la fiche de livre, la pochette ou la deuxième de couverture et le dos. Pour la plupart des systèmes automatisés, il faut seulement préparer l'étiquette de dos. Des exemples d'étiquettes sont illustrés à la figure 9.2.

Si nous utilisons une machine à écrire, nous pouvons taper directement sur les fiches de livre et les pochettes. Si des étiquettes adhésives ne sont pas disponibles, un papier de bonne qualité et un ruban adhésif plastique blanc peuvent être utilisés. Si possible, on évite d'utiliser des colles à base de produits d'origine animale et végétale ou qui contiennent de l'acide. Ces colles peuvent attirer les insectes. La meilleure colle est sans acide ou a un niveau de pH entre 5,5 et 6,5. Si l'on utilise une machine à écrire, on peut gagner du temps et de l'argent en tapant directement sur les pochettes et sur la fiche de livre.

À mesure que les fiches de livre et les étiquettes sont remplies, la feuille de traitement est cochée. Les trois étiquettes et les fiches sont soigneusement comparées à la grille de catalogage pour éviter toute faute de frappe. Ensuite, elles sont placées à l'intérieur du livre avec la feuille de traitement. Le livre est ensuite placé sur l'étagère, prêt pour la deuxième étape.

Les étiquettes code-barres. Avec un système de catalogage informatisé, il sera nécessaire de placer une étiquette code-barres sur chaque article. On choisit le meilleur endroit sur l'article pour une utilisation facile d'un lecteur de code-barres. Certaines bibliothèques mettent leurs étiquettes sur la deuxième de couverture au-dessus de la pochette ou de la feuille de rappel. Les autres bibliothèques les placent en haut à droite de la quatrième de couverture. Cela n'interfère pas avec le titre et n'enlève rien à l'apparence du livre. L'étiquette peut être parallèle au haut du livre ou au dos. Cet emplacement peut aider à l'inventaire, car le livre n'a pas besoin d'être totalement retiré de l'étagère, mais seulement basculé en arrière pour révéler l'étiquette.

Figure 9.2 Exemples d'étiquettes

Étape 2 : Coller la fiche de livre, la pochette et les étiquettes. Avant de coller la fiche, la pochette et les étiquettes, la personne s'occupant de cette tâche doit les relire et s'assurer que la cote sur la fiche de livre, les étiquettes et

la page de titre sont exactement les mêmes. Si le livre a une jaquette[2], on n'hésite pas à la recycler, comme le font beaucoup de bibliothèques de grandes universités.

On place toujours la fiche de livre et la pochette au même endroit sur chaque livre. Certaines bibliothèques les placent sur la deuxième de couverture, d'autres choisissent la troisième de couverture. Parfois, des cartes ou d'autres illustrations sont imprimées sur les deuxième et troisième couvertures. On essaye de ne pas les recouvrir avec la pochette. Au lieu de la couverture, on peut utiliser la page vide/blanche la plus près de la couverture.

Si l'on utilise des étiquettes, on attache une étiquette à la fiche de livre et une autre à la pochette. Si l'on utilise une petite pochette qui ne laisse pas de place pour la seconde étiquette, on colle l'étiquette en haut de la deuxième de couverture ou on la place sur le devant de la pochette, en haut, en laissant de la place pour l'ex-libris.

On place l'étiquette de dos 3 cm en partant du bas du livre. Il est plus facile de lire les cotes si les étiquettes sont placées au même endroit sur tous les livres. De plus, les livres sont plus facilement rangés si les étiquettes sont sur le dos du livre plutôt que sur la couverture. Une étiquette peut être coupée plus petite pour s'adapter à des dos étroits. Toutefois, si le dos du livre est plus étroit que la largeur du numéro de classement, on place l'étiquette en bas à gauche de la première de couverture. Dans les deux cas, l'étiquette devrait être placée 3 cm en partant du bas du livre (voir la figure 9.3).

Coller la pochette au milieu de la deuxième de couverture, 3 cm en partant du bas. Mettre une fine couche de colle en haut et sur les deux côtés, au dos de la pochette. Cela facilite le retrait ultérieur si l'on décide de retirer le livre du fonds documentaire. (On peut aussi acheter des pochettes de livre adhésives ou on peut les coller en utilisant de la colle blanche.)

Des enveloppes épaisses de couleur blanche ou claire coupées en deux peuvent également être utilisées comme pochettes. Couper le rabat avant de couper l'enveloppe. Coller le recto de l'enveloppe sur le livre. Ne pas utiliser les enveloppes de la poste aérienne, car elles sont trop fines et se déchirent facilement.

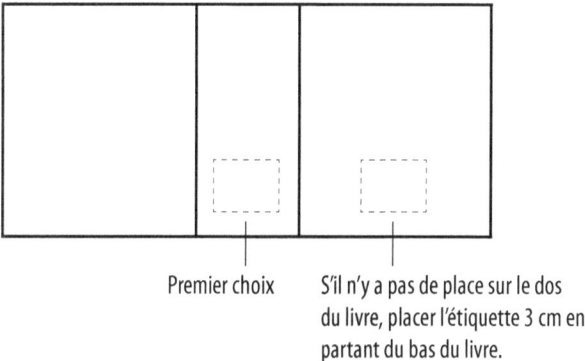

Figure 9.3 Emplacement de l'étiquette de dos

Les livres doivent être estampillés pour être marqués d'un timbre ou tampon indiquant la propriété de la bibliothèque (ex-libris). À moins que le nom de la bibliothèque, l'adresse et le numéro de téléphone ne soient pré-imprimés sur la pochette du livre, tamponner la pochette d'un timbre de propriété de la bibliothèque qui contient ces informations. En outre, tamponner la page de titre du livre d'un timbre de propriété. Placer ce tampon près du bas de la page sans couvrir les informations imprimées. Juste au cas où la couverture et la page de titre se détacheraient, marquer le bas d'une page à l'intérieur du livre. À l'extérieur du livre, marquer au moins le haut du livre. Si le temps le permet, on peut choisir de faire tous les bords du livre. Pour le faire proprement, le gestionnaire doit maintenir le livre fermement en place tout en tamponnant les bords. Pour tenir sur des petits livres, ce timbre de propriété devra peut-être être plus petit et ne contenir que le nom et l'adresse de la bibliothèque.

Les feuilles de rappel de date de retour peuvent être achetées auprès d'un fournisseur de bibliothèque. Elles sont généralement autocollantes. Une feuille de grande taille se place à la page se trouvant en face de la pochette. Une feuille de petite taille est placée juste au-dessus de la pochette. Il est également possible d'acheter des pochettes imprimées avec les informations relatives à la date de retour. Si ces dernières sont utilisées, supprimer l'étape qui consiste à ajouter une feuille de rappel de date de retour séparée.

Les feuilles de rappel de date de retour se fabriquent facilement à partir de bouts de papier blanc de 7,5 x 12,5 cm. On en dessine plusieurs sur une grande feuille de papier de format standard. Dupliquer ou imprimer autant de copies que nécessaire. Tracer des lignes séparées de 1 cm les unes des autres sur chaque feuille de rappel pour chaque nouvelle date de retour. Ensuite, tracer deux lignes perpendiculaires qui divisent la feuille en trois colonnes égales. Ces feuilles peuvent être coupées en deux pour pouvoir les placer au-dessus de la pochette. Comme elles seront retirées plus tard, utiliser une fine couche de colle blanche en haut au dos de la feuille pour les fixer au

---

2. N.D.E. : Selon le Dictionnaire le Robert, une jaquette est une « chemise protégeant la couverture d'un livre ».

livre. Ne pas utiliser de colle caoutchouc car cela tache le livre avec le temps. La figure 9.4 montre un exemple de feuille de rappel.

Pour coller une pochette et une feuille de rappel, la simplicité est clé : utiliser trop de colle n'est pas nécessaire et endommagera le livre. Si l'on en utilise trop, on l'essuie immédiatement avec un chiffon humide. Lorsque cela est fait correctement, la colle ne débordera pas et le livre pourra passer immédiatement à l'étape suivante.

Les fiches de livre se fabriquent en utilisant des fiches de 7,5 x 12,5 cm. Une imprimante peut dupliquer plusieurs copies pour la bibliothèque. Laisser 3 cm en haut de la fiche pour inscrire des informations sur le livre. Tracer ou taper des lignes horizontales séparées de 1 cm les unes des autres. Tracer une ligne perpendiculaire sur toute la longueur de la fiche en partant de la première ligne horizontale jusqu'en bas de la fiche. Écrire ou taper « Date de retour » au-dessus de la petite case en-dessous de la première ligne. Écrire « Emprunteur » au-dessus de la plus grande case (voir la figure 9.5).

Compléter la feuille de traitement après chaque livre traité. Placer le livre dans l'espace réservé aux livres prêts pour la troisième étape.

Figure 9.4 Feuille de rappel

Date de retour		

Figure 9.5 Fiche de livre

301	Girard, René (1923-2015)
G57	De la violence à la divinité
2007	

Date de retour	Emprunteur

Étape 3 : Vérification finale. Une fois que l'employé de bibliothèque a mis la fiche de livre, la pochette, la feuille de rappel et les étiquettes (y compris les étiquettes code-barres si nous les utilisons) dans les nouveaux livres, les bibliothécaires devraient procéder à une dernière vérification du travail. Cela comprend l'inspection des fiches, des étiquettes et du placement des autres éléments dans le livre (pochette, feuille de rappel, ex-libris).

De nombreuses bibliothèques publient des listes de nouveaux livres pour les étudiants et le personnel de l'institution. Si c'est le cas dans notre école, les noms des livres récemment traités seront ajoutés à la liste actuelle à ce stade. Ensuite, le bon de commande du livre est définitivement supprimé du fichier « en cours de traitement » et renvoyé au membre du corps professoral qui avait initialement demandé le livre. Ainsi, ce professeur est informé que l'article est prêt avant qu'il ne soit mis à la disposition de quelqu'un d'autre.

Les fiches de livre seront alors classées dans le catalogue sur fiches. La fiche topographique sera classée par les bibliothécaires ou les employés qualifiés. Les livres seront mis sur les rayons en fonction de leurs cotes. La dernière étape du traitement est maintenant terminée.

Reliures à brochures

Certaines bibliothèques protègent leurs brochures par une couverture en carton comprimé. Une *brochure* est un petit livre d'une seule *signature* (un seul groupe de pages pliées). Les pages sont généralement maintenues dans la couverture par des agrafes.

Conservation et réparation des livres

Les bibliothèques se soucient de la préservation et de la réparation des documents du fonds documentaire. La *préservation* est l'action entreprise pour retarder, arrêter ou empêcher la détérioration, notamment en utilisant des zones de rangement appropriées. La *réparation* corrige les dommages déjà causés à un objet.

Les membres du personnel de la bibliothèque doivent garder plusieurs objectifs en tête. Tout d'abord, on souhaite prolonger la durée de vie utile des livres de la bibliothèque. Des méthodes appropriées de mise en rayon des livres aideront à atteindre ce premier objectif. Le personnel devrait être formé à bien ranger les livres debout, en utilisant des serre-livres pour garder les livres bien droits. Cette méthode de mise en rayon permet aux livres d'être mieux conservés. Lorsque les livres sont mal rangés, ils penchent d'un côté ou de l'autre. La reliure se détache progressivement avec le temps à cause de cette inclinaison.

Les livres grands formats nécessitent un traitement spécial. On peut les ranger dans un endroit spécial, comme pour les documents de référence. Dans ce cas, il faudra indiquer sur l'étiquette de dos et dans le catalogue que le livre est « grand format ». Ranger les livres grands formats à plat sur l'étagère.

De plus, il nous faut éviter tout dommage aux livres. Pour cela, les bibliothécaires doivent bien connaître la situation locale et décider des moyens de prévenir les dommages aux livres. Cela peut inclure des directives écrites pour la manipulation soigneuse des livres par les usagers. Ces directives peuvent être publiées et données à tous les usagers.

Ensuite, il est bon de détecter rapidement les dommages et effectuer des réparations mineures. À mesure que les livres sont retournés à la bibliothèque, le personnel doit vérifier s'il y a des pages déchirées ou des reliures détachées. Il est beaucoup plus facile de réparer les dommages mineurs s'ils sont repérés le plus tôt possible.

Enfin, chaque fois que c'est possible, le personnel de la bibliothèque devrait effectuer les réparations. Cela permettra d'économiser de l'argent au fil du temps. Recoller la reliure lors du premier desserrage peut nous éviter de faire relier le livre par une société de reliure professionnelle. Des emprunteurs bien intentionnés tentent parfois de réparer les dommages qu'ils causent. Dans ce cas, on les remercie pour leurs bonnes intentions tout en leur expliquant qu'il est préférable que la bibliothèque fasse les réparations en utilisant du matériel approprié qui ne causera pas d'autres dommages au livre.

Après avoir lu la section suivante sur les moyens faciles de réparer des livres, on peut préparer une feuille de travail sur les réparations à conserver avec chaque livre réparé. Un exemple de feuille de travail est présenté à la figure 9.6.

Placer une feuille de travail dans chaque livre envoyé pour réparation ou garder des étagères libres dans la zone de travail pour chaque type de réparation. Il faudrait alors étiqueter les étagères en fonction du type de réparations : (1) charnières lâches, (2) pages déchirées, (3) bloc de pages détaché, (4) pages détachées et (5) réparations apportées au dos.

Lorsqu'un livre est retourné par un usager, il devrait être inspecté rapidement par un membre du personnel de la bibliothèque.

S'il s'avère que des réparations sont nécessaires, la fiche de livre est classée sous « réparation de livres ». Ensuite, on place une feuille de travail pour les réparations à l'intérieur du livre et on place le livre dans la zone de réparation ou on l'envoie au service de réparation.

Pour compléter la feuille de travail pour les réparations, une inspection complète est effectuée. La feuille est datée et on coche dans la colonne de gauche toutes les réparations qui sont à faire. Lorsque les réparations sont terminées, on coche les réparations faites dans la colonne de droite.

Lorsque les réparations sont terminées, la feuille est datée et le livre est remis en circulation.

Si la bibliothèque a un système de prêt informatisé qui comprend un catalogue en ligne, on peut créer un utilisateur fictif appelé « réparation de livre » et lui prêter nos livres. Utiliser une fiche de 7,5 x 12,5 cm et y attacher une étiquette code-barres pour l'utilisateur fictif. Définir une date de retour spéciale qui laisse suffisamment de temps pour réparer le livre (p. ex. 3 ou 6 mois) et le remettre sur l'étagère dédiée à la réparation des livres.

On peut facilement trouver l'« utilisateur fictif pour les réparations de livres » si l'on a besoin d'un titre qui ne se trouve pas sur les rayons.

Réparations de livres faciles

Les illustrations et les instructions de réparation qui suivent ont été adaptées du *Book Repair Manual* de Robert Milevski, Carbondale, Illinois, Illinois Cooperative Conservation Program, 1984.

Assemblage d'une trousse d'outils de réparation de livres

Cette section mentionne plusieurs outils et fournitures essentielles à la réparation des livres. Ces outils et fournitures peuvent être trouvés localement dans des magasins de fournitures de bureau, des ateliers de reliure, des imprimeries ou d'autres magasins. La liste comprend :

1. *Aiguilles à tricoter* de 3,5 ou 3,75 mm (ou de fines tiges de métal lisses, plus longues que la hauteur du livre) à utiliser pour le collage des charnières de livres.
2. Au moins un *plioir en os* pour aider à lisser le ruban et à exercer une pression sur les surfaces encollées. Un plioir en os est un morceau d'os ou de plastique lisse de 15 à 20 cm de long, 2,5 cm de large et 2-3 mm d'épaisseur avec des bords arrondis. Un plioir en os comportant une extrémité pointue peut être utilisé pour insérer du ruban de réparation dans le dos d'un livre. (Tous les substituts de ces outils doivent être lisses, faciles à manipuler et capables de s'insérer dans les rainures étroites des reliures.)
3. *Adhésif plastique* pour le collage des charnières, la réparation des déchirures et des pages détachées.
4. *Papier japon* (ruban adhésif de réparation de livre de qualité) pour réparer les déchirures. (Substitut : ruban adhésif transparent.)
5. *Papier ciré* pour protéger les surfaces du livre des excès de colle.
6. *Brique* enveloppée dans du papier, à utiliser comme poids.
7. Du *carton comprimé*, de la fibre rigide et lisse ou du carton épais, à utiliser pour la réalisation de couvertures et/ou la protection de pages d'un excès de colle.
8. *Ruban de réparation en tissu*, un type spécial de ruban adhésif pour livres avec un adhésif puissant, destiné à renforcer les dos des livres et à maintenir les couvertures contre le dos.

Figure 9.6 Feuille de travail pour les réparations

```
FEUILLE DE TRAVAIL POUR LES RÉPARATIONS

RÉPARATIONS NÉCESSAIRES                    EFFECTUÉES

_____     CHARNIÈRES LÂCHES      _____

_____     PAGES DÉCHIRÉES        _____

_____     BLOC DE PAGES DÉTACHÉ  _____

_____     PAGES DÉTACHÉES        _____

_____     RÉPARATIONS            _____
                    APPORTÉES AU DOS

_____     RELIURE À BROCHURES    _____

_____     AUTRE _____          _____


                    _____

                    _____


                    Date d'envoi pour      _____
                    réparation

                    Date de retour à la    _____
                    circulation
```

Serrage des charnières desserrées

Les *charnières* sont les points d'attache entre le bloc de pages et la couverture. Les charnières ont pour but de permettre aux couvertures de bouger légérement et de faciliter la manipulation du livre lors de la lecture. Elles maintiennent le bloc de pages (la section de pages) dans sa couverture. La figure 9.7 indique par des flèches où se trouve les charnières dans un livre.

Pour réparer les charnières desserrées, suivre ces étapes et les illustrations de la figure 9.8 :

1. Placer le livre debout en laissant la couverture ouverte.
2. Tremper une aiguille à tricoter de 3,5 ou 3,75 mm (ou une tige fine) dans un grand récipient de colle blanche. L'aiguille doit être recouverte de colle, mais pas de gouttes. Racler toute colle supplémentaire à l'intérieur du récipient. Ou bien, si l'on utilise une petite bouteille de colle, on verse quelques gouttes de colle sur la tige. Utiliser seulement autant de colle nécessaire par rapport à la hauteur du livre.
3. Insérer l'aiguille dans la partie à recoller en roulant l'aiguille. Il faut prendre soin d'appliquer la colle uniquement dans la zone des charnières. Autrement, le livre ne s'ouvrira pas correctement. Préparer un chiffon humide ou une serviette en papier humide pour éliminer toute trace de colle. Retirer l'aiguille et utiliser un plioir en os pour glisser sur la zone recollée en poussant la page de garde ou la page dans la charnière si nécessaire.
4. Poser le livre sur une surface plane et appuyer sur le bord extérieur de la charnière en employant un plioir en os. Le plioir élimine les bulles d'air et assure un collage serré. Encore une fois, enlever toute colle supplémentaire.
5. Placer du papier ciré à l'intérieur de la première et de la quatrième de couverture. Cela évite que la colle se fixe sur les couvertures lors du séchage et le papier peut être enlevé facilement après séchage.
6. Placer une brique enveloppée dans du papier ou un objet lourd similaire sur le livre. Laisser sécher la colle pendant la nuit.
7. Le lendemain, enlever le papier ciré et vérifier si les charnières sont bien serrées dans le livre. Si la réparation est acceptable, replacer le livre à son emplacement habituel et mettre à jour tous les dossiers de la bibliothèque. Autrement, répéter les étapes nécessaires.

Réparation de pages déchirées

1. Utiliser des bandes de papier japon achetées auprès d'un fournisseur de bibliothèque ou un ruban adhésif transparent (une marque de ces rubans s'appelle Scotch). Les autres types de ruban adhésif ne doivent pas être utilisés car ils deviennent fragiles et se décolorent parfois avec le temps.
2. Couper un morceau de ruban un peu plus long que la déchirure.
3. Poser le ruban sur la déchirure, de sorte que l'excédent dépasse du bord de la page. Couper le surplus près du bord de la page. Si la déchirure se situe au bord d'une page, couper le ruban assez long pour qu'il dépasse du bord.
4. Lisser le ruban à l'aide d'un plioir en os, en appuyant sur le ruban pour qu'il soit transparent. S'assurer que le ruban est bien à plat et bien droit avant de le lisser. Cette étape s'appelle le brunissage.

Figure 9.7 Les charnières

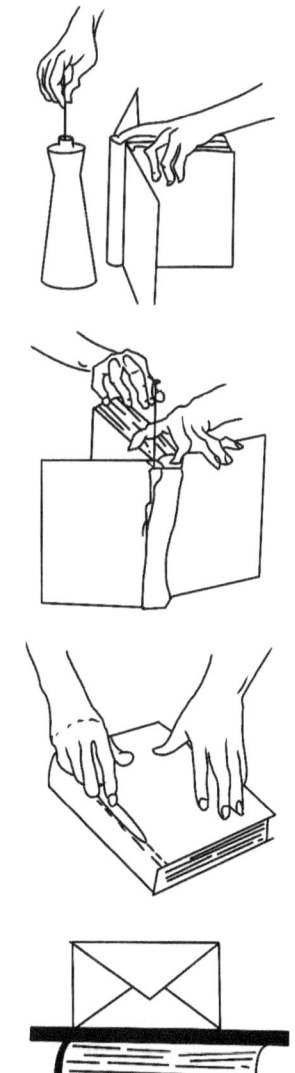

Figure 9.8 Réparation des charnières desserrées

Réparation d'un bloc de pages détaché

Quand un bloc de pages se détache d'un livre, la partie intérieure du dos est visible. Cela peut arriver n'importe où dans le livre, sauf à la deuxième ou troisième de couverture.

Pour réparer cette séparation, suivre ces étapes et les illustrations de la figure 9.9 :

1. Placer une feuille de papier ciré ou du carton comprimé à environ 2-3 mm de la séparation où la partie intérieure du dos est visible.
2. Mettre de la colle sur les bords intérieurs d'une page. On peut utiliser un pinceau de petite taille ou un petit distributeur de colle muni d'une petite ouverture dans le couvercle. Mettre la colle sur le bord de la page.
3. Retirer immédiatement le papier ciré ou le carton comprimé.
4. Placer un morceau de papier ciré propre et droit près du bord de la colle.
5. Fermer le livre et frotter la charnière du livre à l'aide d'un plioir en os. Placer une brique enveloppée dans du papier ou un objet lourd similaire sur le livre. Laisser sécher pendant la nuit.

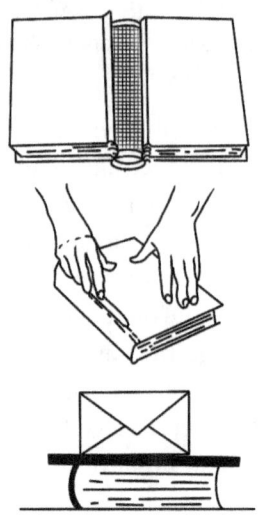

Figure 9.9 Réparation d'un bloc de pages détaché

Réparation de pages détachées

Parfois, une seule page se détache complètement du livre. On peut ré-attacher la page le long d'un bord en appliquant une fine couche de colle.

Pour ré-attacher une page, suivre ces étapes et les illustrations de la figure 9.10 :

1. Placer la page à insérer dans le livre. Fermer le livre et marquer la page à rogner (si nécessaire). La couper un peu plus petite que les autres pages du livre.
2. Placer la page entre deux feuilles de papier ciré ou de carton comprimé en laissant visible environ 2-3 mm de la marge intérieure de la page. Le papier ciré nous permettra de mettre une couche de colle uniforme sur le bord de la page.
3. Ouvrir le livre à la page manquante et placer la page à sa place, en s'assurant qu'elle est alignée avec les autres pages du livre. Insérer un morceau de papier ciré propre sur chaque côté de la page, près du bord de la colle, pour empêcher la colle de se répandre.
4. Refermer le livre et frotter la charnière du livre à l'aide d'un plioir en os. Placer une brique enveloppée dans du papier ou un objet lourd similaire sur le livre. Laisser sécher la colle pendant la nuit.

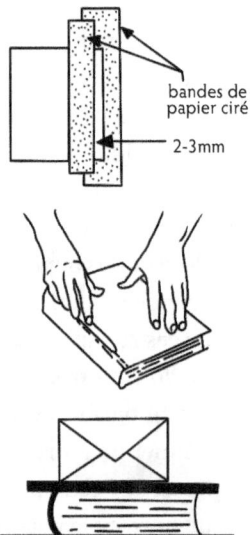

Figure 9.10 Réparation de pages détachées

Réparations apportées au dos

Parfois, le dos du livre se déchire partiellement du reste de la reliure. Le dos peut être réparé avec du ruban adhésif spécial. Il est possible que ce ruban soit seulement disponible à partir d'un catalogue de fournitures de bibliothèque. Ce processus est utilisé pour conserver les livres dans un état utilisable.

Il n'est pas recommandé de mettre du ruban adhésif sur les livres rares dont la reliure d'origine est précieuse. Les livres rares sont généralement publiés avant 1900, ont des reliures en cuir ou ont été imprimés en édition spéciale.

Pour coller le dos, suivre les instructions ci-dessous :

1. Le ruban de réparation en tissu est disponible en plusieurs largeurs. Choisir du ruban adhésif d'environ 5 cm plus large que le dos du livre. Mesurer et couper un morceau de ruban adhésif de 6-7 cm plus long que la hauteur du dos.
2. Centrer le dos sur le morceau de ruban adhésif plat et lisser le ruban sur le dos et la première et la quatrième de couverture à l'aide d'un plioir en os. Il est préférable de d'abord lisser le ruban le long de la charnière avec le plioir, puis sur chaque couverture. Lisser le ruban le long de la charnière avec le plioir en os 2-3 fois pour s'assurer qu'il est bien fixé.
3. Ouvrir le livre en le posant sur la table. Avec des ciseaux, faire deux coupes dans le morceau de ruban adhésif en bas du dos pour créer trois « languettes ». Les deux languettes extérieures seront attachées à l'intérieur de la première et de la quatrième de couverture. La languette centrale restante sera insérée dans l'espace entre le dos et le bloc de pages.
4. Répéter la 3e étape pour le haut du livre.
5. On devrait maintenant avoir les languettes de ruban adhésif en haut et en bas du dos. Ces languettes situées de chaque côté du dos seront à attacher à l'intérieur de la première et de la quatrième de couverture, en haut et en bas.
6. Pour renforcer le nouveau dos, ajouter un cordon de l'épaisseur d'une mine de crayon (à peu près) en haut et en bas avant d'insérer la languette centrale dans le dos. Positionner le cordon parallèlement au haut et au bas. Replier la languette centrale en la pliant presque en deux. On devrait maintenant avoir des morceaux de ruban adhésif qui ne montrent pas de colle. Plier les morceaux sur les cordons et pousser ces morceaux de ruban supplémentaires à l'intérieur du dos à l'aide d'un plioir en os.
7. Lisser les bords supérieur et inférieur du dos.
8. Plier les quatre bouts de ruban adhésif sur les bords intérieurs de la première et de la quatrième de couverture. Puis lisser à l'aide d'un plioir en os.

En savoir plus sur la protection et la réparation des livres

Les catalogues de fournitures de bibliothèque comportent des sections sur le soin, la protection et la réparation des livres. Certains fournisseurs vendent une trousse de réparation conçue pour les débutants et qui comprend des fournitures de base, des outils et un manuel d'instructions. Le site de l'Institut canadien de conservation propose des outils et des ressources concernant la conservation des livres : https://www.canada.ca/fr/institut-conservation.html. Il existe aussi beaucoup de vidéos utiles à ce sujet sur YouTube.

10

Les publications en série

Les publications en série sont des publications successives à intervalles réguliers ou irréguliers, destinées à se poursuivre indéfiniment. *Un périodique* est une publication en série qui a un titre distinctif, qui est publié généralement deux fois par an ou plus et dont chaque numéro contient des articles de plusieurs auteurs. Les *revues professionnelles ou spécialisées* et les *magazines* sont d'autres termes utilisés pour les périodiques. Une revue est considérée plus érudite qu'un magazine. *Les journaux quotidiens* sont des publications en série dont le but principal est de publier des actualités. Les autres formes de publications en série sont les publications annuelles (annuaires, etc.), les actes de sociétés, les comptes rendus de transactions et toutes les séries qui sont cataloguées ensemble plutôt que séparément.

Périodiques : sélection et gestion

Sélection. Si l'institution a les moyens de commander des périodiques non électroniques pour la bibliothèque, suivre les directives du **chapitre 3**. Les enseignants et les membres du comité scientifique de la bibliothèque peuvent recommander des périodiques. Il est bon d'étudier attentivement les périodiques publiés au niveau local ou national, car ils pourraient intéresser davantage nos étudiants que ceux qui sont produits dans d'autres pays.

Si la bibliothèque dessert une institution théologique et si le campus dispose d'une connexion fiable à Internet, il est possible de s'abonner à The Atla Religion Database with ATLASerials. Cette base de données est coûteuse mais elle dispose du texte intégral de centaines de périodiques qui sont indispensables à la recherche avancée en théologie et elle répertorie ceux-ci et beaucoup d'autres périodiques dont le texte intégral n'est pas encore disponible.

Si notre institution se trouve en Afrique et si elle dispose d'une adresse IP, nous pouvons bénéficier des inscriptions sans frais de JSTOR. JSTOR est une ONG à but non lucratif qui a numérisé des centaines de revues académiques. Une bonne connexion Internet permet aussi d'accéder à des milliers de revues académiques open source, au moyen d'un outil de recherche comme Google Scholar (qui est disponible en français : https://scholar.google.fr). Certaines institutions théologiques proposent des consultations et téléchargements gratuits en ligne d'articles de revues. Par exemple, la Faculté Libre de Théologie Évangélique (FLTE) de Vaux-sur-Seine en France met en ligne gratuitement les articles de ses revues 24 mois après leur parution[1].

Réception des périodiques à l'aide d'un système de fiches

Procédure de réception. Pour les périodiques et les journaux, on peut utiliser un tableur comme Excel ou, si l'on ne dispose pas d'ordinateur, *une fiche de contrôle* similaire à celle illustrée dans les figures 10.3 à 10.6 pour enregistrer chaque numéro tel que reçu. Si l'on choisit d'utiliser ce système de fiches, on conserve les fiches dans un dossier de gestion périodique. Les fiches de contrôle peuvent être créées en traçant des lignes sur une feuille ordinaire, de préférence 10 x 15 cm, ou en faisant appel à une entreprise locale pour l'impression. Pour enregistrer la réception du document, cocher la case ou faire une croix sous la date correspondante ou indiquer le numéro du fascicule sous le mois qui correspond. Une autre option consiste à écrire ces informations sur du papier réglé en utilisant une page pour chaque titre de périodique.

Fiche de contrôle. La figure 10.1 donne un exemple de fiche de contrôle pour un magazine trimestriel : *Revue trimestrielle de mission*. Les informations qui doivent être dactylographiées ou inscrites sur la partie supérieure de la fiche de contrôle comprennent : (1) le titre ; (2) le nombre de numéros dans chaque volume, le nombre de

---

1. Voici le lien vers les articles des revues de la FLTE : http://flte.fr/lire/articles-en-ligne/.

volumes par an et la fréquence ; (3) une liste des volumes reliés ; et (4) d'autres informations sur la reliure. Certaines bibliothèques classent leurs périodiques et enregistrent ce numéro sur la fiche dans la zone intitulée « cote ».

Figure 10.1 Exemple de fiche de contrôle – Magazine trimestriel

	Revue trimestrielle de mission														
COTE	NOS PAR VOL. 4			VOLS. PAR AN 1				FRÉQUENCE Trimestrielle						PAGE DE TITRE	
	RELIÉ v. 1-15 (1999-2014)													INDEX	
	PRÉPARÉ À LA RELIURE Relier 2 vols. en un seul tous les deux ans/vert														

ANNÉE	Sér.	Vol.	Jan.	Fév.	Mars	Avr.	Mai	Juin	Jui.	Août	Sep.	Oct.	Nov.	Déc.	P.T.	I.	RÉCLAMÉ
2010		11	1			2			3			4					
2011		12	1			2			3			4					
2012		13	1			2			3			4					
2013		14	1			2			3			4					
2014		15	1			2			3			4					
2015		16	1	(06/15)		2	(03/15)		3	(07/15)		4					16:1 réclamé 15/03/2015
2016		17	1	(10/01/16)		2	(15/04/16)		3	(15/10/16)		4					
2017		18															
2018		19															
2019		20															

La partie inférieure de la fiche nous permet d'enregistrer chaque numéro reçu en notant toutes les informations associées à ce numéro. Ces informations se trouvent sur la couverture, le dos, à l'intérieur près de la table des matières ou à la fin du numéro. Parfois, elles sont très difficiles à trouver, mais il faut bien chercher. On note les informations telles qu'elles apparaissent à moins d'être sûrs que l'éditeur ait commis une erreur de numérotation.

Dans la figure 10.1, on peut voir les colonnes qui seront complétées pour chaque année, volume et numéro. L'année 2017, par exemple, indique qu'il s'agira du volume 18. Aucun numéro de fascicule n'apparaît car aucun numéro n'a encore été publié ni reçu par la bibliothèque. Ils seront enregistrés lors de leur réception.

Magazine trimestriel avec numéro de volume et numéro de fascicule. En revenant à l'exemple de la *Revue trimestrielle de mission*, on constate qu'il s'agit d'une revue trimestrielle qui est publiée quatre fois par an, et dont le premier numéro est publié en janvier. Pour enregistrer les informations, la bibliothèque utilise une fiche de contrôle mensuelle. Les magazines trimestriels utilisent souvent un nom de saison au lieu d'un mois pour leurs numéros comme printemps, été, automne, hiver. On note les informations sous les mois correspondants à la saison dans le pays d'origine.

Dans la partie supérieure de la fiche, on remarque que la bibliothèque possède les volumes reliés 1-14 (1999-2015). La bibliothèque relie deux volumes en un seul tous les deux ans. Les numéros des volumes 16 et 17 ne sont pas encore reliés. Il faut attendre de recevoir les numéros du volume 17 (2016) pour relier les volumes 16 et 17 ensemble. La bibliothèque indique une date de réception entre parenthèses à côté du numéro du fascicule. Cela aide les bibliothécaires à connaître la rapidité de réception. On indique la date selon la forme habituelle pour le personnel et les usagers.

Si le périodique en question publie un index annuel, on peut mettre une croix dans la petite colonne avec la lettre « I » en haut. Des informations supplémentaires sur les index peuvent être enregistrées en haut à droite de la carte, dans la zone marquée « Index ». Si nécessaire, des informations sur le lieu où ce titre est indexé ou sur les modifications apportées au titre peuvent être placées au verso de la carte.

Magazine mensuel avec des numéros en continu. Dans la figure 10.2, le magazine *L'Afrique moderne* sert d'exemple de magazine mensuel comportant des numéros en continu, mais aucun numéro de volume. Dans la colonne du mois de janvier 1988, on remarque que seule une croix (X) apparaît, pas le numéro 87. Cela indique aux bibliothécaires que, par erreur, le numéro n'était pas imprimé sur le magazine.

Figure 10.2 Exemple de fiche de contrôle – Numéros en continu

COTE	L'Afrique moderne														
	NOS PAR VOL. Numéros en continu			VOLS. PAR AN			FRÉQUENCE Mensuelle						PAGE DE TITRE INDEX		
	RELIÉ 1985-1991														
	PRÉPARÉ			À LA RELIURE Relier tous les deux ans/rouge											

ANNÉE	Sér.	Vol.	Jan.	Fév.	Mars	Avr.	Mai	Juin	Jui.	Août	Sep.	Oct.	Nov.	Déc.	P.T.	I.	RÉCLAMÉ
1982										22	23	24	25	26			
83			27	28							35	36	37	38			
84			39		41	42	43	44	45	46	47		49	50			
85			51	52	53	54	55	56	57	58	59	60	61	62			} Relié
86			63	64	65	66	67	68	69	70	71	72	73	74			
87			75	76	77	78	79	80	81	82	83	84	85	86			} Relié
88			X	88	89	90	91	92	93	94	95	96	97	98			Le numéro 87 n'avait pas de numéro
89			99	100	101	102	103	104	105	106	107	108	109	110			} Relié
90			111	112	113	114	115	116	np*	np	np	np	117	118			
91			119	120	121	122	123	124	125								Le magazine a cessé de paraître

* np = non publié.

Périodique hebdomadaire de 50 numéros. L'exemple du magazine *OrniHebdo* de la figure 10.3 montre comment enregistrer une publication hebdomadaire. La fiche de contrôle pour un périodique hebdomadaire nous permet de noter la réception de cinq numéros hebdomadaires par mois. Pour chaque numéro, on peut utiliser les numéros des fascicules ou indiquer une date. Une barre oblique (/) entre deux numéros signifie que l'éditeur a combiné un numéro et que les deux numéros apparaissent sur le magazine (voir le numéro « 11/12 » de mars 2003).

Un volume divisé en deux années civiles. Certains éditeurs suivent un calendrier scolaire et commencent un volume au début d'un trimestre scolaire. D'autres magazines commencent au milieu de l'année et continuent la publication des numéros l'année suivante. Indiquer les deux numéros de volume dans la colonne « Volume ». Le nouveau numéro de volume peut également être placé au-dessus de l'entrée qui correspond au numéro 1 de ce volume. Consulter la figure 10.4 du magazine *Recherche pastorale* pour un exemple de volume réparti sur deux années.

Journaux. Les petites bibliothèques conservent généralement les journaux pendant deux ou trois mois ; il n'est donc pas nécessaire d'enregistrer leur réception. Cependant, si l'on choisit de les enregistrer, on inscrit sur une fiche ou un cahier les mois de l'année dans une colonne à gauche avec 31 espaces en haut pour les jours du mois. Marquer d'une croix (X) l'espace approprié à la réception de chaque numéro.

Figure 10.3 Exemple de fiche de contrôle – Périodique hebdomadaire

COTE (6/05)	OrniHebdo														
	NOS PAR VOL. 50			VOLS. PAR AN 1				FRÉQUENCE Hebdomadaire sauf pour 3-4 bihebdomadaire						PAGE DE TITRE INDEX	
	RELIÉ														
	PRÉPARÉ			À LA RELIURE											

ANNÉE	Sér.	Vol.	Jan.	Fév.	Mars	Avr.	Mai	Juin	Jui.	Août	Sep.	Oct.	Nov.	Déc.	P.T.	I.	RÉCLAMÉ
2002		17			8	13	17	21	26	29	34	38	42	47			
			1	4	9	14	18	22		30	35	39	43	48			
			2	6	10	15	19	32	27	32	36	40	44	49			
			3	7	11/12	16	20	24/25	28	32/33	37	41	45/46	50			
2003		18		4	8	13	17	21	26	29	34	38	42	47			
			1	5	9	14	18	22		30	35	39	43	48			
			2	6	10	15	19	23	27	31	36	40	44	49			
			3	7	11/12	16	20	24/25	28	32/33	37	41	45	50			
												-	-	46			

Figure 10.4 Exemple de fiche de contrôle – Volume réparti sur deux années

COTE	Recherche pastorale (fiche 2)														
	NOS PAR VOL. 6			VOLS. PAR AN 1				FRÉQUENCE bimestriel						PAGE DE TITRE INDEX	
	RELIÉ v. 91-103														
	PRÉPARÉ			À LA RELIURE											

ANNÉE	Sér.	Vol.	Jan.	Fév.	Mars	Avr.	Mai	Juin	Jui.	Août	Sep.	Oct.	Nov.	Déc.	P.T.	I.	RÉCLAMÉ
2016		101									1	---	2	---			
2017		102	3	---	4	---	5	---	6	---	1	---	2	---			
2018		103	3	---	4	---	5	---	6	---	1	---	2	---			
2016			3	---	4	---	5	---	6	---							Le magazine a cessé de paraître

Réclamation de numéros manquants

À intervalles réguliers, par exemple une fois par mois, on consulte les fiches de contrôle pour voir s'il manque un numéro ou si l'on attend de le recevoir depuis longtemps. On vérifie nos rayons périodiques au cas où le numéro y serait et n'aurait pas été enregistré lors de sa réception. S'il nous manque des numéros, on écrit à l'éditeur ou à notre représentant pour les périodiques pour lui réclamer le numéro manquant. Sur la fiche de contrôle, on note au crayon à papier la date à laquelle une demande de remplacement a été envoyée. Dans la figure 10.1, l'exemple de la *Revue trimestrielle de mission* montre que le volume 16, numéro 1 a été réclamé le 15 mars 2015 (consulter la colonne « Réclamé » de la figure 10.1). Le volume 16, numéro 2, est arrivé en mars 2015, mais le numéro précédent n'est pas arrivé avant juin 2015. Une fois un numéro manquant reçu, la note au crayon concernant la réclamation peut être effacée.

Traitement pour les rayons

Chaque numéro d'un périodique devrait porter un timbre de propriété de bibliothèque. Sélectionner un emplacement sur la couverture et sur la page de la table des matières ou une autre page intérieure (au cas où la couverture se détache). Essayer de tamponner les périodiques au même endroit. Rédiger ou imprimer une étiquette avec le volume et le numéro du fascicule en haut à gauche de la couverture afin de conserver les volumes dans l'ordre lors de leur rangement sur les rayons. S'il y a de la place, on peut afficher les numéros les plus récents dans une section spéciale du rayonnage ou sur une table de lecture. Nous pouvons les classer par ordre alphabétique des titres de périodiques. Ils sont plus faciles à trouver quand ils sont organisés de cette façon. Nous pouvons stocker les anciens numéros dans l'ordre alphabétique des titres dans une section ou une pièce spéciale. Les périodiques de référence peuvent être conservés pendant un nombre défini d'années ou de façon permanente.

Stockage et reliure

Stockage

Il existe plusieurs méthodes pour stocker les périodiques qui ne sont pas reliés. Les magasins de fournitures de bureau vendent parfois des boîtes en carton dans des tailles adaptées pour contenir un ou deux volumes d'un périodique. Si celles-ci ne sont pas disponibles ou si elles sont trop coûteuses, des boîtes de taille similaire peuvent être fabriquées en utilisant du carton ou des boîtes recyclées. Le contenu de ces boîtes doit être clairement indiqué : (1) titre, (2) série de volumes et de numéros de fascicules et (3) années.

Un volume peut être enveloppé dans du papier et noué avec un cordon. Dans ce cas, on écrit le titre du périodique, le numéro du volume et la date au verso de l'emballage. Une autre méthode consiste à étiqueter un morceau de papier épais avec le titre, le volume et la date.

Percer deux trous dans le papier de manière à ce que le cordon passe dans les trous et maintienne l'étiquette en place. On peut aussi utiliser des ficelles pour maintenir les volumes en place.

Reliure

Les périodiques que nous souhaitons conserver pour référence devraient être reliés ou attachés ensemble. Les revues académiques devraient être reliées si notre budget le permet. Nous pouvons faire appel à un atelier de reliure professionnel fiable, s'il y en a un de disponible. Autrement, un membre du personnel pourrait être formé à la reliure des périodiques. Pour préparer les périodiques à la reliure :

1. Assembler tous les numéros d'un volume. S'assurer que le numéro de volume est le même pour tous les numéros et qu'aucun numéro ne manque. Ne pas procéder à la reliure si des numéros manquent. Faire attention aux numéros des volumes et aux numéros des fascicules car le volume peut commencer au milieu d'une année et se terminer l'année suivante. Toujours relier par numéro de volume, et non par année de publication.
2. Disposer les numéros dans le bon ordre en plaçant le premier numéro au début et le dernier numéro à la fin. Comme vérification supplémentaire, regarder la pagination. Certains périodiques sont paginés consécutivement de la première page du premier numéro à la dernière page du dernier numéro. Il est aussi recommandé de feuilleter chaque numéro et de déchirer les bons de réduction ou les supports publicitaires. S'assurer de ne supprimer aucune page de texte.
3. Placer la page de titre et la table des matières avant le premier numéro. Il est possible que la page de titre, la table des matières ou un index se trouvent à la fin du dernier numéro du volume. Si l'index est

attaché dans le dernier numéro, on le laisse à cet endroit. S'il n'est pas attaché, on le place à la fin du volume, après le dernier numéro.
4. Dans chaque volume, placer une feuille avec des instructions pour la reliure, telles que le lettrage sur la couverture et la couleur de la reliure. En reliant un volume ou une année, indiquer le titre, le volume et l'année exactement comme nous souhaitons qu'ils apparaissent sur le lettrage du dos. Nous pouvons aussi relier plusieurs volumes ou années ensemble. Si une revue est publiée 24 ou 26 fois par an, nous devrons peut-être diviser un volume en deux volumes physiques. Les trois paires d'étiquettes suivantes présentent des exemples de dos pour ces possibilités.

| v. 16 1972 | v. 17 1973 | v. 72 1972 JAN-JUIN | v. 72 1972 JUILL-DEC | v. 72 1972 part. 1 | v. 72 1972 part. 2 |

5. Après avoir vérifié avec soin que tout est correct, assembler chaque volume avec sa fiche d'instructions en un paquet afin qu'il reste complet et dans le bon ordre jusqu'à ce qu'il soit relié.

Catalogage des périodiques

De nombreuses bibliothèques ne classent pas les périodiques. Certaines bibliothèques préparent une liste dactylographiée, classée par ordre alphabétique, qui indique les périodiques contenus dans le fonds de la bibliothèque ; c'est-à-dire les volumes et dates. Cette liste est ensuite affichée à un endroit où les étudiants et les professeurs peuvent s'y référer. D'autres bibliothèques utilisent un dossier consultable contenant les fiches de contrôle qui montre le fonds de la bibliothèque. Ce dossier consultable, disponible auprès des papeteries, peut être aussi une boîte métallique, un classeur ou un fichier rotatif.

Certaines bibliothèques créent une notice dans le catalogue principal pour chaque périodique reçu. Les règles suivantes s'appliquent si l'on décide de créer une notice de catalogue pour les périodiques :

1. Si l'on tape une fiche, la notice principale est une entrée de titre qui utilise un retrait suspendu.
2. Utiliser une entrée ouverte pour les périodiques en cours de publication. Une entrée ouverte n'indique pas de date de clôture.
    Exemple : v. 1 (1964)-
3. Lorsqu'un périodique cesse de paraître, taper ou écrire la date de clôture sur la fiche de catalogue.
    Exemple : v. 1 (1964) - v. 40 (2004) <cessé de paraître>
4. Si un périodique change de nom, créer une fiche avec le nouveau nom et écrire une note dans le dossier du fonds documentaire qui donne l'ancien nom. Fermer l'entrée de l'ancien nom et écrire une note faisant référence au nouveau nom. Sur la fiche de contrôle, prendre des notes similaires à celles de la fiche de catalogue, telles que « devient » ou « suite de ». Cela permettra de relier tous les titres les uns aux autres.

Figure 10.5 Exemple de notice bibliographique

Miroiseur missionaire **(devient** *Miroiseur évangélique africain***)**

Miroiseur missionnaire, v. 1-44
    Bangui, Presses de la FATEAC ; Africa Inland Mission Press, 1965-2008.

44 v. (7 numéros par année)

devient *Miroiseur évangélique africain*

Figure 10.6 Exemple de notice bibliographique

Miroiseur évangélique africain **(suite de** *Miroiseur missionnaire***)**

Si le nouveau titre poursuit la numérotation des volumes de son prédécesseur, il est la « suite de » cette publication. Si la numérotation du nouveau titre commence par v. 1, no. 1, cela peut être considéré comme un nouveau titre de revue. Elle remplace l'ancienne publication et devrait être indiquée de la sorte sur la fiche de catalogue.

Dans un catalogue sur fiches, il n'est pas nécessaire d'indiquer les localisations exactes de chaque périodique dans la bibliothèque. Une note peut simplement indiquer : « Pour plus d'informations sur les localisations, consulter le personnel de la bibliothèque » ou « Pour plus d'informations sur les localisations, consulter la liste des périodiques ».

Gestion automatisée des périodiques

Si notre bibliothèque n'a pas beaucoup d'abonnements à des périodiques – 50 abonnements ou moins – il serait sûrement plus facile d'utiliser un système manuel pour les gérer. Les meilleurs systèmes intégrés de gestion de bibliothèque open source, comme Koha et PMB, comprennent des modules pour la gestion des périodiques. Dans ces systèmes, les fonctions des périodiques interagissent directement avec la notice bibliographique. Lors de la réception d'un numéro, le système peut mettre à jour automatiquement dans le catalogue une note de localisation. Une fois que les informations sont enregistrées pour chaque titre de revue en fonction de son modèle de publication habituel (mensuel, trimestriel avec des mois, trimestriel avec des saisons ou un autre modèle prévisible), le programme informatique peut prévoir quand de nouveaux numéros sont attendus et nous rappeler les numéros manquants.

Un bon module pour la gestion des périodiques modifiera le statut de chaque numéro et indiquera une date à laquelle le statut a été modifié. Voici des exemples de statuts pour les périodiques : (1) *attendu* (avant son arrivée) ; (2) *reçu* (après son enregistrement par le personnel) ; (3) *réclamé* (si nous devons informer l'éditeur ou le fournisseur que les numéros ne sont jamais arrivés). Un statut unique aux périodiques est : *jamais publié*. Parfois, les éditeurs font des erreurs de numérotation et omettent un numéro ou impriment le numéro de manière erronée. Lorsque nous réclamons un numéro, l'éditeur nous dira si une erreur de numérotation s'est produite ou si un numéro n'a jamais été publié. Nous pouvons enregistrer ces informations dans nos fichiers et dans la notice bibliographique sous la forme d'une note publique.

Adaptation des informations de périodiques pour un catalogue en ligne sans module pour la gestion des périodiques

Si notre système intégré de gestion de bibliothèque ne comprend pas de module pour la gestion des périodiques nous pouvons toujours enregistrer et communiquer aux usagers des informations de base sur les périodiques. Dans un catalogue en ligne, nous pouvons décider de saisir chaque titre en créant une notice complète ou une notice brève. Après avoir saisi les informations de catalogage de base, nous pouvons ajouter des notes à n'importe quelle notice.

Pour les fonds permanents que nous ne recevons plus régulièrement via un abonnement, nous pouvons créer une note qui résume les volumes conservés par la bibliothèque.

Exemple :

Note pour le bimensuel *Recherche pastorale*
La bibliothèque possède : v. 91-103 (2005/06 - 2017/18) reliés ; cessé de paraître.

Pour les abonnements actifs que nous recevons régulièrement, nous pouvons ajouter des notes différentes.

Exemple :

Notes pour le trimestriel *Revue trimestrielle de mission*
La bibliothèque possède : v. 1-15 (1999-2014) reliés, v. 16, n°1 (2015)-

Dans un catalogue en ligne, nous pouvons entrer et supprimer ultérieurement des notes sur le statut de la reliure. Ainsi, une note sur la reliure du v. 16 de *Revue trimestrielle de mission* pourrait ressembler à l'exemple ci-après. À moins de connaître une date de retour exacte pour l'article, on donne la date à laquelle il a été envoyé à l'atelier de reliure. À son retour, supprimer la note.

Exemple :

note sur le statut de la reliure
Vol. 16 (2015) envoyé à l'atelier de reliure le 1er février 2016.

En rédigeant ces notes, on essaye d'utiliser toujours le même style pour chaque type de note. Des messages cohérents aideront le personnel et les usagers à comprendre notre système.

Si nous utilisons le format UNIMARC pour les notices de catalogue, nous souhaiterons peut-être placer ces notes dans les zones 9XX que nous avons réservées pour les notes. On réserve une zone 9XX pour des informations sur les localisations propres à notre bibliothèque (exemples : « La bibliothèque XYZ ne dispose que du 2e volume de la série » ou « 1re copie signée par l'auteur »). Nous pouvons réserver une autre zone 9XX pour les informations sur les localisations de périodiques (exemples : « Disponible à la bibliothèque XYZ : v. 1, 1950 » ou « Disponible à la bibliothèque XYZ : v. 32-34, 38- (1974-1976, 1980-) ». Nous pouvons réserver encore une autre zone 9XX pour les notes de reliure (exemple : « vol. 32, 1974, envoyé à l'atelier de reliure le 1er octobre 2007 ») ; les notes de reliure devront être supprimées lorsque nous aurons reçu les volumes en question de l'atelier de reliure.

Autres points concernant les périodiques

Lors de la vérification des périodiques, on utilise toujours des chiffres arabes (1, 2, 3, ...) pour les numéros de volume et de fascicules, même si le périodique lui-même utilise des chiffres romains (I, II, III, ...).

Beaucoup de périodiques anciens et certains nouveaux sont publiés en série. Cela signifie que l'éditeur imprime plusieurs volumes d'une série, arrête la première série et en démarre une deuxième. Cela est généralement clairement imprimé sur le périodique. Sur la fiche de contrôle, entre les colonnes « année » et « volume », on trouve la colonne « série ». Parfois, la série s'appelle « nouvelle série ». Cette série peut être abrégée en « n.s. » dans la zone de la série.

En cas de difficulté pour obtenir des fascicules en toute sécurité d'autres pays par le biais du système postal, il faudra peut-être trouver un destinataire bénévole dans le pays de publication. Ce destinataire recevra les périodiques à une adresse commune, puis organisera régulièrement des envois spéciaux – tous les trois ou quatre mois. L'un des plus grands défis de la gestion des périodiques est de recevoir toutes les publications payées sans dommages ni réclamations excessives aux éditeurs pour les numéros manquants. Lorsqu'un éditeur et un abonné se trouvent dans le même pays, l'éditeur peut soit continuer d'envoyer des numéros au début d'un nouveau renouvellement, soit remplacer les numéros manquants sans frais. Ce n'est généralement pas le cas lorsque l'éditeur et l'abonné se trouvent dans des pays différents. Les frais de port ne le permettent pas.

Étant donné que les périodiques sont publiés régulièrement, les articles peuvent être plus à jour que des informations similaires dans des livres. Les périodiques constituent une partie très importante de tout fonds documentaire et doivent être bien gérés.

11

Services aux usagers de la bibliothèque

Le but principal de toute bibliothèque est de servir ses usagers, appelés aussi le « public » de la bibliothèque. Les fonctions du catalogage, de la classification et du traitement des ressources documentaires ont pour objectif de permettre aux usagers de savoir quels documents sont disponibles dans la bibliothèque, où ils se trouvent et comment les emprunter. Les services de la bibliothèque peuvent aller au-delà du partage des éléments physiques de la bibliothèque. En effet, celle-ci est également un lieu de recherche et d'accès à l'information au format électronique. Les services peuvent donc aller au-delà des murs de la bibliothèque.

Services de référence

Une partie des responsabilités des bibliothécaires est d'être disponibles pour aider les usagers à localiser et à interpréter les informations souhaitées. Il s'agira parfois de répondre à des questions spécifiques. D'autres fois, il s'agira d'aider à la recherche, de fournir des bibliographies ou encore de localiser des documents difficiles à trouver. Les bibliothécaires peuvent aussi être amenés à former les usagers afin qu'ils puissent trouver des informations par eux-mêmes. La section intitulée « la formation des usagers de la bibliothèque et la maîtrise de l'information » porte sur ce sujet. La section « la recherche et les ressources sur Internet » explique comment trouver des informations à distance, les tendances et les outils récents.

Chaque bibliothèque a besoin d'ouvrages et/ou d'un accès électronique qui permettent de localiser des informations fiables. De tels ouvrages sont conçus pour fournir des faits, des statistiques, des définitions, etc. Généralement, ils portent le nom de « répertoires ». Les répertoires imprimés sont traditionnellement appelés *ouvrages de référence*. Ces ouvrages sont des recueils d'informations et d'analyses, avec de courtes entrées. Ils ne sont généralement pas lus dans l'ordre ou dans leur intégralité. Les éditeurs d'ouvrages de référence tentent d'organiser le texte de manière à ce que les usagers puissent trouver et utiliser rapidement les informations souhaitées. Comme les informations contenues dans les ouvrages de référence peuvent changer fréquemment, des éditions révisées sont souvent nécessaires. L'accès en ligne devient de plus en plus courant pour chercher des informations et pour une exploitation facile. Un autre avantage de l'accès en ligne est la commodité pour l'usager, avec la possibilité par exemple d'imprimer un document ou de le sauvegarder sur un ordinateur personnel. Les éditions révisées d'ouvrages de référence ont tendance à être plus coûteuses. C'est un facteur important à prendre en compte avant d'acheter des versions imprimées ou électroniques. Il faut également prendre en compte la périodicité des éditions révisées.

En général, la bibliothèque met à la disposition des usagers des ouvrages de référence imprimés pour la consultation sur place. Ainsi, cette catégorie d'ouvrages ne sort normalement pas de la bibliothèque. Ils sont généralement identifiés par la mention « R » ou « REF » dans le catalogue et aussi au-dessus de la cote sur le dos de l'ouvrage. Ils sont rangés dans un emplacement spécifique appelé « section de référence ».

En général, les ouvrages de référence sont divisés en deux catégories :

1. Les ouvrages traitant d'une grande variété de sujets dans un ou plusieurs volumes, comme les encyclopédies générales, les almanachs et les annuaires.
2. Les ressources thématiques spécifiques, comme une encyclopédie de l'instruction chrétienne, un dictionnaire de théologie, un répertoire des établissements d'enseignement.

Lors de la sélection des ouvrages de référence, il conviendrait d'essayer de choisir des ressources générales qui appuient le programme d'études et les besoins spécifiques de l'institution. Les encyclopédies, dictionnaires, atlas, cartes, entre autres, doivent autant que possible refléter la ou les langues nationales, la géographie et la situation régionale. La sélection des ressources électroniques reflète généralement les critères de sélection des ouvrages imprimés : crédibilité, exactitude, caractère raisonnable, soutien au programme d'études de l'institution. D'autres caractéristiques à prendre en compte sont la pertinence, la validité et la fiabilité de l'information. Pour plus d'informations sur la sélection des documents, voir le **chapitre 3**.

- *Encyclopédies.* Une encyclopédie générale, standard et précise, bien que n'étant pas la dernière édition, vaut mieux qu'une nouvelle encyclopédie de fiabilité incertaine. Une encyclopédie fiable peut être tenue à jour au moyen d'annuaires ou de suppléments.
- *Dictionnaires.* Si la langue principale est le français, un bon dictionnaire non abrégé donnera non seulement les définitions, les origines et l'utilisation des mots, mais également des abréviations et des citations. Des dictionnaires des langues principales de l'institution locale, du pays ou de la région devraient faire partie de la section référence. D'excellents dictionnaires fournissant des informations fiables sont aussi disponibles sur Internet[1]. Il existe également des logiciels de traduction comme Google Translate et Linguee sur Internet. Ces outils sont utiles, mais ils peuvent ne pas être aussi fiables qu'un dictionnaire imprimé.
- *Atlas et cartes.* Tout fonds de référence comprend quelques atlas et cartes du monde et des globes terrestres à jour. Il est important d'inclure, si possible, les atlas et les cartes à jour du pays et de la région en plus des atlas mondiaux. Des atlas spécifiques d'intérêt historique et sociologique, tels que les atlas des temps et des cultures bibliques, peuvent également figurer dans les ressources de référence.
- *Manuels et almanachs.* Les manuels et les almanachs contiennent divers faits et statistiques actuelles. Un almanach mondial actuel est un outil indispensable pour les bibliothécaires et doit être mis à jour chaque année, car les faits deviennent rapidement obsolètes. Même si bon nombre des mêmes faits et statistiques sont facilement accessibles en ligne, leur compilation en une seule ressource facilite leur accès.
- *Ressources biographiques.* Les dictionnaires ou les listes biographiques contiennent des informations générales sur les personnes qui ont apporté une contribution notable à la société. La série *Who's Who in France*, par exemple, est reconnue comme une source fiable d'informations biographiques[2]. Les nombreuses ressources Internet fréquemment mises à jour et facilement accessibles minimisent la nécessité de posséder des sources biographiques imprimées.
- *Ouvrages de référence sur des sujets spécifiques.* Un fonds de référence complet comprendra des ouvrages de référence sur des sujets spécifiques dans les domaines de l'art, de la science, de la littérature et de la Bible. Ces ressources sont utiles, car elles fournissent des informations plus détaillées sur un domaine ou sujet spécifique qu'une encyclopédie générale. Elles abordent le domaine ou sujet plus en profondeur et elles incluent une liste de ressources recommandées pour aller plus loin dans la recherche.
- *Index de publications périodiques.* Ces index permettent de localiser des articles, des critiques littéraires et d'autres informations dans des périodiques. D'excellents index sont disponibles sur abonnement en ligne.
- *Autres.* Il existe de nombreux autres types de ressources de référence, notamment des répertoires, des historiques, des publications annuelles et des bibliographies utiles pour la recherche d'informations spécifiques. Les guides de rédaction et de présentation comme le *Lexique des règles typographiques en usage à l'imprimerie nationale*[3] aideront les étudiants à utiliser les normes appropriées pour rédiger leurs travaux de recherche. Ils montrent également comment citer correctement les références dans les notes de bas de page, les notes de fin et les bibliographies.

Les informations accessibles gratuitement sur Internet peuvent inclure plusieurs ou toutes les catégories énumérées ci-dessus. Cependant, rappelons que les ouvrages imprimés contiennent souvent plus de détails que ce qui est disponible gratuitement en ligne. Des documents comme des encyclopédies thématiques, des index de publications périodiques, etc., peuvent être disponibles en ligne par abonnement. Les logiciels open source[4] sont

---

1. Par exemple : Le dictionnaire de la langue française Robert en ligne : https://dictionnaire.lerobert.com ou le dictionnaire de la langue française Larousse : https://www.larousse.fr/dictionnaires/francais. Il existe également le site de dictionnaires de langue en ligne Word Reference : https://www.wordreference.com.
2. Voir le site pour plus de détails : https://www.whoswho.fr.
3. Imprimerie nationale, *Lexique des règles typographiques en usage à l'Imprimerie nationale*, Paris, Imprimerie nationale, 2014.
4. Le *dictionnaire Larousse* définit « open source » ainsi : « Se dit d'un logiciel dont le code source est libre d'accès, réutilisable et modifiable (Linux, par exemple) », https://www.larousse.fr/dictionnaires/francais/open_source/188163, consulté le 7 avril 2021.

également disponibles. Les sites web les plus utiles sont les portails, parce qu'ils rassemblent des liens vers des ressources Internet de manière organisée.

Voici trois exemples de portails :

- Portail Sciences de l'information et des bibliothèques : https://fr.wikipedia.org/wiki/Portail:Sciences_de_l%27information_et_des_biblioth%C3%A8ques.
- Un portail regroupant des ressources numériques et sites de revues scientifiques par disciplines : https://bu.uco.fr/disciplines.
- Une liste des bases de données sur Internet : https://bu.uco.fr/ressources-az.

Servir les usagers de la bibliothèque dans la fonction de référence signifie : assister l'usager dans sa recherche d'information en montrant de l'intérêt pour ses besoins en recherche et en jouant un rôle actif dans cette aide à la recherche. Les bibliothécaires de référence essayeront souvent d'en apprendre davantage sur les besoins des lecteurs en leur demandant le sujet de leur recherche et en posant des questions bien formulées pour identifier leurs besoins réels. Parfois, les questions posées par les usagers ne sont pas exprimées clairement ou n'atteindront pas leurs objectifs. Identifier la véritable question de recherche est crucial pour que les bibliothécaires puissent fournir les informations souhaitées. Ce processus s'appelle *l'entretien de référence*. Dans la plupart des cas, cet entretien se déroule en face à face. Cependant, il peut également se produire à distance par courrier électronique, messagerie instantanée, un blog de bibliothèque (abréviation de weblog, un bulletin interactif fréquemment mis à jour) ou un logiciel de gestion de cours. L'établissement auquel appartient la bibliothèque peut souscrire à un logiciel de gestion de cours, tel que Blackboard ou Moodle ou un autre système, et fournir une assistance, mais l'assistance n'est généralement pas directement sous la supervision de la bibliothèque. Les bibliothécaires gagneraient à bien connaître ces outils de communication à distance et à les utiliser, le cas échéant.

La recherche et les ressources sur Internet

Internet a changé et est encore en train de changer les processus, les méthodes et les fondements de la recherche universitaire, à la fois dans la bibliothèque et dans le monde universitaire. L'accès en ligne offre de nombreux avantages pour ceux qui disposent d'un accès à distance. La rapidité de recherche d'informations, l'accès à des informations actualisées et la possibilité de récupérer, importer et utiliser des informations sur un ordinateur personnel sont autant de caractéristiques qui rendent la recherche sur l'Internet attrayante.

Les processus de recherche traditionnels présentent également des avantages. D'une manière générale, les ouvrages de référence ont été relus minutieusement dans le cadre d'un processus éditorial incluant une vérification méticuleuse des faits. Les auteurs, les éditeurs et les érudits se soucient de la fiabilité et de l'exactitude des informations publiées auxquelles ils associent leurs noms. De nombreux auteurs web n'ont pas le même souci. Les sites Internet publiés par des personnes traitent souvent d'une question particulière et défendent un point de vue personnel. Étant donné que n'importe qui peut publier une page web sur n'importe quel sujet sans l'objectivité nécessaire à la recherche scientifique, une analyse minutieuse par l'usager est essentielle. La responsabilité d'informer les publics de la nécessité d'évaluer les informations incombe souvent aux bibliothécaires.

Un aspect important de tout processus de recherche minutieuse consiste à revérifier les informations pour en vérifier l'exactitude. Compter sur des noms d'auteurs, d'organisations ou d'éditeurs réputés est un bon moyen de s'assurer que les informations trouvées sur Internet sont utiles à des fins de recherche scientifique. En cas de doute, l'internaute devrait revérifier les statistiques et les faits en utilisant une autre source indépendante. Les questions suivantes peuvent être utiles lors de la prise en compte des informations provenant de l'Internet :

- *Autorité* : Qui sont les auteurs de la page web ou qui en est responsable ? Qu'est-ce qui leur donne leur autorité ou leur expertise pour écrire ?
- *Exactitude* : Avons-nous de bonnes raisons de croire que les informations figurant sur le site sont exactes ? Les auteurs fournissent-ils des preuves pour appuyer leurs conclusions ?
- *Objectivité* : Quel est le point de vue de l'auteur ? Quel est le but du site ? S'agit-il d'un site web commercial, gouvernemental, professionnel, personnel ou académique ?
- *Détails* : Y a-t-il des fautes d'orthographe ou de grammaire ? Les liens fonctionnent-ils ? Le site a-t-il été tenu à jour ? Le site est-il bien organisé ? Cette page a-t-elle été conçue pour le web ou s'agit-il d'autre chose, comme un document gouvernemental ou un article de revue qui est, par hasard, disponible sur le web ?

- *Valeur* : Ce site aborde-t-il le sujet de votre recherche ? La page valait-elle le détour ? Le site propose-t-il des informations instructives, uniques ou pertinentes ?[5]

Internet peut être utilisé efficacement comme outil de recherche ou de référence par les bibliothécaires formés. Les bibliothécaires peuvent servir les usagers en recommandant des sites web de qualité, de la même manière qu'ils recommandent des livres ou des auteurs sur un sujet spécifique. Les recommandations peuvent être données dans le cadre de l'entretien de référence, en fournissant des documents imprimés ou en développant une page web contenant des liens vers les sites recommandés par domaine. De nombreuses institutions chrétiennes, facultés et universités ont des exemples de ces listes de liens, parfois appelées « webographie ». Ainsi, il ne sera peut-être pas nécessaire de dupliquer les sites existants. Les bibliothécaires souhaiteront peut-être se tenir au courant des questions d'actualité, des produits et de l'évaluation de divers sites Internet et de l'industrie de l'Internet. Le site Search Engine Watch, est particulièrement utile pour rester à jour dans ces domaines : http://searchenginewatch.com.

Quelques conseils pour l'utilisation des moteurs de recherche sur Internet

Un certain nombre de moteurs de recherche sont disponibles sur le web. Apprendre à chercher sur un de ces moteurs aidera l'usager à chercher sur les autres. Google est un exemple de moteur de recherche populaire : https://www.google.fr. Le Google original a été étendu pour inclure Google Livres (https://books.google.fr) et Google Scholar (https://scholar.google.fr). En se familiarisant avec les astuces de recherche et les fonctionnalités de recherche avancées, on obtient des recherches plus efficaces et plus fructueuses.

Certaines de ces astuces de recherche sont les suivantes :

- Déterminer les mots ou les expressions clés. Les guillemets peuvent être utilisés pour indiquer des expressions. Par exemple : « enseignement primaire » limitera le nombre de résultats de recherche. Limiter les mots ou les expressions à moins de dix mots.
- La recherche doit être aussi spécifique que possible.
- Utiliser le singulier ou le pluriel peut faire une différence dans la recherche par mot-clé.
- L'ordre des mots changera les résultats de la recherche. Commencer par l'idée la plus importante.
- Ignorer les mots vides car ils ne sont pas pris en compte dans la recherche. Les mots vides sont par exemple : le, la, les, du, des, etc.
- Ignorer les signes de ponctuation sauf les apostrophes, les traits d'union ou les guillemets.
- Supprimer le mot « et ». Google suppose automatiquement l'utilisation d'idées reliées entre elles.
- L'orthographe doit être exacte. Par exemple : « Kadhafi » et « Gaddafi » ne sont que deux de plus de 25 orthographes internationales de ce nom.

La formation des usagers de la bibliothèque et la maîtrise de l'information

Selon The Association of College and Research Libraries aux États-Unis, la maîtrise de l'information signifie : « La capacité de reconnaître l'existence d'un besoin d'information, d'être capable d'identifier, de trouver, d'évaluer et d'exploiter efficacement cette information pour résoudre le problème en cours[6]. »

Big6 est « un modèle de processus qui montre comment des personnes de tous âges résolvent un problème d'information[7] ». Les éléments de ce modèle sont :

1. **Définition de la tâche.**
   1.1. Définir le problème d'information.
   1.2. Identifier les informations nécessaires.
2. **Stratégies de recherche d'information.**
   2.1 Déterminer toutes les sources possibles.
   2.2 Sélectionner les meilleures sources.
3. **Localisation et accès.**
   3.1 Localiser les sources (intellectuellement et physiquement).

---

5. La source de ces questions dans l'édition anglaise du présent ouvrage est la suivante : www.ithaca.edu/library/training/think.html. Pour plus d'informations sur l'évaluation des ressources Internet, voir le tutoriel « Évaluer ses sources avec 6 critères simples », disponible sur : https://www5.bibl.ulaval.ca/formations/tutoriels-en-ligne/autres-tutoriels.
6. http://www.ala.org/acrl/standards/ilframework.
7. Traduction libre de la définition originale en langue anglaise : «The Big6 is a process model of how people of all ages solve an information problem » (https://thebig6.org).

3.2 Trouver des informations dans les sources.
4. **Utilisation de l'information.**
4.1 Prendre en compte l'information (lire, entendre, voir, toucher).
4.2 Extraire les informations pertinentes.
5. **Synthèse.**
5.1 Organiser l'information à partir de sources multiples.
5.2 Présenter l'information.
6. **Évaluation.**
6.1 Juger le produit (efficacité).
6.2 Juger le processus (efficience)[8].

Transmettre ce modèle ou d'autres modèles de réflexion sur l'information est devenu un élément important du rôle des bibliothécaires. Chaque bibliothécaire donne des conseils et des instructions pour reconnaître l'existence d'un besoin d'information et la capacité d'identifier, de trouver, d'évaluer et d'exploiter ces informations dans le cadre de la bibliothèque. Cela peut inclure l'utilisation du catalogue, d'ouvrages de référence spécifiques ou d'index, ainsi que l'interprétation ou l'évaluation d'articles récupérés. Il est important que les bibliothécaires étendent l'enseignement de ces compétences aux compétences de recherche d'informations virtuelles. Les mêmes principes s'appliquent à l'utilisation de ressources électroniques disponibles sur Internet. Ce type d'enseignement en bibliothèque familiarisera le lecteur avec une méthode de découverte qui va au-delà des cours classiques.

Visite de la bibliothèque

Une méthode de base pour accueillir les nouveaux étudiants consiste à organiser une visite de la bibliothèque. Une visite pourrait mettre en évidence des caractéristiques importantes de la bibliothèque : emplacement du catalogue, des ordinateurs, des ouvrages de référence, des documents de la réserve, des périodiques et leurs index et des documents spéciaux comme les brochures ou les images. Les usagers devraient recevoir des informations sur les horaires de la bibliothèque, les règles d'emprunt, la durée des prêts, les amendes, les règles relatives aux documents non empruntables et sur l'utilisation restreinte des documents de la réserve. Ces informations pourraient être incluses dans un guide du lecteur remis à chaque nouvel étudiant. Souvent, ces informations sont affichées et facilement accessibles à tous ceux qui se rendent dans la bibliothèque.

Les instructions concernant l'utilisation du catalogue pourraient inclure :

1. Différents points d'accès dans le catalogue (auteur, titre, matière, mot-clé), comment distinguer les différences et comment effectuer différents types de recherche.
2. Une explication des éléments de chaque vedette de catalogue, tels que auteur, titre, éditeur, date et cote.
3. Les vedettes-matière et renvois « Voir » et « Voir aussi ».
4. Le système de classification décimale Dewey ou un autre système de classification, qui explique les parties d'une cote.
5. Tout symbole spécial, comme « R » ou « REF » pour les ouvrages de référence, qui indique un emplacement spécial.
6. La manière dont les vedettes sont recherchées, en particulier les vedettes bibliques, et l'omission des articles : le, la, les.
7. L'utilisation de vedettes-matière en employant des sujets qui intéressent les étudiants.

Cette initiation au fonctionnement de la bibliothèque donne une description générale du catalogue et des emplacements des fonds de la bibliothèque. Elle devrait être brève pour ne pas donner trop d'informations. Plus tard dans l'année, une formation plus individualisée sera plus appropriée, car l'usager aura des questions ou des besoins spécifiques liés aux cours. À ce moment-là, les bibliothécaires pourront donner des instructions plus spécifiques.

L'une des responsabilités des bibliothécaires est de contacter les membres du corps enseignant, en particulier ceux qui donnent des devoirs nécessitant des recherches dans la bibliothèque. Les bibliothécaires et le professeur pourraient collaborer à la création de travaux efficaces en lien avec l'utilisation de la bibliothèque qui permettent d'atteindre les objectifs du cours. Les bibliothécaires pourraient donner un ou plusieurs cours ou ateliers pour présenter des ressources spécifiques aux étudiants.

---

8. Les éléments de ce modèle sont tirés de : https://thebig6.org/thebig6andsuper3-2.

Les bibliothécaires pourraient également former les usagers à la recherche documentaire dans le cadre d'un cours obligatoire unique. Un programme de formation à l'utilisation de la bibliothèque est généralement développé au fil du temps en coordination avec l'administration et des membres clés du corps enseignant. Certains membres du corps enseignant préfèrent former les étudiants à l'utilisation de la bibliothèque en faisant le lien avec un cours. Ce sont souvent les bibliothécaires qui connaissent mieux le contenu du fonds documentaire, la disposition des documents et l'accès à distance à des ressources académiques appropriées. Il est bon de parler avec chaque membre du corps professoral, individuellement ou dans des réunions de département, afin de promouvoir les services pédagogiques de la bibliothèque.

Lors de la conception d'un cours lié à la formation des usagers à la recherche documentaire, plusieurs heures de cours peuvent être consacrées à fournir davantage de détails sur le processus de recherche, les méthodes et les stratégies de recherche, la maîtrise de l'information et/ou la recherche d'informations en ligne. L'utilisation d'exemples tirés des cours suivis par les étudiants rend les informations plus pertinentes et plus intéressantes. Les ouvrages de référence et les ressources électroniques spécifiques peuvent être abordés plus en détail à ce stade, en expliquant comment les utiliser et les domaines couverts. L'utilisation des index de publications périodiques devrait être bien expliquée, en soulignant que les périodiques constituent une source d'informations plus récentes que celles que l'on trouve d'habitude dans les livres. Les systèmes de classification peuvent également être expliqués de manière plus détaillée que lors de l'initiation. Toutes les instructions devraient inclure des supports visuels, des démonstrations et/ou des expériences pratiques. Les feuilles de travail ou les exercices créés à la fois par les bibliothécaires et par les professeurs sont des moyens efficaces pour renforcer la réussite de l'apprentissage.

À la fin de l'enseignement des bibliothécaires, il est souvent utile de demander aux étudiants de faire part de leurs commentaires concernant la formation. Des informations utiles peuvent être obtenues en demandant aux étudiants de répondre à deux questions de manière anonyme :

1. Écrivez une chose que vous avez apprise lors des séances de formation à l'utilisation de la bibliothèque.
2. Avez-vous encore une question particulière concernant la bibliothèque ou le processus de recherche ? Si oui, écrivez-la.

Services de circulation des documents

La circulation des documents est un processus dans lequel les bibliothèques prêtent des documents à leurs usagers. Les procédures de prêt devraient être aussi simples que possible et adaptées aux besoins locaux. Les règles et restrictions inutiles devraient être évitées afin de fournir le meilleur service possible. Si un livre n'est pas à sa place sur les rayonnages, les registres de circulation devraient indiquer où il se trouve. S'il a été emprunté, le registre devrait indiquer quand il doit être retourné. Le registre peut être utilisé pour indiquer un emplacement temporaire tel qu'une vitrine, un livre en cours de réparation ou mis à la réserve. Les registres de circulation gardent une trace de tous ces changements.

Règles et règlements

Certaines règles et règlements relatifs au prêt ou à l'emprunt des livres devraient être établis afin d'être justes pour tous. Plusieurs termes peuvent être utilisés en différentes langues ou par différents systèmes pour ces processus. *Sorti, emprunté* ou *prêté* sont des termes qui signifient la même chose. Ces règles doivent être suffisamment souples pour permettre des exceptions, tout en restant suffisamment cohérentes pour que les usagers trouvent qu'elles sont justes. Lorsque les règles sont établies, elles devraient être affichées dans la bibliothèque et mises à la disposition de tous les usagers. Elles peuvent aussi être incluses dans le manuel de l'étudiant, si l'école en a un.

Les questions suivantes devront être résolues lors de l'établissement des règles :

- ***Les usagers seront-ils autorisés à sortir des livres de la bibliothèque?***

De nombreuses bibliothèques permettent la circulation des livres généraux en dehors de la bibliothèque. Cela permet au lecteur de lire le livre à la maison lorsque la bibliothèque est fermée. Les ouvrages de référence ou les ouvrages placés dans une collection spéciale circulent rarement en dehors de la bibliothèque.

Certaines bibliothèques, cependant, fournissent un espace permanent d'étude pour les étudiants. Dans ce cas, les bibliothécaires peuvent choisir de conserver tous les livres dans la bibliothèque de manière permanente. Les livres ne peuvent être empruntés que dans certains cas exceptionnels comme un exposé en classe.

- *Qui sera autorisé à emprunter des livres à la bibliothèque ?*

Si les usagers sont autorisés à emprunter des livres à la bibliothèque, il faudra enregistrer l'emprunteur d'une manière ou d'une autre. Pour les étudiants, les professeurs et le personnel, le répertoire de l'école pourrait être utilisé pour localiser les noms et les adresses des personnes actuellement employées ou inscrites dans l'établissement.

Certaines bibliothèques permettent à des personnes extérieures à l'établissement d'emprunter des livres. Ce public extérieur n'est donc pas associé à l'école. Pour les enregistrer, on peut créer un fichier de noms et d'adresses. Ce fichier est conservé au comptoir de prêt. Le fichier pourrait inclure un formulaire de demande imprimé. Celui-ci pourrait énumérer les règles de la bibliothèque. En signant le formulaire, la personne accepte de respecter les règles de la bibliothèque. Il est souvent demandé au public extérieur de verser un acompte qui sera retenu si la personne ne retourne pas le livre emprunté. Parfois, les bibliothécaires peuvent demander à un membre du public extérieur d'avoir un garant qui est membre de l'établissement.

Dans un système intégré de gestion de bibliothèque (SIGB), les membres du public extérieur peuvent être configurés comme une catégorie d'usagers distincte. Ils peuvent avoir des privilèges différents de ceux des étudiants ou des professeurs. Leur période d'emprunt pourrait être de deux semaines sans renouvellement et le nombre d'emprunts limité à cinq livres à la fois. En revanche, un étudiant pourrait se voir accorder un renouvellement de deux semaines supplémentaires.

- *Combien d'articles peuvent être empruntés en même temps par un lecteur ?*

Le nombre total d'articles qui peuvent être empruntés simultanément par un usager dépend de la taille du fonds documentaire et des attentes de la recherche. Dans le cas d'un fonds assez grand, chaque usager pourrait être autorisé à emprunter plus de livres. Le niveau de recherche et la durée des travaux requis affecteront également ce nombre. Certaines bibliothèques limitent à cinq le nombre de documents qui peuvent être empruntés à la fois. Les étudiants seraient autorisés à emprunter plus de livres à la fois, peut-être jusqu'à 20, s'ils suivent des cours qui nécessitent des travaux de recherche. Si le nombre de livres sur un domaine donné est faible et que la demande est forte, les bibliothécaires pourraient mettre à la réserve les titres qui sont beaucoup demandés pour offrir un accès égal à tous les étudiants.

- *Quelle sera la durée du prêt ?*

Les bibliothèques permettent généralement un prêt de deux, trois ou quatre semaines. Si le fonds documentaire est limité, la période de prêt pourrait être plus courte. Les membres du corps professoral auront généralement de plus grands privilèges que les étudiants. Ils pourront peut-être emprunter un livre pour un trimestre ou plus. Dans un SIGB, le module de circulation des documents peut être configuré avec des conditions de prêt qui diffèrent selon les catégories d'usagers, les types de support, l'emplacement des documents et d'autres facteurs.

- *Les livres peuvent-ils être réservés ?*

Si un livre est sorti, un usager peut se voir accorder le privilège de demander son utilisation lorsqu'il est retourné. Une note jointe à la notice de prêt pourrait porter le nom de l'usager. Ce processus s'appelle la réservation d'un livre. Dans un SIGB, cette opération est effectuée conformément aux instructions du manuel d'utilisateur.

- *Peut-on envoyer des rappels pour les livres ?*

Une note de *rappel* peut être envoyée à l'usager par un agent de la bibliothèque pour qu'il retourne le livre avant la date d'échéance. Le rappel est utile lorsque des livres sont en prêt, mais nécessaires pour un devoir pour un cours particulier. Si les membres du corps professoral sont autorisés à emprunter des articles pour une période prolongée, de tels articles peuvent être rappelés si des étudiants les demandent.

- *Quelles pénalités seront perçues pour les livres en retard ?*

De nombreuses bibliothèques imposent des pénalités pour les livres conservés après la date d'échéance. Un petit montant par jour est facturé à l'usager pour chaque article en retard. Le but des pénalités est d'encourager les usagers à ramener les livres à la date d'échéance pour qu'ils soient disponibles aux autres usagers.

Les usagers peuvent se voir refuser d'emprunter des livres supplémentaires si leurs amendes excèdent un certain montant. Certains systèmes intégrés de gestion de bibliothèque peuvent être configurés pour avertir de ces blocages et des articles en retard. Les avertissements peuvent consister en des notes à l'écran et/ou des bips ou d'autres sons provenant de l'ordinateur.

- ***Des frais seront-ils facturés pour les livres perdus ou endommagés ?***
La plupart des bibliothèques facturent le coût du remplacement d'un livre perdu ou endommagé et de son nouveau traitement pour la remise en circulation. Chaque bibliothèque doit décider de sa politique et de ses procédures pour les livres perdus ou endommagés et les communiquer aux usagers de la bibliothèque. Encore une fois, un SIGB peut aider à suivre le statut et les frais associés à ces documents.

Procédures de circulation

Comme abordé au **chapitre 9**, pour les systèmes manuels, une fiche de livre est préparée pour chaque livre en circulation et placée dans une pochette qui est collée sur la deuxième page de couverture. En face ou au-dessus de la pochette, on colle une feuille de rappel pour noter les dates de retour. On peut aussi acheter des pochettes de livre adhésives et avec une feuille de rappel directement imprimée sur la pochette. La cote, l'auteur, le titre et le numéro d'acquisition (le cas échéant) doivent apparaître sur la fiche de livre et la pochette afin que ces dernières puissent être facilement associées lors du retour des livres.

Remarque : Si la bibliothèque dispose d'un SIGB, la fiche de livre peut être inutile. Si tous les livres existants ont des fiches de livre lorsqu'on passe à un SIGB, elles peuvent être retirées quand on insère les étiquettes code-barres dans les livres ou laissées à leur place. Dans la plupart des cas, ces fiches contiennent l'historique des emprunts du livre et peuvent être utiles pour le développement du fonds documentaire.

Les emprunts

Lorsqu'une bibliothèque utilise un système manuel de prêt, le livre est emprunté à l'aide de la procédure suivante. Un SIGB automatise les étapes ; certaines de ces différences seront mentionnées.

1. L'employé chargé du prêt vérifie que l'usager a le droit d'emprunter des livres.
2. Avec un système manuel, la fiche de livre est extraite de la pochette du livre et l'usager la signe de son nom ou d'un numéro d'identification. Aux États-Unis et dans d'autres pays, il peut être nécessaire d'utiliser un numéro d'identification pour les usagers à la place d'un nom. Cette pratique protège la vie privée de l'usager et toutes ses données personnelles ou l'historique de ses emprunts seront gardés confidentiels.
Remarque : Le numéro d'identification de l'usager serait inscrit sur la fiche de livre. Le numéro serait attribué lors de la demande d'adhésion de l'usager et ajouté au formulaire d'enregistrement.
3. Avec un système manuel, l'agent de la bibliothèque doit s'assurer que le nom ou le numéro d'identification est lisible. Il s'assure également que la bibliothèque a bien l'adresse de l'usager dans ses fichiers. Si la bibliothèque conserve des statistiques pour les emprunts par différentes catégories d'usagers (étudiants, professeurs, membre du public extérieur, etc.), il faudra inscrire l'usager par le nom ou le numéro d'identification utilisé sur la fiche. Dans un SIGB, l'agent de la bibliothèque affiche le nom de l'usager à l'écran en scannant le code-barres de la carte de bibliothèque de l'usager ou en sélectionnant le nom dans une liste. L'agent vérifiera ensuite les éléments du dossier de l'usager.
4. L'agent tamponne ou écrit la date de retour sur la fiche de livre et sur la feuille de rappel. La bibliothèque peut acheter un tampon dateur qui peut être ajusté tous les jours. Si les livres sont prêtés pour différentes durées, la bibliothèque pourrait éventuellement investir dans plusieurs tampons dateurs.
5. L'agent de circulation donne le livre à l'emprunteur.
6. L'agent place la fiche du livre emprunté dans une boîte à fiches. Il range toutes les fiches des livres empruntés pendant la journée au début de la boîte afin de pouvoir établir des statistiques quotidiennes sur les livres empruntés (nombre de livres empruntés dans chaque catégorie d'ouvrages). Avec un SIGB, le statut de la circulation des livres sera mis à jour automatiquement.
7. À la fin de la journée, après avoir établi les statistiques du jour, l'employé classe les fiches dans la boîte et les conserve jusqu'à ce que les livres correspondants soient retournés. Le sujet de la boîte de classement des fiches de livre sera abordé plus en détail dans une section ultérieure. Avec un SIGB, les rapports de statistiques quotidiennes, hebdomadaires, mensuelles et annuelles devront être imprimés selon un calendrier établi.

Les retours de prêts

Lorsque le livre est retourné, la procédure est la suivante :

1. La date de retour figurant sur la feuille de rappel est vérifiée.
2. Si le livre est retourné en retard, l'emprunteur doit payer une amende (selon la politique de la bibliothèque).
3. L'agent de circulation extrait la fiche de livre de la boîte à fiches. Avec un SIGB, le livre est retourné selon la procédure d'usage.
4. La fiche de livre est replacée dans la pochette du livre. L'agent de circulation s'assure que les informations correspondent en vérifiant soigneusement la cote, l'auteur et le titre. Il prête particulièrement attention aux numéros d'exemplaire et de volume.
5. Le livre est alors placé sur une étagère temporaire en attendant d'être rangé ou sur un chariot à livres destiné spécifiquement aux livres devant être retournés aux rayons. Un membre du personnel doit régulièrement remettre les livres sur les rayonnages.

Les renouvellements de prêts

Si un usager doit garder un livre au-delà de la date de retour, le prêt peut être prolongé. Chaque bibliothèque doit avoir une politique qui indique le nombre de renouvellements supplémentaires autorisés, le cas échéant. Certaines bibliothèques n'autorisent pas de renouvellements de prêt. Le processus d'extension de la période d'emprunt s'appelle un renouvellement car la période d'emprunt est renouvelée. Ces politiques devront être transférées vers un SIGB. Avec un système manuel, la procédure suivante peut être suivie :

1. L'agent de circulation prend la fiche de livre dans la boîte à fiches. Il s'assure que le livre n'a pas été réservé par un autre usager. (Les réservations seront abordées dans la section suivante.)
2. S'il n'y a aucune réservation pour le livre, l'agent re-tamponne la fiche de livre et la feuille de rappel pour indiquer la nouvelle date de retour. Avec un SIGB, on suivra les procédures de renouvellement.
3. L'agent réécrit le nom de l'usager ou inscrit « renouvellement » ou « R » à côté de la nouvelle date de retour sur la fiche de livre.
4. L'agent classe la fiche de livre dans la boîte pour la circulation du jour. Ce prêt est considéré comme un nouveau prêt.

Les réservations

Certaines bibliothèques permettent aux usagers de réserver un livre qui a été emprunté. Le livre est alors réservé pour le prochain emprunteur et est placé sur une étagère dédiée aux réservations quand il est retourné. Le personnel de la bibliothèque peut indiquer au demandeur la date de retour, mais pas le nom de l'emprunteur. Un membre du personnel est chargé de contacter les emprunteurs. Une bibliothèque doit avoir une politique sur les catégories d'usagers autorisées à réserver des documents. Ensuite, la bibliothèque suit cette procédure :

1. L'usager remplit un formulaire de demande de réservation. Le formulaire comprend un espace pour la cote, l'auteur et le titre du livre, ainsi que le nom et l'adresse du demandeur. Trois dates pourraient être incluses : (1) la date de la demande ; (2) une mention « emprunt inutile à partir de <date> » ; et (3) la date à laquelle le document en question a été placé sur l'étagère des réservations.
2. Le formulaire de réservation est ensuite attaché avec un trombone à la fiche de livre dans la boîte à fiches. Avec un SIGB doté de la fonction de réservation, suivre les procédures d'usage.
3. Lorsque le livre est retourné, prendre la fiche de livre et le formulaire dans la boîte.
4. Remettre la fiche de livre dans la pochette. Placer le formulaire de réservation au milieu du livre comme signe de traitement spécial.
5. Placer le livre sur une étagère située près du comptoir de prêt et qui porte l'étiquette « Réservations ».
6. Notifier le demandeur que le livre est disponible en donnant un délai pour venir l'emprunter. Laisser le livre sur l'étagère de réservations pendant la période donnée. La plupart des bibliothèques conservent les livres réservés pendant 5 à 7 jours avant de les remettre en rayon.

Les rappels

Certaines bibliothèques demanderont à un emprunteur de retourner des documents avant la date d'échéance. Ce sont généralement des situations spéciales, par exemple un livre qui doit être mis à la réserve pour un devoir en classe. Si l'on décide d'envoyer des notes de rappel, suivre cette procédure :

1. L'usager qui veut le livre remplit un formulaire de demande de réservation.
2. Les bibliothécaires décident si le livre a besoin d'être rapporté, en tenant compte de la durée de son emprunt et de s'il a déjà été renouvelé.
3. Les bibliothécaires envoient un avis de rappel à l'emprunteur. L'avis de rappel lui demande de retourner le livre dans un certain nombre de jours, généralement 5 à 7 jours. Pour un livre de la réserve, on peut envoyer une note spéciale et demander à ce qu'il soit retourné immédiatement. Avec un SIGB, suivre les procédures d'usage.
4. Conserver un dossier des demandes de rappel en cours.
5. Lorsque le livre est retourné, il faut le traiter comme s'il était réservé. Suivre les étapes 3 à 6 de la procédure de réservation.

Les documents mis à la réserve

Un document mis à la réserve est mis de côté et destiné à un usage limité, comme un devoir en classe. Parfois, des devoirs d'étudiants ou des exemplaires d'articles de revues sont également mis à la réserve. Les documents de la réserve sont généralement prêtés pour des périodes de deux heures et/ou pour la nuit seulement. Les livres sont normalement conservés sur des étagères près de la table de prêt. Les documents et les articles sont conservés dans un classeur sous la table de prêt ou à proximité de celle-ci. Pour faire circuler les documents de la réserve, la procédure suivante peut être suivie. *Remarque* : pour utiliser la fonction de réservation dans un SIGB, il faut vérifier que le logiciel autorise les prêts à l'heure et les prêts à la journée.

1. Un livre de bibliothèque ordinaire est déposé à la réserve et enregistré dans un fichier de circulation. Avec un SIGB, on peut créer un nouveau fichier d'utilisateur appelé « document de la réserve » et prêter des livres à ce fichier d'utilisateur.
2. Une fiche de livre temporaire pour la réserve, de préférence de couleur différente, est créée et placée dans le livre de la réserve. En plus de la cote, de l'auteur et du titre, cette fiche indique le nom de l'enseignant et le nom du cours.
3. À la date d'échéance, on indique « à la réserve » pour indiquer aux employés où le document doit être remis en rayon.
4. La bibliothèque peut conserver un fichier qui répertorie tous les documents mis à la réserve. On peut utiliser des fiches de catalogue pour ce fichier ou créer une feuille de calcul. Chaque entrée devrait inclure le nom de l'enseignant, le nom du cours, l'auteur, le titre et la cote. Le fichier est classé par ordre alphabétique, d'abord par le nom de l'enseignant, puis l'auteur et le titre.
5. Lorsqu'un livre de la réserve est emprunté, la fiche est placée dans un dossier spécial de circulation temporaire au comptoir de prêt jusqu'à ce que le livre soit retourné. Des amendes plus lourdes sont généralement appliquées pour les livres de la réserve quand ils sont retournés en retard. *Remarque* : Ces amendes sont facturées à l'heure.
6. Lorsqu'un livre n'a plus besoin d'être mis à la réserve, la note d'emprunt dans le fichier du livre est effacée. La mention « mis à la réserve » est rayée de la feuille de rappel et le livre est replacé dans le fonds habituel.
7. La fiche de livre temporaire pour la réserve peut être utilisée pour établir des statistiques concernant la réserve de documents, puis détruite. Des statistiques sur le nombre de documents mis à la réserve et le nombre d'utilisations de chaque document pourraient être conservées. Les statistiques sont abordées plus en détail dans une section ultérieure. *Remarque* : un avantage important d'un SIGB est la facilité de compilation des statistiques et les comptes rendus des modes d'utilisation.

Organisation du prêt des documents

La plupart des bibliothèques ont un comptoir de prêt situé près de l'entrée de la bibliothèque. Elles conservent toutes les informations sur la circulation des documents dans ce bureau. Les dossiers de circulation des documents servent de registres pour les documents empruntés. *Remarque* : dans un système de prêt informatisé, l'ordinateur automatise les fonctions décrites ci-dessous. Les logiciels de gestion de prêts peuvent différer dans la manière d'exécuter ces processus. Un bon logiciel proposera la plupart de ces fonctions dans ses fonctionnalités de base. Parfois, cependant, les logiciels ne permettent pas d'enregistrer les emprunts de courte durée (1h par exemple) pour les documents de la réserve. Les bibliothécaires doivent décider de l'importance de cette fonctionnalité pour leur bibliothèque.

1. Prêt – prêter le document à un lecteur/emprunteur.
2. Retour des prêts – le retour du document à la bibliothèque par un usager.
3. Contrôle des prêts en retard – déterminer les moyens d'identifier les documents en retard et en informer l'emprunteur.
4. Procédures de calcul des amendes, de notification et de réception.
5. Mettre des documents de côté et réserver les documents qui sont déjà empruntés à la demande d'un usager.
6. Gérer et enregistrer les emprunts de courte durée pour les documents de la réserve.
7. Compilation et rapport des statistiques quotidiennes, mensuelles et annuelles.

Les boîtes à fiches

Les boîtes à fiches sont conçues pour organiser et classer des fiches. Dans le cadre d'une bibliothèque, une boîte à fiches permet d'organiser les fiches de livre de sorte que le personnel de la bibliothèque puisse les trouver facilement. Les bibliothèques peuvent avoir besoin de plusieurs boîtes pour contenir toutes les fiches des documents empruntés. De nombreuses bibliothèques rangent les fiches de livre par ordre alphabétique. D'autres les classent par auteur ou par titre. Pour savoir plus facilement quand les livres sont en retard, certaines bibliothèques classent toutes les fiches par ordre de dates limites.

Les boîtes à fiches sont généralement divisées en sections telles que :

1. La section « Emprunté (ou prêté) aujourd'hui » pour conserver toutes les fiches de livre au même endroit jusqu'à ce que la feuille de statistique soit remplie à la fin de la journée. Cette section se trouve généralement au début de la première boîte à fiches. Les fiches ne sont placées dans aucun ordre particulier dans cette section. Au moment de remplir la feuille de statistique, les fiches sont interclassées dans la section « Emprunté ».
2. La section « Emprunté » est organisée différemment d'une bibliothèque à l'autre.
    a. Si cette section est organisée par cote, il faudra des intercalaires pour boîte à fiches pour organiser les sous-sections. Les intercalaires peuvent porter les numéros Dewey comme 100, 200, 300, etc. Si beaucoup de livres d'une même zone de Dewey sont prêtés, il faudra ajouter des intercalaires supplémentaires avec les numéros 200, 210, 220, 230, etc.
    b. Si cette section est organisée par auteur ou par titre, il faudra des intercalaires pour chaque lettre de l'alphabet pour classer les fiches par ordre alphabétique.
    c. Pour les bibliothèques qui envoient des avis de retard, il est utile de classer les fiches par semaine de dates limites.

    Il faudra prévoir une section pour chaque semaine à venir où les articles doivent être retournés. Les fiches de la semaine en cours seront laissées dans cette section jusqu'au lundi suivant. Le lundi ou mardi, les avis de retard devront être préparés et envoyés. Les fiches seront ensuite déposées dans la section « En retard » de la boîte à fiches.

    Les fiches dans chaque sous-section hebdomadaire peuvent être organisées par cote, auteur ou titre. Il convient de choisir la méthode la plus facile pour le personnel de la bibliothèque.

    Des intercalaires peuvent être ajoutées si besoin. Un jeu d'intercalaires est nécessaire pour chaque mois de l'année. Plusieurs jeux d'intercalaires numérotés sont également nécessaires pour les jours du mois. Dans chaque sous-section hebdomadaire, des intercalaires peuvent être ajoutées pour séparer les fiches.

3. La section « En retard » contient les fiches des livres pour lesquels des avis de retard ont été envoyées aux emprunteurs.

Les avis de retard

Des avis et relances devraient être envoyés régulièrement pour les retards. La plupart des bibliothèques envoient un premier avis dans les deux ou trois jours qui suivent la date d'échéance. Des relances devront peut-être être envoyées chaque semaine ou toutes les deux semaines. Le premier avis et les deuxième et troisième relances peuvent contenir les mêmes informations. La quatrième relance est d'habitude un dernier avis. Les bibliothécaires pourraient utiliser le papier à lettres officiel de l'établissement et signer la lettre personnellement. Le dernier avis peut indiquer à l'emprunteur que le livre doit être retourné avant une certaine date. S'il n'est pas retourné à cette date, l'établissement peut facturer le coût d'un livre perdu à l'usager ainsi que les frais de catalogage. Avant d'envoyer le dernier avis, il faut vérifier sur les rayonnages si le livre a été retourné.

Avec un SIGB, le personnel de la bibliothèque devrait apprendre à personnaliser les avis de retard et à établir un calendrier d'impression des avis. Les avis personnalisés permettent au personnel de la bibliothèque de modifier le libellé de différents avis (premier avis, deuxième avis, troisième avis, dernier avis, etc.). Par exemple : le dernier avis peut inclure le prix du livre et les frais de traitement.

L'avis de retard de la figure 11.1 est un exemple qui peut être modifié et adapté à une bibliothèque spécifique.

Figure 11.1 Exemple d'avis de retard

```
                        AVIS DE RETARD

                    (Nom de la bibliothèque)
                          (Adresse)
                    (Numéro de téléphone)
                    (Adresse électronique)

À : _____  < Nom de l'emprunteur > _____
        _____< Adresse de l'emprunteur >_____
        _____

Cote : _____
Auteur : _____
Titre : _____
Date d'échéance : _____

Veuillez contacter la bibliothèque si vous avez des questions.
```

Les avis d'amende

Il peut être nécessaire d'envoyer un avis d'amende lorsque l'usager ne paie pas l'amende pour retard de livre au moment où il/elle retourne le livre. Une amende est facturée pour chaque jour d'ouverture de la bibliothèque après la date d'échéance de l'article. Certaines bibliothèques ne facturent pas les deux ou trois premiers jours suivant la date d'échéance; c'est ce qu'on appelle un délai de grâce. La figure 11.2 donne un exemple d'avis d'amende.

Statistiques

La tenue de statistiques a pour but de connaître la fréquence d'utilisation et le type d'utilisation. La bibliothèque doit conserver une trace de la circulation quotidienne des documents. Ces informations peuvent être utilisées pour préparer des rapports mensuels et annuels. Un SIGB doit garder trace de ces statistiques et imprimer des rapports.

Le matin, le personnel de la bibliothèque devrait enregistrer les statistiques de prêt de la veille, puis interclasser les fiches dans les boîtes à fiches.

Figure 11.2 Avis d'amende

AVIS D'AMENDE

(Nom de la bibliothèque)
(Adresse)
(Numéro de téléphone)
(Adresse électronique)

À : _____ < Nom de l'emprunteur > _____
_____ < Adresse de l'emprunteur > _____
_____

Cote : _____
Auteur : _____
Titre : _____
Amende : _____ < Montant > _____ Veuillez réglez le montant avant le _____ < Date > _____

Veuillez payer cette amende dès que possible. Veuillez contacter la bibliothèque si vous avez des questions.

Les fournisseurs de matériels pour les bibliothèques ont des cahiers spécialement conçus pour l'enregistrement des statistiques de prêt, mais des tableurs comme Excel ou un tableau dessiné dans un cahier ou sur une feuille de papier conviennent également. La figure 11.3 illustre un tableau pour l'enregistrement des statistiques quotidiennes d'une bibliothèque qui utilise la classification Dewey. Les colonnes correspondent aux plages de numéros de date et de classification.

Compter toutes les fiches de livre correspondantes à chaque domaine de la classification Dewey, puis enregistrer ce numéro dans la colonne appropriée.

Si la bibliothèque possède de nombreux livres dans un domaine de la classification Dewey, il est possible d'ajouter des colonnes au tableau. Par exemple, une bibliothèque théologique pourrait ajouter des colonnes pour 210, 220, 230, 240, 250, 260, 270, 280, 290. Le tableau devra peut-être être tracé latéralement dans votre cahier ou sur votre feuille.

Remarque : un SIGB peut être programmé pour gérer des statistiques par catégories d'usagers ainsi que par numéros de classification. Apprendre autant de choses que possible sur les fonctionnalités statistiques d'un système facilitera le choix d'un système particulier et la création de rapports utiles après sa mise en œuvre.

Figure 11.3 Tableau de statistiques mensuelles

STATISTIQUES MENSUELLES
Mois : _____

Jour	000	100	200	300	400	500	600	700	800	900	B	Autre
1												
2												
3												
4												
5												
(Continuer la numérotation jusqu'au dernier jour du mois)												
Total												

TOTAL MENSUEL : _____

Les statistiques des livres mis à la réserve

Des statistiques sur la circulation des documents de la réserve peuvent être conservées. Les documents sont généralement déposés à la réserve pour un trimestre. Les statistiques peuvent être compilées à la fin du trimestre. Il faudrait compter le nombre total d'éléments mis à la réserve pour chaque enseignant ou cours et le nombre total d'utilisations de ces éléments par les étudiants. Un exemple de tableau pour ces statistiques est présenté à la figure 11.4.

Figure 11.4 Tableau de statistiques pour les documents mis à la réserve

Nom de l'enseignant	Nom et numéro du cours	Nombre total d'étudiants inscrits	Nombre total des documents en réserve	Nombre total des prêts
Kato, Prof B.	THÉ 101 < Théologie 101>	15	21 articles	521
Kenzo, Prof M.	MIS 450 < Missiologie 450>	12	10 articles ; 6 livres	45
Kouassi, Prof C.	HIS 150 < Histoire 150>	35	6 articles ; 15 livres	358
Total				

TOTAL DU TRIMESTRE : _____

Les prêts entre bibliothèques

Parfois, vos lecteurs ont besoin de ressources que votre bibliothèque ne possède pas. Nous recommandons aux bibliothécaires de faire un effort particulier pour rencontrer d'autres bibliothécaires de leur région afin de partager des ressources ou de conclure des accords afin que leurs étudiants puissent utiliser les fonds documentaires d'autres bibliothèques. Les autres bibliothèques pourraient permettre aux étudiants d'autres écoles d'emprunter leurs livres ou bien autoriser la consultation des ressources de la bibliothèque sur place sans les sortir.

Si les catalogues de toutes les bibliothèques locales sont en ligne, il peut être possible de trouver la bibliothèque qui possède le document requis et de demander à ce que le document soit envoyé à votre bibliothèque pour votre étudiant. C'est ce qu'on appelle *le prêt entre bibliothèques*. Si le document requis est un article dans une revue, on peut demander à la bibliothèque qui le possède de l'envoyer par courriel.

Un autre avantage des *coopératives ou des consortiums* est que les bibliothécaires peuvent s'entraider. Et si l'une des bibliothèques organise des ateliers et offre une formation ou une remise à niveau, le personnel d'autres bibliothèques pourrait y assister, ce qui réduirait le coût par personne et offrirait davantage de possibilités en termes de formation.

Un autre avantage pour toutes les bibliothèques d'une région ou peut-être pour toutes les bibliothèques universitaires ou théologiques d'une plus grande région, est que dans les consortiums, toutes les bibliothèques peuvent collaborer pour obtenir de meilleurs prix pour les ressources électroniques et d'autres documents. Un groupe de bibliothèques peut presque toujours fournir plus de ressources à leurs usagers qu'une bibliothèque unique.

12

Sélection d'un système intégré de gestion de bibliothèque

La sélection d'un système intégré de gestion de bibliothèque (SIGB) pour automatiser les fonctions de la bibliothèque constitue le début d'un engagement à long terme. L'institution doit prévoir suffisamment de personnel, d'ordinateurs et de ressources financières pour acheter, mettre en œuvre et maintenir un excellent système. L'ensemble du SIGB comprendra des ordinateurs, des imprimantes, des systèmes d'alimentation électrique de secours, des scanners, des fournitures et un accès Internet. De nombreux logiciels de qualité qui utilisent un équipement et des systèmes d'exploitation standards sont disponibles à l'achat ou comme logiciels libres. La plupart sont réputés pour leur conception de qualité et leurs mises à jour régulières. L'obtention de suffisamment de fonds pour les frais relatifs aux logiciels, au matériel informatique, aux accessoires et aux services peut nécessiter un financement spécial des donateurs ou des subventions. Le budget de fonctionnement annuel devra inclure les frais de maintenance annuels et les fournitures. Les logiciels libres sont gratuits et ne nécessitent pas de frais de maintenance annuel, mais les bibliothèques qui les utilisent décident souvent d'engager les services d'une entreprise pour s'occuper de la maintenance du système, de la migration des données, des sauvegardes, des catalogues collectifs et de l'hébergement (entre autres exemples). Cela nécessite le paiement des frais annuels de support technique et, dans le cas de la migration et le paramétrage d'un catalogue collectif, un paiement unique.

Des programmeurs informatiques proposent parfois de développer un SIGB pour la bibliothèque de leur institution. Bien que cette offre puisse sembler un choix peu coûteux, elle peut ne pas répondre aux besoins à long terme de la bibliothèque. La programmation des nombreuses procédures détaillées des opérations de la bibliothèque est une entreprise complexe. Les systèmes locaux, programmés par une personne locale, manquent souvent de documentation complète et peuvent ne pas être mis à jour régulièrement.

Ce chapitre aborde le processus de sélection d'un SIGB. La mise en œuvre du système choisi sera guidée par la documentation et la formation fournies par le fournisseur. Il est extrêmement important de tenir compte de la réputation du fournisseur et des services d'assistance dans toute décision. Une bibliothèque commence une relation à long terme avec une société de logiciels lorsqu'elle établit des contrats de maintenance ou paie des licences de logiciels. La documentation, la formation et le support technique continu sont aussi importants que les capacités réelles du logiciel. Pour revoir le flux de travail global d'installation et de mise en œuvre d'un système automatisé, voir la figure 8.17 à la fin du **chapitre 8**.

Les documents qui suivent présenteront :

- Les étapes de la sélection d'un logiciel de bibliothèque ;
- Les informations générales à collecter ;
- Les critères généraux pour les logiciels de bibliothèque ;
- La création d'un formulaire d'évaluation de logiciel ;
- Les logiciels open source ;
- L'installation d'un système de bibliothèque automatisé.

Les étapes de la sélection d'un logiciel de bibliothèque

L'aperçu suivant du processus de sélection présentera les étapes essentielles à suivre par les bibliothécaires et les autres membres du personnel. Ces étapes sont adaptées de l'article suivant : « Selecting an Automated Library System », *Library Technology Reports*, mars-avril 1999, p. 125-130.

1. *Organisation.* Identifier les personnes impliquées dans la sélection et la prise de décision. Certaines personnes à considérer sont : des informaticiens qui fourniront un support technique au système, un ou des administrateurs de la bibliothèque, des usagers représentatifs tels que des professeurs et des étudiants, des consultants externes, des bénévoles et d'autres experts en informatique.
2. *Déterminer les besoins.* Il convient de se poser la question suivante : « Que souhaitons-nous que le système accomplisse pour nous et nos usagers ? » La plupart des SIGB comprennent des fonctions telles que : le catalogue en ligne, le module de catalogage, le module de circulation, les acquisitions, les périodiques, etc. Néanmoins, certains fournisseurs proposent un SIGB de base qui comprend, par exemple, le catalogue en ligne, le catalogage et la circulation, auxquelles on peut ajouter d'autres fonctions payantes. Pour plus d'informations sur les fonctionnalités du catalogage en ligne, voir le **chapitre 8**. Voir également les sections sur les applications informatiques abordées dans les chapitres sur les acquisitions, les périodiques et les services publics.
3. *Faire des recherches de base.* Posons-nous la question suivante : « Que savons-nous déjà et que devons-nous apprendre ? » Il convient d'évaluer les connaissances informatiques du personnel et de nommer une équipe de sélection qui comprendra les personnes les plus compétentes en la matière et quelques personnes qui en savent peu sur le sujet. Tout d'abord, elles devront déterminer l'état actuel des ordinateurs dans l'institution dans son ensemble avant de chercher de nouveaux logiciels de bibliothèque. Ensuite, elles collecteront des informations sur les logiciels, équipements, sociétés et fonctionnalités optionnelles disponibles. Enfin, elles décideront des méthodes d'évaluation. La collecte d'informations auprès de fournisseurs de logiciels potentiels lancera le processus éducatif.
4. *Convertir les besoins en fonctionnalités logicielles.* À mesure que nous nous familiariserons avec les fonctionnalités spécifiques de différents logiciels, il nous faudra répondre à la question suivante : « Quelles sont les fonctionnalités du système qui répondent à nos besoins ? » En étudiant et en testant des versions d'essai gratuites de logiciels, il convient d'énumérer les fonctionnalités qui semblent les meilleures. Il faut également noter tout ce qui pourrait potentiellement causer des problèmes à la bibliothèque ou au personnel d'assistance informatique.
5. *Analyser les produits.* Décider d'une manière cohérente de comparer différents logiciels et équipements afin de les exploiter au mieux. Un exemple de formulaire d'évaluation est présenté à la figure 12.1. Le formulaire présente les caractéristiques à évaluer sur trois systèmes différents.
    - Énumérer les caractéristiques les plus importantes pour la bibliothèque.
    - Hiérarchiser les fonctionnalités *requises* et *souhaitables.* On peut choisir d'utiliser un système de notation, tel que 0, 1, 2, 3. Le numéro 3 équivaudrait à une fonctionnalité obligatoire, 2 serait une fonctionnalité hautement souhaitable, 1 une fonctionnalité moins importante et zéro serait une fonctionnalité qui n'est pas nécessaire pour la bibliothèque.
    - Analyser les fonctionnalités du système de numérisation pour chaque produit dans le matériel promotionnel de l'entreprise.
    - Dans la mesure du possible, il faut chercher à obtenir une version d'essai gratuite du logiciel avec toutes les fonctionnalités. Évaluer l'exécution de chaque fonctionnalité du logiciel sur une échelle similaire, peut-être une échelle de 1 à 5, 5 étant la meilleure note.
    - Répéter l'évaluation pour tous les logiciels.
    - Calculer un score pour chaque entité en multipliant la valeur de priorité par la note.
    - Pour les *fonctionnalités requises*, éliminer tous les logiciels qui ne peuvent pas remplir les conditions techniques. Par exemple, si une institution utilise uniquement des ordinateurs compatibles IBM qui utilisent un système d'exploitation Windows, les logiciels pour les ordinateurs Apple/MacIntosh ne fonctionneront pas.
    - Enfin, demander combien de clients la société de logiciels dessert et à quelle fréquence le logiciel est amélioré avec des mises à niveau et des nouvelles versions.
6. *Déterminer les coûts initiaux et continus.* Posons-nous la question : « Combien pouvons-nous nous permettre de dépenser maintenant et à l'avenir ? » Lorsque nous en savons plus sur les coûts, posons-nous les questions suivantes :
    - Pouvons-nous faire certaines choses nous-mêmes ? (Par exemple, les services de conversion rétrospective peuvent être fournis par la bibliothèque plutôt que par le fournisseur.)

- Qu'est-ce qui est inclus dans les frais de maintenance annuels ? (Exemples : support technique, corrections de bogues, mises à jour et mises à niveau périodiques du logiciel.)
- S'il ne s'agit pas d'un SIGB open source, combien coûte une nouvelle version par rapport à la maintenance en cours ?
- Lorsque nous établissons un tableau des frais de maintenance annuels et du prix initial (s'il y en a) sur une période de cinq ans, quels sont les coûts totaux les plus avantageux ? *Remarque* : parfois, une entreprise fera la promotion de son logiciel comme étant gratuit, mais exigera le paiement de frais de maintenance annuels plus élevés qu'une autre entreprise. Un tableau budgétaire sur cinq ans aidera à déterminer quels sont les coûts totaux d'un système.

7. *Discussion avec les usagers et visite des sites en ligne ou en personne.* Gardons cette question à l'esprit : « Qui utilise ce logiciel et en sont-ils satisfaits ? »
   - Essayer de trouver des avis sur le produit sur Internet.
   - Rédiger quelques questions d'entrevue simples.
   - Demander les noms de références à contacter.
   - Demander le numéro de téléphone ou l'adresse courriel des clients actuels.

8. *Préparer le contrat.* Une question à se poser à l'approche de la décision finale : « Avons-nous bien compris les conditions générales de ce que nous avons accepté ou acheté ? Et, serons-nous surpris plus tard (c.-à-d. par une facture pour les frais de maintenance annuels) » ? Le contrat doit inclure tous les achats effectués chez le fournisseur de logiciels : logiciels, accessoires tels que scanners et codes-barres, programmes spéciaux tels que celui qui transfère les données sur les étudiants vers le système de bibliothèque et des services supplémentaires tels que la conversion rétrospective ou les bases de données de notices UNIMARC.

Informations générales à collecter

Informations sur la situation de la bibliothèque

Avant de s'adresser aux sociétés de logiciels, il est utile de disposer d'informations spécifiques sur la bibliothèque. Voici une liste de départ.

1. Quel est le type de bibliothèque représenté ?
2. Quelle est la taille du fonds documentaire ?
3. Combien de documents sont ajoutés au fonds documentaire par an ?
4. Quel est le budget de la bibliothèque ?
5. Quel est le budget de la bibliothèque en ce qui concerne les frais de support technique (logiciels) ?
6. Quel matériel sera utilisé pour exécuter le logiciel ?
7. L'institution a-t-elle des exigences en matière de matériel, de système d'exploitation, etc. ?

Informations sur les fonds documentaires de la bibliothèque

1. Quels sont les catégories de fonds actuels : REF (référence), collections spéciales, FIC (fiction), B (biographie), etc. Le catalogue topographique représente-t-il avec précision l'emplacement des livres ?
2. Quelles sont les désignations choisies pour les différents types de ressources audiovisuelles proposés par la bibliothèque (audio, fichier informatique, vidéo, DVD, etc.) ?
3. Comment la bibliothèque gère-t-elle les revues actuellement et comment seront-elles gérées dans le catalogue en ligne ?
4. Quel est le système de classification utilisé par la bibliothèque ? Quelle est la longueur de la cote la plus longue que le logiciel devra gérer ?
5. Quel est le système de numérotation Cutter utilisé par la bibliothèque le cas échéant ? De quelle longueur ce nombre peut-il être ?
6. Comment la bibliothèque marque-t-elle les volumes et les exemplaires ?

242   La gestion d'une bibliothèque

Questions à considérer pour décider des tâches à automatiser

1. Quelles fonctions souhaitons-nous automatiser ?
   - Souhaitons-nous créer nous-mêmes toutes les notices ou les importer d'une source ?
   - Souhaitons-nous qu'un genre de « fichier autorité » ou de « listes d'échantillons de vedette-matières, d'auteurs, etc. » soit disponible via ce système ?
2. Circulation – Si nous souhaitons automatiser cette tâche, dans quelle mesure ?
   - Taper les cotes et les étiquettes des fiches de livres ?
   - Savoir quels sont les documents empruntés et par qui ?
   - Signaler les articles en retard et les amendes ?
   - Imprimer les avis de retard et les amendes ?
   - Disposer d'un dossier d'usager distinct ?
   - Importer des informations sur les usagers à partir d'une autre base de données ? Si oui, dans quel format se trouvent les dossiers sur les usagers ?
3. Le système doit-il être conforme à la norme UNIMARC ou MARC 21 comme indiqué au **chapitre 8** ?
   - Souhaitons-nous utiliser Internet pour importer des notices UNIMARC ou MARC 21 ?
   - Souhaitons-nous exporter des notices pour tout catalogue en ligne partagé ?
4. Avons-nous besoin de/souhaitons-nous disposer d'une licence d'utilisateur unique et/ou de capacités réseau ?

Facteurs de coût à considérer

1. Ordinateur central ou serveur sur le réseau.
2. Postes de travail informatiques individuels pour les publics et le personnel.
3. Matériel supplémentaire : équipement réseau, routeurs, etc.
4. Sytème d'alimentation électrique de secours : générateur, onduleurs, dispositifs UPS (alimentation sans coupure), etc.
5. Coûts des logiciels (utilisateur unique, utilisateurs multiples et/ou capacités réseau).
6. Logiciel supplémentaire pour obtenir/réviser les notices UNIMARC (voir le **chapitre 8** pour plus de détails).
7. Imprimantes, scanners, étiquettes codes-barres, etc.
8. Frais de support annuels pour les logiciels et le matériel.
9. Frais de connexion Internet.
10. Mises à jour périodiques du matériel et des logiciels.

Critères généraux pour les SIGB

De nombreux facteurs doivent être pris en compte lors de la sélection d'un logiciel. La plupart des bibliothèques auront d'autres critères et questions qui s'appliquent à la situation locale. Ceux-ci peuvent être ajoutés à la liste et les éléments inutiles peuvent être retirés.

Remarque : il est important de disposer d'une liste qui permettra de comparer différents systèmes de manière cohérente, simple et rapide.

Hypothèses sur les exigences de la bibliothèque

1. Au moins deux postes de travail, un pour le personnel de la bibliothèque et un au comptoir de prêt/référence, de préférence des ordinateurs personnels compatibles IBM (PC) ou Apple (Mac) avec les exigences minimales suivantes :
   - Versions professionnelles récentes des systèmes d'exploitation Windows ou macOS.
   - Mémoire RAM suffisante pour répondre aux exigences du système d'exploitation.
   - Un stockage sur disque dur adéquat pour la croissance de la base de données et des sauvegardes.
2. Capacités de sauvegarde. Exemples : lecteur Zip interne ou externe, lecteurs de mémoire flash, lecteur de bande magnétique interne ou externe ou lecteurs réseau.
3. Accès Internet : accès minimum pour le courrier électronique ; de préférence pour l'accès Internet.
4. Postes de travail en réseau : un ordinateur pour les bibliothécaires et un ou plus pour les usagers.

Critères

1. ***Caractère abordable***.
   - Pour les SIGB qui ne sont pas open source, combien coûte un forfait de base ? Qu'est-ce qui est inclus dans le prix ?
   - Ce logiciel a-t-il des frais de maintenance annuels ? Comprend-il des mises à niveau du logiciel ainsi qu'un support technique ?
   - L'entreprise offre-t-elle une formation ? Quels sont les coûts ?
   - Des programmes ou services supplémentaires sont-ils disponibles ? À quel prix ?
   - Le budget annuel peut-il prendre en charge les coûts nécessaires chaque année ?
2. ***Durabilité***.
   - Le personnel peut-il apprendre à utiliser ce logiciel sans formation par le fournisseur ? Si non, il faudra envisager d'acquérir une formation et/ou du matériel auprès de l'entreprise.
   - Une assistance technique est-elle disponible sur le site ou localement pour les problèmes relatifs au matériel informatique ?
   - Sera-t-il possible de communiquer facilement par courriel avec le service d'assistance technique de l'entreprise ?
   - Si nécessaire, est-il possible de demander une assistance illimitée au titre des frais de support annuels ?
3. ***Licence – un facteur de coût clé pour les SIGB qui ne sont pas open source***. En général, les sociétés de logiciels ne vendent pas un logiciel de bibliothèque entièrement. Ils vendent une licence pour utiliser leur logiciel. Si l'on utilise un réseau, des frais sont parfois facturés en fonction du nombre d'utilisateurs simultanés du système. Une licence peut également être achetée pour un site entier. Une telle licence autorise un nombre illimité d'utilisateurs au sein d'une institution. Différentes sociétés utilisent des tarifs différents selon le type de licence : utilisateur unique, deux licences distinctes ou plus, et/ou différents types de licences réseau.
4. ***Facilité d'utilisation***. Les usagers et le personnel de la bibliothèque pourront-ils apprendre à utiliser et à maintenir le système facilement et rapidement sans formation coûteuse ? Les guides d'utilisation sont-ils imprimés et compréhensibles pour un lecteur non technique ? Les pages d'aide en ligne sont-elles utiles ?
5. ***Normes***. Les bibliothécaires doivent être conscients de l'importance des normes internationales pour le partage des données de bibliothèque d'un système à un autre. Il est possible que les petites bibliothèques deviennent des bibliothèques de taille moyenne et migrent vers des systèmes plus complexes. Certaines de ces normes sont :
   - *Format UNIMARC*. Il s'agit du *format de catalogage lisible en machine en version universelle* développé par la Fédération internationale des associations de bibliothécaires et des bibliothèques (IFLA) pour préparer des notices de catalogue pour les documents. Des données descriptives sur le document, telles que l'/les auteur(s), le titre, l'éditeur, les vedettes-matière et d'autres éléments, sont attribuées à des numéros de zone numériques. Quelques SIGB qui ont été développés aux États-Unis utilisent le format MARC 21. Pour plus d'informations sur les formats UNIMARC et MARC 21, voir le **chapitre 8** du présent manuel.
   - *Caractères non classés*. Le système devrait pouvoir ignorer les articles tels que « un(e) », « le, la ou les » dans un titre. Au format UNIMARC, les articles sont exclus du classement par la séquence « ≠NSB ≠[article]≠NSE≠ » de la sous-zone $a de la zone 200, par exemple : $a≠NSB≠Le ≠NSE≠. Le logiciel peut utiliser d'autres méthodes pour atteindre le même objectif. Il est important de tester le classement de titres et de voir si les articles sont utilisés ou non.
   - *Z39.50*. Un catalogue en ligne conforme à la norme Z39.50 permet à un usager d'utiliser un ensemble standard d'opérations de recherche.
   - *Unicode*. Ce jeu de caractères universel contient plus d'un million de caractères pour gérer les scripts utilisés dans la plupart des langues du monde. Cela inclut les systèmes d'écriture non romains tels que l'arabe, le chinois, le cyrillique, le japonais, le thaï et autres. Cela peut être très important dans un catalogue multilingue et c'est un schéma de codage de caractères approuvé pour UNIMARC/MARC 21.

6. **Conformité UNIMARC/MARC 21.** Consulter le **chapitre 8** pour plus d'informations à ce sujet.
    - Est-il nécessaire de connaître le format UNIMARC/MARC 21 pour utiliser le système ?
    - Ou offre-t-il la possibilité d'utiliser un format avec des zones étiquetées avec des noms comme : (1) auteur, (2) titre, (3) sous-titre, (4) édition, (5) lieu de publication, (6) éditeur, (7) date(s), (8) pagination, et autres descripteurs bibliographiques importants comme les vedettes-matière et les vedettes d'auteur/titre ajoutées ?
    - Quelle est la complexité de la norme UNIMARC/MARC 21 complète dont la bibliothèque a besoin ? Voir le **chapitre 8** pour consulter une liste des éléments de données UNIMARC/MARC 21 communs[1].
7. **Importation.**
    - Le système permet-il d'importer des notices UNIMARC/MARC 21 à partir d'Internet ou d'autres sources ? Si non, il faut utiliser un logiciel comme BookWhere (ce qui nécessitera le paiement annuel d'une licence). Voir la section « Recherche des notices UNIMARC dans les catalogues de bibliothèque au moyen du protocole Z39.50 » du **chapitre 8**.
    - Est-ce qu'il a un outil pour télécharger directement des notices à partir de sources Internet ? Si oui, cet outil est-il capable de convertir les notices de format MARC 21 en format UNIMARC (ou, si l'on s'intéresse plutôt à un système qui utilise le format MARC 21, d'UNIMARC à MARC 21) Si non, il faut utiliser l'outil de conversion MarcEdit[2] lors de l'importation, ce qui ajoute une étape au processus. Voir la section « Sources en ligne » du **chapitre 8**.
    - Peut-il facilement accepter des données textuelles délimitées provenant d'autres sources d'information telles qu'un système de données sur les étudiants, une liste des noms et adresses du personnel, des fournisseurs de bibliothèque, etc. ?
8. **Exportation.**
    - Exporte-t-il des notices au format UNIMARC ou dans d'autres formats d'échange de données courants, tels que du texte balisé, du texte délimité ou MARC 21 ? Cela est très important si l'on décide de passer à un nouveau programme un jour.
    - Le niveau de conformité aux normes UNIMARC ou MARC 21 apparaîtra lors de la tentative d'exportation des données pour les transférer vers un autre système.
9. **Impression d'étiquettes, de fiches et de rapports pour le catalogage.**
    - Est-ce que le système imprime des étiquettes de dos pour les documents ? Si besoin, imprime-t-il des étiquettes pour les fiches de livre ?
    - Peut-il imprimer un catalogue topographique ou un catalogue sur fiches ?
    - Quels autres rapports fournit-il ?
    - Si besoin, peut-il créer et imprimer des étiquettes code-barres ?
10. **Capacités linguistiques multiples.**
    - Est-il possible de choisir la langue de l'interface utilisateur du catalogue public ? Pour les autres modules ?
    - Le catalogue peut-il gérer les caractères romains avec des signes diacritiques et/ou non romains ?
    - Faut-il payer un supplément pour l'une de ces fonctionnalités ?
11. **Sécurité.**
    - Un système de sauvegarde est-il disponible dans le logiciel lui-même ? Si non, il faudra trouver un autre moyen disponible à l'aide d'un autre programme.
    - Les données sont-elles correctement protégées contre toute suppression ou corruption accidentelle par les usagers ou le personnel ? Les messages d'avertissement sont-ils suffisamment clairs pour comprendre ce qui peut se produire ?
    - Le programme fournit-il un contrôle administratif distinct des fonctions du personnel et des usagers ? Est-il protégé par un mot de passe à plusieurs niveaux ?

---

1. Les normes UNIMARC complètes sont disponibles sur le site de la Bibliothèque nationale de France https://www.transition-bibliographique.fr/systemes-et-donnees/manuel-UNIMARC-format-bibliographique/. Celles de MARC 21 sont disponibles sur le site de la Library of Congress : https://www.loc.gov/marc/bibliographic/.
2. https://marcedit.reeset.net/.

12. Fonctions et capacités du logiciel.
- Le système propose-t-il les fonctions souhaitées, telles que le catalogage, le catalogue d'accès public et/ou la circulation, la gestion des périodiques, l'accès Web, etc. ?
- Catalogage : permet-il de distinguer différents types de documents, d'attribuer différents emplacements physiques aux documents et d'utiliser le système de classification de la bibliothèque ?
- Catalogue d'accès public : quelles zones sont consultables ? Va-t-il rechercher rapidement le nombre maximum de notices ? Combien d'écrans doit-on « cliquer » pour découvrir la cote et le statut de l'article ?
- Circulation : si l'on choisit de faire circuler des articles à l'aide du système, cela fonctionne-t-il avec et sans codes-barres pour chaque article à faire circuler ? Peut-on définir différentes durées de prêts pour différents groupes d'emprunteurs ou différents types de documents ? Calcule-t-il des amendes pour les articles en retard ?
- Rapports : les rapports prédéfinis, tels que la liste topographique, les statistiques, les avis de retard, l'inventaire et autres, sont-ils adaptés aux besoins de la bibliothèque ?

13. Sélection et intégration des modules.
- Le système est-il composé de groupes de fonctions distincts identifiés comme des « modules », comme le module de catalogage ou le module d'acquisitions ?
- Si le système a différents modules, certains modules peuvent-ils être achetés maintenant et d'autres plus tard ?
- Des modules de périodiques et d'acquisitions sont-ils disponibles (si besoin) ?
- Tous les modules sont-ils intégrés de manière à ne pas devoir saisir deux fois les données ? Ne présumons pas que nous pourrons acheter des modules auprès de différentes sociétés. Ils fonctionneront bien séparément mais ne s'intégreront probablement pas les uns avec les autres. Les informations pourraient être supprimées ou modifiées, ou, plus probablement, ne pourront pas du tout être partagées entre les modules.

14. La société (vendeur ou entreprise de support technique).
- L'entreprise est-elle intéressée par le marché des petites bibliothèques ?
- L'entreprise soutient-elle une clientèle internationale ?
- L'entreprise a-t-elle une bonne réputation en général et en termes d'assistance technique en particulier ?

15. Communauté de soutien.
- Est-ce qu'il existe une communauté de soutien pour ce logiciel, par exemple, un forum de discussion, qui permet de consulter des développeurs du logiciel ou d'autres bibliothécaires expérimentés dans l'utilisation du système ?

Création d'un formulaire d'évaluation de logiciel

Après avoir acquis une certaine compréhension des critères généraux et appris autant que possible les exigences du système, il sera temps de créer un formulaire d'évaluation. Cela permettra aux évaluateurs de comparer les programmes plus équitablement et de ne pas omettre les éléments clés. À titre d'exemple, voir la figure 12.1. Lors de l'analyse des produits, il peut être utile de décider d'un système de notation numérique. Plusieurs suggestions pour un tel système ont été décrites à l'étape 5 de la première section de ce chapitre, « les étapes de la sélection d'un logiciel de bibliothèque ». Une bibliothèque peut créer son propre formulaire dans le format de son choix pour comparer différents systèmes.

246 La gestion d'une bibliothèque

Figure 12.1 Exemple de formulaire d'évaluation de systèmes informatiques de bibliothèque

	SYSTÈME 1	SYSTÈME 2	SYSTÈME 3
Nom du logiciel			
Site Web de l'entreprise			
PRIX :			
- Qu'est-ce qui est inclus ?			
- Prix pour une licence avec un utilisateur ?			
- Prix pour une licence avec plusieurs utilisateurs ?			
- Frais de réseau ?			
- Licence de site ?			
- Frais annuels ?			
- Options de formation ?			
- Module complémentaire 1			
- Module complémentaire 2			
- Module complémentaire 3			
ÉLÉMENTS CLÉS :			
- Est-il facile à utiliser ?			
- Guides d'utilisation imprimés ?			
- Aide en ligne ?			
- Utilise le format UNIMARC ou MARC 21 ?			
- Stocke UNIMARC ou MARC 21 pour l'exportation ?			
- Format étiqueté ?			
- Nos zones obligatoires ?			
- Capacité de recherche Z39.50 ?			
- Jeu de caractères : ASCII, ANSI ou UNIMARC ou MARC 21 ou Unicode ?			
IMPORT/EXPORT :			
- Importe UNIMARC ou MARC 21 ?			
- Importations délimitées ?			
- Importe directement ?			
- Exporte les notices UNIMARC ou MARC 21 ?			
- Exporte les localisations UNIMARC ou MARC 21 ?			
- Export délimité ?			
IMPRESSION :			
- Étiquettes de dos ?			
- Étiquettes de livre ?			
- Étiquettes codes-barres ?			
- Fiches de livre ?			
LANGUES :			
- Lesquelles ?			
- Garde les signes diacritiques ?			
SÉCURITÉ :			
- Sauvegarde possible en tant que fonction du logiciel ou distincte ?			
- Avertissements du logiciel concernant les suppressions ?			
- Accès avec mot de passe à différents niveaux ?			

	SYSTÈME 1	SYSTÈME 2	SYSTÈME 3
FONCTIONNALITÉS :			
Catalogage :			
- Révision globale ou fusion de vedettes ?			
- « Contrôle d'autorité »			
- Modèles par type de document			
- Rapports statistiques			
- Rapport de liste topographique			
- Autres besoins			
Catalogue en ligne :			
- Permet de parcourir les résultats de recherches			
- Recherches « guidées » (un ou plusieurs mots-clés)			
- Enregistre des entrées dans une bibliographie pour l'impression ou le téléchargement			
- Imprime l'écran ou une bibliographie			
- Autres besoins			
Circulation :			
- Prêt et retour			
- Calcul de différents types d'amende			
- Alerte en ligne des amendes et des documents en retard			
- Avis imprimés			
- Fichier d'informations sur l'emprunteur			
- Code-barres requis ou non ?			
RAPPORTS :			
- Statistiques sur les localisations			
- Statistiques sur les prêts			
- Statistiques sur le catalogue en ligne			
MODULES AJOUTÉS :			
- Sauvegarde de circulation			
- Inventaire			
- Acquisitions			
- Périodiques			
- Intégration des modules ?			

Sources pour trouver des logiciels de bibliothèque spécifiques

Il est difficile de recommander des logiciels spécifiques pour les bibliothèques car la taille du fonds documentaire, les besoins et le budget de chaque institution varient considérablement. Il est préférable de diriger les évaluateurs vers des sources personnelles et en ligne pour répondre aux questions « Quels sont les produits logiciels que nous pouvons évaluer ? » et « Comment pouvons-nous utiliser nos ressources à notre avantage ? » Pour élargir les possibilités de recherche de logiciels, plusieurs options seront décrites. Celles-ci peuvent être explorées séparément ou en même temps.

Contrats ou autres arrangements avec des consortiums existants

Il devient plus facile pour les bibliothèques de partager des ressources informatiques sur différents réseaux et sur de plus longues distances. Parfois, cela permet à de plus petites institutions de rejoindre une plus grande institution ou un consortium.

Plan d'action suggéré :

1. Identifier les grandes institutions et/ou groupes (consortiums) qui ont des SIGB.
2. Demander un rendez-vous pour tester le logiciel en personne.
3. Planifier une entrevue avec un administrateur du système pour explorer la possibilité de rejoindre la plus grande institution ou le consortium.

SIGB autonomes utilisés par d'autres bibliothèques

Si une bibliothèque voisine a sélectionné et mis en œuvre un système, il est utile de tirer des leçons de ses expériences et d'organiser une formation au système commune à l'avenir. Une école de théologie de petite à moyenne taille sera bien desservie par des logiciels développés pour les écoles secondaires. Un partenariat avec une autre bibliothèque qui dispose du même logiciel aidera les deux écoles.

Plan d'action suggéré :

1. Sonder les institutions locales et lister quels systèmes ont été choisis par les autres bibliothèques de la région.
2. Dans le cadre de l'enquête, demander la date à laquelle le logiciel a été mis à jour dernièrement.
3. Demander un rendez-vous pour tester le logiciel en personne.
4. Planifier un entretien avec un administrateur du système pour discuter des coûts, des forces et des faiblesses du logiciel et de la réactivité de l'entreprise pour résoudre les problèmes.

Consultants – locaux, visiteurs et correspondants

Les institutions et leurs administrateurs rencontrent souvent des collègues ou connaissent des personnes qui peuvent les aider dans la tâche importante de sélectionner un logiciel de gestion de bibliothèque. Des membres ou des équipes missionnaires d'églises sont peut-être à la recherche d'un projet à soutenir. Les bibliothécaires de l'Association of Christian Librarians (États-Unis et Canada), l'International Theological Education Task Force de l'American Theological Library Association (Atla) ou des Christians in Library and Information Services (Royaume-Uni) peuvent être disponibles pour faire une visite de la bibliothèque ou pour discuter des possibilités par courriel (voir l'**annexe I** pour les addresses Web de ces organismes).

Plan d'action suggéré :

1. Demander aux administrateurs, aux professeurs et au personnel de l'institution une liste des personnes et des églises qui pourraient être en mesure de soutenir l'institution financièrement ou qui ont une expertise en bibliothèque/informatique.
2. Demander des recommandations à des collègues d'autres écoles qui ont automatisé leur système de bibliothèque.
3. Contacter ces personnes, églises et autres sources au sujet de consultants potentiels.
4. Écrire à l'Association of Christian Librarians, l'International Theological Education Task Force de l'American Theological Library Association (Atla) ou aux Christians in Library and Information Services par courriel pour des recommandations par rapport aux consultants ou conseillers.

Figure 12.2 Des SIGB populaires

Nom	Adresse Internet	Open Source	Conformité à UNIMARC	Utilise MARC 21 seulement
Evergreen	http://evergreen-ils.org	√	√	
Koha	http://koha-fr.org/	√	√	
Mandarin	https://www.mlasolutions.com/			√
OPALS	http://bibliofiche.com/search_product.jsp?category=A&page_no=1	√		√
PMB	https://www.sigb.net/	√	√	
ResourceMate	https://resourcemate.com/			√
Waterbear	http://waterbear.info/	√	√	

Mise en œuvre d'un nouveau SIGB

Après avoir acheté le système sélectionné, les bibliothécaires et le personnel informatique doivent prendre les mesures suivantes :

- installer le logiciel ;
- recevoir une formation sur la configuration et l'utilisation du système ;
- définir les paramètres système pour la sécurité et les fonctions dans chaque module ;
- convertir le catalogue existant en format lisible par machine ;
- commencer à utiliser le logiciel pour les fonctions actuelles.

Examiner à nouveau le diagramme de flux de travail de la figure 8.17 au **chapitre 8** pour avoir un aperçu des étapes nécessaires à la bonne mise en œuvre d'un SIGB. Ces étapes seront guidées par la documentation et la formation du fournisseur. Les problèmes rencontrés lors de l'installation et de l'utilisation seront signalés au représentant de l'assistance technique du fournisseur. Ce conseiller technique orientera l'administrateur du système vers la documentation appropriée, les logiciels utilitaires et/ou les mises à jour logicielles qui permettront de résoudre les problèmes.

Les processus de sélection et de mise en œuvre ne doivent pas être précipités. Il est préférable de prendre plusieurs mois pour enquêter, évaluer et sélectionner un système. Le temps requis pour la mise en œuvre dépendra du nombre de fonctions à automatiser, de la complexité du système choisi et du nombre de notices du fonds documentaire existant qui doivent être converties en format lisible par machine. L'ajout de modules tels que les acquisitions, les périodiques et/ou la gestion des manuels scolaires peut causer des problèmes de calendrier particuliers liés au début de l'année fiscale ou de l'année scolaire. Il peut être utile de disposer d'un calendrier par semaines et par mois. Parfois, un exemple de programme fera partie de la documentation du logiciel reçue du fournisseur.

Enfin, n'oublions pas de profiter pleinement de toutes les opportunités de formation offertes par le fournisseur et de participer à tous les groupes de discussion en ligne avec d'autres usagers. En cas de problèmes ou si une fonction ne s'effectue pas comme prévu, il ne faut pas hésiter à contacter la société de logiciel et à demander de l'aide. Le paiement des frais de maintenance annuels comprend généralement toute l'assistance technique nécessaire aux clients.

13

Planification d'une nouvelle bibliothèque

Planifier une nouvelle bibliothèque est une grande responsabilité. Les bibliothécaires doivent être conscients de la complexité du fonctionnement de la bibliothèque et des éléments à prendre en compte. Il faut prévoir un espace suffisant pour chaque fonction de la bibliothèque. Le fonds documentaire nécessite un grand espace de rangement et de stockage. Les espaces de travail doivent être équipés de tables, de chaises et de postes de travail spéciaux pour l'équipement audiovisuel. Une salle informatique peut être située dans la bibliothèque ou à proximité de celle-ci.

Les acquisitions, le catalogage et d'autres fonctions de service technique nécessiteront des espaces de travail et de stockage. L'aménagement de la bibliothèque doit être pensé de manière logique. Par exemple, le catalogue devrait être près des espaces de travail et de consultation et du comptoir de prêt. La croissance future de la bibliothèque doit être prévue et des dispositions doivent être prises pour l'expansion de la bibliothèque selon les besoins.

Lorsque cela est possible, la bibliothèque devrait être située dans un endroit central, à proximité des salles de cours. Les objectifs de l'école et de la bibliothèque doivent être clairement énoncés pour orienter l'élaboration des plans d'une nouvelle bibliothèque. Il y a une différence notoire entre considérer la bibliothèque comme un entrepôt de livres ou comme un élément essentiel du programme d'études.

Si la bibliothèque est située au sein d'un bâtiment universitaire, il est souhaitable d'avoir accès à une salle de classe dédiée à la formation des usagers de la bibliothèque. *Remarque* : si une bibliothèque est située dans un grand bâtiment universitaire, il faut porter une attention particulière à la sécurité de la bibliothèque et de ses ressources. Des précautions supplémentaires doivent être prises pour limiter l'accès à la bibliothèque lorsqu'elle est fermée. Les portes d'accès à la bibliothèque doivent être sécurisées par des verrous. Seul le personnel de la bibliothèque et ses responsables doivent avoir les clés de la bibliothèque. Il est également préférable de planifier le nettoyage de la bibliothèque pendant les heures d'ouverture.

Étapes du processus de planification d'une bibliothèque

Il existe de nombreux ouvrages sur la planification, la conception et la construction d'un bâtiment. Ce chapitre n'a pas pour objet de fournir une étude exhaustive de ce processus. Les sources énumérées dans la bibliographie fournissent des informations pour aider les bibliothécaires qui n'ont jamais planifié la construction d'un bâtiment. La planification d'une bibliothèque peut être un processus intimidant, et de nombreux bibliothécaires ne se sentent pas suffisamment compétents face à une tâche aussi importante. La liste d'étapes suivante donne cependant des pistes pour le début du processus de planification.

Commencer un cahier d'idées

1. Se renseigner autant que possible sur la conception et la construction de bâtiments de bibliothèques. Il faudra peut-être un peu de temps pour sélectionner et obtenir des livres dans le pays et à l'étranger.
2. Si possible, il est bon de visiter d'autres bibliothèques. Noter les fonctionnalités qui conviendraient pour la nouvelle bibliothèque.
3. Interviewer les membres du personnel de ces bibliothèques en leur demandant de faire des commentaires sur « ce qui fonctionne le mieux » et « ce qui ne fonctionne pas bien » dans leurs bibliothèques.

4. Réfléchir aux préoccupations de l'espace actuel de la bibliothèque qui ont soulevé des questions et engendré des frustrations chez les usagers de la bibliothèque.
5. Imaginer à quoi pourrait ressembler la bibliothèque dans cinq ou dix ans. L'école va-t-elle grandir et élargir son offre de formation ? L'utilisation d'ordinateurs et d'Internet sera-t-elle prévue ? Des cabines individuelles pour usagers spéciaux seront-elles nécessaires ?

Communiquer régulièrement avec les administrateurs

Il est très important de rencontrer régulièrement les administrateurs qui supervisent l'institution dans son ensemble. Ces réunions devraient être l'occasion de donner et de recevoir des informations sur les besoins et les considérations en matière de bâtiment de bibliothèque. Afin d'avoir une bibliothèque qui répond aux besoins présents et futurs, il faut s'assurer que les administrateurs comprennent ce qui est requis. Il est également important de bien comprendre les attentes des administrateurs concernant la nouvelle bibliothèque.

Élaborer une déclaration claire de la mission, des objectifs et de l'utilisation actuelle de l'espace de la bibliothèque

La déclaration doit exprimer clairement la mission et les objectifs de la bibliothèque. Il s'agit de présenter les fondements selon lesquels la bibliothèque fonctionne actuellement et continuera de fonctionner dans le futur.

La déclaration doit énumérer tous les besoins en termes d'espace pour les ressources, telles que les livres, les périodiques, les journaux, les brochures et les dossiers, les images, les microformes, les enregistrements audio et visuels, les diapositives et autres supports qui ne sont pas des livres. Il nous faudra identifier tous nos objectifs de services aux usagers (espaces de travail et de consultation, ordinateurs, référence, formation à l'utilisation de la bibliothèque, travaux de recherche, prêt) et les processus techniques (acquisitions et catalogage). Après avoir énoncé ces objectifs pour les services, nous indiquons comment ils doivent être réalisés dans toute la bibliothèque.

Rédiger un énoncé de programme pour le bâtiment de bibliothèque

Un énoncé de programme est un guide soigneusement rédigé, préparé pour l'architecte, l'entrepreneur en bâtiment, les administrateurs de l'institution et les autres parties concernées. Les bibliothécaires travailleront en étroite collaboration avec l'administration de l'école pour rédiger cette description des fonctions de la bibliothèque et de leurs relations. L'énoncé de programme comprendra la philosophie qui sous-tend les services de la bibliothèque. Une partie très importante de l'énoncé est une déclaration concernant la croissance et l'expansion de la bibliothèque. Pour faciliter le développement de l'énoncé de programme, quelques questions peuvent être utiles :

1. De combien de ressources la bibliothèque dispose-t-elle ?
2. De quels types de ressources s'agit-il et comment doivent-elles être stockées ?
3. Quel est le taux d'augmentation prévu au cours des dix prochaines années[1] ?
4. Combien y a-t-il d'étudiants et de professeurs dans l'institution ? Et les lecteurs visiteurs sont estimés à quel nombre ?
5. Quels sont les niveaux de la population estudiantine – élèves du secondaire, du supérieur, étudiants de premier cycle, dans une école biblique, dans une institution théologique, et/ou diplômés ?
6. Les professeurs ont-ils besoin de ressources et d'équipement de recherche particuliers ?
7. La bibliothèque devra-t-elle servir de salle d'étude ou les étudiants auront-ils d'autres espaces de travail à utiliser lorsqu'ils n'ont pas besoin d'accéder aux ressources de la bibliothèque ?
8. Combien de membres du personnel de la bibliothèque travailleront à la bibliothèque au même moment ?
9. De combien le nombre du personnel de la bibliothèque pourrait-il augmenter à la lumière des réponses aux questions ci-dessus ?
10. Combien d'ordinateurs et autres équipements électriques nécessitent un accès aux prises de courant ?
11. Un réseau informatique devra-t-il être câblé dans le nouvel espace avec un câble séparé du système d'alimentation électrique ?
12. Le système téléphonique sera-t-il étendu et aura-t-il besoin de plus d'installation électrique ?

---

1. Notons que dans les pays en développement, le nombre d'années de la prévision peut être plus grand (30 ans par exemple). Le nombre d'années dépend des moyens dont dispose l'institution à laquelle est rattachée la bibliothèque.

Travailler en étroite collaboration avec l'architecte ou l'entrepreneur en bâtiment pendant la préparation des dessins d'architecture

L'architecte ou l'entrepreneur en bâtiment soumet généralement des plans préliminaires à l'examen des clients. Les bibliothécaires et l'administration examineront ces plans en détail et les compareront à l'énoncé de programme. Les bibliothécaires devraient être inclus dans toutes les réunions qui traitent de ces plans.

Remarque : il serait dans l'intérêt de l'établissement d'avoir un comité de construction. Le comité de construction est composé des bibliothécaires, du personnel et des administrateurs qui coordonnent le projet, et des représentants du corps professoral.

Il est important de prendre du temps pour ce processus. Il faudra faire preuve d'imagination et de sens du détail, et se munir d'une règle et d'un carnet. Il est utile de pouvoir lire et comprendre les dessins de l'architecte (plans d'architecture). Les dessins incluent les emplacements spécifiques des prises électriques, des lampes, des meubles encastrés et autres caractéristiques. Il faut s'assurer que chaque élément, comme les interrupteurs et les prises électriques, est bien situé et ne sera pas couvert par les meubles ou l'équipement.

Au stade préliminaire, les modifications peuvent être apportées assez facilement. Une fois les plans acceptés et approuvés par l'administration de l'établissement, les modifications de la conception mécanique et électrique sont généralement très coûteuses. De plus, des complications se développent lorsque les changements affectent d'autres parties du projet. Par exemple, la modification de l'emplacement des murs affecte les installations électriques et, potentiellement, les plans des équipements de climatisation et/ou de chauffage.

Coordonner la planification de l'aménagement intérieur du bâtiment avec la conception extérieure du bâtiment

Cette tâche est importante pour que les allocations d'espace appropriées soient faites pour l'aménagement des rayonnages, des tables et des chaises pour les usagers de la bibliothèque et des postes de travail pour les membres du personnel. Les meubles doivent être disposés de manière à ce que les gens puissent se déplacer facilement lorsque les usagers occupent les chaises. Normalement, cela nécessite environ un mètre et demi d'espace entre les tables et entre les tables et les rayonnages.

Une seule entrée/sortie officielle

Bien que des sorties de secours soient nécessaires pour des raisons de sécurité, toute bibliothèque devrait avoir une seule entrée/sortie officielle pour l'utilisation quotidienne du bâtiment. Cette entrée/sortie doit être proche du comptoir de prêt et à portée de vue d'un membre du personnel à tout moment.

Ameublement de l'intérieur

Les dimensions suivantes pour les rayonnages, les tables et les chaises sont utiles pour planifier un nouveau bâtiment, rénover un ancien bâtiment ou réorganiser une bibliothèque déjà établie.

Les étagères ou rayonnages

Une étagère fait généralement 90 cm de largeur. Dans une bibliothèque, plusieurs étagères sont assemblées verticalement pour créer une section ou un niveau. Ces rayons assemblés s'appellent aussi « rayonnage ». Chaque étagère d'une section mesure 20 cm, 22,5 cm ou 25 cm de profondeur.

Le nombre d'étagères dans une section dépend de la hauteur de l'étagère et de la hauteur moyenne des livres à y stocker. Les rayonnages d'une hauteur d'environ 210 cm, utilisés pour la plupart du fonds documentaire général de livres, ont généralement sept étagères. Les rayonnages d'une hauteur moyenne de 150 cm ont quatre étagères (et sont parfois utilisés comme séparateurs de pièce). Les rayonnages à hauteur de comptoir de 100 cm ont trois étagères.

Les rayonnages double-face, souvent appelés *étagères autoportantes*, permettent de ranger des livres des deux côtés. Les rayonnages simple face se placent uniquement contre un mur afin d'être fixés solidement au mur à l'aide de vis et chevilles, d'équerres ou d'autres types de fixation. De plus, les rayonnages hauts devraient toujours être fixés à un mur afin qu'ils ne puissent pas basculer ou tomber.

Pour déterminer le nombre de rayonnages requis, nous estimons le stockage à 20 volumes par tablette (étagère). Lorsqu'elle est entièrement remplie, une tablette de 90 cm peut contenir environ 30 volumes. En estimant 20 volumes pour chaque tablette, cela laisse de la place pour agrandir le fonds documentaire. L'allée entre les rayonnages doit faire au moins un mètre de large. Cela permet au personnel de ranger facilement les livres et permettra à plus d'une personne d'y accéder facilement. Dans certains pays, 1,20 m de large est exigé pour permettre l'accès aux personnes handicapées en fauteuil roulant.

La section des ouvrages de référence peut utiliser seulement six tablettes par section de 210 cm. Les ouvrages de référence sont généralement plus grands que le livre moyen en circulation, des étagères réglables sont donc très souhaitables. Étant donné que les livres sont plus larges et plus grands, on peut ranger moins de livres sur chaque tablette.

Les tables et les chaises

Les tables et les chaises pour les bibliothèques sont généralement en bois, mais d'autres matériaux sont également satisfaisants. Privilégions des meubles de haute qualité qui dureront longtemps. Pour un espace de travail adéquat à une table, l'espace par personne devrait être d'au moins 75 cm de long sur 50 cm de large. Une table aux dimensions de 2,30 m de long sur 1 m de large pourrait accueillir six personnes. Essayons d'éviter de prévoir d'accueillir plus de six personnes à une table.

Des bureaux individuels, parfois appelés box individuels de lecture, peuvent être répartis dans toute la bibliothèque, en particulier près des fenêtres.

Les chaises doivent être bien faites et confortables pour une utilisation de plusieurs heures à la fois. La hauteur du siège devrait être d'environ 25 cm en dessous de la hauteur des tables et des bureaux. Les fauteuils nécessitent plus d'espace que les chaises à dossier droit sans bras. Essayons de fournir des sièges pour 25 % du nombre d'étudiants inscrits dans l'établissement. Des sièges supplémentaires peuvent être nécessaires si les étudiants doivent utiliser la bibliothèque comme salle d'étude. Une variété de mobilier dédié à l'étude permettra une bonne utilisation de tous les espaces et offrira des choix aux usagers.

Les autres meubles

Des tableaux d'affichage et autres zones d'affichage permettent de promouvoir la bibliothèque et ses documents et équipements. N'oublions pas d'indiquer l'emplacement des fournitures (par exemple les taille-crayons) et des poubelles.

Ambiance générale

Les couleurs et les matériaux choisis pour les murs, les rideaux, etc., affectent l'atmosphère générale. Les deux considérations les plus importantes sont la facilité d'entretien et le budget. Par exemple, un mur de briques à l'extérieur n'a pas besoin d'être peint. L'entretien du sol est crucial, mais le bruit, la poussière, l'humidité et les insectes nuisibles devraient également être pris en compte lors du choix du revêtement de sol (p. ex. la moquette nécessite un certain entretien).

La flexibilité

La flexibilité est un facteur important dans un bâtiment de bibliothèque. Certaines modifications peuvent être apportées en utilisant des murs non porteurs (situés entre des piliers porteurs). Les grands espaces ouverts peuvent être divisés en espaces de travail plus petits grâce à l'utilisation d'étagères autoportantes. Les espaces de travail plus petits sont préférables, car le bruit peut être absorbé par les étagères.

Si nous n'avons pas beaucoup d'ordinateurs à disposition des étudiants à l'heure actuelle, nous en aurons probablement davantage pendant la durée de vie du bâtiment. En installant des prises supplémentaires, nous pourrons facilement ajouter des ordinateurs plus tard.

Remarque : Il est important de se rappeler que les rayonnages entièrement remplis sont extrêmement lourds. Les bibliothèques ayant plus d'un étage doivent s'assurer que les murs et les planchers résisteront en toute sécurité au poids des rayonnages dans toutes les zones.

Les plans révisés doivent être approuvés par l'administration

Comme mentionné précédemment, nous souhaiterons peut-être travailler avec un comité de construction dans le cadre d'un projet de construction d'une bibliothèque. Les membres du comité de construction peuvent représenter les intérêts des usagers et suggérer des modifications à l'entrepreneur.

Responsabilités de l'administration :

1. L'administration embauche le constructeur et/ou l'entrepreneur pour construire ou rénover le bâtiment selon les dessins d'architecture.
2. L'administration s'occupe des dispositions locales pour les offres, la négociation directe ou autres méthodes.

Il est souhaitable que l'administration désigne un responsable sur place

Le responsable du projet de construction devra savoir qui est chargé des différentes parties du travail – l'architecte, le constructeur ou le personnel de l'école. Une vigilance constante et attentive est nécessaire pour veiller à ce que les plans soient soigneusement suivis. Le responsable du projet devrait être quelqu'un qui connaît bien tous les aspects de la construction.

Dans la mesure du possible, l'école devrait demander une période de garantie au constructeur

Les erreurs et les défauts du bâtiment peuvent ne pas être remarqués immédiatement lors de l'emménagement. Il est très souhaitable d'avoir une période de garantie d'au moins six mois. Pendant cette période, le constructeur doit corriger les défauts et les erreurs sans facturer de frais supplémentaires à l'école.

La vision d'un nouveau bâtiment commence par l'idéal – ce que nous souhaitons avoir. Cependant, lorsque les plans sont mis par écrit, certains compromis sont généralement nécessaires. En comparant nos désirs avec les coûts, nous devrons sûrement ajuster nos priorités. Une planification minutieuse devrait nous permettre de répondre aux besoins actuels et dans un futur proche, pendant cinq à dix ans.

Liste d'éléments à considérer lors de la planification d'un bâtiment de bibliothèque

Comme il est facile d'oublier des éléments importants dans le cadre d'un grand projet, un exemple de liste d'éléments à considérer peut être utile. Au fur et à mesure que nous élaborons nos plans, nous pouvons créer et suivre régulièrement notre propre liste.

1. Emplacement : central, accessible, visible.
2. Architecture : voir comment choisir un style qui correspond aux bâtiments actuels ou modifier les styles.
3. Ambiance à créer dans le bâtiment : sérieuse ou détente, chaleureuse, conviviale, ouverte, flexible.
4. Énumérer les fonctions à exécuter.
5. Interrelations des fonctions ; par exemple, le comptoir de référence est situé près du comptoir de prêt et du catalogue et/ou de la salle informatique.
6. Stockage des ressources de la bibliothèque : liste des ressources par type, nombre et croissance prévue.
7. Extension potentielle du bâtiment : identifier l'espace pour la croissance future.
8. Flexibilité à l'intérieur du bâtiment (murs non porteurs, rayonnages comme séparateurs, etc.).
9. Coût d'administration : planifier les sorties et le contrôle de la fréquentation des publics pour avoir un minimum de personnel pendant les heures creuses ; une seule entrée/sortie principale est particulièrement souhaitable.
10. Zone de retour des livres lorsque la bibliothèque est fermée.
11. Stockage adéquat pour toutes les fonctions et zones de la bibliothèque : par exemple, une zone pour les dons pour stocker les livres avant qu'ils ne soient traités.
12. Éclairage : selon les normes locales, adapté aux divers espaces et besoins.
13. Chauffage, ventilation et climatisation.
14. Humidité stable pour protéger les ressources.
15. Zone de stockage verrouillée spéciale, ou chambre forte, pour les objets rares ou précieux.
16. Espace de stockage spécial pour les projecteurs et les autres équipements audio et visuels.
17. Conduit dans le plancher ainsi que dans les murs pour l'alimentation électrique et les câbles d'ordinateur/téléphone.
18. Espace pour les fournitures et l'équipement de nettoyage et d'entretien.
19. S'il y a plus d'un étage, un ascenseur mécanique ou électrique pour les chariots de livres.

20. Toilettes.
21. Salle du personnel pour les réunions ou les repas.
22. Une entrée pour les camions de livraison qui apportent des cartons de livres ou de fournitures.

La perspective de planifier un projet de construction de bibliothèque est passionnante et intimidante. Espérons que les défis rencontrés ne seront plus qu'un lointain souvenir à mesure que nous nous installerons dans la nouvelle bibliothèque et que nous profiterons d'avoir plus d'espace pour grandir l'offre de la bibliothèque. Des ressources supplémentaires sur ce sujet se trouvent à **l'annexe H**.

Annexe A

Création d'indices d'auteur et d'indices de livre

S'il est peu probable que le fonds documentaire de la bibliothèque dépasse 3 000 volumes, il n'est pas nécessaire d'avoir des cotes uniques. L'utilisation de trois lettres du nom de l'auteur sur la ligne située sous le numéro de classification Dewey permettra de classer les livres par ordre alphabétique du nom de l'auteur. Il serait rare que deux livres aient la même cote. Mais si c'était le cas, il ne serait pas difficile de trouver le livre souhaité parmi deux ou trois sur l'étagère qui ont le même numéro. Leur ordre de classement sur les étagères ne serait pas très important. Cependant, si la bibliothèque grandit et que le fonds devient assez important, il serait bon d'utiliser des indices d'auteur. Ils peuvent également être appelés indices de livre lorsqu'ils sont basés sur le titre.

L'indice d'auteur est une combinaison de lettres et de chiffres qui représente le nom de l'auteur ou, s'il n'y a pas d'auteur nommé, le titre. Il est souvent connu sous le nom de « chiffre Cutter » d'après Charles A. Cutter qui a développé le système.

Il existe deux manières principales de créer des indices d'auteur. La première consiste à utiliser un tableau Cutter publié qui fournit une liste complète de noms et de chiffres correspondants. Cette méthode est celle couramment utilisée avec la classification décimale Dewey. Cependant, cela nécessite l'achat d'un tableau Cutter ou d'une édition révisée appelée tableau Cutter-Sanborn.

La deuxième méthode, recommandée dans ce manuel, est celle suivie par la Library of Congress. Dans cette méthode, les directives pour la création des indices d'auteur sont résumées sur deux pages. Le catalogueur construit chaque indice d'auteur en fonction des directives.

En plus de fournir à chaque livre de la bibliothèque une cote unique, l'indice d'auteur sert un autre objectif. Il organise les livres sur chaque sujet par ordre alphabétique selon l'auteur ou le titre. Ainsi, tous les livres écrits par le même auteur ayant le même numéro décimal Dewey sont rassemblés sur une même étagère.

Règlement de la Library of Congress sur les indices d'auteur

Un indice d'auteur de la Library of Congress est composé d'un point décimal suivi de la lettre de début du nom de l'auteur (ou du titre du livre lorsqu'il n'y a pas d'auteur), suivie de chiffres arabes représentant les lettres suivantes sur la base suivante :

Règle 1. Lorsque le mot commence par une voyelle

Si la 2e lettre est :	b	d	l, m	n	p	r	s, t	u-y
utiliser le chiffre :	2	3	4	5	6	7	8	9

Règle 2. Lorsque le mot commence par la lettre S

Si la 2e lettre est :	a	ch	e	h, i	m-p	t	u
utiliser le chiffre :	2	3	4	5	6	7-8	9

Règle 3. Lorsque le mot commence par les lettres Qu (comme « Quand »)

Si la 3e lettre est :	a	e	i	o	r	y
utiliser le chiffre :	3	4	5	6	7	9

Pour les mots commençant par Qa-Qt, utilisez : 2-29.

Règle 4. Lorsque le mot commence par une autre consonne

Si la 2ᵉ lettre est :	a	e	i	o	r	u	y
utiliser le chiffre :	3	4	5	6	7	8	9

Pour les mots commençant par Ch, utiliser : 45.

Règle 5. Lorsqu'un numéro supplémentaire est préféré pour la troisième lettre

	a-d	e-h	i-l	m	n-q	r-t	u-w	x-z
utiliser le chiffre :	2*	3	4	5	6	7	8	9

(*facultatif pour la troisième lettre a ou b.)

Les lettres non incluses dans ces tableaux se voient attribuer le chiffre suivant ou inférieur, comme requis par les applications précédentes de ces tableaux.

Règle 6. Suivre ces mêmes règles pour créer un indice d'auteur/de livre basé sur le premier mot significatif du titre lorsqu'il n'y a pas d'auteur (les articles ne sont pas inclus)

Ces règles peuvent sembler difficiles à suivre. Cependant, elles devraient devenir beaucoup plus claires au fur et à mesure des exercices qui suivent. Il est important de se rappeler qu'il s'agit de nombres décimaux.

Les corrigés des exercices qui suivent se trouvent à la fin de l'annexe.

Règle 1. Lorsque le mot commence par une voyelle

Si la 2ᵉ lettre est :	b	d	l, m	n	p	r	s, t	u-y
utiliser le chiffre :	2	3	4	5	6	7	8	9

Si le nom de l'auteur est Jean Arnette, écrire la première lettre de son nom en utilisant la majuscule (A). Quelle est la deuxième lettre de son nom ? (r) Quel est le chiffre inscrit sous le r dans la règle ? (7) Il faut donc écrire le chiffre 7 après la majuscule A pour former l'indice d'auteur : .A7.

Exercice 1

Trouver l'indice d'auteur pour les noms suivants qui commencent par des voyelles :

1. Annan _____
2. Adams _____
3. Eben _____
4. Eddy _____
5. Igwe _____
6. Irving _____
7. Odell _____
8. Olivier _____
9. Ulrich _____
10. Upton _____

Règle 2. Lorsque le mot commence par la lettre S

Si la 2ᵉ lettre est :	a	ch	e	h, i	m-p	t	u
utiliser le chiffre :	2	3	4	5	6	7-8	9

Le nom de l'auteur est Georges Suchet. Écrire la première lettre de son nom en utilisant la lettre majuscule (S). Quelle est la deuxième lettre de son nom ? (u) Quel chiffre est écrit sous le u dans la règle ? (9) Écrire le chiffre 9 après le S majuscule pour former l'indice d'auteur : .S9.

Exercice 2

Trouver l'indice d'auteur pour les noms suivants qui commencent par la lettre S :

1. Sanon _____
2. Schoen _____
3. Semire _____
4. Sherwin _____
5. Stanton _____
6. Singh _____
7. Schmidt _____
8. Smith _____
9. Strong _____
10. Surrey _____

Règle 3. Lorsque le mot commence par les lettres Qu (comme « Quand »)

Si la 3ᵉ lettre est :	a	e	i	o	r	y
utiliser le chiffre :	3	4	5	6	7	9

Pour les mots qui commencent par Qa-Qt, utilisez : 2-29.

Pour le nom Jules Quimper, écrire (Q) comme première lettre, puis le chiffre 5, représentant la troisième lettre (i) du nom (.Q5).

Exercice 3

Trouver l'indice d'auteur pour les noms suivants qui commencent par la lettre Q :

1. Qamaraddin _____
2. Quentin _____
3. Quinn _____
4. Quoss _____
5. Quigley _____
6. Qureshi _____
7. Quam _____
8. Quesada _____
9. Quang _____
10. Qadriri _____

Règle 4. Lorsque le mot commence par une autre consonne

Si la 2ᵉ lettre est :	a	e	i	o	r	u	y
utiliser le chiffre :	3	4	5	6	7	8	9

Pour les mots qui commencent par Ch, utiliser : 45.

Pour le nom Marie Nongo, écrire (N) comme première lettre, plus le chiffre (6) représentant la deuxième lettre (o) du nom (.N6).

Exercice 4

Trouver l'indice d'auteur pour les noms suivants qui commencent par d'autres consonnes :

1. Kouadjo _____
2. Johnson _____
3. Brummel _____
4. Lynch _____
5. Vogel _____
6. Menzes _____
7. Tuvi _____
8. Zieche _____
9. Chapman _____
10. Yao _____

Règle 5. Lorsqu'un numéro supplémentaire est préféré pour la troisième lettre

	a-d	e-h	i-l	m	n-q	r-t	u-w	x-z
utiliser le chiffre :	2*	3	4	5	6	7	8	9

Les bibliothèques qui disposent de collections plus importantes préfèrent souvent ajouter un deuxième chiffre pour la lettre suivante dans le nom. Il est ainsi moins probable que deux livres différents aient le même indice d'auteur. De cette façon, on peut éviter d'avoir à ajouter un troisième chiffre à un indice d'auteur pour garder les livres dans l'ordre. (L'ajout de chiffres sera expliqué plus loin dans cette annexe.) Ainsi,

- Arthur [.A7] deviendrait .A77 ;
- Sutherland [.S9] deviendrait .S97 ;
- Quirk [.Q5] deviendrait .Q57 ;
- Nord [.N6] deviendrait .N67.

Exercice 5

Écrire les indices d'auteur pour les noms suivants en ajoutant un deuxième numéro pour chacun :

1. Ravellomansoa _____
2. Wynn _____
3. Kosseke _____
4. Novack _____
5. Brooks _____
6. Abbot _____
7. DePalma _____
8. Lee _____
9. MacDowell _____
10. Sandoua _____

Après la règle 5, il y a les instructions suivantes : « Les lettres non incluses dans ces tableaux se voient attribuer le numéro supérieur ou inférieur suivant, comme requis par les applications précédentes de ces tableaux. »

Voici trois titres de livres avec le numéro de classification 266 (Missions). Dans une bibliothèque qui utilise un catalogue topographique, ils seraient répertoriés dans l'ordre dans lequel ils seraient classés (en fonction de leurs cotes).

Stratégies de mission pour les années 80 de Tite Sanon	Cote :	266 .S2
Le mouvement missionnaire étudiant de Marie Schmidt	Cote :	266 .S3
Une histoire des missions modernes de Kofi Semire	Cote :	266 .S4

La bibliothèque reçoit un nouveau livre à ajouter au fonds documentaire :

Se préparer pour le service missionnaire : un guide pour les étudiants d'écoles bibliques d'Éliane Scott	Cote :	266 .S_

La règle 2 concerne les noms qui commencent par la lettre S. Elle attribue le chiffre 2 à la lettre « a » et le chiffre 3 aux lettres « ch ». Cependant, aucun numéro n'est attribué à la lettre « c ». Le livre devrait être placé entre Schmidt et Seeley. Tout numéro décimal compris entre .3 et .4 peut être utilisé. Étant donné que la combinaison « Sch » peut inclure une quatrième lettre comme le « m » dans Schmidt, un espace supplémentaire doit être autorisé. Ainsi, « Sco » peut se rapprocher davantage de l'entrée « Se » et .37 serait un bon choix. La cote pour le nouveau livre d'Éliane Scott serait :

266
.S37

Étant donné que les numéros sont des nombres décimaux, de nouveaux numéros peuvent toujours être ajoutés à droite de la lettre pour fournir un indice d'auteur différent pour chaque volume tout en conservant les livres dans l'ordre alphabétique.

Si un autre livre est ajouté (p. ex. *L'Église au Bénin* d'Alice Scola), il doit être placé entre SCHMIDT .S3 et SCOTT .S37.

Par conséquent, le numéro .S36 pourrait être attribué.

Schmidt .S3
Scola .S36
Scott .S37

Étant donné que les tableaux ne fournissent qu'un cadre général pour l'attribution des numéros, il convient de noter que l'indice d'auteur pour un nom ou un titre particulier n'est constant qu'au sein d'un numéro de classement unique.

Exercice 6

Les livres de ces auteurs ont tous le même numéro de classification. Ajouter les trois auteurs supplémentaires au bon endroit sur le catalogue topographique, si la bibliothèque en utilise un, et attribuer les indices d'auteur appropriés à chacun.

Création d'indices d'auteur et d'indices de livre   261

Qadriri	.Q2	Auteurs à ajouter :
Quabbe	.Q3	1. Quinn _____
Queener	.Q4	2. Qamaraddin _____
Qureshi	.Q7	3. Quang _____
Quynn	.Q9	

Lorsqu'il n'y a pas d'auteur, baser le numéro du livre sur le premier mot important du titre. Ce mot ne serait pas un article. Exemple :

Un guide de Porto Novo historique   975
                                       .G8

Exercice 7

Créer des indices de livre pour les titres suivants :

1. La retraite semestrielle du corps professoral du séminaire XYZ : 2020 _____
2. Procès-verbal de la réunion d'affaires du printemps de L'Université Shalom de Bunia, mars 2018_____
3. Comment planter un petit jardin _____
4. La lecture des Saintes Écritures _____
5. Les fardeaux de l'enseignement _____

Lorsque deux livres avec le même numéro de classification ont le même auteur, ajouter une « marque de travail » basée sur le titre. Une marque de travail est la première lettre ou les premières lettres du premier mot du titre. Elle s'écrit en lettres minuscules.

Uhuru : l'indépendance arrive	967
de Kwesi Mbiti	.M3u
L'Afrique arrive à maturité : 1960-1970	967
de Kwesi Mbiti	.M3a

Exercice 8

Écrire les indices d'auteur des textes suivants écrits par le même auteur :

1. Atlas de l'Afrique   916
   de Baudelaire Banga   ___
2. Géographie économique du Cameroun   916
   de Baudelaire Banga   ___
3. Une carte touristique du Sénégal   916
   de Baudelaire Banga   ___

Lorsque des livres avec le même numéro de classification sont écrits par différents auteurs qui portent le même nom, ajouter un chiffre supplémentaire différent au numéro de chaque auteur pour indiquer qu'il s'agit de deux auteurs différents.

1. Formation des enseignants de baoulé   428   1er livre
   de Marie Konan   .K6 ->   classé
2. Rédaction de votre propre programme d'anglais   428
   de Marie T. Konan   .K66
   (une deuxième personne)
3. Se préparer à répondre aux besoins réels
   au moyen de l'analyse des erreurs de Marie-Antoinette Konan   .K63
   (une troisième personne)   428

Exercice 9

Écrire des indices d'auteur uniques pour chacun des éléments suivants (chaque livre est écrit par un auteur différent) :

1.	a. Le socialisme dans les cultures familiales étendues de William Amesa	321	——
	b. L'entreprise privée : profiter de la nature humaine de William A. Amesa	321	——
	c. Le conflit inévitable : le capitalisme et le christianisme de William R. Amesa	321	——
2.	a. Le christianisme et l'islam de Pierre P. Mensah	291	——
	b. Le judaïsme et le christianisme : un héritage commun de Pierre Mensah	291	——
	c. Le Christ et les hindous de Pierre G. Mensah	291	——

Corrigés des exercices d'indices d'auteur

Exercice 1

1. Annan	.A5	6. Irving	.I7
2. Adams	.A3	7. Odell	.O3
3. Eben	.E2	8. Olivier	.O4
4. Eddy	.E3	9. Ulrich	.U3
5. Igwe	.I3	10. Upton	.U6

Exercice 2

1. Sanon	.S2	6. Singh	.S5
2. Schoen	.S3	7. Schmidt	.S3
3. Semire	.S4	8. Smith	.S6
4. Sherwin	.S5	9. Strong	.S8
5. Stanton	.S7	10. Surrey	.S9

Exercice 3

1. Qamaraddin	.Q2	6. Qureshi	.Q7
2. Quentin	.Q4	7. Quam	.Q3
3. Quinn	.Q5	8. Quesada	.Q4
4. Quoss	.Q6	9. Quang	.Q3
5. Quigley	.Q5	10. Qadriri	.Q2

Exercice 4

1. Kouadjo	.K6	6. Menzes	.M4
2. Johnson	.J6	7. Tuvi	.T8
3. Brummel	.B7	8. Zieche	.Z5
4. Lynch	.L9	9. Chapman	.C45
5. Vogel	.V6	10. Yao	.Y3

Exercice 5

1. Ravellomansoa	.R38	6. Abbot	.A22
2. Wynn	.W96	7. DePalma	.D46
3. Kosseke	.K67	8. Lee	.L43
4. Novack	.N68	9. MacDowell	.M32
5. Brooks	.B76	10. Sandoua	.S26

Exercice 6

1. Quinn	.Q5
2. Qamaraddin	.Q25
3. Quang	.Q36

Exercice 7

1. La retraite semestrielle des professeurs du séminaire XYZ : 2020	.R4
2. Procès-verbal de l'Université Shalom de Bunia. Réunion d'affaires du printemps, mars 2018	.P7
3. Comment planter un petit jardin	.C6
4. La lecture des Saintes Écritures	.L4
5. Les fardeaux de l'enseignement	.F3

Exercice 8 (vos réponses peuvent varier légèrement)

1. Atlas de l'Afrique de Baudelaire Banga	916 .B36a
2. Géographie économique du Cameroun de Baudelaire Banga	916 .B36c
3. Une carte touristique du Sénégal de Baudelaire Banga	916 .B36s

Exercice 9 (vos réponses peuvent varier légèrement)

1. a. Le socialisme dans les cultures familiales étendues de William Amesa	321 .A4
b. L'entreprise privée : profiter de la nature humaine de William A. Amesa	321 .A42
c. Le conflit inévitable : le capitalisme et le christianisme de William R. Amesa	321 .A47
2. a. Le christianisme et l'islam de Pierre P. Mensah	291 .M46
b. Le judaïsme et le christianisme : un héritage commun de Pierre Mensah	291 .M4
c. Le Christ et les hindous de Pierre G. Mensah	291 .M45

Annexe B

Les cartons de livres

Comment les organiser pour la circulation (Une stratégie de catalogage lorsqu'il n'y a pas de système en place)

Étape 1 : préparer la zone de travail. La première étape consiste à rassembler tous les livres et autres documents qui peuvent être stockés dans des cartons. Il convient d'estimer l'espace d'étagère nécessaire et de trouver un espace de travail où il y a plus d'étagères que nécessaire. Si possible, il est préférable de travailler dans une zone qui peut être verrouillée ou fermée. Si ce n'est pas le cas, des panneaux pourraient indiquer « Livres en cours de traitement – veuillez ne pas toucher ». Pendant ce temps, les livres ne doivent pas quitter la zone de travail. Si un livre doit circuler, on l'indique dans le système de circulation, ou, si la bibliothèque n'est pas automatisée, on saisit une fiche de livre temporaire afin de pouvoir savoir où le livre se trouve. (Voir la figure 9.5 au **chapitre 9** pour un exemple de fiche de livre.)

Il est maintenant temps de rassembler les fournitures nécessaires et de dresser une liste des choses à acheter ou commander dans un catalogue de fournitures de bibliothèque. On peut aussi choisir de visiter une autre bibliothèque de la région pour voir les fournitures que les membres du personnel utilisent et où ces derniers s'approvisionnent. En plus des fournitures régulières de stylos et crayons, de ruban adhésif transparent, de ciseaux, de papier, d'élastiques et de trombones, il faudra également des fiches de livre, des feuilles de rappel, des tampons dateur (si la bibliothèque utilise un système manuel). Les fournitures de la bibliothèque devraient être conservées dans un endroit sûr, loin des usagers de la bibliothèque.

Il faut également planifier les besoins en équipement. Y a-t-il des rayonnages, des tables et des chaises, un bureau et d'autres articles disponibles dans l'établissement ou faudra-t-il en acheter ou en fabriquer ? (Voir le **chapitre 13** pour avoir des suggestions d'équipements.)

Étape 2 : créer des zones de tri par sujet. Faire des étiquettes d'étagère pour les groupes principaux. On peut utiliser les classes décimales de Dewey ou créer ses propres catégories :

Les 000 :	Généralités
Les 100 :	Philosophie et psychologie
Les 200 :	Religion
Les 300 :	Sciences sociales
Les 400 :	Langues
Les 500 :	Sciences
Les 600 :	Technologie
Les 700 :	Arts
Les 800 :	Littérature
Les 900 :	Histoire et géographie (*Remarque* : on peut utiliser un groupe distinct pour la biographie)
	Fiction

1. À ce stade, il faut décider de mettre les biographies, les autobiographies et les collections de biographies soit dans une section distincte, soit avec le sujet auquel elles se rapportent (p. ex. *Janani Luwum, martyre de l'Ouganda* avec « Afrique »).
   Indiquer le choix ci-dessous. (Voir la section « Biographie » au **chapitre 7** pour plus d'explications.)
   ___ a. Faire une étagère séparée pour les biographies.
   ___ b. Ranger le livre avec son sujet et insérer une feuille de papier qui dit « biographie ».

2. Tous les livres seront-ils empruntables ou une collection de référence non empruntable sera-t-elle créée ? Si l'on prévoit d'avoir une collection de référence, il faudra peut-être identifier ces livres au moment du tri. (Voir la section « Services de référence » au **chapitre 11** pour plus d'informations sur les ouvrages de référence.) Même si l'on prévoit une collection de référence distincte, il est préférable à ce stade de classer les livres par sujet principal et d'insérer une feuille de papier indiquant « référence ». Les livres de cette collection peuvent être catalogués avec d'autres livres sur le sujet et séparés ultérieurement.

3. Des livres de fiction feront-ils partie du fonds de la bibliothèque ? Si oui, on les place sur une étagère séparée.

Étape 3 : coller les étiquettes sur les rayonnages et décider si la section « religion » doit être divisée davantage. Fixer les étiquettes d'étagère chacune sur une étagère différente, afin qu'il y ait de la place pour ajouter des livres. S'il y a beaucoup de livres sur la religion, ils peuvent être subdivisés dans les catégories suivantes, en créant une étiquette d'étagère pour chaque catégorie :

200	Généralités sur le christianisme
210	Religion naturelle
220	Bible (y compris les commentaires de livres individuels)
230	Théologie doctrinale chrétienne
240	Théologie morale et spirituelle chrétienne
250	Églises chrétiennes locales et ordres religieux
260	Théologie chrétienne et société, Ecclésiologie
270	Histoire de l'Église
280	Confessions et sectes de l'Église chrétienne
290	Religions non chrétiennes

Étape 4 : déballer les livres et les placer sur des étagères par catégorie. Sortir les livres des cartons et les mettre sur l'étagère selon le sujet du livre. Prévoir des chiffons pour nettoyer les livres s'ils sont poussiéreux. Il est également préférable de porter de vieux vêtements au cas où.

Étape 5 : enregistrer les livres sur un ordinateur ou sur des fiches de catalogue. Il sera utile de créer un enregistrement d'inventaire lorsque chaque article est déballé. Les informations suivantes doivent être enregistrées dans un tableur ou écrites sur une fiche de catalogue qui peut être facilement archivée : titre, auteur (nom en premier), éditeur, date. Une entrée d'ordinateur doit inclure une colonne pour le nom de l'étiquette d'étagère. Sur une fiche de catalogue, le nom de l'étiquette d'étagère pourrait être écrit en haut à droite. On peut également imprimer et utiliser une feuille de traitement. (Voir la figure 9.1 pour un exemple.)

Si deux personnes travaillent ensemble, l'une peut déballer tandis que l'autre enregistre les articles. Si l'on travaille seul, on peut déballer et enregistrer une boîte à la fois.

Étape 6 : d'autres catégories possibles à utiliser pendant le processus.
- « À jeter » : si un livre est endommagé par l'eau, moisi ou irréparable, on le place sur une étagère ou dans une boîte étiquetée « À jeter ».
- « À reconsidérer » : si des livres semblent hors de portée des objectifs de la collection ou ne conviennent pas à l'institution, on les place dans une zone marquée « à reconsidérer ». Une fois tous les documents déballés, ces ressources peuvent être réexaminées.

- « À réparer » : si des livres nécessitent des réparations simples, placer une feuille de papier marquée « Réparation » dans le livre et indiquer la nature de la réparation. (Voir la figure 9.6 pour un exemple de feuille de travail sur les réparations.)

Étape 7 : organiser les livres de chaque catégorie par titre dans l'ordre alphabétique. Une fois que tous les livres sont sortis des cartons et placés sur des étagères, il nous faut revenir en arrière et mettre les livres par ordre alphabétique par titre dans chaque catégorie. Si personne ne pouvait nous aider lorsque nous avons déballé les livres, il nous faut revenir en arrière et établir les feuilles de traitement décrites à l'étape 5.

Les copies en double doivent être placées ensemble sur l'étagère. C'est le moment de décider si l'on souhaite conserver ou non des exemplaires en double. Avant d'en supprimer, on s'assure qu'il s'agit bien de doublons et non de volumes 1 et 2 ou d'éditions différentes. Si l'on choisit de les conserver, on note sur la liste d'inventaire la quantité possédée. Si l'on ne souhaite pas les conserver, on peut préparer une boîte avec la mention « doublons » écrite dessus et y ranger les doublons. Il sera peut-être aussi possible de les vendre ou d'en faire don à une autre bibliothèque.

Étape 8 : trier la liste d'inventaire par titre ou classer toutes les fiches par titre dans une boîte à fiches pour les livres en cours de traitement. Une fois le déballage terminé, l'idée est d'avoir une liste complète de tous les titres, copies et volumes avec leur emplacement sur les étagères (par catégorie). Cela peut être fait en triant les entrées dans une feuille de calcul par titre ou en classant toutes les fiches dans une boîte à fiches pour les livres en cours de traitement.

Étape 9 : pour plus de détails, lire tous les chapitres du présent livre qui traitent du catalogage et du traitement.

Étape 10 : prendre une décision finale sur un système de classification. Si ce n'est pas déjà fait, il est temps de choisir un système de classification. Le système recommandé pour une bibliothèque débutante est le système de classification décimale Dewey. Les groupes principaux répertoriés plus tôt à l'étape 2 correspondent aux dix catégories principales Dewey. Les divisions de la section « religion » à l'étape 3 correspondent aux catégories principales de la classe 200 du système Dewey.

Étape 11 : hiérarchiser les sections du système de classification pour le catalogage. Si la collection est utilisée régulièrement, quels sujets sont nécessaires en premier ? S'il n'y a pas de forte demande, il est recommandé de commencer par la théologie chrétienne, qui correspond aux numéros Dewey 230. Nous conseillons de passer aux 240, en regardant en particulier le 248, « La vie chrétienne », puis de parcourir les 200 avant de passer aux autres sujets. Après avoir atteint les 220, nous conseillons de lire les sections sur le catalogage (dans le présent livre) sur les livres de la Bible et les titres uniformes.

Étape 12 : sélectionner un petit groupe de livres. Au début du processus de catalogage, on se familiarise avec les tableaux de classification qui correspondent au domaine choisi. On se rend aux étagères où on a mis les livres relatifs à ce domaine et on sélectionne 10 à 15 livres. Si l'on a un grand nombre de livres dans une zone particulière, on sélectionne les articles qui semblent avoir un sujet étroitement lié.

Étape 13 : Cataloguer le groupe de livres avant de passer à un autre groupe. Suivre les procédures décrites dans les chapitres sur le catalogage. On peut utiliser des grilles de catalogage, comme illustrées à la figure 4.7 ou 8.15, ou commencer à effectuer un catalogage assisté par ordinateur comme décrit au **chapitre 8**. Si l'on dispose d'un chariot à livres (étagères mobiles), on y conserve les articles ensemble et on traite 10 à 15 livres en même temps. Selon le nombre de personnel ou de l'aide bénévole de la bibliothèque, plusieurs étapes peuvent être déléguées. Les employés peuvent vouloir travailler avec un plus grand nombre de livres à la fois, on peut donc désigner des étagères pour les livres prêts à être tapés, etc., pendant qu'une autre personne recommence le processus avec un autre groupe de 10 à 15 livres.

Étape 14 : Préparer les livres pour la circulation. En suivant les procédures décrites au **chapitre 9**, préparer les livres pour la circulation avec des étiquettes, des fiches (le cas échéant) et des timbres de propriété.

Étape 15 : Ranger les livres prêts à être utilisés ou les ranger dans une zone d'attente. Si les étagères de la bibliothèque sont prêtes à l'emploi, on peut alors placer les livres traités sur l'étagère dans l'ordre selon le système de classification choisi. Des étiquettes d'étagères temporaires selon les numéros de classification peuvent être apposées si l'on n'est pas sûr de la quantité d'espace qui sera utilisée pour chaque section. Selon l'espace de rangement disponible, on laisse de la place pour le développement futur du fonds documentaire.

Si nous devons utiliser les étagères de l'espace de travail pour les livres traités ainsi que pour les livres qui sont « en cours de traitement », il faudra attribuer et indiquer clairement une section « Livres traités ». En général, cela nécessitera un déplacement régulier des livres au fur et à mesure que la section des livres traités augmente et que la section de ceux qui sont « en cours » diminue.

Annexe C

Comment utiliser un catalogue sur fiches existant ?

S'il existe un catalogue sur fiches, commençons par les fiches. (Pour plus d'informations, voir le **chapitre 4** et l'**annexe J**.) Comment les fiches sont-elles présentées ? Elles doivent être faciles à lire et ne comporter aucune erreur typographique, incohérence de format ou autres problèmes. Les fiches sont-elles classées par ordre alphabétique ? Suivre ensuite la liste d'étapes suivantes :

1. **Examiner les informations qui apparaissent sur la fiche**. Le contenu de la fiche remplit-il l'objectif de base des vedettes du catalogue sur fiches ? (emplacement du livre, auteur et titre du livre, informations sur l'éditeur, sujet du livre et autres points d'accès mentionnés au **chapitre 5**).
2. **Déterminer si le rappel de vedette apparaît sur les fiches notice principale et/ou les fiches topographiques**. Prendre un petit échantillon (5 à 10) de fiches notice principale (fiches avec l'auteur en haut ou une fiche-titre où il n'y a pas d'auteur). Vérifier si le rappel de vedette (vedettes-matière et autres vedettes ajoutées qui indique combien d'autres fiches existent pour le livre) apparaît en bas de la fiche. Si la fiche notice principale ne contient pas de rappel de vedette, vérifier si une fiche topographique peut inclure le rappel. Regarder au dos des fiches ainsi qu'au recto, car certaines bibliothèques notent le rappel de vedette au verso de la fiche notice principale ou de la fiche topographique.
3. **Vérifier que le catalogue possède un jeu complet de fiches pour chacun de ces titres**. À l'aide des rappels de vedette, localiser toutes les fiches de ce document (auteur, titre, vedettes-matière et vedettes secondaires). Indiquer sur la fiche notice principale s'il manque des fiches en écrivant « manquant » au crayon près du numéro de cette fiche dans les rappels de vedette. En fonction de l'échantillonnage et du nombre de fiches manquantes, déterminer s'il faut commencer une vérification plus approfondie du catalogue, en faisant correspondre tous les jeux de fiches. Si le petit échantillon de 10 a plusieurs vedettes manquantes, augmenter l'échantillon pour inclure 20 autres titres. Si plus d'un tiers des fiches sont manquantes, il serait souhaitable de rendre le présent catalogue plus précis. Une alternative au catalogue sur fiches est le catalogue automatisé d'un système intégré de gestion de bibliothèque (voir le **chapitre 12**).
4. **En utilisant les fiches de l'échantillon, localiser les livres correspondants sur les rayonnages**. Si les livres ne sont pas sur l'étagère, vérifier s'ils ont été empruntés en parcourant les fiches de prêt. Si l'on ne parvient pas à localiser plus d'un tiers des livres, faire un inventaire complet. Marquer la fiche topographique avec « manquant » et la date du jour au crayon si l'on ne parvient pas à localiser le livre décrit.
5. **Vérifier l'exactitude de la description en comparant le livre en main avec les vedettes**. Examiner les livres de l'échantillon. Vérifier si les informations sur la fiche bibliographique correspondent aux informations fournies sur la page de titre du livre. Examiner la table des matières pour voir si les vedettes-matière notées dans les rappels de vedette conviennent bien pour le livre. Vérifier la cote sur le livre et la comparer avec les tableaux de classification décimale Dewey (ou le système de numérotation qui a été utilisé) pour voir si elle est appropriée.
6. **À titre de contre-vérification, comparer un échantillon de livres des rayonnages avec le catalogue et liste topographique**. Certaines bibliothèques peuvent avoir des livres sur les rayonnages qui n'ont jamais été enregistrés dans le catalogue. Une façon de découvrir si c'est le cas est de sélectionner un rayon de livres et d'essayer de trouver les vedettes correspondantes dans le catalogue principal et le

catalogue topographique. Si un ou deux livres sur 20 ou 30 manquent de fiches, augmenter l'échantillon. S'il s'agit d'un problème récurrent, un inventaire complet doit être effectué.

Un catalogue précis des ressources du fonds documentaire

Si des problèmes importants sont notés dans les échantillons, les bibliothécaires doivent décider d'un plan d'action. L'objectif est de créer un catalogue qui reflète fidèlement les ressources réelles du fonds documentaire. Les étapes suivantes peuvent être nécessaires.

1. **Effectuer un inventaire complet en comparant chaque document au catalogue topographique et au catalogue existant.** S'il existe un catalogue topographique, commencer par la première fiche. Trouver le livre correspondant sur les rayonnages et localiser la fiche notice principale dans le catalogue. Procéder dans l'ordre à travers le catalogue topographique, en localisant chaque document. Si un document est introuvable, écrire au crayon « manquant » sur la fiche avec la date du jour. Utiliser un crayon au cas où le livre serait emprunté ou trouvé ailleurs. Si la fiche notice principale est introuvable, écrire au crayon « n. p. manquante » avec la date. Si des livres ou d'autres ressources sont trouvés sur les rayonnages sans une fiche topographique correspondante, déplacer les livres vers une section intitulée « Pas dans le catalogue topographique ».

2. **Vérifier les articles de la section « Pas dans le catalogue topographique ».** Chaque titre dépourvu d'une fiche topographique doit être vérifié dans le catalogue pour voir s'il s'agit de la seule fiche manquante. Vérifier la fiche notice principale à l'auteur et une fiche-titre. S'ils existent, rechercher des vedettes-matière et des rappels de vedette pour d'autres vedettes secondaires. Si une ou toutes les fiches sont manquantes, les vedettes doivent être reproduites ou l'article enregistré pour la première fois. Créer les catégories suivantes :
   - « Seule la fiche topographique est manquante » : l'article contient un jeu complet de fiches dans le catalogue. Action : réimprimer une fiche topographique en double en utilisant la fiche notice principale comme guide.
   - « Fiche topographique et certaines fiches de catalogue sont manquantes » : il manque des fiches en plus de la fiche topographique. Action : réimprimer les fiches en double pour tout ce qui est connu comme manquant.
   - « Toutes les fiches sont manquantes » : il ne semble pas y avoir de fiche dans le catalogue principal ou le catalogue topographique. Action : mettre le livre de côté pour le catalogage.

3. **Gérer le nouveau catalogage avec un ancien catalogue inexact.** Si nous devons commencer à ajouter de nouveaux livres avant de pouvoir corriger le catalogue actuel, nous devrons créer deux catalogues. C'est une autre occasion de considérer un catalogue en ligne. Les nouveaux documents seraient saisis dans un système intégré de gestion de bibliothèque dès leur réception. Les éléments plus anciens seraient convertis sous une forme lisible par machine, comme décrit au **chapitre 8**.

4. **Avec un catalogue sur fiches, il y a deux options :** 1) Créer un nouveau catalogue ou des ensembles de boîtes clairement étiquetées « nouveau » et « ancien ». 2) Retirer les anciennes fiches, les garder en ordre et les placer dans des boîtes où les usagers n'y ont pas accès, puis utiliser les boîtes vides pour commencer le nouveau catalogue. Saisir les fiches manquantes au fur et à mesure. Une fois les jeux de fiches complets identifiés, ils doivent être classés dans le nouveau catalogue.

5. **Mise à jour du catalogue actuel avant d'ajouter de nouveaux livres et fiches.** En consultant le catalogue sur fiches actuel et en le mettant en ordre avant d'ajouter de nouveaux documents, on peut réduire les problèmes d'un double système. De plus, on pourra peut-être voir plus rapidement quels problèmes restent du passé. Pour commencer ce processus, sortir tous les tiroirs du catalogue sur fiches et les placer sur une table pour une vérification plus facile. (Si utilisée, retirer la tige dans chaque tiroir. Retourner toutes les fiches sur leur côté droit. Chaque fois qu'une fiche est localisée, la remettre dans sa position appropriée et la placer dans un nouveau tiroir.) À la fin de la vérification, il ne restera plus que les fiches (laissées dans le tiroir ou debout) qui n'ont pas été trouvées auparavant. Beaucoup de ces informations peuvent avoir été mal classées. Attendre la fin de la vérification avant de saisir les fiches manquantes permet de gagner du temps. Au fur et à mesure du processus de vérification, on peut en effet parfois trouver des fiches qui étaient auparavant manquantes.

Annexe D

Comment identifier un catalogue systématique

Certaines bibliothèques constateront que leur catalogue sur fiches existant n'utilise pas toutes les vedettes alphabétiques comme décrit dans les chapitres sur le catalogage. Il est possible que le catalogue soit un catalogue systématique. Cette section donne un exemple de jeu de fiches pour un catalogue systématique. Cela devrait aider à identifier le type de catalogue de la bibliothèque.

Un catalogue systématique contient des fiches avec des vedettes alphabétiques et numériques. Un catalogue systématique comprend généralement trois sections. La première section contient les fiches-auteur et fiches-titre classées ensemble ou séparément par ordre alphabétique en utilisant la vedette en haut de chaque fiche. La deuxième section, appelée la section systématique, contient des fiches classées par ordre numérique. Les numéros sont les mêmes que les numéros de la classification décimale de Dewey pour ces matières. La troisième section contient un index alphabétique de matières, avec des fiches index de sujets qui renvoient le lecteur intéressé par un sujet particulier à la section systématique correspondante. Une fiche index de sujet répertorie une vedette-matière avec son numéro de classification décimale de Dewey correspondant.

La figure D.1 montre un jeu de fiches partiel pour un livre de René Girard, *De la violence à la divinité*. Les figures D.2 à D.6 montrent plus de détails pour chaque type de fiche.

Figure D.1 Jeu de fiches pour un catalogue systématique

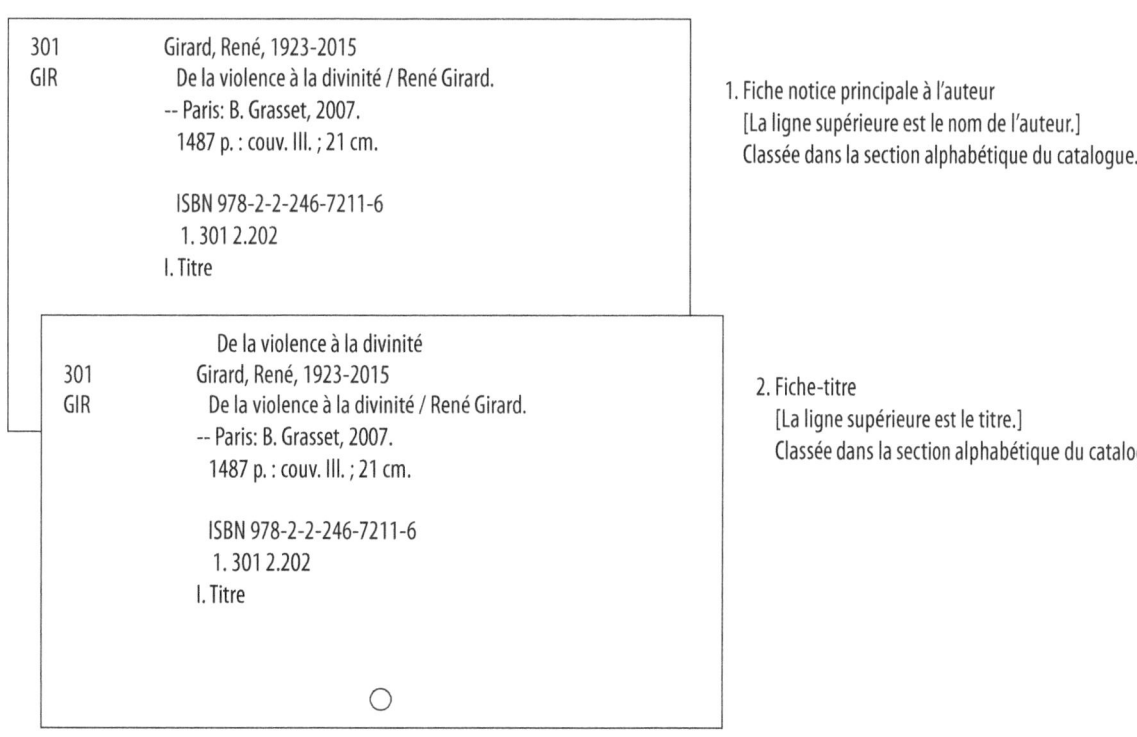

```
201.76 GIR
en rayons à
301         Girard, René
GIR            De la violence à la divinité / René Girard.
               -- Paris: B. Grasset, 2007.
               1487 p. : couv. Ill. ; 21 cm.

               ISBN 978-2-2-246-7211-6
               1. 301 2.202
               I. Titre

                        ○
```

3. Fiche-sujet
   [L'indice d'auteur se trouve sur la ligne supérieure.]
   Classée dans la section systématique du catalogue.

```
301         Girard, René, 1923-2015
GIR            De la violence à la divinité / René Girard.
               -- Paris: B. Grasset, 2007.
               1487 p. : couv. Ill. ; 21 cm.

               ISBN 978-2-2-246-7211-6
               1. 301 2.202
               I. Titre

25741       7/15    €15 00

                        ○
```

4. Fiche notice principale systématique
   [Identique à la fiche notice principale à l'auteur avec des informations supplémentaires sur les accessions en bas de la fiche alphabétique.]

   Classée dans la section systématique du catalogue.

```
HOMME (THÉOLOGIE)                          301



   VIOLENCE--ASPECT RELIGIEUX                      201.76




                              ○
```

5. Fiches index de sujets.
   Classées par ordre alphabétique dans l'index alphabétique de matières.

   La plupart des livres auront une fiche-auteur. Lorsqu'il y a une fiche-auteur, elle est aussi appelée fiche notice principale. Une fiche notice principale à l'auteur pour le livre de René Girard ressemblerait à l'exemple de la figure D.2.

Figure D.2 Fiche notice principale à l'auteur

(La ligne supérieure est le nom de l'auteur)

Chaque livre aura une fiche-titre. Lorsqu'il y a une fiche notice principale à l'auteur, la fiche-titre est la deuxième fiche d'un jeu complet de fiches. En bas de chaque fiche, on remarque un chiffre romain suivi du mot « Titre ». Les bibliothécaires utilisent ce code pour se rappeler qu'une fiche-titre existe pour ce livre. (Si un livre est perdu ou retiré du fonds documentaire, il faudra trouver et retirer toutes ses fiches du catalogue sur fiches.) En utilisant également ce code, il n'est pas nécessaire de retaper le titre complet en bas de la fiche. L'échantillon de la figure D.3 montre la fiche-titre du livre de Girard, *De la violence à la divinité.*

Figure D.3 Fiche-titre

(La ligne supérieure est le titre du livre)

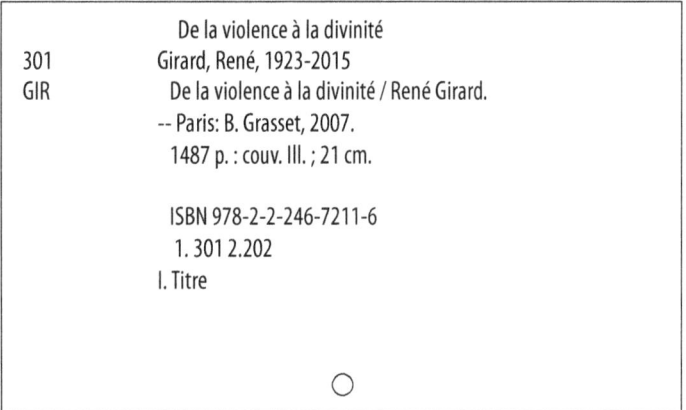

La plupart des livres auront une ou plusieurs fiches-sujet. Dans un catalogue systématique, les fiches-sujet utilisent des numéros de classification pour les matières plutôt que des vedettes alphabétiques. La matière la plus importante est utilisée comme fiche notice principale dans la section systématique du catalogue. Pour le livre de Girard, la fiche sera classée par le 301 GIR qui est indiqué en haut à gauche de la fiche. La figure D.4 montre un exemple de fiche notice principale systématique pour le livre de Girard. C'est la matière principale du livre.

Dans un catalogue systématique, il n'est pas nécessaire d'avoir une fiche topographique. La fiche notice principale systématique remplit la fonction d'une fiche topographique. Cette fiche contient les informations d'accession. Elle est classée dans le catalogue public plutôt que dans un catalogue topographique distinct.

274 La gestion d'une bibliothèque

Figure D.4 Fiche notice principale systématique

(duplicata de la fiche notice principale à l'auteur avec des informations supplémentaires sur les accessions)

```
301           Girard, René, 1923-2015
GIR               De la violence à la divinité / René Girard.
              -- Paris: B. Grasset, 2007.
                  1487 p. : couv. Ill. ; 21 cm.

                  ISBN 978-2-2-246-7211-6
                  1. 301 2.202
                  I. Titre

25741         7/15    €15 00

                            ◯
```

Pour chaque matière traitée dans le livre, un numéro de classification sera inscrit en bas de la fiche précédé d'un numéro arabe. Ces numéros de classification sont appelés rappels de vedettes. Les rappels de vedettes sont répertoriés avant les vedettes supplémentaires telles que le « I. Titre. » Les rappels de vedettes indiquent aux bibliothécaires quelles fiches sont dans le catalogue en plus de la fiche notice principale. (Encore une fois, cela est important pour trouver le jeu complet de fiches qui peut devoir être retiré du catalogue.)

Lorsqu'un livre comporte plusieurs matières, une fiche-sujet est dactylographiée pour chaque matière supplémentaire. Pour la deuxième matière du livre de Girard, les bibliothécaires taperont le numéro de classification et la mention « en rayons à », au-dessus de la cote. Dans la section systématique du catalogue, la fiche sera classée dans l'ordre numérique avec les autres 301. La figure D.5 montre un exemple de fiche-sujet pour la deuxième matière du livre de Girard. D'autres fiches supplémentaires seront nécessaires s'il y a d'autres matières dans les rappels de vedettes.

Figure D.5 Une des fiches-sujet supplémentaires

(« 201.76 GIR en rayons à » est dactylographié au-dessus de 301)

```
201.76 GIR
en rayons à
301           Girard, René
GIR               De la violence à la divinité / René Girard.
              -- Paris: B. Grasset, 2007.
                  1487 p. : couv. Ill. ; 21 cm.

                  ISBN 978-2-2-246-7211-6
                  1. 301 2.202
                  I. Titre

                            ◯
```

La dernière section du catalogue systématique contient des fiches index de sujets. Une fiche index de sujets répertorie une vedette-matière avec son numéro de classification Dewey. Les fiches sont classées par ordre alphabétique par vedette. Le titre est tapé en majuscules. Les deux fiches index de sujets du livre de Girard apparaissent dans la figure D.6.

Un chercheur utilisera le nombre décimal Dewey à droite dans la section systématique du catalogue pour rechercher des livres sur ces matières.

Figure D.6. Fiches index de sujets

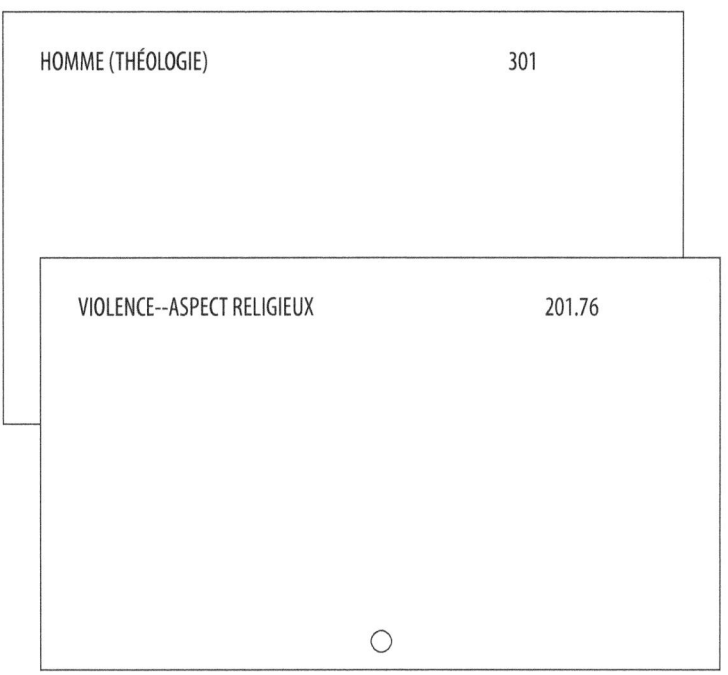

Si les bibliothécaires décident de maintenir un catalogue systématique existant, des instructions supplémentaires peuvent être nécessaires. Pour de plus amples informations sur ce type de catalogue, il peut être utile de contacter les organismes suivants :

- Le réseau BETH : https://beth.eu/.
- Le réseau VALDO : http://www.valdo-net.fr/.
- The Association of Christian Librarians. Commission for International Library Advancement (CILA) : http://www.acl.org/index.cfm/get-involved/cila/.

Remarque spéciale sur l'utilisation de la grille de catalogage : ceux qui décident d'utiliser un catalogue systématique devront peut-être modifier la grille de catalogage du **chapitre 4**. Les vedettes-matière du catalogue systématique seront des numéros et non des vedettes alphabétiques.

Remarque spéciale sur la maintenance d'un catalogue systématique : une maintenance correcte d'un catalogue systématique requiert une utilisation plus détaillée de la classification décimale de Dewey que celle présentée au **chapitre 7** de ce manuel.

Annexe E

Exemples de grilles de catalogage et de feuilles de travail

Dans les pages suivantes, des grilles de catalogage et des feuilles de travail vierges peuvent être photocopiées pour utilisation. Les formulaires sont :

1. Grille de catalogage du **chapitre 4** (figure 4.7).
2. Grille de catalogage UNIMARC du **chapitre 8** (figure 8.15).
3. Feuille de traitement du **chapitre 9** (figure 9.1).
4. Feuille de travail sur les réparations du **chapitre 9** (figure 9.6).
5. Formulaire d'évaluation du système informatique de la bibliothèque du **chapitre 12** (figure 12.1).

278   La gestion d'une bibliothèque

Figure 4.7 Exemple de grille de catalogage

1. Titre _____

2. Sous-titre ^:^ _____

3. Mention de responsabilité ^/^ _____

4. Mention d'édition ^--^ _____

5. Lieu de publication ^--^ _____

6. Éditeur ^:^ _____

7. Date .^ _____

8. Étendue de l'article (nb de pages) _____ ^p.

9. Autres détails physiques ^: ^ _____

10. Dimensions (hauteur en cm.) ^;^ _____ cm.

11. Notes (le cas échéant) Exemples : Bibliographie : ^ p.^ _____
                        Inclut index.
       Autre _____
                  _____

12. ISBN _____

13. Notice principale à l'auteur _____ (nom en ordre inverse)
       Vedette supplémentaire au titre nécessaire _____ oui _____ non (voir zone 15)

14. Vedettes-matière 1. _____ . ^2.^ _____ .
       ^3.^ _____ . ^4.^ _____ .

15. Vedettes supplémentaires I. ^ _____ . ^II.^ _____ .

16. Cote de classification   Emplacement _____
       (Inclure la copie   Indice Dewey _____
       ou num. de vol. sur   Indice des tableaux Cutter _____
       la cote)   Édition (date) _____

17. Information pour le catalogue   Numéro d'accession _____
       topographique (à saisir sur la   Date d'acquisition _____
       fiche topographique)   Prix _____

18. Nombre de copies ou de volumes   c. _____ (exemple 1-3)
       (à saisir sur la fiche topographique)   v. _____ (exemple 1-6)

Figure 8.15 Exemple de grille de catalogage UNIMARC pour les monographies (ouvrages)

MONOGRAPHIE : Catalogueur : _____ Dactylographe : _____ Date : _____

Le signe # remplace un <blanc> au format UNIMARC.

ISBN : 010	#	#	$a
Code de pays 020	#	#	$a $b
Titre propre 200	1	#	$a $b $f
Édition 205	#	#	$a
Publication, etc. 210	#	#	$a : $c_____ ,$d
Type de présentation matérielle 215	#	#	$a p. : $c ; $d _ _ cm.
Collection (données trouvées sur la ressource) 225	2	#	$a ; $v
Texte de note 300	#	#	$a
Texte de note sur bibl ou index 320	#	#	$a
Collection (point d'accès autorisé) 410	#	0	$t
Titre uniforme 500	#	#	$a . $k $m $q
Vedette-matière Nom de personne 600	#	1	$a
Vedette-matière – Nom de collectivité 601 6_ _ 6_ _	0	2	$a $y
Vedette-matière – Nom commun 606	0	#	$a $j $x $z
Nom de personne – Resp. principale 700 7_ _ 7_ _	#	1	$a $b
Nom de collectivité – Resp. principale 710	1	2	$a $d $e $f

Figure 9.1 Feuille de traitement

FEUILLE DE TRAITEMENT
(Marquer les tâches d'un « x » lorsqu'elles sont effectuées.)

ÉTAPE 1 (Dactylographe / Personne responsable de la saisie des données)
_____ Saisir LES ENTRÉES DE CATALOGUE
_____ Auteur, titre, vedette(s)-matière
_____ Fiche topographique*
_____ Préparer LA FICHE DE LIVRE*
_____ Préparer LA POCHETTE*
_____ Préparer L'ÉTIQUETTE DE DOS
_____ Relire la fiche*, la pochette* et l'étiquette avec la cote en comparant avec les informations dans le livre et la feuille de travail du catalogueur

ÉTAPE 2 (Personne chargée du traitement du livre)
_____ Comparer la fiche de livre, la pochette et l'étiquette de dos avec la grille de catalogage*
_____ Ajouter la RELIURE À BROCHURES
_____ Coller la POCHETTE*
_____ Insérer la FICHE DE LIVRE*
_____ Coller L'ÉTIQUETTE DE DOS
_____ Estampiller L'EX-LIBRIS
_____ Coller la FEUILLE DE RAPPEL avec la date de retour*

ÉTAPE 3 (Bibliothécaires et assistants)
_____ DERNIÈRE RELECTURE
_____ Classer les FICHES DE CATALOGUE* (si utilisées)
_____ Supprimer LE BON DE COMMANDE du fichier « commandé/en cours de traitement »
_____ Ajouter LE BON DE COMMANDE au fichier « liste de nouveaux livres »*
_____ Informer l'enseignant qui a demandé l'article de l'arrivée du livre
_____ Supprimer la feuille de traitement*
_____ Mettre le livre en rayon

---

*Ces étapes présupposent un système manuel.

Figure 9.6 Feuille de travail pour les réparations

FEUILLE DE TRAVAIL POUR LES RÉPARATIONS

RÉPARATIONS NÉCESSAIRES   EFFECTUÉES

_____   CHARNIÈRES LÂCHES   _____

_____   PAGES DÉCHIRÉES   _____

_____   BLOC DE PAGES DÉTACHÉ   _____

_____   PAGES DÉTACHÉES   _____

_____   RÉPARATIONS APPORTÉES AU DOS   _____

_____   RELIURE À BROCHURES   _____

_____   AUTRE _____   _____

                             _____

                             _____

                             Date d'envoi pour réparation   _____

                             Date de retour à la circulation   _____

Figure 12.1 Exemple de formulaire d'évaluation de systèmes informatiques de bibliothèque

	SYSTÈME 1	SYSTÈME 2	SYSTÈME 3
Nom du logiciel			
Site Web de l'entreprise			
PRIX :			
- Qu'est-ce qui est inclus ?			
- Prix pour une licence avec un utilisateur ?			
- Prix pour une licence avec plusieurs utilisateurs ?			
- Frais de réseau ?			
- Licence de site ?			
- Frais annuels ?			
- Options de formation ?			
- Module complémentaire 1			
- Module complémentaire 2			
- Module complémentaire 3			
ÉLÉMENTS CLÉS :			
- Est-il facile à utiliser ?			
- Guides d'utilisation imprimés ?			
- Aide en ligne ?			
- Utilise le format UNIMARC ou MARC 21 ?			
- Stocke UNIMARC ou MARC 21 pour l'exportation ?			
- Format étiqueté ?			
- Nos zones obligatoires ?			
- Capacité de recherche Z39.50 ?			
- Jeu de caractères : ASCII, ANSI ou UNIMARC ou MARC 21 ou Unicode ?			
IMPORT/EXPORT :			
- Importe UNIMARC ou MARC 21 ?			
- Importations délimitées ?			
- Importe directement ?			
- Exporte les notices UNIMARC ou MARC 21 ?			
- Exporte les localisations UNIMARC ou MARC 21 ?			
- Export délimité ?			
IMPRESSION :			
- Étiquettes de dos ?			
- Étiquettes de livre ?			
- Étiquettes codes-barres ?			
- Fiches de livre ?			
LANGUES :			
- Lesquelles ?			
- Garde les signes diacritiques ?			
SÉCURITÉ :			
- Sauvegarde en tant que fonction du logiciel ou distincte ?			
- Avertissements du logiciel concernant les suppressions ?			
- Accès avec mot de passe à différents niveaux ?			

	SYSTÈME 1	SYSTÈME 2	SYSTÈME 3
FONCTIONNALITÉS :			
Catalogage :			
- Révision globale ou fusion de vedettes ?			
- « Contrôle d'autorité »			
- Modèles par type de document			
- Rapports statistiques			
- Rapport de liste topographique			
- Autres besoins			
Catalogue en ligne :			
- Permet de parcourir les résultats de recherches			
- Recherches « guidées » (un ou plusieurs mots-clés)			
- Enregistre des entrées dans une bibliographie pour l'impression ou le téléchargement			
- Imprime l'écran ou une bibliographie			
- Autres besoins			
Circulation :			
- Prêt et retour			
- Calcul de différents types d'amende			
- Alerte en ligne des amendes et des documents en retard			
- Avis imprimés			
- Fichier d'informations sur l'emprunteur			
- Code-barres requis ou non ?			
RAPPORTS :			
- Statistiques sur les localisations			
- Statistiques sur les prêts			
- Statistiques sur le catalogue en ligne			
MODULES AJOUTÉS :			
- Sauvegarde de circulation			
- Inventaire			
- Acquisitions			
- Périodiques			
- Intégration des modules ?			

Annexe F

Abréviations courantes pour les termes de catalogage en anglais

ABRÉVIATION	TERME
Acc.	accompaniment
A.D.	Anno Domini [du latin pour « après Jésus-Christ »]
alt.	altitude
&	and [et]
approx.	approximately [environ]
Apr.	April [avril]
arr.	arranged [arrangé/e]
arr.	arranger [arrangeur/se]
Aug.	August [août]
augm.	Augmented [augmenté/e]
b.	Born [né/e]
b&w	black and white [noir et blanc]
B.C./B.C.E	before Christ/before our common era [avant Jésus-Christ/avant notre ère]
bd.	bind, bound [relier, relié/e]
Bd.	Band [de l'allemand pour « volume »]
bk.	book [livre]
bros., Bros.	Brothers [Frère/s] (dans un nom de commerce)
bull.	bulletin
c	copyright
ca.	circa [du latin pour « environ »]
cent.	century [siècle]
cf.	confer/compare [comparer avec]
ch.	chapter [chapitre]
cm.	centimeter [centimètre]
Co, Co.	Company [Cie]
col.	colored, coloured [coloré/e]
comp.	compiler [compilateur/trice]
Corp, Corp.	Corporation [société]
corr.	corrected [corrigé/e]
d.	died [décédé/e]
Dec.	December [décembre]
Dept.	Department [département]
diam.	diameter [diamètre]
doc.	document
ed., eds.	edition/s [édition/s]

ed., eds.	editor/s [directeur/s, directrice/s d'ouvrage]
enl.	enlarged [augmenté/e]
et al.	du latin pour « et autres »
etc.	et cetera [et cetéra]
facsim, facsims	facsimile/s [fac-similé/s]
fasc.	fascicle [fascicule]
Feb.	February [février]
ff.	following [suivant/e]
fol.	folio
fr.	frames [images]
ft.	foot, feet [pied/s]
geneal.	genealogical [généalogique]
govt.	government [gouvernement]
hr.	hour [heure]
i.e.	du latin pour « c'est-à-dire »
ill.	illustration/s
ill.	illustrator/s [illustrateur/s, illustratrice/s]
in.	inch [pouce]
Inc.	Incorporated [S.A., SARL]
incl.	including [inclus, y compris]
introd.	introduction
Jan.	January [janvier]
km.	kilometer [kilomètre]
Ltd.	Limited [société anonyme]
Mar.	March [mars]
min.	minute
misc.	miscellaneous [divers]
mm.	millimeter/s [millimètres]
ms., mss.	manuscript/s [manuscrit/s]
new ser.	new series [nouvelle série]
no.	number [numéro]
Nov.	November [novembre]
N.T.	New Testament [Nouveau Testament]
numb.	numbered [numéroté/e]
Oct.	October [octobre]
O.T.	Old Testament [Ancien Testament]
p.	page/s
pbk.	paperback [livre broché]
photo., photos	photograph/s [photographie/s]
pl. no.	plate number [numéro de planche]
port., ports	portrait/s
posth.	posthumous [posthume]
pref.	preface [avant-propos]
prelim.	preliminary [préliminaire]
print.	printing [impression]
priv. print.	privately printed [publication/s à compte d'auteur]

proj.	projection [de film]
pseud.	pseudonym [pseudonyme]
pt., pts.	part/s [partie/s]
pub.	publishing [édition]
rept.	report [rapport]
repr.	reprint [réimprimé/réimpression]
reprod.	reproduced [reproduction/reproduit]
rev.	revised [révisée]
sd.	sound [sonore]
sec.	second/s [seconde/s]
Sept.	September [septembre]
ser.	series [série]
sig.	signature [marque]
s.l.	sine loco [du latin pour « sans lieu »]
s.n.	sine nomine [du latin pour « sans nom »]
suppl.	supplement [supplément]
t.	tome
t.p.	title page [page de titre]
tr.	translator [traducteur/trice]
typog.	typographical [typographique]
unacc.	unaccompanied [non-accompagné/e]
v., vol., vols.	volume/s [volume/s, tome/s]

Annexe G

Abréviations courantes pour les termes de catalogage en français

acc.	accompagné
acc.	accompagnement
adapt.	adaptation
adapt.	adapté
alt.	altitude
A.T.	Ancien Testament
annot.	annotateur
annot.	annotation, annoté
ann.	annuaire
apr. J.-C.	après Jésus-Christ
arr.	arrangé
arr.	arrangement, arrangeur
augm.	augmenté
av. J.-C.	avant Jésus-Christ
av.-pr.	avant-propos
bibliogr.	bibliographie
bibliogr.	bibliographique
br.	broché
bull.	bulletin
cart.	cartonné
cathol.	catholique
cm	centimètre
chap.	chapitre
ca	circa
collab.	collaborateur/trice
collab.	collaboration
coll.	collection
col.	colonne
comment.	commentaire
comment.	commentateur/trice
Cie	Compagnie
comp.	compilateur
contin.	continue
corr.	corrigé
cot.	cotage
coul.	couleur

couv.	couverture
déc.	décembre
dép.	département
dépl.	dépliant
diam.	diamètre
diff.	diffuse
diff.	diffuseur, diffusion
dir.	direction
doc.	document
sous dir.	sous la direction de
éd.	éditeur (intellectuel)
éd.	édition
ent.	entièrement
env.	environ
&	et
et al.	et autres
ex.	exemplaire
extr.	extrait
fac-sim.	fac-similé
fasc.	fac-similé
fév.	février
f.	feuillet
fig.	figure
graph.	graphique
haut.	hauteur
h	heure
h.-t.	hors-texte
ill.	illustrateur
ill.	illustration
ill.	illustré
im.	image
impr.	imprimerie
inc.	incorporée
introd.	introduction
janv.	janvier
juil.	juillet
km	kilomètre
larg.	largeur
libr.	librairie
lim.	liminaire
ltée.	limitée
litt.	littérature
livr.	livraison
long.	longueur
ms., mss.	manuscrit/s
m	mètre

mm	millimètre
min	minute
m.	mort
mus.	musique
n&b	noir et blanc
non pag.	non paginé
nouv.	nouveau
N.T.	Nouveau Testament
nouv. sér.	nouvelle série
nov.	novembre
no, nos	numéro/s
num.	numéroté
oct.	octobre
p.	page
p. de g.	page de garde
p. de t.	page de titre
p. de t. addit.	page de titre additionnelle
pag.	pagination
pag.	paginé
ptie., pties.	partie/s
part.	partiellement
pièces lim.	pièces liminaires
pi	pied
pl.	planche
portr.	portrait
postf.	postface
po	pouce
préf.	préface, préfacé
prélim.	préliminaire
proj.	projection
pseud.	pseudonyme
publ.	publication
publ.	publié
rapp.	rapport
rec.	recueil
rec.	recueilli
réd.	rédaction
réd.	rédigé
réf.	référence
réimpr.	réimpression
réimpr.	réimprimé
rel.	relié
rel.	reliure
répert.	répertoire
reprod.	reproduction
reprod.	reproduit

rév.	révisé
rev.	revu
s.l.	sans lieu de publication
s.n.	sans nom (d'éditeur)
s	seconde
sept.	septembre
sér.	série
s.	siècle
soc.	société
son.	sonore
suiv.	suivant
suppl.	supplément
suppl.	supplémentaire
tabl.	tableau
t.	tome
trad.	traducteur
trad.	traduction, traduit
typ.	typographie
typ.	typographique
v.	volume
vol.	volume

Annexe H

Ressources utiles pour les bibliothécaires

Chapitre 4 : Introduction au catalogage
Kao Mary Liu, *Cataloging and Classification for Library Technicians*, 2ᵉ éd., New York, Routledge, 2010.

Chapitre 5 : Le catalogage descriptif
Règles de catalogage anglo-américaines, élaborées sous la direction du Comité directeur mixte pour la révision des AACR ; coordination de la version française, Pierre Manseau, avec la collaboration de Louise Filion et André Paul, Montréal, Éditions ASTED, 2000 (2ᵉ édition, révision de 1998).

Chapitre 6 : Le catalogage matière
Bibliothèque nationale de France, Service des référentiels, Centre national RAMEAU, « Guide d'indexation RAMEAU », 7ᵉ éd., disponible en ligne : https://rameau.bnf.fr/sites/default/files/docs_reference/pdf/guide_rameau_2017.pdf.

Centre national Rameau. Répertoire d'autorité-matière encyclopédique et alphabétique unifié. Disponible en ligne : https://rameau.bnf.fr.

Université Laval, Bibliothèque, Répertoire de vedettes-matière, disponible en ligne : https://rvmweb.bibl.ulaval.ca/.

Chapitre 7 : La classification
Classification décimale Dewey et index, 23ᵉ éd., Montréal, Éd. Asted, 2015.

Chapitre 8 : Le catalogage assisté par ordinateur
Agence bibliographique de l'enseignement supérieur et la Bibliothèque nationale de France. Transition bibliographique des catalogues vers le web des données. Manuel UNIMARC : format bibliographique. Disponible en ligne : https://www.transition-bibliographique.fr/systemes-et-donnees/manuel-UNIMARC-format-bibliographique/.

Fritz Deborah A., Fritz Richard J., *MARC21 for Everyone. A Practical Guide*, Chicago, American Library Association, 2003. ISBN: 083890842X. Web: www.ala.org.

Piepenburg Scott, *Easy MARC. A Simplified Guide to Creating Catalog Records for Library Automation Systems*, 5ᵉ éd., San Jose, F & W Associates, 2007. www.lmcsource.com.

Chapitre 13 : Planification d'une nouvelle bibliothèque
Bisbrouck Marie-Françoise, sous dir., *Bibliothèques d'aujourd'hui. À la conquête de nouveaux espaces*, Paris, Éditions du Cercle de la Librairie, 2014. La table des matières de l'ouvrage et des parties de l'ouvrage sont disponibles en ligne sur : https://www.cairn.info/bibliotheques-d-aujourd-hui--9782765414292.htm.

CANTIÉ Philippe, LEBERTOIS François, LUPONE Luc, RÖTHLIN Cécile, « La lumière dans les bibliothèques », Bulletin des bibliothèques de France, t. 52, n°1, 2007. Disponible en ligne sur : https://bbf.enssib.fr/consulter/bbf-2007-01-0042-007.pdf.

CHAINTREAU Anne-Marie, GASCUEL Jacqueline, *Votre bâtiment de A à Z. Mémento à l'usage des bibliothécaires*, Paris, Cercle de la librairie, 2000. « Ce guide est destiné aux responsables de bibliothèques et à leurs équipes confrontés à un projet de construction, d'extension, de restructuration ou d'aménagement, voire de maintenance de leur établissement. Essentiellement pratique, il traite des aspects architecturaux ou techniques relatifs au bâtiment et à son aménagement » (extrait de la quatrième de couverture).

LEIGHTON Philip D., WEBER David C., *Planning Academic and Research Library Buildings*, 3ᵉ éd., Chicago, American Library Association, 1999. Ce texte classique passe en revue tous les aspects de la planification et de la construction des bibliothèques universitaires.

Ministère supérieur de l'enseignement et de la recherche. Sous la direction d'Anne-Marie Chaintreau, « Bibliothèques universitaires – Learning centres – Guide pour un projet de construction », juin 2012, disponible en ligne sur : https://cache.media.enseignementsup-recherche.gouv.fr/file/Bibliotheques/19/6/Guide-Bibliotheque_233196.pdf. Ce guide donne notamment de très bonnes pistes quant aux questions à se poser au moment de la planification d'une bibliothèque universitaire et il donne des réponses pragmatiques.

SANNWALD William W., *Checklist of Library Building Design Considerations*, 6ᵉ éd., Chicago, American Library Association, 2016. Ce livre vous aidera à évaluer votre espace actuel, à analyser chaque élément de conception en ce qui concerne l'espace et la fonction de la bibliothèque, à prendre des décisions allant des finitions des rayonnages à l'équipement technologique et à répondre aux besoins des personnes handicapées.

Annexe I

Liens des associations de bibliothèques qui soutiennent les bibliothèques des institutions, facultés et écoles théologiques

Association of Christian Librarians. Commission for International Library Advancement (CILA) : http://www.acl.org/index.cfm/get-involved/cila/

Atla (formerly The American Theological Library Association) International Theological Librarianship Education Task Force : https://www.atla.com/about/itle-taskforce/

Christians in Library and Information Services : https://www.christianlis.org.uk/

Réseau BETH : https://beth.eu/

Réseau VALDO : http://www.valdo-net.fr/

Annexe J

Gérer un catalogue sur fiches

Préparation des fiches de catalogue

Après avoir été catalogué, le livre doit être préparé pour la mise en rayon et pour la circulation. Si nous disposons d'un catalogue en ligne, il nous faudra saisir les données appropriées dans l'ordinateur de la bibliothèque. (Voir les **chapitre 8** et **12**.) Si nous utilisons un catalogue sur fiches classique, la préparation comprend la saisie des fiches, de la pochette et de la fiche du livre ; l'ajout de l'ex-libris et la feuille de rappel ; l'étiquetage du dos du livre.

La saisie des fiches

S'il nous faut utiliser une machine à écrire, elle devrait utiliser le type élite plus petit (12 pas) plutôt que le pica plus grand (10 pas). Si nous n'avons pas de machine à écrire, un stylo à pointe fine et à encre permanente peut être utilisé. Les fiches de catalogue, de préférence de poids moyen, 7,5 x 12,5 cm, avec un trou central en bas de la fiche, peuvent être achetées dans un magasin de fournitures de bibliothèque. Il faudra également une gomme à effacer et un crayon effaceur.

Pour revoir les règles de ponctuation, voir le **chapitre 5**.

Règles pour les fiches notice principale

Les fiches devraient être aussi soignées que possible. En cas d'erreur, on ne corrige pas une faute en tapant une autre lettre par-dessus, on efface plutôt les erreurs. S'il y a trop d'erreurs, on recommence une nouvelle fiche.

Retraits. Afin de garder les fiches uniformes, définir la marge à deux espaces à partir du côté gauche de la fiche et définir les retraits comme suit :

Premier retrait – 10 espaces à partir du côté gauche de la fiche.

Deuxième retrait – 12 espaces à partir du côté gauche de la fiche.

Troisième retrait – 14 espaces à partir du côté gauche de la fiche.

Si l'on rédige les fiches à la main, on peut mesurer les retraits à la règle et tracer des lignes, ou on peut acheter des fiches avec des lignes imprimées. Pour les fiches manuscrites, utiliser le bord gauche de la fiche comme marge.

Voici un exemple de fiche notice principale :

Figure J.1 Exemple de fiche notice principale

241		
	KUN	Kunhiyop, Samuel Waje
		Éthique chrétienne africaine / Sanuel Waje Kunhiyop. --
		s.l. : Livres Hippo, 2017.
		472 p. : ill. ; 21 cm.
		Traduction de: African Christian ethics.
		ISBN 978-2-35686-045-3
		1. Morale. 2. Morale sociale. Morale chrétienne. I. Titre

Espacement. Commencer à taper l'entrée principale à la troisième ligne (1,5 cm) en partant du haut de la fiche.

1. *Entre les lignes.* Les lignes tapées se succèdent, sauf :
   a. Une ligne peut être laissée vide entre la zone de description physique et les notes.
   b. Laisser deux lignes vides entre la fin des informations de catalogage et les rappels de vedette en bas de la fiche. S'il n'y a pas assez d'espace pour les rappels de vedette, continuer sur une deuxième fiche. La deuxième fiche doit avoir la vedette sous laquelle la fiche est classée ; l'auteur, s'il est différent de la vedette ; la première ligne du titre ; la cote ; et une note indiquant qu'il s'agit de la deuxième fiche : (Fiche 2).

   Certaines bibliothèques choisissent de continuer au dos de la fiche. Dans ce cas, retourner la fiche de sorte que le bas de la fiche soit en haut. Commencer à mi-chemin environ de la fiche afin que les rappels de vedette puissent être lus facilement lorsque la fiche est dans le catalogue.

2. *Entre les éléments de la fiche.*
   a. Laisser un espace après les mots, les noms, les virgules et les points-virgules.
   b. Utiliser l'espacement et la ponctuation donnés au **chapitre 5** sur le catalogage descriptif.

3. *Informations incomplètes.*
   a. Chiffres : utiliser un tiret pour chaque chiffre d'un nombre ou d'une date incomplète : 192- ou 19--.

Signes diacritiques. Ajouter à la main tous les signes en langue étrangère que la machine à écrire ne peut pas fournir. Par exemple : le tréma allemand [¨], l'accent aigu français [´] ou le tilde espagnol [~].

Emploi des majuscules. Suivre la présentation de la langue de l'ouvrage, sauf qu'un titre est écrit comme une affirmation ordinaire. En anglais, mettre seulement le premier mot et les noms propres en majuscules. Étant donné que l'emploi des majuscules peut varier dans différentes langues, on suit la présentation de la langue de l'ouvrage.

Exemples :

You are never alone
The evolution of Christianity
L'histoire du christianisme
Die Auferstehung Christi

Format de la fiche

1. La cote. Commencer la cote à la deuxième ligne à partir du haut, en mettant deux espaces en retrait à partir du bord gauche de la fiche. Cela placera le numéro de classification de Dewey une ligne au-dessus du nom de l'auteur sur la fiche notice principale. On tape l'indice d'auteur directement sous le numéro Dewey. L'indice d'auteur sera alors sur la même ligne que le nom de l'auteur. Taper chaque section de la cote sur une ligne distincte, comme indiqué dans l'exemple suivant :

   973
   A89 v.1

2. *L'auteur.*
   a. *Nom de personne.* Taper sur la troisième ligne à partir du haut de la fiche au premier retrait. Taper le nom, la virgule, l'espace, le prénom, l'espace, le deuxième prénom ou l'initiale, point final.
   Wakatama, Pie.
   b. *Nom de collectivité.* Taper comme écrit, sur la troisième ligne au premier retrait. Si le nom est trop long pour la première ligne, continuer sur la ligne qui suit, en commençant au troisième retrait.

   Association nationale d'éducation. Comité sur
      Relations gouvernementales.

3. *Corps de la fiche.*
   a. Titre et mention de responsabilité. Commencer au deuxième retrait une ligne sous le nom de l'auteur et revenir au premier retrait pour toutes les lignes suivantes. Utiliser la ponctuation décrite au **chapitre 5**.

   Nom de l'auteur, prénom
      Titre / Mention de responsabilité. --

Nom de l'auteur, prénom
Titre : sous-titre / mention de responsabilité. --

b. *Mention d'édition.* S'il y a une mention d'édition, commencer à la taper dans le même paragraphe, un espace après les deux tirets.

Nom de l'auteur, prénom.
Titre / Mention de responsabilité. -- Édition. --

c. *Information éditoriale.* Les informations de publication, qui incluent le lieu de publication, l'éditeur et la date de publication ou la date de copyright, continuent dans le même paragraphe. Elles suivent soit les deux tirets de la mention de responsabilité, soit les deux tirets de la mention d'édition.

Nom de l'auteur, prénom.
Titre : sous-titre / mention de responsabilité.
-- Lieu de publication : nom de l'éditeur, date.

d. *Description physique.* La description physique du livre, qui comprend le nombre de pages ou de volumes et le matériel illustratif, commence un nouveau paragraphe. Commencer ce paragraphe au deuxième retrait sur la ligne sous les informations de publication. Si une deuxième ligne est nécessaire, revenir au premier retrait. Un espace est laissé entre le nombre de pages et le p. ainsi qu'entre le nombre de volumes et le v.

345 p. 6 v.
*Utiliser l'espacement et la ponctuation donnés au **chapitre 5**.*
Nom de l'auteur, prénom.
Titre : sous-titre / mention de responsabilité.
-- Lieu de publication : nom de l'éditeur, date.
Pages ou volumes : ill. ; taille en cm.

4. *Remarques.* Des notes sont parfois ajoutées pour donner des informations supplémentaires sur le livre ou pour répertorier son contenu. Dans ce cas, commencer deux lignes sous la description physique au deuxième retrait. Énumérer chaque note comme un élément distinct.

Nom de l'auteur, prénom.
Titre : sous-titre / mention de responsabilité.
-- Lieu de publication : nom de l'éditeur, date.
Pages ou volumes : ill. ; taille en cm.

Zone de note.

5. *Rappels de vedette.* Il est utile d'avoir des rappels de vedette sur chaque fiche du jeu de fiches. Ainsi, il sera possible de trouver toutes les fiches si nous devons retirer le livre de la collection. Pour gagner du temps, nous pouvons aussi choisir de taper les rappels de vedette uniquement sur la fiche notice principale et la fiche topographique. Laisser au moins deux lignes entre le reste de la fiche et les rappels de vedette. Ils peuvent être organisés sous forme de paragraphes, à partir du deuxième tiret. Numéroter chaque vedette-matière dans la séquence avec un numéro arabe commençant par 1. Les vedettes supplémentaires seront tapées dans l'ordre en utilisant des chiffres romains commençant par I.

1. Première vedette-matière. 2. Deuxième vedette-matière. Titre.
OU
1. Première vedette-matière. 2. Deuxième vedette-matière. I. Deuxième auteur. II. Titre.

6. *Renvois réciproques.* Les renvois réciproques, appelés « voir » et « voir aussi », sont tapés comme suit : le terme qui ne sera pas utilisé dans le catalogue est tapé à la troisième ligne à partir du haut de la fiche au deuxième retrait. Deux lignes en-dessous, au troisième retrait, taper le mot « Voir » ou « Voir aussi ». Deux lignes en dessous, au premier retrait, taper le terme ou le nom utilisé dans le catalogue. Lorsque plusieurs termes sont mentionnés, les saisir par ordre alphabétique, l'un en-dessous de l'autre. S'il s'agit de vedettes-matière, les saisir en majuscules.

Préparer un jeu de fiches

Certaines bibliothèques préparent des fiches pour les vedettes supplémentaires qui sont identiques à la fiche notice principale, mais cela implique tellement de dactylographie et de vérification à chaque fiche que ce n'est pas recommandé pour les petites bibliothèques. Au lieu de préparer toutes les fiches sous leur forme complète, préparer uniquement la fiche notice principale et la fiche topographique. Pour les vedettes supplémentaires, à l'exception du titre, saisir ou écrire uniquement la cote, le nom complet de l'auteur, le titre abrégé, l'éditeur et la date. Pour la fiche-titre, taper la cote, le titre en haut de la fiche et le nom de l'auteur. Écrire ou saisir les vedettes supplémentaires sur la deuxième ligne à partir du haut de la fiche commençant au deuxième retrait.

```
241
KUN        Kunhiyop, Samuel Waje
              Éthique chrétienne africaine / Sanuel Waje Kunhiyop. –
           s.l. : Livres Hippo, 2017.
              472 p. : ill. ; 21 cm.
           Traduction de: African Christian ethics.
           ISBN 978-2-35686-045-3

              1. Morale. 2. Morale sociale. Morale chrétienne. I. Titre

                              O
```

Figure J.2 Fiche notice principale

```
241
KUN        Kunhiyop, Samuel Waje
              Éthique chrétienne africaine / Sanuel Waje Kunhiyop. –
           s.l. : Livres Hippo, 2017.
              472 p. : ill. ; 21 cm.
           Traduction de: African Christian ethics.
           ISBN 978-2-35686-045-3
           5031
              1. Morale. 2. Morale sociale. Morale chrétienne. I. Titre
                 25/10    €15.50

                              O
```

Figure J.3 Fiche topographique

```
                    MORALE CHRÉTIENNE
241
KUN        Kunhiyop, Samuel Waje
              Éthique chrétienne africaine / Sanuel Waje Kunhiyop. –
           s.l. : Livres Hippo, 2017.
              472 p. : ill. ; 21 cm.
           Traduction de: African Christian ethics.
           ISBN 978-2-35686-045-3

              1. Morale. 2. Morale sociale. Morale chrétienne. I. Titre

                              O
```

Figure J.4 Fiche-sujet (informations complètes)

```
        MORALE CHRÉTIENNE
241
KUN     Kunhiyop, Samuel Waje
           Éthique chrétienne africaine / Sanuel Waje Kunhiyop. –
        s.l. : Livres Hippo, 2017.
```

Figure J.5 Fiche-sujet (forme courte)

```
        Yao, Célestin
270
KON     Konan, Alfred
           L'église africaine à travers les siècles. - -
        Yamoussoukro : Presses du crocodile, 2020.
```

Figure J.6 Vedette supplémentaire – deuxième auteur (forme courte)

```
        Éthique chrétienne africaine
241
KUN     Kunhiyop, Samuel Waje.
```

Figure J.7 Fiche vedette supplémentaire – titre (forme courte)

```
            ÉTHIQUE CHRÉTIENNE

                    voir

            MORALE CHRÉTIENNE
```

Figure J.8 Fiche-renvoi

Classement dans le catalogue sur fiches
Le catalogue sur fiches

Le catalogue est l'outil de référence le plus important de la bibliothèque, car il est la porte d'accès au contenu de la bibliothèque. Les fiches du catalogue donnent des informations sur chaque livre de la bibliothèque, y compris l'emplacement. Une bibliothèque peut commencer par utiliser des boîtes en carton pour le catalogue sur fiches. Cependant, le catalogue sera utilisé par tous les usagers, et un boîtier en bois ou en métal robuste avec des tiroirs de taille standard pour accueillir des fiches de 7,5 cm x 12,5 cm convient mieux à cette fin. Les tiroirs ont généralement une tige centrale inférieure qui passera par des trous centrés en bas des fiches. Cette tige est nécessaire pour empêcher les clients de la bibliothèque de retirer ou de mélanger les fiches ou pour éviter qu'elles ne se renversent si le tiroir tombe. Le catalogue doit être placé là où il sera le plus pratique pour les usagers.

Pour que les fiches puissent être utilisées facilement, les tiroirs du catalogue ne doivent pas être surchargés. Il est recommandé de remplir les tiroirs au maximum aux deux tiers afin que l'usager dispose d'un espace suffisant pour pousser les fiches d'avant en arrière et les examiner facilement. Il est souhaitable de placer une fiche vierge à l'avant et à l'arrière de chaque tiroir pour éviter que les première et dernière fiches ne se salissent.

Chaque tiroir est étiqueté afin que l'usager puisse facilement trouver celui qui contient la fiche qu'il recherche. Il devrait y avoir des intercalaires (des fiches dépassant des fiches de catalogue avec des mots ou des lettres pour indiquer le document placé directement derrière) placées environ tous les 2,5 cm entre les fiches de catalogue. Les mots sur les onglets des intercalaires doivent être courts et simples. Au fur et à mesure que l'on classe les fiches, on alterne entre les intercalaires avec les onglets à droite et à gauche.

Il existe deux principaux types de catalogues sur fiches. Dans un catalogue-dictionnaire, toutes les fiches – auteur, titre, série et sujet – sont classées par ordre alphabétique. Dans un catalogue divisé, les fiches-auteur et fiches-titre sont classées par ordre alphabétique dans un catalogue ou une section et les fiches-sujet sont classées par ordre alphabétique dans un catalogue ou une section distincte. Une troisième option consiste à classer les fiches auteur, titre et sujet dans trois sections distinctes. De nombreuses petites bibliothèques utilisent un catalogue-dictionnaire.

Pour que le catalogue sur fiches soit efficace, les fiches doivent être organisées selon un plan précis, avec des règles de classement soigneusement et systématiquement suivies. Les règles suivantes s'appliquent au classement de l'alphabet romain dans un catalogue-dictionnaire. Si l'on décide d'utiliser un catalogue divisé, on ignore simplement les règles qui ne s'appliquent pas. À mesure que la bibliothèque s'agrandit, nous constaterons peut-être que nous avons besoin de plus d'aide pour notre classement. Les règles suivantes sont basées sur *ALA Rules for Filing Catalog Cards*, 2ᵉ éd., 1968, publiées par l'American Library Association.

Règles pour le classement des fiches
Règles générales

Les tirets, les traits d'union et les points sont généralement traités comme s'il s'agissait d'espaces. Les espaces et leurs équivalents sont considérés comme étant rien. Les lettres minuscules et majuscules ont une valeur de classement égale.

1. *Alphabétiser par mot d'entrée.* Alphabétiser et classer toutes les fiches de catalogue par le premier mot ou nom en haut de la fiche ; c'est-à-dire le mot d'entrée, qu'il s'agisse d'un auteur, d'un titre ou d'un sujet, sans inclure les articles initiaux (définis et indéfinis) dans toutes les langues. Il s'agit d'un modèle simplifié qui diffère légèrement des règles de classement ALA.

    Voici des exemples qui utilisent les deux premières lignes de chaque fiche :

L'amour	(titre)
Kumbu, Madeleine Marie	(auteur)
AMOUR	(sujet)
Moussa, Dikembe M.	(auteur)
L'amour	(titre)
Pohor, Balthasar	(auteur)

Exemples qui utilisent la première ligne de chaque fiche :

L'Amour, Adelbert	(auteur, on ignore la virgule)
AMOUR--DANS LA LITTÉRATURE	(sujet)
L'amour dans le Nouveau Testament	(titre)
L'amour de Dieu	(titre)
L'amour et le marriage	(titre)
L'AMOUR, FRANCINE SYLVANA	(sujet, on ignore la virgule)
L'Amour, Louis	(auteur)
L'amour, le péché et la souffrance	(titre, on ignore els virgules)
AMOUR--POÉSIE	(sujet)
L'amour sans limite	(titre)

2. *Mot par mot.* Classer mot par mot, en commençant par le premier mot sur la ligne supérieure de la fiche. Si deux fiches ont le même premier mot, classer en utilisant le deuxième mot. Si les premier et deuxième mots sont identiques, classer en utilisant le troisième mot, ou autant que nécessaire pour trouver une différence. Classer par ordre alphabétique, lettre par lettre dans le mot.

   Exemple :

   La théologie africaine

   La théologie de l'évangile de la santé et de la richesse

   La théologie des églises protestantes en République centrafricaine

   La théologie et l'hybridité postcoloniale

   La théologie : une déclaration de croyance chrétienne

   La théologie : une déclaration de la Commission théologique de l'Église kimbanguiste en RDC (les articles qui se trouvent au milieu d'une phrase sont des mots de classement)

3. *Articles initiaux et prépositions.* Excepté les articles initiaux (le, la, les, un, une) dans toutes les langues, utiliser chaque mot de l'entrée, y compris les articles et les prépositions. Lorsqu'une entrée en haut de la fiche commence par un article, classer par le mot suivant.

   Exemples :

Une histoire afrocentrique du monde	Au milieu de la terre
L'histoire dans la vie sénégalaise	L'aube de la civilisation
Histoire de base du Bénin	Aux barricades !
	Auxerre et sa cathédrale

4. *Ponctuation.* Ignorer toute ponctuation, parenthèses, accents et autres signes diacritiques. « ç » est classé comme « c » ; « é » comme « e ». Classer les élisions, les contractions et les possessifs tels qu'ils sont écrits. On ne fournit pas de lettres manquantes : par exemple, « don't » est classé comme « dont » plutôt que de « do not » ; « it's » est classé comme « its » et non « it is ».

   Exemples :

Don Quixote	L'allée St. Germain
Donaldson, Frances	Aller et retour
DONNE, JOHN	Allez, Justine
Don't look now	Allez-vous en ville ?
Don't sleep through the revolution	Allez ! Vous verrez un miracle
Dooley, Thomas Anthony	
Doorways to devotion	
Doran's minister's manual	

304   La gestion d'une bibliothèque

5. *Initiales*. Classer une lettre, un mot à une lettre ou une initiale au début de la lettre avant les mots commençant par cette lettre.
   Exemples :

U Nu: sa vie en politique	I am a Christian
U Thant et l'ONU	ICR studies, No. 2
U-Bahn Karte Berlin	IGY: year of discovery
Ubu, père et fils	IQ and racial differences
L'ubuntu: une philosophie africaine	Ibsen, Henrik
	I'd do it again
	Ida S. Scudder of Vellore
	Idea book for young people's leaders

6. *Acronymes*. Classer les acronymes, tels que UNESCO, en tant que mots, sauf s'ils sont écrits en majuscules avec des points ou des espaces entre les lettres.
   Exemples :

   On va voir
   Les ongles noirs
   L'ontologie de Platon
   L'ONU à travers les années
   Ouagadougou et les attaques terroristes
   Les OVNI

7. *Abréviations*. Classer les abréviations (Dr., M., St., G.-B.) exactement comme elles sont écrites.
   Exemples :

Le docteur Konde célèbre ses découvertes	Sain et sauf
Un docteur parmi les rebels de Katanga	Saint Augustin, Québec et ses environs
Doctor Finlay's casebook	Sainte-Beuve, Charles
La doctrine de l'église	La santé, don de Dieu
Dr. Kaunda : sa vie et son oeuvre	St Augustin de Mirabel
Dr. Livingstone et les esclaves	St Quentin pendant la première guerre mondiale
	Ste Anne dans le voudou

8. *Mots avec un trait d'union*. Classer les mots avec un trait d'union comme des mots séparés lorsque les deux parties sont des formes complètes et que chaque partie peut être isolée en tant que mot. Classer les mots avec un trait d'union en un seul mot lorsqu'il commence par un préfixe tel que anti-, bi-, co-, inter-, pan-, post-, etc. Cela s'applique que le mot soit écrit avec ou sans trait d'union.
   Exemples :

L'Anti-Caton de Jules César	Post, Emily
Anticoagulants	Le post-colonialisme et les mouvements de libération
Antigone	Le post-communisme en Europe centrale
L'anti-impérialisme en Afrique	La poste et le courriel
Antipoff, Hélène (1892-1974)	Le postilion souffle dans sa corne
	POST-IMPRESSIONISME

9. *Mots composés*. Lorsque les mots composés sont écrits de différentes manières, telles que deux mots séparés, avec un trait d'union ou comme un seul mot, intercaler toutes les entrées sous la forme écrite en un seul mot. Si cela améliore l'accès, on peut faire un renvoi « voir » sous la forme des deux mots.
   Exemples :

   POST-COMMUNISME
   Voir : POSTCOMMUNISME
   La science de l'ornithologie

SCIENCE-FICTION

Les scientifiques qui ont créé la bombe atomique

SCIENTOLOGIE

10. *Chiffres*. Les chiffres sont classés du plus petit au plus grand devant les mots. Dans les vedettes-matière, les dates sont classées par ordre chronologique, des plus anciennes aux plus récentes.

Exemples[1] **:**

19 dons de l'Esprit	FRANCE – Ancien régime
88 sermons	FRANCE – 476-1483 (moyen âge)
95 thèses	FRANCE -- 687-987 (Carolingiens)
999 curiosités	FRANCE – 840-877 (Charles II)
1908 au Congo belge	FRANCE – 843-987
1939 : comment la guerre a commencé	FRANCE – 1589-1792 (Bourbons)
1960 : année de l'indépendance du Cameroun	FRANCE – 1789-
140,000,000 : la vraie Nigéria	FRANCE – 20e siècle
	FRANCE – 1914-1940

11. *Noms*. Les noms sont classés tels quels. Un préfixe qui fait partie d'un nom est traité comme un mot distinct à moins qu'il ne soit joint au reste du nom directement ou par une apostrophe sans espace.

Exemples :

Darby, William	Van Aken, Robert
D'Arcy, Ella	VAN BUREN, PAUL MATHEWS
D'Aubigny, Merle	Van der Aa, Pieter
De Beer, Gavin Rylands	Van der Veer, Judy
De Caussade, Pierre	Van Derveer, Lettie C.
De Haan, Martin Ralph	VANADIUM
De Remer, Bernard	Vandera, Alonso
Death in Venice	Vanderbilt, Dorothy
Debrunner, Albert	
DeCasseres, Benjamin	Mabry
The decision makers	MacAdams MACHINES --HISTOIRE
Derber, Milton	Les machines modernes MacPherson
	McAlpin M'Gregor Minton

12. *Vedettes d'auteur*. Classer les fiches-auteur par le nom puis par le prénom. Si l'on ne connait que les initiales des prénoms de certains auteurs, on place les fiches pour ceux-ci avant les autres prénoms commençant par la même lettre.

Exemples :

Coulibaly, A I

Coulibaly, Arnaud

Coulibaly, Arthur Édouard

Coulibaly, F C

Coulibaly, Férnand Charlemagne

Coulibaly, L

Coulibaly, Léon

Coulibaly, M Koffi

Coulibaly, Marcel

---

1. Les exemples utilisant le sujet « France » sont tirés d'une recherche par sujet dans les notices RAMEAU : https://catalogue.bnf.fr/resultats-sujet.do?sujet=France&filtre=1&pageRech=rsu&depart=-58.

Intercaler par ordre alphabétique de titre toutes les œuvres d'un auteur, qu'il s'agisse de notices principales ou de vedettes supplémentaires. Pour les vedettes supplémentaires, ignorer la notice principale à l'auteur et classer par titre de notice principale.

Exemples :

> Molière
>> L'avare
>
> Molière
>> Le bourgeois gentilhomme
>
> Molière
>> L'école des femmes
>
> Molière
>> Senghor, Élouise
>>> Les meilleures pièces de Molière
>
> Molière
>> Le misanthrope
>
> Molière
>> Tartuffe

Classer les éditions de la même œuvre par ordre chronologique de date ou numéro, avec la première édition en premier. Classer ceux sans numéro ni date avant les éditions numérotées ou datées.

13. *Vedettes de titre.* S'il y a plus d'une œuvre avec le même titre, classer par auteur. S'il y a plus d'une édition de la même œuvre, classer par date de publication, avec la première date en premier.
14. *Fiches-renvoi.* Classer les renvois « voir » à leur place par ordre alphabétique. Ne pas tenir compte des mots « voir » et « voir aussi » et des mots qui les suivent lors du classement. Classer un renvoi « voir aussi » avant la première vedette sous le même mot ou mots, que la vedette soit un sujet ou un titre.

Entrées bibliques

Nous recommandons deux méthodes différentes de classement des entrées bibliques. En ce qui concerne la première méthode, de nombreuses petites bibliothèques préfèrent classer les entrées de la Bible par ordre alphabétique direct mot par mot, indépendamment du type d'entrée, de la forme du titre et de la ponctuation. Il peut être conseillé de suivre cette méthode si les usagers ne connaissent pas bien l'ordre des livres de la Bible.

En utilisant la deuxième méthode, d'autres écoles bibliques et institutions théologiques préfèrent organiser les entrées bibliques dans l'ordre des livres de la Bible. Les règles des deux méthodes sont décrites en détail dans le présent manuel. On choisit la méthode qui convient le mieux pour la bibliothèque et on reste cohérent dans son utilisation. *Remarque :* on note cette décision dans la politique documentaire de la bibliothèque.

Méthode 1 : classement par ordre alphabétique. Classer les vedettes bibliques par ordre alphabétique comme suit :

1. Les vedettes pour la Bible, le livre sacré, suivent les entrées pour le nom « Bible ».
2. Classer les vedettes bibliques par ordre alphabétique, mot par mot, sans tenir compte du type de vedette, de la forme du titre ou de la ponctuation.
3. Classer les vedettes qui incluent une date par ordre alphabétique jusqu'à la date. Après avoir atteint la date, classer le reste de la vedette chronologiquement par date, la plus ancienne en premier.
4. Classer les vedettes pour les chapitres et versets dans l'ordre numérique après toutes les vedettes pour l'ensemble du livre. Une partie plus grande commençant par le même chapitre précède une partie plus petite. Les versets du même chapitre sont classés numériquement par le premier chiffre.
5. Les livres numérotés de la Bible suivent dans l'ordre numérique le même nom utilisé collectivement sans numéro. Classer comme suit :
   a. Vedettes pour l'ensemble, avec toutes ses entrées principales et subdivisions de sujets par ordre alphabétique.

b. Titres des livres numérotés, dans l'ordre numérique, chacun étant organisé en deux groupes comme suit : (1) Alphabétique – pour les subdivisions d'auteur et de sujet (2) Numérique – pour les chapitres et versets.
Exemples :
> BIBLE. N.T. ÉPÎTRES. PAUL. CORINTHIENS--COMMENTAIRES
> Bible. N.T. Épîtres. Paul. Corinthiens (kikongo). 1961
> BIBLE. N.T. ÉPÎTRES. PAUL. CORINTHIENS. 1--COMMENTAIRES
> Bible. N.T. Épîtres. Paul. Corinthiens. 1 (lingala). 1958
> BIBLE. N.T. ÉPÎTRES. PAUL. CORINTHIENS. 1 – 10-11

6. Classer les abréviations « A.T. » et « N.T. » lorsqu'elles sont suivies d'un sous-titre, comme « Ancien Testament » et « Nouveau Testament ».
Exemples :
> Bible, Jean François
> Bible, Marie-Claire
> BIBLE
> Bible. A.T. (baoulé). 1978
> BIBLE. A. T. PSAUMES – 8 – CRITIQUE ET EXÉGÈSE
> Bible. A. T. Psaumes (sango). 1963
> Bible. Actes
> Voir : Bible. N.T. Actes
> BIBLE--ANTIQUITÉS
> Bible. Apocryphes
> Voir : Bible. A.T. Apocryphes
> BIBLE--DANS LA LITTÉRATURE
> La Bible dans l'art.
> Bible (français). 1941
> Bible (français). 2005. Segond
> BIBLE (FRANÇAIS)--BIBLIOGRAPHIE
> Bible. Jacques
> Voir : Bible. N.T. Jacques
> BIBLE. N.T. ACTES--COMMENTAIRES
> Bible. N.T. (akan). 1989
> Bible. N.T. Épitres catholiques. Pierre. 1
> BIBLE. N.T. ÉPÎTRES. PAUL. EPHÉSIENS--COMMENTAIRES
> BIBLE. N.T. ÉPÎTRES. PAUL. EPHÉSIENS--CRITIQUE ET EXÉGÈSE
> BIBLE--VERSIONS FRANÇAISES--JÉRUSALEM
> Bible. Zacharie
> Voir : Bible. A.T. Zacharie

Méthode 2 : classement par ordre du canon. Classer les entrées bibliques dans l'ordre biblique comme suit :
1. Bible complète, par langue.
2. Bible complète, par sujet.
3. Parties de la Bible dans l'ordre canonique :
   a. L'Ancien Testament complet.
      - Par langue.
      - Par sujet.
   b. Livres individuels de l'Ancien Testament.
      - Par langue.
      - Par sujet.

c. Le Nouveau Testament complet.
- Par langue.
- Par sujet.
d. Livres individuels du Nouveau Testament.
- Par langue.
- Par sujet.

Plus d'explications sur l'organisation des vedettes bibliques dans un catalogue

1. *Bible complète.* Les éditions polyglottes (en plusieurs langues) imprimées de la Bible précèdent toutes les autres éditions linguistiques. Les autres textes de la Bible complète sont classés par ordre alphabétique des langues, y compris les vedettes des dialectes.

   Bible. (français [ancien]).

   Bible. (vaudois)

   Sous chaque langue, s'il y a plusieurs éditions, classer d'abord le texte simple, puis, par ordre chronologique de date puis de nom de la version. Si le texte consiste en une paraphrase ou des sélections, le sous-titre approprié « Extrait » ou « Paraphrase » suit la langue et la version de la vedette, suivi de la date.

   Les petites bibliothèques peuvent choisir d'omettre la version ou le traducteur, mais si l'on pense que les usagers seraient intéressés par la mention des différentes versions, on utilise le nom de la version dans la notice principale.

2. *La Bible comme sujet.* Les vedettes de sujet pour la Bible complète sont classées après les vedettes des textes de la Bible complète et avant les vedettes des parties de la Bible. Les vedettes de sujet des parties de la Bible sont classées après les textes des parties correspondantes.

   Exemples :

   Bible. (anglais). Authorized. 1611

   Bible. (malgache). 2011

   BIBLE--ANTIQUITÉS

   BIBLE--BIBLIOGRAPHIE

   BIBLE--HISTOIRE

   Bible. A.T. Swahili. 1965

   BIBLE. A.T.--COMMENTAIRES

   BIBLE. A.T.--INTRODUCTIONS

   Bible. A.T. Genèse. Tchiluba. 2011

   BIBLE. A.T. GENÈSE--COMMENTAIRES

   Bible. A.T. Psaumes. Kituba. 2017

   BIBLE. A.T. PSAUMES--COMMENTAIRES

   Bible. N.T. Portuguais. 1968

   BIBLE. N.T.--VERSIONS

3. *Parties de la Bible.* La disposition des parties de la Bible est faite selon l'ordre des livres de la version Louis Segond. Une vedette collective précède les livres individuels que la vedette englobe.

   Les titres collectifs sont les noms de groupes de livres, tels que Pentateuque, A.T. Prophètes, N.T. Évangiles, Épîtres de Paul, Épîtres pastorales (1 et 2 Timothée, Tite), Épîtres catholiques ou générales (Jacques, 1 et 2 Pierre, 1, 2, 3 Jean et Jude).

   Exemples :

   Bible (français). 1974. Segond

   Bible. A.T. (hébreu). 1947

BIBLE. A.T. PENTATEUQUE--COMMENTAIRES

Bible. A.T. Genèse. (arabe). 2013

BIBLE. A.T. EXODE--COMMENTAIRES

Les livres numérotés de la Bible suivent numériquement le même nom utilisé collectivement sans numéro.

Exemples :

Bible. A.T. Rois

Bible. A.T. Rois. 1

Bible. A.T. Rois. 2

Les vedettes pour un seul ou plusieurs chapitres suivent les vedettes pour tout le livre. La partie la plus grande commençant par le même chapitre précède toujours la partie la plus petite. On peut ou non utiliser des titres de chapitre. Si c'est le cas, on ajoute cette décision à la politique documentaire de la bibliothèque.

La liste suivante présente l'ordre de classement :

Bible. A.T. Psaumes – 1-10

Bible. A.T. Psaumes – 1-20

Bible. A.T. Psaumes – 1-40

Bible. A.T. Psaumes – 1-51

Bible. A.T. Psaumes – 1

Bible. A.T. Psaumes – 2

Bible. A.T. Psaumes – 23

Bible. A.T. Psaumes – 119

Classement informatique des vedettes bibliques. La plupart des systèmes informatiques trient les vedettes caractère par caractère, mot par mot, par ordre alphabétique. Les vedettes bibliques classées par un système informatique peuvent ne pas être archivées selon le classement de l'un ou l'autre des systèmes que nous venons de mentionner. Certains systèmes moins chers et plus simples peuvent classer les numéros de manière différente et inattendue. Pour vérifier n'importe quel système, rechercher des titres qui commencent par des nombres ou des vedettes-matière qui contiennent des nombres. On pourrait constater que les Psaumes sont classés dans cet ordre :

Bible. A.T. Psaumes 1-10

Bible. A.T. Psaumes 1-20

Bible. A.T. Psaumes 1-40

Bible. A.T. Psaumes 1-51

Bible. A.T. Psaumes 1

Bible. A.T. Psaumes 2

Bible. A.T. Psaumes 23

Bible. A.T. Psaumes 119

Ou

Bible. A.T. Psaumes 1

Bible. A.T. Psaumes 119

Bible. A.T. Psaumes 2

Bible. A.T. Psaumes 23

Lors de la sélection d'un système intégré de gestion de bibliothèque, choisir celui qui correspond le mieux aux besoins des étudiants et qui organisera les notices de catalogue dans un ordre auquel la plupart des gens s'attendent.

Glossaire

Vocabulaire des bibliothèques
Définitions des termes courants

Accès à distance : accessibilité aux services et aux informations de la bibliothèque depuis l'extérieur du bâtiment physique de la bibliothèque.

Almanach : une publication annuelle qui contient des calendriers, des statistiques et des informations générales.

Alphabétique : classement par ordre alphabétique.

Amende : le montant d'argent dû par l'emprunteur si un article n'est pas retourné à la date d'échéance.

Analyse documentaire : processus d'évaluation d'une source pour déterminer quels sujets y sont contenus.

Annotation : une note qui décrit, explique ou évalue un document particulier.

Archives : ensemble organisé de documents mis à jour et préservés dans le cadre du processus de tenue de registres.

Asynchrone : le destinataire n'a pas besoin d'être sur l'ordinateur pour recevoir un message que nous envoyons.

Authentification : « Action d'authentifier, procédure visant à certifier l'identité de quelqu'un ou d'un ordinateur afin d'autoriser le sujet d'accéder à des ressources[1]. »

Autorité : la forme correcte d'un nom, un titre, ou un sujet.

Atlas : un recueil de cartes.

Base de données : ensemble d'informations organisées en notices individuelles à rechercher par ordinateur. Souvent sous licence par le biais d'un accord de fournisseur avec la bibliothèque, disponible à l'achat ou à la location.

Bibliographie : liste de livres, d'articles de périodiques ou d'autres ressources qui traitent généralement d'un sujet particulier ou qui sont écrits par un auteur donné, comportant souvent des annotations descriptives. Les bibliographies se trouvent souvent dans le fonds Référence de la bibliothèque. Les bibliographies nationales peuvent inclure toutes les sources publiées dans une zone géographique particulière ou rédigées dans une langue particulière.

Biographie : un récit de la vie d'une personne, décrit par une autre ; histoire de la vie.

Bibliothécaire de référence : les bibliothécaires de référence sont des spécialistes dans le domaine de la recherche d'informations. En général, ils ont une maîtrise en bibliothéconomie et beaucoup ont également d'autres diplômes d'études supérieures. Ils sont disponibles aux bureaux de référence pour aider les usagers à trouver les informations qu'ils recherchent.

Caractère de remplacement : symbole représentant un ou plusieurs caractères non spécifiés. (Voir aussi **Troncature**.)

Catalogage : processus de description de toute ressource pour le catalogue de la bibliothèque. Il comprend l'identification de l'auteur, du titre et des informations concernant la publication et la détermination de la notice principale, des vedettes supplémentaires, des vedettes-matière et de la cote. (Voir aussi **Catalogage descriptif** et **Catalogage matière**.)

Catalogage descriptif : le catalogage descriptif est l'identification et l'enregistrement des informations de publication des livres et autres documents. Il comprend la détermination des vedettes principales et supplémentaires.

Catalogage matière : partie du processus de catalogage qui attribue des numéros de classification et des vedettes-matière aux notices de catalogue.

Catalogue : une liste des documents (tels que des livres, des cartes, des enregistrements, etc.) contenus dans le fonds documentaire d'une bibliothèque ou d'un groupe de bibliothèques particulier. La liste peut être sous forme de fiches, livre, microforme ou en ligne (stockée dans la mémoire d'un ordinateur).

---

1. Linternaute.com, Dictionnaire français, « authentification », disponible sur : https://www.linternaute.fr/dictionnaire/fr/definition/authentification/, consulté le 29 septembre 2021.

Catalogue-dictionnaire : un catalogue dans lequel toutes les vedettes (auteur, titre, matière, série, etc.) et les renvois sont organisés dans un seul ordre alphabétique de classement, à la manière d'un dictionnaire qui classe les mots par ordre alphabétique.

Catalogue divisé : un catalogue dans lequel les vedettes sont séparées en deux séquences ou plus afin de simplifier le classement et l'utilisation du catalogue. Souvent, les vedettes d'auteur et de titre sont classées dans un même meuble de rangement et les vedettes-matière et de forme sont classées ensemble dans un autre. (Voir aussi **Vedette de forme**.)

Catalogue collectif : outil permettant d'interroger plusieurs catalogues de bibliothèque à la fois.

Catalogue en ligne : catalogue informatisé contenant les notices du fonds documentaire d'une bibliothèque.

Catalogue sur fiches : un dossier de fiches contenant l'auteur, le titre, la cote et d'autres informations sur un livre ou un autre article de la bibliothèque. Chaque fiche a un élément d'entrée (point d'accès) par lequel elle est classée par ordre alphabétique. Chaque point d'accès pour un titre nécessite une fiche. Le catalogue sur fiches est le prédécesseur du catalogue en ligne.

Catalogue topographique : catalogue sur fiches qui fonctionne comme liste topographique.

CD-ROM (*Compact Disk - Read Only Memory* – Disque compact-mémoire à lecture seule) **:** un format informatique utilisé pour le stockage et la lecture d'informations. Les CD-ROM peuvent être recherchés à partir d'un lecteur de CD.

Chiffres Cutter

Voir **Tableau Cutter-Sanborn** ; voir aussi **Indice d'auteur**.

CIP (Acronyme de *cataloguing in publication* (catalogage en publication) : notice de catalogue partielle trouvée au verso de la page de titre de nombreux livres.

Circulation : le prêt et le retour de documents. Les articles sont prêtés aux usagers pour des durées spécifiées de temps. Certains documents tels que les ouvrages de référence peuvent être limités à une utilisation dans la bibliothèque uniquement et ne sont pas empruntables.

Citation : information qui identifie pleinement une publication. Une citation complète comprend généralement l'auteur, le titre, le nom de la revue (si la citation concerne un article) ou l'éditeur (s'il s'agit d'un livre) et la date. Souvent, des pages, des volumes et d'autres informations seront inclus dans une citation.

Classification : numéro unique attribué à une œuvre pour indiquer le domaine thématique du livre ainsi que son emplacement dans le fonds documentaire.

Client : personne qui utilise une bibliothèque. Habituellement, les clients empruntent des documents et peuvent également être appelés emprunteurs.

Client Web : ordinateur et logiciel utilisés pour accéder aux pages web.

Code-barre : « Une petite étiquette blanche recouverte de petites barres horizontales qui peut être lue par un ordinateur. Les codes-barres qui se trouvent dans les livres ou autres ouvrages sont utilisées pour le prêt de l'ouvrage à l'usager de la bibliothèque[2]. »

Collection

Voir **Fonds documentaire**.

Collection d'ouvrages de référence : une variété de documents de bibliothèque, imprimés, en réseau et accessibles par Internet, utilisés par les bibliothécaires de référence pour aider les usagers à trouver des informations ou à faire des recherches. Les collections d'ouvrages de référence contiennent de nombreuses sources d'informations, telles que des encyclopédies, des dictionnaires, des almanachs, des répertoires ou des compilations statistiques. Ils peuvent également contenir des bibliographies, des index et des résumés. Les documents de référence imprimés ne quittent généralement pas la bibliothèque.

Collection spéciale : une collection distincte de documents, parfois anciens et rares, qui sont stockés ensemble dans une bibliothèque. Une collection spéciale peut se concentrer sur un ou plusieurs auteurs, des personnes ou organisations importantes, des mouvements, des sujets ou d'autres domaines spécifiques. Une bibliothèque peut avoir plus d'une collection spéciale.

Collectivité : un organisme ou un groupe de personnes nommé responsable d'une publication. Des exemples de collectivités sont les associations, les institutions, les entreprises commerciales, les entreprises à but non lucratif, les gouvernements, les agences gouvernementales, les organismes religieux, les églises locales et les conférences.

---

2. Library Terminology : French Definitions, « Bar code – code à barres », disponible sur : https://guides.lib.byu.edu/c.php?g=216485&p=1429236, consulté le 29 septembre 2021.

Comptoir de prêt : l'endroit dans la bibliothèque à partir duquel les documents sont prêtés ou donnés aux clients pour qu'ils les utilisent.

Comptoir de référence : « Comptoir où les bibliothécaires vous donnent des directives ou répondent à vos questions. Ils peuvent aussi vous montrer comment trouver et utiliser les ouvrages dont vous avez besoin[3]. »

Cote : une combinaison de numéros ou d'indices de classification et d'auteur qui identifie un emplacement pour chaque article sur les rayonnages. Des étiquettes imprimées portant ce numéro sont placées sur chaque article pour les ranger dans l'ordre numérique et alphabétique. (Voir aussi **Indice d'auteur**.)

Date d'échéance : la date à laquelle les documents empruntés doivent être retournés à la bibliothèque.

Date du droit d'auteur : la date à laquelle un droit d'auteur est émis. Cela se trouve généralement au verso de la page de titre d'un livre.

Désherbage : suppression de la collection de tous les éléments qui semblent ne plus être utilisés dans la bibliothèque.

Descripteur : un mot ou une expression utilisé comme sujet qui décrit le contenu de livres, d'articles ou d'autres documents à des fins d'organisation par matière. (Voir aussi **Vedette-matière** et **Thésaurus**.)

Description physique : identifie les caractéristiques physiques d'un élément, telles que le nombre de pages ou d'illustrations et les dimensions.

Développement des ressources documentaires : processus de sélection des livres et autres documents qui seront ajoutés à la bibliothèque.

Douchette : un lecteur de code-barres.

Édition : toutes les copies produites sans modifier substantiellement le texte ou l'éditeur. Un livre peut être réimprimé plusieurs années après sa première publication et rester la même édition.

Élément d'entrée : le mot par lequel une entrée est organisée dans un catalogue, généralement le premier mot de la vedette.

En retard : les documents qui ne sont pas retournés à la bibliothèque à la date d'échéance sont considérés comme en retard et passibles d'amendes.

Engagement : enregistrement du coût ou du coût estimé des livres ou autres documents commandés par la bibliothèque. Cette procédure empêchera la bibliothèque de dépasser le budget des acquisitions.

Enregistrement
   Voir **Notice**.

Entrée de forme : une entrée dans un catalogue sous (1) le nom de la forme dans laquelle une source est écrite, telle que Poésie, Drame, Fiction ou (2) la forme sous laquelle le sujet est présenté, telle que Périodiques.

Faire l'inventaire : faire à la fois un décompte physique et une comparaison des titres d'une collection par rapport à la liste topographique. Parfois appelé « faire le point ».

Fiche de catalogue : fiche qui fait partie d'un catalogue sur fiches.

Fiche d'unité : une fiche de catalogue avec des informations complètes, comme une fiche notice principale, qui peut être dupliquée et utilisée pour les autres points d'accès. Les vedettes requises sont ajoutées en haut des fiches.

Fiche topographique : fiche qui fait partie d'un catalogue topographique.

Fichier autorité : fichier ou liste des noms, des sujets ou des titres de séries utilisés comme vedettes dans un catalogue. Le but du fichier d'autorité est d'enregistrer la forme appropriée de chaque vedette. Les bibliothèques utilisent un fichier d'autorité matière pour garder une trace des vedettes qu'elles ont utilisées et des synonymes qui font référence à la vedette qu'elles ont choisi d'utiliser.

Fiche-sujet : dans un catalogue sur fiches, fiche qui indique une vedette-matière d'un article donné.

Fichiers GIF (*Graphic Interchange Format*) : type de fichier graphique trouvé électroniquement.

Fonds documentaire : la collection d'une bibliothèque.

Fonds spécial
   Voir **Collection spéciale**.

Format : organisation ou disposition des informations dans un mode d'affichage ou d'impression particulier ; le type ou la manière dont les informations sont fournies, affichées ou récupérées.

Fournisseur de bases de données : nom d'une société commerciale fournissant des bases de données d'informations moyennant des frais (par exemple, JSTOR, EBSCO, ProQuest).

---

3. Library Terminology : French Definitions, « Reference desk – comptoir de référence », disponible sur : https://guides.lib.byu.edu/c.php?g=216485&p=1429236, consulté le 29 septembre 2021.

HTML (*Hypertext Markup Language*) : règles de mise en forme d'une page web afin qu'un navigateur web affiche la page correctement.

HTTP (*Hypertext Transfer Protocol*) : règles qui régissent la transmission de documents web d'un ordinateur à un autre via Internet.

Hypertexte : documents contenant des liens incorporés (liens hypertexte) vers d'autres documents ou d'autres parties du même document.

Impression : toutes les copies d'une édition imprimées en même temps.

Index des périodiques et résumés : les index des périodiques répertorient l'auteur, le titre, le nom du périodique, le volume, les pages et la date de publication des articles parus dans des revues, des magazines ou des journaux. Les résumés sont des index qui contiennent également des résumés du contenu de l'article. Les index et les résumés se trouvent généralement dans des collections d'ouvrages de référence.

Indicateur : deux numéros à un chiffre de 0 à 9 qui, avec les zones et sous-zones, aident à définir une notice MARC ou UNIMARC donnée et à s'assurer qu'elle est correctement classée dans le catalogue.

Indice d'auteur : combinaison de lettres et de chiffres utilisée pour distinguer un livre ou un autre type de document de tous les autres sur le même sujet. L'indice d'auteur est basé sur le nom de l'auteur, à moins qu'aucun auteur ne soit apparent. Dans ce cas, le titre est utilisé pour créer la combinaison d'une lettre et d'un ou plusieurs chiffres. Cela peut également être appelé un indice de livre. L'indice d'auteur peut également être appelé le chiffre Cutter (après Charles A. Cutter qui a créé un système d'indices de livre). (Voir aussi **Cote**.)

Indice de livre
   Voir **Indice d'auteur**.

Internet : un réseau mondial qui permet notamment aux usagers d'ordinateurs locaux de trouver et d'utiliser des bases de données sur les ordinateurs d'autres établissements universitaires, instituts de recherche, entreprises privées et agences gouvernementales.

ISBN : un numéro unique attribué à un livre pour identifier chaque volume publié par l'industrie du livre. L'ancien format comportait dix chiffres ; le plus récent a treize chiffres. (Voir aussi **Numéro normalisé**.)

ISSN : un numéro unique attribué à une publication en série pour identifier toutes les parties d'un même titre. Il s'agit d'un nombre à huit chiffres avec un tiret séparant les quatre premiers chiffres des quatre derniers chiffres. (Voir aussi **Numéro normalisé**.)

Journal/revue : un périodique, généralement écrit pour et par des universitaires, des sociétés professionnelles, des organisations. (Voir aussi **Périodique**.)

JPEG (*Joint Photographic Experts Group*), **GIF** : fichiers qui traitent et affichent des données sous forme d'images visuelles sur des pages web.

Lecteur de code-barres
   Voir **Douchette**.

Library of Congress (loc.gov) : fondée en 1800, la Library of Congress (Bibliothèque du Congrès) est la plus grande bibliothèque du monde et fournit des données de catalogage centralisées pour les bibliothèques, y compris les vedettes-matière de la Library of Congress.

Liste topographique : un enregistrement permanent de toutes les ressources d'une bibliothèque. Il peut s'agir d'un fichier électronique, d'un fichier contenant des doublons de fiches notice principale ou d'un rapport imprimé à partir d'un catalogue informatisé qui est trié par cote. Dans un catalogue sur fiches, les entrées sont également classées dans l'ordre des cotes. Cela permet à la liste topographique d'être utilisée dans un inventaire du fonds documentaire.

Livre électronique : livre qui est disponible sous forme électronique.

Localisations : pour les périodiques, il s'agit d'un ensemble de zones dans la notice de catalogue qui indique exactement les années et les volumes de ce périodique qui sont disponibles dans la bibliothèque. La notice électronique d'un document d'une bibliothèque donnée comprend une notice de localisation qui indique le nombre de copies ou volumes correspondants et la collection locale à laquelle ils appartiennent. Ce terme peut aussi signifier la totalité des ouvrages (livres, périodiques, ressources audiovisuelles, bases de donnes, etc.) dans le fonds documentaire de la bibliothèque.

Logiciels : ensemble de programmes, de procédures et d'autres documents informatiques impliqués dans le fonctionnement et la maintenance d'un ordinateur.

Logique booléenne : le mathématicien britannique George Boole (1815-1864) a développé un moyen de réduire la logique en utilisant l'algèbre. La logique booléenne est une méthode de développement d'énoncés de recherche à l'aide de la théorie des ensembles et des diagrammes de Venn.

Magazine : publication périodique d'intérêt général qui comprend des informations, des événements actuels et des sujets populaires. (Voir aussi **Périodique**.)

MARC (*Machine-Readable Cataloguing*) : catalogage lisible par machine – un format standard international créé par la Library of Congress pour le partage de données bibliographiques entre les systèmes informatiques de la bibliothèque. Les données sont identifiées par une série de balises numériques et de zones alphabétiques ou numériques et de marqueurs de sous-zones.

Médias : films, cassettes, DVD et autres articles audiovisuels qui nécessitent l'utilisation d'un équipement spécial d'écoute ou de visionnage.

Mention de responsabilité : une déclaration dans la notice de catalogue qui identifie qui est responsable de la création de la ressource et son rôle dans la création de la ressource, par exemple « par » (pour un auteur), « compilé par » ou « sous la direction de ».

Menu : choix et commandes affichés sur l'écran de l'ordinateur et pouvant être sélectionnés par l'utilisateur.

Microformes : avant l'avènement de la numérisation, les documents volumineux ou susceptibles de se détériorer rapidement étaient photographiés et réduits en taille pour réduire l'espace de stockage requis et les préserver. Les formats courants pour les microformes sont les microfilms et les microfiches. Les catalogues des institutions, les annuaires téléphoniques, les journaux, les magazines et les documents gouvernementaux sont parfois disponibles sur microformes.

Moteur de recherche : logiciel qui permet de rechercher le contenu des sites Internet.

Navigateur Internet/web : logiciel qui permet de parcourir les informations disponibles sur Internet.

Nom uniforme : forme d'un nom adopté pour être utilisé dans le catalogue pour un auteur (personne ou collectivité), un titre ou pour toute autre vedette.

Notice : ensemble de données associées, organisées en zones et traitées comme une unité. Les données de chaque article d'une base de données constituent une notice. Les informations complètes pour chaque élément d'un catalogue de bibliothèque constituent également une notice. Ce type de notice s'appelle une notice catalographique.

Notice principale : entrée principale d'un livre ou d'un autre document dans un catalogue sur fiches. C'est généralement l'auteur (notice principale à l'auteur) mais cela peut aussi être le titre (notice principale au titre). La fiche notice principale est toujours la plus complète et contient les rappels de vedettes de tous les autres points d'accès sous lesquels le titre est inscrit dans le catalogue.

Numéro d'accès : numéro unique ou combinaison de lettres et de chiffres attribués à chaque notice d'une base de données.

Numéro de code-barres : numéro unique attribué à chaque article du fonds documentaire. Il est utilisé pour charger, décharger et renouveler des types de supports dans un système informatique de bibliothèque. La police de code-barres est une série de lignes verticales lisibles par ordinateur qui peuvent être lues par un périphérique de numérisation connecté à un ordinateur. Le code-barres est généralement répété en chiffres arabes sur l'étiquette.

Numéro normalisé : « Numéro international normalisé (ISN). Exemples : Numéro international normalisé des livres (ISBN) ; Numéro international normalisé des publications en série (ISSN) ; ou tout autre numéro admis à l'échelle international qui individualise un document[4]. »

OPAC (*Online Public Access Catalogue*) : catalogue interrogeable en ligne (CIEL) qui est accessible au public.

Opérateurs booléens : mots tels que ET (intersection), OU (union) et ET NON (différence) qui sont utilisés pour combiner des termes de recherche afin d'élargir ou de restreindre les résultats d'une recherche par mot-clé. La combinaison de termes à l'aide d'opérateurs définit la relation entre les mots dans une instruction de recherche.

Page d'accueil : le premier point d'entrée sur un site web. La page d'accueil affiche des aides à la navigation et une passerelle vers les informations contenues dans le site.

Page d'accueil de la bibliothèque : site web qui permet d'accéder à un grand nombre de ressources de la bibliothèque (p. ex. index, revues et documents de référence) disponibles via le réseau informatique du campus.

Page de titre : page qui se trouve au début d'un livre et qui contient généralement les informations bibliographiques les plus complètes sur le livre, telles que le nom de l'auteur, le titre, l'édition et les informations de publication.

---

4. *Règles de catalogage anglo-américaines – révision de 1998*, 2e éd., Montréal, Éditions ASTED, 2004, p. 177.

Page web : un seul document hypertexte écrit en HTML (*Hypertext Markup Language*).
Périodique : une publication publiée au moins deux fois par an et à intervalles réguliers, comprenant des revues, des magazines et des journaux. Les périodiques actuels sont ceux qui sont arrivés récemment et sont généralement conservés dans des classeurs ou sur des présentoirs à périodiques. Les périodiques reliés sont des anciens numéros qui ont été envoyés à la reliure, recouverts d'une reliure et placés sur les rayonnages. Les périodiques disponibles en ligne sont généralement appelés revues électroniques.
Périodiques reliés : plusieurs numéros d'un magazine ou d'une revue, généralement des numéros consécutifs, regroupés sous une même couverture rigide.
Plug-in : logiciel supplémentaire requis pour exécuter certaines applications multimédias sur Internet (p. ex. Adobe Acrobat Reader).
Pochette : petite poche pour la fiche de livre.
Point d'accès : une entrée telle qu'un nom, un titre ou un sujet dans un catalogue de bibliothèque qui aidera un usager à localiser un livre ou une autre ressource de bibliothèque.
Préservation : action entreprise pour retarder, arrêter ou empêcher la détérioration des livres et autres ressources. Cela comprend la mise en place de bonnes conditions de stockage.
Prêt entre bibliothèques : services de prêt et d'emprunt entre bibliothèques qui donnent accès à des documents qui ne peuvent pas être trouvés dans une bibliothèque spécifique. Cela est généralement facilité par un accord réciproque entre deux ou plusieurs bibliothèques qui s'accordent sur les processus et les normes.
Protocoles : ensembles de règles de communication qui permettent aux clients et aux serveurs de bien communiquer les uns avec les autres.
Publication en série : une publication publiée en parties successives et destinée à se poursuivre indéfiniment. Les périodiques, les bulletins, les magazines et les journaux sont des publications en série.
RAMEAU : le catalogue automatisé de la Bibliothèque nationale de France (BnF) dont les autorités de nom et de sujet servent de normes de catalogage pour la plupart du monde francophone (l'exception principale étant le Québec).
Rappel : les employés d'une bibliothèque peuvent effectuer des rappels sur des documents de la bibliothèque qui sont empruntés. Les emprunteurs sont informés qu'un autre usager de la bibliothèque souhaite emprunter le titre. Les ressources rappelées doivent être retournées dans un court laps de temps, généralement une semaine. Le rappel est le plus souvent utilisé dans des situations spéciales (p. ex. l'article est requis pour être mis à la réserve pour un devoir en classe).
Rappels de vedette : l'enregistrement de toutes les vedettes supplémentaires pour un article dans un catalogue sur fiches. Les rappels de vedette se trouvent généralement sur la fiche notice principale et la liste topographique.
Rayonnage : la partie de la bibliothèque qui abrite la collection physique. Les livres et les périodiques sont disposés sur des rayonnages. D'autres documents peuvent y être disposés ou alors stockés dans d'autres meubles de rangement.
Rayonnage mobile : « Rayonnage sur rail, ce qui éliminent les allées entre les rayonnages et permet que plus d'ouvrages peuvent être rangés dans un plus petit espace[5]. »
Recherche booléenne
  Voir **Opérateurs booléens.**
Recherche par mot-clé : la recherche par mot-clé permet à un usager de créer une recherche en recherchant un mot ou une combinaison de mots dans les zones auteur, titre ou vedette-matière d'un catalogue en ligne.
Remarque : une déclaration concise dans l'entrée de catalogue qui donne des informations supplémentaires sur l'élément en main, telles que « contient une bibliographie », « dédicacé par l'auteur » ou « thèse doctorale ».
Renouvellement : extension de la période de prêt pour les documents de bibliothèque empruntés. Les renouvellements peuvent être traités en personne au bureau de prêt ou par tout moyen de communication approprié, tel que le téléphone ou le courriel.
Renvoi : indication pour inviter l'usager à se reporter d'une vedette à une autre. Les renvois peuvent être généraux, pour indiquer une classe, en donnant une vedette individuelle uniquement à titre d'exemple, comme « ANIMAUX, voir aussi sous les noms d'animaux tels que LION » ; ou spécifique, en indiquant la vedette exacte auquel la référence doit être faite, comme « LECTEUR DE CODE-BARRES, voir DOUCHETTE » ; « AROUET,

---

5. Library Terminology : French Definitions, « Compact shelving – rayonnage mobile », disponible sur : https://guides.lib.byu.edu/c.php?g=216485&p=1429236, consulté le 4 octobre 2021.

FRANÇOIS-MARIE, voir VOLTAIRE ». Elles peuvent être faites entre (a) des vedettes synonymes (les renvois « voir »), et (b) des vedettes associées (les renvois « voir aussi »).

Répertoire toponymique : un dictionnaire d'informations géographiques sur les lieux ; peut être mondial ou local.

Réservation : statut donné à un article voulu qui a déjà été prêté. Un formulaire ou une note attaché à la notice de circulation de l'article garantit que la personne qui effectue la réservation sera la prochaine en ligne à recevoir l'article lors de son retour.

Réserve : les documents de bibliothèque pour lesquels il y a de fréquentes demandes sont souvent conservés dans une zone contrôlée de la bibliothèque où ils sont prêtés pendant quelques heures à la fois. Cette zone se trouve généralement près du bureau de prêt. Dans les bibliothèques universitaires, les ressources conseillées pour les cours sont conservées dans la réserve afin que toute la classe puisse les lire dans un court laps de temps.

Résumé : un sommaire d'un article ou d'un livre mettant généralement en évidence des points importants. Les résumés trouvés dans les bases de données sont utiles pour évaluer les articles. Dans les revues scientifiques, le résumé apparaît généralement au début de l'article.

Retrait suspendu : style de retrait utilisé dans une fiche de catalogue lorsque la notice principale est le titre. Le titre commence sur la première ligne et toutes les autres lignes de caractères de la fiche sont en retrait, décalées à droite.

Revue électronique : une copie d'un journal imprimé avec des articles en texte intégral pouvant être lus sur Internet. Certaines revues électroniques ne sont publiées que sur Internet.

Revu par les pairs : articles évalués par au moins un expert en la matière avant d'être acceptés pour publication. Les revues qui publient les articles revus par les pairs s'appellent « revues évaluées par les pairs ».

Serveur : ordinateur qui envoie des informations demandées à un client.

Serveur web : l'ordinateur et son logiciel qui sont contactés sur Internet pour accéder à un site web.

Service de référence : aide à la recherche disponible en personne, par téléphone et par courriel.

Site web : ensemble de pages web liées sur un serveur web.

Source principale : manuscrits, archives ou documents qui fournissent des recherches ou des documents originaux.

Source principale d'information : « Source préférentielle d'éléments bibliographiques servant à rédiger une description bibliographique (ou une partie de celle-ci)[6] ».

Sous-titre : titre secondaire utilisé pour expliquer ou préciser le titre d'un document.

Sous-zone : chaque élément de données associé dans une zone donnée d'une notice MARC ou UNIMARC.

Stratégie de recherche : série logique d'étapes pour planifier et préparer un moyen efficace pour effectuer une collecte de données sur un sujet spécifique. Une stratégie de recherche peut varier en fonction du sujet, de la littérature dans une discipline particulière et du type d'informations nécessaires.

Système de classification : un schéma de numérotation utilisé pour conserver ensemble les ressources sur le même sujet. Chaque sujet a un numéro. Trois systèmes courants sont la classification décimale de Dewey, la classification de la Library of Congress et la classification décimale universelle.

Système intégré de gestion de bibliothèque (SIGB) : système informatique qui automatise d'une façon intégrée les fonctions diverses de la bibliothèque.

Tableau Cutter : une liste publiée de lettres et de chiffres attribués aux noms d'auteurs pour former des parties de cotes. Conçu par C. A. Cutter.

Voir aussi **Indice d'auteur**.

Tableau Cutter-Sanborn : une extension du Tableau Cutter pour individualiser les auteurs en utilisant une combinaison de lettres et de trois chiffres (deux pour J, K, Y, Z, E, I, U, O ; un pour Q et X) dans l'ordre numérique. Exemples :

Pour

Rol	744	Roli	748
Role	745	Roll	749
Rolf	746	Rolle	751
Rolfe	747	Rolle	755

Télécharger : « En informatique, télécharger un document, des données, revient à les transférer d'un ordinateur distant à l'ordinateur sur lequel on procède au téléchargement[7] ».

---

6. *Règles de catalogage anglo-américaines – révision de 1998*, 2ᵉ éd., Montréal, Éditions ASTED, 2004, p. 783.
7. Linternaute.com, Dictionnaire français, « télécharger », disponible sur : https://www.linternaute.fr/dictionnaire/fr/definition/telecharger/, consulté le 4 octobre 2021.

Texte intégral : le texte complet d'un article ou d'un livre disponible dans une base de données en ligne.

Thésaurus : liste de toutes les vedettes ou de tous les descripteurs de sujet utilisés dans une base de données, un catalogue ou un index particulier. Des exemples de thésaurus sont les vedettes-matière de la Library of Congress et les sujets de RAMEAU (le catalogue numérique de la BnF).

Titre : un mot, une phrase, un caractère ou un groupe de caractères qui apparaît normalement au début d'un livre ou d'une autre ressource pour l'identifier.

Titre collectif : titre d'une œuvre qui comprend plusieurs œuvres qui ont leurs propres titres mais sont publiées ensemble.

Titre conventionnel/uniforme : le titre choisi à des fins de catalogage lorsqu'une œuvre est apparue sous différents titres.

Troncature : utilisation d'un symbole spécial à la fin d'un mot pour récupérer toutes les terminaisons possibles de ce mot. Les symboles de troncature courants sont le point d'interrogation (?), signe dièse (#) et astérisque (*). Par exemple, la recherche <forêt?> récupère les mots « forêt » et « forêts ». (Voir aussi **Caractère générique**.)

UNIMARC : forme de MARC qui a été développé par l'IFLA et qui est employé par la BnF.

URL (*Uniform Resource Locator*) **:** adresse d'un document sur Internet. Les navigateurs nous permettent de saisir une adresse connue d'un serveur web ou un document spécifique au sein de ce serveur. Les adresses commencent généralement par https://.

Usager : personne qui utilise une bibliothèque. En général, les usagers qui empruntent des documents sont appelés « emprunteurs ».

Vedette : entrée de matière ou entrée supplémentaire (point d'accès) qui est tapée en haut d'une fiche de catalogue afin que la fiche puisse être classée facilement sous cette entrée.

Vedette de forme : une entrée dans un catalogue sous (1) le nom de la forme sous laquelle une source est écrite, telle que poésie, drame, fiction, ou (2) la forme sous laquelle le sujet est présenté, comme périodiques.

Vedette-matière : mots ou expressions utilisés pour décrire les matières traitées dans des articles, des livres ou d'autres médias. La détermination des vedettes-matière correctes pour une base de données ou un catalogue spécifique est un élément important d'une recherche efficace. (Voir aussi **Thésaurus**.)

Vedette secondaire
   Voir **Vedette supplémentaire**.

Vedette supplémentaire : toute vedette (point d'accès), autre qu'une vedette-matière, effectuée en plus de la notice principale ; une vedette secondaire. Les vedettes supplémentaires peuvent être des coauteurs, des directeurs d'ouvrage, des compilateurs (tous sont des vedettes supplémentaires à l'auteur), des titres de séries et des titres (vedettes supplémentaires au titre).

Verso : le verso de la page d'un livre, en particulier la page qui suit immédiatement la page de titre ; c'est-à-dire la page de gauche d'un livre, portant généralement un numéro de page pair.

Vocabulaire contrôlé : une liste établie de termes utilisés pour attribuer des vedettes-matière ou des descripteurs de sujet. Un fichier autorité fonctionne comme un vocabulaire contrôlé. Des exemples de listes de vocabulaire contrôlées sont les vedettes-matière de la Bibliothèque nationale de France (RAMEAU). (Voir aussi **Thésaurus**.)

Volumes : « Des livres qui ont le même titre mais qui sont publiés séparément et presque toujours successivement, volume 1, volume 2, volume 3, etc. Il peut aussi s'agir de parutions individuelles d'un périodique qui sont reliées ensemble en un volume. En principe un volume est égal à une année de parutions. Souvent aussi une encyclopédie est divisée en plusieurs volumes[8] ».

World Wide Web (Web, WWW, W3) : système d'information client-serveur qui utilise Internet pour accéder à des ordinateurs contenant des millions de documents hypertextes.

Zone : une partie d'une notice utilisée pour une catégorie particulière de données. Par exemple, la zone titre affiche le titre de chaque notice de la base de données. Certaines des autres zones de diverses bases de données sont auteur, périodique et résumé. Des zones supplémentaires peuvent également donner la description, la cote, l'emplacement, les localisations et le statut de circulation d'un article.

---

8. Library Terminology : French Definitions, « Volumes – volumes », disponible sur : https://guides.lib.byu.edu/c.php?g=216485&p=1429236, consulté le 4 octobre 2021.

Index

A

abréviations 174, 203, 204, 226
    formes et 203
    liste standard en anglais 285
    liste standard en français 289
    pour les séries 224
    règles de classement 304
acquisitions
    cahier d'inventaire 40
    définition 35
    espace pour 251
    évaluation de 8
    procédures de commande 35
    processus informatisé 37
    réception des articles commandés 35
    vérification des demandes 35
acronymes 304
actes de conférences 69
adaptations (d'un ouvrage) 65
administration
    communication avec 10
    définition 13
    évaluation de 6
    principes 13
affichage
    au format MARC 182
    au format UNIMARC 182, 193
ALA Rules for Filing Catalog Cards 302
almanachs 226
analyse documentaire
    définition 75
    description 46
    principes 75
    procédure 77
    utilisation de RAMEAU 76, 79, 85
articles de périodiques 226
Association of Christian Librarians. Commission for International Library Advancement (CILA) 45, 48, 248, 275
Atla International Theological Librarianship Education Task Force 48, 248, 295
Atla Religion Database with AtlaSerials 217
atlas 225
    comme ouvrage de référence 33, 225
auteurs
    comme point d'accès 67, 68
    dans la cote 173
    dans le catalogage descriptif 56, 58
    dans les balises UNIMARC 179
    définition 68
    d'une biographie 174
    noms de personne 68, 298, 300
    types de 68
autorités de nom 71, 74, 83
autorité, fichiers
    catalogue comme 74, 77
    dans les catalogues en ligne 242
autorité, notices d'
    BnF 179, 192
    UNIMARC 179, 192, 197
autorités-sujet 78, 131

B

bases de données
    comme source de notices catalographiques 46, 51
    sauvegardes 50
bâtiments
    alimentation électrique 252, 255
    architectes et constructeurs 252, 255
    ascenseurs 255
    câblage pour les téléphones et les réseaux 252, 255
    climatisation 253
    dessins d'architecture 253, 255
    installations dans 7, 9
    liste d'éléments à considérer lors de la planification 255
    période de garantie 255
    planification de l'aménagement 251, 253
    planification de nouveaux 253, 255
bénévoles 10, 14, 15, 17, 202, 240
Bible
    classification de 148
bibliographies
    comme outils de sélection 35
    comme ouvrages de référence 34, 226
    dans le catalogue descriptif 82
bibliothécaires
    et la communication 20, 227, 252
    et les services de référence 225
    prise de décision 14, 19
    rôle dans la formation des usagers 229, 230
    rôle dans la planification 20
    rôle dans la surpervision 14
    rôle dans le catalogage 187, 200, 202, 274
    rôle dans le traitement des documents 207, 209, 210
bibliothèques
    ameublement 253, 254
    but de 18
    conseils sur le développement 9
    entrées/sorties 253, 255, 256
    évaluation de 5
    fonctions de 251, 255
    manuel de politiques 6, 11
    objectifs de 15, 16, 251, 252
    organigramme de 15
Bibliothèque du Congrès
    Voir Library of Congress

320 La gestion d'une bibliothèque

Bibliothèque nationale de France 46, 76-78, 80, 179
    autorités 197
    et les notices UNIMARC 179, 182, 187, 192, 193, 197, 198
    et RDA 55
    exemples de notices bibliographiques 182
    notices d'autorité 179, 192
    site web 187, 192
    stratégies de recherche de catalogue 198
bibliothèques théologiques
    classification pour 133, 148
    notes pour 65
Big6 (site web) 228
biographies
    cotes pour 174, 175
    emplacement 266
    vedettes-matière pour 83
biographiques, ressources 226
bloc de pages détaché 211, 214
bons de commande 35, 210
Book Repair Manual (Milevski) 212
BookWhere 198, 244
British Library
    vedettes de 170
budgets
    définition 23
    engagements 27, 28
    et la constitution d'un fonds documentaire 32
    évaluation de 6
    lignes directrices 26, 27
    par poste de dépenses 24, 26, 28
    planification 23, 24, 26-28, 31, 32
    pour l'automatisation 239-241, 243, 247
    rôle de l'administrateur 10

C

calendriers 203
cartes 34, 59, 209, 225
catalogage
    définition 46
    dérivé 197
    lisible par machine 179, 200, 201
    original 51, 203
    préparation de groupes de livres pour 267
    sources pour 181, 187, 193, 197
    systèmes de, évaluation de 8
catalogage descriptif
    abréviations 58, 59, 62, 63, 67, 70
    définition 55
    description 46
    éléments de 55
    grille de catalogage 57, 58, 67
    niveaux de description 55
    règles 60
    source principale d'information 56, 60-62
    termes utilisés dans 58
catalogage informatisé
    logiciels pour 42, 179
catalogage matière 75
    exercices 85
catalogues alphabétiques 46

catalogues-dictionnaire 46, 47, 302
catalogues divisés 46, 302
catalogues en ligne
    avantages et inconvénients 50
    catalogage assisté par ordinateur 267, 270
    comme fichier d'autorité-sujet 76
    comme source de notices UNIMARC 197
    création de 204
    définition 45
    éléments des données 48, 181, 187
    en réseau local 180
    et l'accès à Internet 202, 203
    et la circulation 200
    et la conversion rétrospective 200-202
    et les acquisitions 37, 222
    et les codes-barres 200
    et les données locales 198
    et les inventaires 46
    et les localisations de publications en série 222
    notices à prix avantageux pour 202
    notices d'autorité 197
    points d'accès 67, 203
    sans réseau 181
    sélection de 180
    support technique 180
    utilisation publique 206
    Z39.50 et 180, 198
catalogues
    collectifs 204
    définition 45
    des éditeurs 35
    emplacement 251, 255
    entrées bibliques dans 306, 308
    et la formation des usagers 229
    imprimés 181
    livres enregistrés dans 179
    utilisation pour les acquisitions 35
catalogues sur fiches
    année de publication 59
    conversion rétrospective de 200
    date de publication 63
    description de 46, 302
    et les usagers 302
    fiches pour 179, 207-211, 269
    jeux de fiches pour 46, 68, 76, 271, 300
    localisations pour périodiques dans 223
    mauvais classement dans 269
    organisation de 46, 269
    points d'accès dans 67, 269
    précision du 269
    règles de classement 302
catalogues systématiques
    description de 46, 47, 271
    fiches pour 271
    fonction du catalogue topographique dans 273
    grille de catalogage modifiée pour 275
    informations sur les accessions dans 273
    maintenance 47, 275
    vedettes numériques dans 271, 273-275
catalogues topographiques 40, 46, 47, 50, 51, 67, 200-203, 241, 244, 260, 270, 273

    comme sauvegarde 49
    description 46
    utilisation pour l'inventaire 49
catéchismes, comme référence 34
censure 31, 33
centres de formation en santé publique 34
champs (zones) 182, 190
circulation, services de
    amendes pour les livres en retard 229, 231, 233-236
    avis de retard 235, 236
    définition 230
    documents mis à la réserve 234
    durée du prêt 231
    emprunteurs, informations sur 200, 201, 205
    emprunts 230-232
    en ligne 231-236, 242, 245
    et l'automatisation 242, 245
    et l'autorisation des usagers 231
    et les catalogues en ligne 179-181, 200
    et les informations sur les emprunteurs 242
    évaluation de 9
    frais pour livres perdus ou endommagés 232
    prêts entre bibliothèques 238
    procédures 232
    rappels 231, 234
    registres de circulation 230
    renouvellements de prêts 233
    réservations de livres 233
    retours de prêts 233
    statistiques 236, 238
circulation, systèmes de
    en ligne 232
    enregistrements de circulation dans 230-236
    et les enregistrements des emprunteurs 231
    et les informations sur les emprunteurs 231
    et les numéros d'identification pour les emprunteurs 232
    et les périodes d'emprunt 231, 233
    et les statistiques 236, 238
    procédures pour les systèmes manuels 232-236
classement, règles de
    et la ponctuation 303
    et l'arrangement mot par mot 303
    et les formes du mot 304
    pour les abréviations 304
    pour les acronymes 304
    pour les chiffres 305
    pour les entrées bibliques, ordre alphabétique 306
    pour les entrées bibliques, ordre canonique 306, 307
    pour les initiales 304
    pour les noms 305
    pour les titres 306
    pour l'ordre alphabétique 302
    selon le type de catalogue 302
classification
    but de 133
    en utilisant la notice CIP 167, 170-172
    numéros de 75

    tableaux de 166
Classification décimale de Dewey
    Classe 200, Religion 266-267
    Abrégé de la classification décimale de Dewey 134, 172
    choix de 8, 46, 267
    description 133
    disciplines et sujets dans 147
    élargir les indices dans 172
    et la formation des usagers 229
    introduction 134
    les cent divisions 136
    les dix classes principales 135
    les mille sections 137
    pour organiser les boîtes à fiches 235
    statistiques de circulation et 237
    tri par 265
    utilisation avec les indices d'auteur/de livre 257, 260, 261, 298
    utilisation avec le tableau Cutter 257
Classification décimale de Dewey. Classe 200, Religion 267
Classification décimale de Dewey et index 134
classification de la Library of Congress 133
classification, systèmes de
    choix de 267
    compréhension de 75
codes-barres 200, 205, 206, 208, 210, 211, 232, 241, 242, 244, 245
comité de construction 253, 254
comité scientifique de la bibliothèque 6, 10, 15-17, 26, 31, 32, 217
commandement de personnel 13
commentaires 34, 147, 148
Commission for International Library Advancement (Association of Christian Librarians) 45, 48, 134, 248, 275
communication
    avec l'administration 10, 15, 19, 20, 24, 230, 252
    avec le corps enseignant 10, 15, 229
    avec le personnel de la bibliothèque 10
    avec les architectes et constructeurs 252
    avec les départements académiques 230
    avec les étudiants 15, 229
    contexte institutionnel 6
    des avis de circulation 234, 236
    des politiques de circulation 230
    des règles et règlements 230
    et l'entretien de référence 227
    et les bibliothécaires 227, 252
    prise de décision 18, 19
    responsabilité des bibliothécaires 19
comptoirs de prêt 235, 242, 251, 253, 255
comptoirs de référence 255
concordances 34
consortiums 247
constitution d'un fonds documentaire
    critères de sélection 33
    de documents audiovisuels 33
    définition 31
    de formats électroniques 33

et les budgets 31, 32
et les fiches de livre 232
et les manuels 32
outils de sélection 35
par les bibliothécaires et le personnel 31
politiques 31, 32
consultants 248
conversion rétrospective 200-205, 240, 241
coopération entre bibliothèques 238
corps enseignant 10, 11, 15, 229, 230
cotes
dans la notice de localisation 200
et la date de publication 173
et la fiction 175
et la formation des usagers 229
et le nom du fonds documentaire 174
et le traitement des documents 207, 208, 210
et les logiciels 241
exemples 134
explication 133
manières supplémentaires d'employer 172
niveaux de 147
nombres décroissants dans 170
placement de 298
pour les biographies 174, 175
procédures pour 173
section Bible 148
sommaires de 135, 147
subdivisions 172
vedettes dans 148
critiques de livres 35
critiques littéraires 226
Cutter, Charles A. 173, 257
Cutter, chiffres 8, 173-176, 257
Cutter-Sanborn, tableaux 8, 173, 257
Cutter, tableaux 8, 173, 174, 257

D

description matérielle
dans les zones UNIMARC 190
description physique
dans le catalogage descriptif 59, 64
définition 59
et la notice CIP 167
sur les fiches notices principales 299
désherbage
et la constitution d'un fonds documentaire 31, 42
et la conversion rétrospective 201
Dewey, Melvil 172
dictionnaires 33, 225
directeurs d'ouvrage
dans le catalogage descriptif 58, 69
disciplines (domaine d'étude) 147
documents prêts à être commandés, dossiers de 36
dons 31, 33, 40, 42
espace pour 255

E

éditeurs
dans le catalogage descriptif 56, 58, 62, 63, 170
sites web 35

éditions
dans le catalogage descriptif 58, 62, 66
définition 58
et les notices CIP 170
règles de classement pour 306
traitement de 266
éléments de vedette 68, 229
emprunteurs
avis aux 234, 235, 236
enregistrement 231
et la réparation de livres 211
notices informatiques de 200, 201, 205
privilèges de 231
types de 231
en cours de traitement (fiches) 267
encyclopédies 33, 225
engagements 27, 28
énoncés de mission 6, 31, 252
enregistrements sonores 61, 63
entrées bibliques
règles de classement alphabétique 306
règles de classement canonique 306, 307
épuisé 35
étiquettes
codes-barres 200, 208, 210, 211
dans les notices bibliographiques en ligne 179, 182, 187, 190, 193
dans le traitement des documents 221
de dos 207-209, 211
impression de 244
pour le traitement des documents 265, 267
utilisation dans le traitement des documents 208
étudiants 15, 20, 229, 230, 231
étudiants employés 202, 204
politiques de la bibliothèque 17, 18
responsabilités 207
tâches pour 14, 15
Evergreen (SIGB) 248
Excel 217
exercices
de catalogage 51
de catalogage matière 85, 106, 117, 127, 131
de classification 166, 167, 171, 175, 176
indices d'auteur/de livre 258-262
ex-libris 33, 207, 209, 297

F

factures 28
Faculté Libre de Théologie Évangélique (FLTE) de Vaux-sur-Seine 217
feuilles de rappel 207-210
feuilles de traitement pour le traitement des documents 266
exemples 207
feuilles de travail
pour la réparation de livres 211, 281
fiches de livre 208-211, 232-234
fiches-renvoi 73, 74, 77
fiches de catalogue
classement dans un catalogue sur fiches 302
exemples 46, 56, 210

pour les périodiques 222
pour le traitement des livres 207
pour l'évaluation des systèmes informatiques 243
pour un catalogue-dictionnaire 46
pour un catalogue systématique 271–275
précision des 269, 270
préparation de 297
saisie de 297, 298
fiches index de sujets 271, 272, 274
fiches notice principale
dans un catalogue systématique 271–273
emploi des majuscules 298
espacements dans 298
et les rappels de vedettes 299
exemples 297, 300
format de 298
manquantes 269
règles pour 297
retraits sur 297
signes diacritiques 298
fiches notice principale à l'auteur 67, 271–273
fiches topographiques 64, 76
exemples 46, 300
nombre estimé de 202
numéros d'accession pour 49
préparation de 208
rappels de vedettes sur 299
utilisation pour inventaire 269, 270
fiches-sujet
dans un catalogue systématique 47, 271, 273
exemples 300
fiches-titre 48, 50, 271, 273, 300
fiction 175, 176
films 61
flux de travail 20, 204, 206, 239, 249
fonds, catégories de 241
fonds documentaires
emplacement dans la bibliothèque 265
emplacement des documents 225, 229, 231
espace pour 268
et les privilèges des emprunteurs 231
localisations dans 187
valeur de 40
fonds documentaires, constitution du
évaluation de 7, 8
fonds documentaires spéciaux 174
de livres donnés 40
grille de catalogage 51
formation des usagers de la bibliothèque 228, 229, 230
salle de classe pour 251
formation du personnel 21, 22
fournisseurs
analyser les produits des 240
contrats avec 239, 241
et les codes-barres 200
informations sur la bibliothèque pour 241
réputation des 239
fournitures
pour la réparation de livres 212

pour le traitement des livres 265
pour le traitement physique 221

G

Google 228
Google Scholar 217
Google Translate 226
grilles de catalogage 67, 79, 208, 267
exemples 51, 57, 198, 277
pour le catalogage UNIMARC 198
utilisation 51

I

index alphabétique de matières 47, 271, 272
index de publications périodiques
comme ressources de référence 226
et la formation à l'utilisation de la bibliothèque 230
indices d'auteur/de livre 257–262
but de 257
choix de 148
et les numéros de classification 260
et les règles de la Library of Congress 257
informations bibliographiques 35, 200
informations biographiques 73
initiales 72, 304, 305
Institut canadien de conservation 215
institutions de formation des enseignants 34
International Federation of Library Associations (IFLA) 179
International Theological Librarianship Education Task Force (Atla) 48, 248
Internet
accès à 203, 239, 242, 252
comme source de notices catalographiques 46
et avis sur les produits 241
frais de connexion 242
notices bibliographiques de 197, 202
sites web 35, 42
inventaires
besoin de 269
de cartons de livres 266
écarts 270
fiches topographiques, utilisées pour 269, 270
pour projets de conversion rétrospective 200, 201
utilisation de cahiers d'inventaire 40
utilisation d'étiquettes code-barres pour 208
utilisation du catalogue topographique pour 47, 49
ISBN (numéro international normalisé du livre) 56, 59, 67
ISSN (numéro international normalisé des publications en série) 56, 67

J

journaux 217, 219
JSTOR 217

K

Koha 223

L

langues
    dans le catalogage descriptif 60, 65
    dans l'interface utilisateur 244
    emploi des majuscules 298
    et la Bible 70, 308
    et les caractères Unicode 243
    et les noms de personnes 70-72
    références pour 33
    signes diacritiques 298
Library of Congress 133, 167, 170, 179, 182, 197, 198, 244
    indices d'auteur/de livre 257
lieux de publication 55, 59, 63
Linguee 226
littérature 176
liturgies 34
livres
    cartons de, organisation 265-267
    doublons 267
    emplacement des 268
    étagères pour 266, 267
    état 33, 42, 266
    étendue de 57, 64
    rayonnages pour 253, 266
    retirés du fonds documentaire 48
    tri par sujet 265
livres de cantiques 34
livres grands formats 211
livres mis à la réserve 230, 231, 234
logiciels
    BookWhere 198, 244
    configuration 180, 205
    contrats 239, 241
    coûts de 242, 243, 248
    critères pour l'automatisation 242
    de gestion de cours 227
    éditeurs de 180, 205
    et la circulation 181
    et la conversion rétrospective 200-202
    et la migration 45, 180, 204, 239
    et la sécurité 244, 249
    et les localisations 222, 223
    et les notices de localisation 180, 200
    évaluation de 240, 245
    intégration des modules 245
    intégrés 179, 198
    licences pour 239, 242-244
    liste de 248
    matériel pour 204, 206
    messages de rappel 55
    mises à jour/niveau 239-243, 248, 249
    onduleurs (*uninterruptible power supply* [UPS]) 204
    open source 180, 198, 241, 243, 248
    pour la circulation 240, 242, 245
    pour la gestion de publications en série 223
    pour les acquisitions 35, 37, 240, 245, 249
    sélection de 45, 179, 180, 197, 198, 239, 242, 248
    structure de données pour 198
    support technique 239-243, 245
    versions d'essai 240

M

magazines 217-219
maîtrise de l'information 228, 230
majuscules, emploi des 298
Mandarin (SIGB) 248
manuels
    comme référence 34, 226
    de formation pour le personnel 18, 22
    de l'étudiant 230
    de politique de catalogage 173, 175, 176
    de présentation 203
    des politiques de la bibliothèque 17
    gestion de 32
    scolaires 174, 249
MARC (*machine-readable cataloguing*) 179
    affichage 182
    MARC 21 179, 180, 181, 197, 242, 243, 244
    normes internationales de catalogage 45
MarcEdit 197, 244
marques de travail 261
mentions de publication
    dans le catalogage descriptif 62
    définition 58
    emplacement 56
mentions de responsabilité 58, 60-62, 69, 298
    définition 56
microformes 252
mission, énoncés de 6, 31, 252
musique 34, 61, 65, 68, 170

N

noms de collectivités 69, 83, 198, 298
noms de personnes 70, 72, 83, 84
noms uniformes 73, 74
normes internationales
    format MARC 45, 179, 181
    format MARC 21 243
    format UNIMARC 45, 179, 181, 243
    protocole Z39.50 180, 198
    Unicode 243
    Z39.50 243
notes
    dans les notices CIP 170
    dans le catalogage descriptif 55, 59-61, 65, 66
    définition 59
    pour les bibliothèques théologiques 65
notices CIP (*cataloguing in publication*) 167, 170-172
notices principales à l'auteur 46, 306
    fiches pour 48
notices principales au titre 46
    fiches pour 48
notices bibliographiques 179
    conversion de MARC 21 à UNIMARC 181, 197
    conversion via MarcEdit 197
    dans les catalogues en ligne 179
    estimation du nombre de 202
    et la conversion rétrospective 200
    et le format MARC 21 180

et le format UNIMARC 180
et les notices d'autorité 192
et le téléchargement 180
Library of Congress comme source de 182
notices de catalogue 133, 134, 224
notices principales
comme points d'accès 46, 68
comme sources d'information pour le traitement des livres 208
dans la notice CIP 170
dans les cotes 173
règles pour le classement des fiches 306
sélection de 68, 69
titres uniformes comme 69, 70
notices UNIMARC
affichage 182, 185, 193
autorités 179, 192, 193, 197
codes de sous-zones 187, 188, 192, 200
comparaison avec notices MARC 21 182
description matérielle 190
données nationales et locales 192
éléments 187
et les fournisseurs 192, 202
exportation 180, 204
importation 180, 198, 204
indicateurs 188, 191, 192
localisations 179, 180, 192, 200
numéros de classification dans 187, 197
sources de 179, 197
vedettes-matière dans 190
Z39.50 comme outil de recherche 180, 198
zones associées 191
zones courantes 190
numéro d'acquisition 232
numéro de classification 133
numéro d'identification 56
numéro international normalisé des publications en série (ISSN) 56, 67
numéro international normalisé du livre (ISBN) 56, 59, 67

O

OPALS (SIGB) 248
ordinateur personnel 225
ordre alphabétique 299, 302, 303, 306, 308, 309
organigramme administratif 15
ouvrages de référence
définition 225
emplacement dans la bibliothèque 225, 229
et la formation des usagers 229, 230
fiabilité et précision 227
sélection de 225
sources imprimées 226
sur des sujets spécifiques 226

P

page de titre
description 56
exemples 53, 93, 106, 108, 111, 113, 115, 117, 118, 121, 123, 126
information sur les noms de personnes sur 70

notices CIP sur 167
périodiques
abonnements 223, 224
catalogage 222
cessation 222
critiques de livres 35
dans le catalogage descriptif 64
définition 217
et les catalogues en ligne 240, 245, 249
fiches de contrôle 217–222, 224
gestion automatisée 223
journaux 217, 219
réception 217–219, 223
réclamation 220, 224
reliure 221, 222, 224
sélection 217
stockage 221
traitement 221
volumes et numéros 218, 219
personnel
bénévoles 6, 10
communication avec 10, 211
dossiers du 23
évaluation du 6, 22
flux de travail 20
formation du 21, 243
gestion du 6
recrutement du 20
rôle du responsable du 22
PMB (SIGB) 248
pochettes 207–210
points d'accès
cohérence dans 203
dans les catalogues 67, 269
définition 67
description 46
et la formation des usagers 229
sélection de 67
points de vue traités dans les documents 32
politiques
classification 170, 173, 175, 176
décisions sur 11, 176
définition 17
développement de 11
documentaires 31, 32, 42
dons 33, 42
et procédures 17, 232
et règles et règlements 17, 230
financières 27
ponctuation
dans le catalogage descriptif 56–60, 62, 64, 65, 67
ordre alphabétique 306
préservation
définition 211
méthodes de mise en rayon pour 211
prise de décisions
et les politiques 11
participation des bibliothécaires 19
principes 18
programmes d'études 19, 24, 26, 31, 32, 34, 42

publications en série 179, 201
    définition 217
    fiches de contrôle 217-220, 222, 224
publications, informations sur 182, 188
public cible, dans le catalogage descriptif 66

R

RAMEAU
    description 76
    Réforme de Rameau 78
    subdivisions dans 82
    utilisation 78-80
rappels de vedettes
    définition 49, 67, 274
    emplacement 298, 299
    et les retraits 299
    numéros de classification comme 274
    utilisées pour évaluer un catalogue sur fiches 274
rapports
    annuels 28
    données de 11
    pour l'évaluation de la performance 22
    préparation de 11
    statistiques 232, 235-237
    sur les habitudes de circulation 236
RDA (Ressources : Description et Accès) 55
recherche
    assistance avec 225, 227
    citation de références 226
    dans un catalogue systématique 274
    et l'accès en ligne 225, 227
    et la formation des usagers 229
    fiabilité et précision de 226, 227
    processus de 227, 228
    ressources et équipements de 252
    scientifique 227
    travaux de 229, 231
référence, documents de 33, 266
    classification de 174
    localisation de 200
Règles de catalogage anglo-américaines 55
reliures 211, 212, 214
reliures à brochures 211
renvois 229
    enregistrement de 77
    fiches-renvoi 77, 301
    symboles pour 77
    utilisation de 77, 299
réparation de livres
    charnières 213
    définition 211
    dos 214
    évaluation de 9
    feuille de travail pour 211
    méthodes 212
    pages 213, 214
ResourceMate (SIGB) 248
responsabilité financière 27
responsabilités
    dans la description de poste 18, 20, 21
    de l'administration 254
    délégation de 14
    des bibliothécaires 27, 28, 32, 225, 227, 251
    des bibliothécaires de référence 227
    des bibliothécaires responsables de la formation des usagers 229
    des catalogueurs 68, 70, 73, 75-77, 80, 81
    des responsables 14, 20, 21, 22, 251, 255
    du personnel 13-15, 27, 210, 211, 251
ressources électroniques 226, 229, 230, 238
ressources graphiques 61
ressources Internet 226, 227
    portails 227
    utilisation des moteurs de recherche 228
ressources non imprimées
    dans le catalogage descriptif 61, 64
    source principale d'information pour 56

S

Sanborn, Kate E. 173
sauvegarde des notices 198
sélection des documents 7
services aux usagers
    description 225
    évaluation des 9
    rôle des bibliothécaires 225, 227
    services de référence 225, 227
services de référence
    espace pour 255
    évaluation des 9
services d'initiation à l'utilisation de la bibliothèque
    évaluation des 9
sites web
    sources de logiciels 247
    sur la préservation des livres 215
sommaires ou tables des matières dans le catalogage descriptif 66
sources principales d'information 56
sous-titres 61, 299, 307, 308
    dans le catalogage descriptif 55, 58
    définition 58
statistiques 28
stockage, espace de 251, 253, 255
subdivisions géographiques 79, 80, 83
suppléments 66
systèmes de classification 133
    et la formation des usagers 229
systèmes informatiques
    administrateurs 240, 248
    alimentation sans coupure 242
    avantages 45
    avis sur 241
    BookWhere 198
    budgets de fonctionnement 239-241, 243, 247
    configuration 180, 205
    éditeurs de 180, 205
    et la conversion rétrospective 200-202
    et la migration 45, 180, 204, 239
    facteurs de coût à considérer 242
    fonctions de 242, 245
    fournisseurs 239-241

installation 249
intégrés 35, 179, 198, 239, 245, 269, 270
maintenance de 239, 241, 243, 249
matériel pour 204, 206
messages de rappel 55
onduleurs (*uninterruptible power supply* [UPS]) 204, 242
open source 180
personnel 239
pour les acquisitions 35, 37, 240, 245, 249
ressources financières pour 239
sauvegardes pour 239, 242, 244
sélection de 45, 179, 180, 197, 198, 239, 242, 248
structure de données pour 198
systèmes locaux 239
utilisateurs 242-244

T

tableurs 37, 266
tenue de livres de compte 27
    tenue à jour 27, 28
timbres de propriété 209, 221
titres
    comme points d'accès 67, 68
    dans les notices CIP 170
    dans le catalogage descriptif 55, 60
    définition 58
    règles pour 60, 298
titres collectifs 308
titres uniformes 46, 70
traitement des documents
    définition 207
    évaluation des processus de 9
    feuilles de traitement pour 207, 266
travail en équipe 13

U

UNIMARC
    comme format de communication 181
    description 179
    et le partage des notices 179, 204
    et les informations sur la publication 182, 188
    et les normes internationales de catalogage 45, 179, 181
    et les ressources média 179
    exportation de notices 244
    formatage 179
    grille de catalogage 198
    importation de notices 242, 244
    localisations dans 224
    manuel UNIMARC 182
    Z39.50 (outil de recherche) 243, 246
    zones 224
    zones numériques 179, 182, 187
    Voir aussi notices UNIMARC

V

vedettes de nom de personne 70
    élément vedette 71
vedettes bibliques
    classement informatique 309
    codage de 191
    pour la Bible dans son ensemble 70
    pour les Écritures 308
    pour les langues 70, 308
    pour les parties de la Bible 70, 308
    pour les titres collectifs 308
    pour les versions 70, 308
    subdivisions pour 84
vedettes de collectivités 73
vedettes de nom autorisées 73
    fichier 74
vedettes de noms 83
vedettes de titre sur les fiches de catalogue 306
vedettes-matière
    comme points d'accès 67
    dans un catalogue systématique 273
    définition 75
    description 45, 46, 75
    et la formation des usagers 229
    et les renvois 229
    et les zones UNIMARC 190, 191
    formes de 70, 81
    Library of Congress 170
    liste publiée RAMEAU 76
    locales 80
    modèles 80, 81
    subdivisions 78-80, 82, 84
    terminologie cohérente de 80
vedettes supplémentaires
    comme points d'accès 67
    définition 46
    règles de classement pour les fiches 306
    sélection de 68
    sur les fiches catalogue 299
versos
    exemples 54, 114, 169
    informations sur 56
    notices CIP sur 167
visite de la bibliothèque 229, 248
vocabulaire contrôlé 80

W

Waterbear (SIGB) 248

Z

Z39.50 180, 198, 243

Table des matières

Droits et autorisations ix
Avant-propos de l'édition originale anglaise révisée et augmentée de 2007 xi
Avant-propos de l'édition française xiii
Remerciements xv
Introduction 1
1   Organisation 5
2   Administration 13
3   La constitution d'un fonds documentaire et les acquisitions 31
4   Introduction au catalogage 45
5   Le catalogage descriptif 55
6   Le catalogage matière 75
7   La classification 133
8   Le catalogage assisté par ordinateur 179
9   Traitement et conservation des documents 207
10 Les publications en série 217
11 Services aux usagers de la bibliothèque 225
12 Sélection d'un système intégré de gestion de bibliothèque 239
13 Planification d'une nouvelle bibliothèque 251
Annexe A. Création d'indices d'auteur et d'indices de livre 257
Annexe B. Les cartons de livres 265
Annexe C. Comment utiliser un catalogue sur fiches existant ? 269
Annexe D. Comment identifier un catalogue systématique 271
Annexe E. Exemples de grilles de catalogage et de feuilles de travail 277
Annexe F. Abréviations courantes pour les termes de catalogage en anglais 285
Annexe G. Abréviations courantes pour les termes de catalogage en français 289
Annexe H. Ressources utiles pour les bibliothécaires 293
Annexe I. Liens des associations de bibliothèques qui soutiennent les bibliothèques
    des institutions, facultés et écoles théologiques 295
Annexe J. Gérer un catalogue sur fiches 297
Glossaire. Vocabulaire des bibliothèques 311
Index 319

Conseil International pour l'Enseignement Théologique Évangélique

L'ICETE est une communauté mondiale, parrainée par neuf réseaux régionaux d'écoles théologiques, pour permettre l'interaction et la collaboration internationales entre toutes les personnes engagées dans le renforcement et le développement de l'enseignement théologique évangélique et du leadership chrétien dans le monde.

Le but de l'ICETE est de :
1. Promouvoir l'amélioration de la formation théologique évangélique dans le monde.
2. Servir de forum d'interaction, de partenariat et de collaboration entre les personnes impliquées dans l'enseignement théologique évangélique et le développement du leadership, pour l'assistance, la stimulation et l'enrichissement mutuels.
3. Fournir des services de mise en réseau et de soutien pour les associations régionales d'institutions théologiques évangéliques dans le monde.
4. Aider ces organismes à promouvoir leurs services auprès de l'enseignement théologique évangélique dans leurs régions.

Les associations de parrainage comprennent :

Afrique : Association for Christian Theological Education in Africa (ACTEA)

Amérique Latine : Association for Evangelical Theological Education in Latin America (AETAL)

Amérique du Nord : Association for Biblical Higher Education (ABHE)

Asie : Asia Theological Association (ATA)

Caraïbes : Caribbean Evangelical Theological Association (CETA)

Eurasie : Euro-Asian Accrediting Association (E-AAA)

Europe : European Evangelical Accrediting Association (EEAA)

Moyen-Orient et Afrique du Nord : Middle East Association for Theological Education (MEATE)

Pacifique Sud : South Pacific Association of Evangelical Colleges (SPAEC)

www.icete-edu.org

Langham Literature, et sa branche éditoriale, est un ministère de Langham Partnership.

Langham Partnership est un organisme chrétien international et interdénominationnel qui poursuit la vision reçue de Dieu par son fondateur, John Stott :

> *promouvoir la croissance de l'église vers la maturité en Christ en relevant la qualité de la prédication et de l'enseignement de la Parole de Dieu.*

Notre vision est de voir des églises équipées pour la mission, croissant en maturité en Christ, par le ministère de pasteurs et de responsables qui croient, qui enseignent et qui vivent la Parole de Dieu.

Notre mission est de renforcer le ministère de la Parole de Dieu de trois manières:
- par la mise en place de mouvements nationaux de formation à la prédication biblique
- par la rédaction et la distribution de livres évangéliques
- par la formation d'enseignants théologiques évangéliques qualifiés qui formeront ensuite des pasteurs et responsables d'églises dans leurs pays respectifs

Notre ministère

Langham Preaching collabore avec des responsables nationaux en vue de la création de mouvements de prédication biblique dirigés par les nationaux eux-mêmes. Ces mouvements, qui naissent progressivement un peu partout dans le monde, rassemblent non seulement des pasteurs mais aussi des laïcs. Nos équipes de formateurs venus de beaucoup de pays différents proposent une formation pratique qui comporte plusieurs niveaux, suivie d'une formation de facilitateurs locaux. La continuité est assurée par des groupes de prédicateurs locaux et par des réseaux régionaux et nationaux. Ainsi nous espérons bâtir des mouvements solides et dynamiques, constitués de prédicateurs entièrement consacrés à la prédication biblique.

Langham Literature fournit des livres évangéliques et des ressources électroniques par la publication et la distribution, par des subventions et des réductions à des leaders et futurs leaders, à des étudiants et bibliothèques de séminaires dans le monde majoritaire. Nous encourageons aussi la rédaction de livres évangéliques originaux dans de nombreuses langues nationales par le biais de bourses pour des écrivains, en soutenant des maisons d'éditions évangéliques locales, et en investissant dans quelques projets majeurs comme *le Commentaire Biblique Contemporain* qui est un commentaire de la Bible en un seul volume rédigé par des auteurs africains pour l'Afrique.

Langham Scholars soutient financièrement des doctorants évangéliques du monde majoritaire dans le but de les voir retourner dans leurs pays d'origine pour former des pasteurs et d'autres chrétiens nationaux en leur proposant un enseignement biblique et théologique solide. Cette branche de Langham cherche donc à équiper ceux qui en équiperont d'autres. Langham Scholars travaille aussi en partenariat avec des séminaires dans le monde majoritaire afin de renforcer l'éducation théologique évangélique sur place. De ce fait, un nombre croissant de « Langham Scholars » (le nom « Scholars » signifie « boursiers ») peut aujourd'hui suivre des programmes doctoraux de haut niveau au cœur même du monde majoritaire. Une fois leurs études terminées, ces « Langham Scholars » vont non seulement former à leur tour une nouvelle génération de pasteurs mais exercer une grande influence par leurs écrits et par leur leadership.

Pour plus d'informations, consultez notre site: langham.org